国际经济与贸易专业系列教材
国家级一流本科课程配套教材

INTERNATIONAL TRADE

Fifth Edition

第五版

国际贸易

姜文学 主编 王绍媛 副主编

东北财经大学出版社
Dongbei University of Finance & Economics Press
大连

图书在版编目（CIP）数据

国际贸易 / 姜文学主编．—5版．—大连：东北财经大学出版社，2024.8．—（国际经济与贸易专业系列教材）．—ISBN 978-7-5654-5336-6

Ⅰ. F74

中国国家版本馆CIP数据核字第20247SOH61号

东北财经大学出版社出版

（大连市黑石礁尖山街217号　邮政编码　116025）

网　　址：http://www.dufep.cn

读者信箱：dufep@dufe.edu.cn

大连图腾彩色印刷有限公司印刷　　东北财经大学出版社发行

幅面尺寸：170mm×240mm　字数：343千字　印张：16.75　插页：1

2024年8月第5版　　2024年8月第1次印刷

责任编辑：李　彬　王芃南　　责任校对：一　心

封面设计：原　皓　　版式设计：原　皓

定价：49.00元

教学支持　售后服务　　联系电话：（0411）84710309

如有印装质量问题，请联系营销部：（0411）84710711

总 序

国际经贸活动是在原始社会末期与奴隶社会初期随着阶级和国家的出现而产生的，直至资本主义生产方式确立后才获得了广泛的发展，才真正具有了世界性。人们对国际经贸活动的系统研究始于15世纪的重商主义学派，至今已形成涉及领域广泛、结构完整的学科知识体系。

与一国国内经济不同，国际经贸活动要涉及两个或两个以上国家（或地区）的当事人，而全球范围内又不存在一个超国家的权力机构对这些活动进行规范和管理，因此，国际经贸活动的习惯做法及各种规则往往是先发国家国内做法和规则的延伸，由此决定了先发国家和后发国家在国际经贸人才培养方面的差异：先发国家由于国内外经贸活动的做法和规则差异不大，因此很少专门设立国际经贸类专业，而是将其内容分散在相关专业的课程中进行介绍；后发国家由于国内外经贸活动的做法和规则差异很大，因此往往专门设立国际经贸类专业。

中华人民共和国成立后，在计划经济体制下，国际经贸本科层次人才的培养主要集中在少数几个财经类院校。改革开放以后，国内各类高校在本科层次纷纷设立了名称各异的外经贸相关专业或方向，包括对外贸易、国际贸易、国际经济、世界经济、国际经济合作、工业外贸等。1993年，国家教委印发了《普通高等学校本科专业目录》，将国际经贸本科层次专业规范为3个，即经济学学科门类下的“国际经济”专业和“国际贸易”专业、工学学科门类下的“工业外贸”专业。在1998年教育部颁布的《普通高等学校本科专业目录》中，进一步将1993年目录中的3个专业及原目录外专业“国际商务”合并为“国际经济与贸易”专业。2012年的《普通高等学校本科专业目录》中，“国际经济与贸易”专业没有调整，是经济学学科门类下的“经济与贸易类”专业之一。

最先在国家（或地区）之间发生的经贸活动是货物贸易，它至今仍是国际经贸领域的重要内容。关于国际货物贸易的教学与研究起步早、成果多、课程体系完整，主要包括理论、实务与惯例、专业外语3类课程。随着国际经贸活动领域的不断拓展，国际经贸类专业的课程体系也随之完善，增加了诸如“国际技术贸易”“国际经济合作”“国际投资”“国际服务贸易”“跨境电子商务”等课程，国内部分院校还基于这些领域设立了专业方向，细化了课程体系。

21世纪是一个催人奋进的时代，科技革命迅猛发展，知识更替日新月异，国际竞争日趋激烈。

从国际经济环境看，跨国投资飞速发展，世界各国和地区间的经济依赖程度不断加深，经济全球化和区域经济一体化趋势不断加强，协调国际经济日益重要，经济集团内部以及经济集团之间的合作与竞争日益成为关注的焦点。

从国内经济环境看，社会主义市场经济体制的建立与不断完善改善了我国企业参与国际竞争的条件，加入世界贸易组织后逐步调整我国产业结构和贸易结构也为我国企业参与国际竞争提供了机遇和挑战。

为了培养熟悉国际经济运行规则、符合社会主义市场经济建设需要的人才，优化人才的知识结构，我们组织东北财经大学国际经济贸易学院的专业骨干教师编写了“国际经济与贸易专业系列教材”。这套教材在保留原有教材体系优点的同时，结合教师多年教学的经验，尽可能地反映本学科领域最新的研究成果和发展趋势。

我们深知，教材从编写出来的那一天起就已经“过时”了，这就需要教师在讲授过程中不断充实、调整有关授课内容，我们也将根据国内外经济环境的变化适时修订本系列教材。为了适应数字化时代的要求，便于读者深入理解相关知识和在教材使用期间及时更新信息，我们在教材中增加了音频、视频等多样性的数字化资源，促进信息技术与教材的深度融合，推进课程思政与教材的紧密融合，着力打造高质量、新形态教材。

本系列教材是为国际经济与贸易专业本科生及国际商务研究生相关课程编写的，同时也适合其他经济类专业和有兴趣学习国际经济与贸易知识的人士使用。

由于作者学识和参考资料所限，本系列教材难免有不足之处，敬请广大读者批评指正。

国际经济与贸易专业系列教材编委会

第五版前言

国际贸易作为一门课程，研究的是国际贸易产生和发展变化的规律。它是高等院校国际经济与贸易专业必修的一门专业基础理论课程。本课程的目标是使学生了解和掌握国际贸易的基本理论、基本政策和基础知识，为学习后续专业课程打下坚实的理论基础，同时培养学生运用相关理论分析复杂贸易现象和从现象中发现问题、分析问题、解决问题的能力，引导学生深刻理解党的二十大报告提出的“中国式现代化”的内涵，充分认识我国在世界百年未有之大变局加速演进背景下坚持高水平对外开放、加快构建新发展格局的重大意义。

本教材分为10章，主要介绍5部分内容：

一是国际贸易的产生与发展（第1章）。

二是国际贸易理论（第2章~第3章）。国际贸易理论以生产要素不能在国家间自由流动为前提，研究国际贸易产生的原因、利益分配和贸易模式的解释等问题。

三是对外贸易政策、措施与战略（第4章~第6章）。对外贸易政策是国际贸易理论在实践中的反映；对外贸易措施涉及的是政府为推动或限制贸易而采取的各种政策手段。这些政策与措施会对一国的贸易和经济产生相应的影响。贸易战略则是一国或地区依据经济发展与对外贸易的相互关系，通过国际分工方式和程度的选择而影响国内资源配置和竞争效率的一整套贸易政策或制度。

四是要素流动理论（第7章）。在前面的研究中，一个重要的假设就是生产要素在国家间缺乏流动性，国际贸易在很大程度上作为对生产要素缺乏流动性的一种替代。然而，生产要素在国家间缺乏流动性并非一个严密的前提条件。本部分研究生产要素的跨国流动（包括劳动力、资本和技术的跨国流动）对一国经济及世界经济的影响。

五是国际贸易问题（第8章~第10章）。各国依据不同的贸易理论，根据自身的实际情况采取了不同的对外贸易政策与措施。由于对外贸易政策的涉外性，必然会对其他国家和地区产生影响，由此引发一系列国际贸易问题。该部分介绍三个问题：由对外贸易政策协调而产生的世界多边贸易体制、由对外贸易政策区域性融合而产生的国际经济一体化以及主要发达国家（集团）的对外贸易。由于国际经济与贸易专业会专门开设“中国对外贸易”这门课程，为避免内容重复，本教材第10章不专门对中国对外贸易进行介绍，只介绍美国、日本、欧盟三个主要发达经济体的对外贸易。

第五版修订篇幅较大的是第1章第3节和第4节、第5章第2节和第3节、第8章第2节、第9章第1节和第10章，其他部分主要根据新的国际贸易发展形势补充了相关内容，更新了相关数据。

本教材由东北财经大学国际经济贸易学院姜文学教授担任主编，王绍媛教授担任副主编。编写工作具体分工是：王绍媛编写第3章第1节和第2节，第10章由姜文学和魏方、何冰共同编写，其他章节由姜文学编写并统稿。

为了适应不同层次学习对象的学习要求，本教材对相关内容区分了层次。对于没有学习（西方）经济学的学生，可只学习本教材正文的内容；对于有经济学基础的学生，可选择学习附录中的有关内容。

在编写过程中，编者学习和参考了近年来国内出版的有关国际贸易的著作、教材和论文等，并引用了其中许多观点和资料，限于篇幅，谅不能一一注明出处。由于编者水平所限，疏漏在所难免，敬请读者指正以便进一步修改。

编 者

2024年6月

目　录

第1章/国际贸易的产生与发展

学习目标

熟悉和掌握国际贸易的含义；重点学习和掌握影响国际分工形成和发展的因素、国际分工对国际贸易的影响和第二次世界大战后的国际贸易。

1.1 国际贸易的含义与影响国际贸易发展的因素

1.1.1 国际贸易的含义

贸易是商品的交换活动。国际贸易（international trade）或世界贸易（world trade）曾被定义为世界各国之间的商品交换活动。然而，当今世界存在若干非主权国家的“地区”，从经济层面看，这些地区与主权国家没有什么差异，它们之间及其与主权国家的商品交换活动也应当属于国际贸易。因此，国际贸易的准确定义应该是世界各国（或地区）之间的商品交换活动，或者世界各经济体（economy）之间的商品交换活动。一个经济体与其他经济体之间的商品交换活动，称为该经济体的对外贸易（foreign trade）。

贸易额是以货币表示的反映贸易规模的经济指标。一个经济体的出口额与进口额之和称为其对外贸易额；出口额与进口额之差称为其贸易差额（balance of trade），如果贸易差额为正值，则称贸易顺差（trade surplus，favourable balance of trade），反之，如果贸易差额为负值，则称贸易逆差（trade deficit，unfavourable balance of trade）。国际贸易额如果用各经济体对外贸易额的加总来计算，则会出现重复计算，因为一个经济体的出口一定是另一个经济体的进口，因此，通常采用各经济体出口额的加总来计算国际贸易额。

国际贸易是一个历史范畴，它是人类社会发展到一定历史阶段的产物。国际贸易的萌芽产生于古代社会，其决定因素是当时的生产力水平、社会分工和商品经济的发展；而国家的形成、货币的流通和商人的出现则是其产生的必要条件。在漫长的奴隶社会和封建社会，国家之间虽然发生贸易往来，并且不断发展，但由于自然经济占统治地位，商品生产和商品交换不发达以及受生产力水平和交通运输条件的限制，国际商品交换只是个别的、局部的现象。到了资本主义社会，国际商品交换才获得了广泛的发展，国际贸易才真正有了世界性。

狭义的国际贸易通常仅指货物贸易（trade in goods），即指国家间进行那些可以看得见、摸得着的有形商品的交换。传统的国际贸易主要就是这种有形商品贸易。随着生产力的发展、科学技术的进步和国际经济联系的增强，当代的国际贸易已不再局限于货物贸易，它所包含的内容进一步扩大了。广义的国际贸易除了货物贸易以外，还包括服务贸易（trade in services）。

世界贸易组织（World Trade Organization，WTO）《服务贸易总协定》根据提供服务的方式界定了服务贸易的范围，包括跨境交付、境外消费、商业存在和自然人流动四个方面。

（1）跨境交付

跨境交付（cross border supply）是指服务的提供者在一成员的领土内向另一成员领土内的消费者提供服务。这种服务提供方式特别强调卖方和买方在地理上的界限，跨越国境和边界的只是服务本身。

（2）境外消费

境外消费（consumption abroad）是指服务的提供者在一成员的领土内向来自另一成员的消费者提供服务。这种服务提供方式的主要特点是，消费者到境外去享用境外服务提供者提供的服务。

（3）商业存在

商业存在（commercial presence）是指一成员的服务提供者在另一成员领土内设立商业机构或专业机构，为后者领土内的消费者提供服务。这种服务提供方式有两个主要特点：一是服务的提供者和消费者在同一成员的领土内；二是服务提供者在消费者所在地的领土内采取了设立商业机构或专业机构的方式。一般认为，商业存在是四种服务提供方式中最为重要的方式。

（4）自然人流动

自然人流动（movement of natural persons）是指一成员的服务提供者以自然人身份进入另一成员的领土内提供服务。

自然人流动与商业存在的共同点是服务提供者到消费者所在地的领土内提供服务；不同之处是以自然人流动方式提供服务，服务提供者没有在消费者所在地的领土内设立商业机构或专业机构。

服务贸易的四种提供方式

国际贸易不同于国内贸易，两者的根本区别在于：国际贸易是经济结构、生产力水平、生产条件、经济政策、贸易政策、法律制度、社会结构等显著不同的经济体之间的商品交换；而国内贸易则是在上述方面基本相同的经济体内部的商品交换。而且生产要素的国际流动相对不自由，在国内流动相对自由，国际竞争的不完全性高于国内竞争。国际贸易面临的管制多，贸易障碍多，而国内贸易相对少。这就造成了各经济体的相对独立性，国际贸易正是具有相对独立性的经济体之间进行的商品交换，因而有它自己的特征和特殊规律。

1.1.2 影响国际贸易发展的因素

1）国际分工

国家（或地区）之间存在商品生产方面的不同优势，这使世界各国之间进行劳动分工（即国际分工）成为可能。国际分工是国际贸易的基础，没有国际分工，就没有国家间的商品交换活动。

国际分工对国际贸易的影响主要表现在以下几个方面：

（1）影响国际贸易的发展速度

国际贸易的发展与国际分工的发展呈同方向变化，即在国际分工发展较快的时期，国际贸易一般发展也较快，在国际分工发展缓慢时期，国际贸易发展也较慢。

（2）影响各国对外贸易依存度

对外贸易依存度，也称对外贸易系数，是指该国对外贸易额（进口额与出口额之和）在该国国民总收入（或国内生产总值）中所占的比重。一国参与国际分工的程度越高，其对外贸易依存度越高。

（3）影响国际贸易的地理方向

对外贸易依存度

对外贸易地理方向与各国分工的程度呈正方向变化。第二次世界大战以前，国际分工的主要形式是宗主国与殖民地的垂直型分工，因此当时的国际贸易关系主要是这两类国家之间的关系。第二次世界大战后，国际分工由垂直型向水平型转变，发达国家之间的贸易占据主导地位，而发达国家与发展中国家的贸易退居次要地位。

各贸易国在国际市场上的地位与其在国际分工中所处的地位有关。在国际分工中处于中心地位的国家，往往在国际贸易中也占据重要地位。19世纪以来，发达国家在国际贸易中一直居支配地位。第二次世界大战后，发达国家在世界出口中所占的比重始终在50%以上，在国际贸易中仍居主导地位。

（4）影响国际贸易的商品结构

随着国际分工的发展，国际贸易商品结构不断地发生变化。例如，第二次世界大战以前，由于国际分工以垂直型分工为主，故初级产品在国际贸易中的比重一直高于制成品，初级产品占60%，制成品只占40%。而第二次世界大战后，情况发生了根本性变化，制成品在国际贸易中所占的比重超过初级产品所占的比重。随着发达国家与发达国家之间部门内部分工的深化以及跨国公司的发展，中间产品在制成品贸易中所占的比重不断提高。

2）交易成本

国家（或地区）之间商品生产方面的不同优势只是使国际分工和国际贸易成为可能，如果国际贸易的交易成本高，会在不同程度上抵消生产方面的优势，从而削弱国际分工和减少国际贸易。

国际贸易的交易成本主要有两类：

一是地理因素带来的交易成本，即由于地理距离产生的交易成本，例如通信费、运费、保险费等，这类交易成本主要取决于科学技术进步的程度。工业革命之后，轮船、火车、汽车、飞机等运输工具以及电报、传真、互联网等通信工具相继推广应用，这些运输和通信领域巨大的技术进步降低了交易成本，成为推动国际贸易发展的重要力量。

二是由于各国文化、制度等方面的差异以及由各国贸易政策的实施所带来的交易成本，例如翻译费用、外汇交易费用、海关关税等。这类交易成本主要取决于政府的政策和国际经济制度的有效程度。政府实行相对开放或相对封闭的政策，可以推进或延缓国际贸易的发展。国际经济制度越有效，国际贸易发展越快，例如在国际金本位制度时期以及布雷顿森林体系时期，贸易的外汇风险相对较小，贸易发展速度更快。

1.2 资本主义社会以前的国际贸易

1.2.1 国际贸易的产生

国际贸易，作为一种经济现象，也属于历史范畴。它是在一定的历史条件下产生的，并随着人类社会历史的发展而发展的。

国际贸易的产生，必须具备以下两个基本的条件：有可供交换的剩余产品和在各自为政的社会实体（国家）之间进行的产品（商品）交换。这些条件不是人类社会一产生就有的，而是随着社会生产力的不断发展和社会分工的不断扩大而逐渐形成的。

在原始社会初期，人类的祖先结伙群居，打鱼捕兽，生产力水平极低，人们处于自然分工状态，劳动成果仅能维持群体最基本的生存需要，没有剩余产品用以交换，因此谈不上对外贸易。

人类历史的第一次社会大分工，即畜牧业和农业的分工，促进了原始社会生产力的发展，产品除维持自身需要以外，还有少量的剩余。人们为了获得本群体不生产的产品，便出现了氏族或部落之间的交换。当然，这种交换还是极其原始并偶然发生的物物交换。

在漫长的年代里，随着社会生产力的继续发展，手工业从农业中分离出来成为独立的部门，形成了人类社会第二次大分工。手工业的出现，便产生了直接以交换为目的的生产——商品生产。当专门为满足别人的需要而生产商品时，商品交换就会逐渐成为一种经常性的活动。商品生产和商品交换的扩大，产生了货币，于是，商品交换就变成了以货币为媒介的商品流通。

由于商品交换的日益频繁和交换的地域范围不断扩大，又产生了专门从事贸易的商人阶层。第三次社会大分工使商品生产和商品流通进一步扩大。

人类社会三次大分工，每次都促进了社会生产力的发展和剩余产品的增加，同时也促进了私有制的发展和奴隶制的形成。在原始社会末期和奴隶社会初期，随着阶级和国家的出现，商品交换超出了国界便产生了国家间的贸易。

可见，在社会生产力和社会分工发展的基础上，商品生产和商品交换的扩大，以及国家的形成，是国际贸易产生的必要条件。

1.2.2 奴隶社会的国际贸易

在奴隶社会，自然经济占主导地位，其特点是自给自足，生产主要是为了消费，而不是为了交换。奴隶社会虽然出现了手工业和商品生产，但在一国整个社会生产中显得微不足道，进入流通的商品数量很少。同时，由于社会生产力水平低和生产技术落后，交通工具简陋，道路条件恶劣，严重阻碍了人与物的交流，对外贸易局限在很小的范围内，其规模和内容都受到很大的限制。

奴隶社会是奴隶主占有生产资料和奴隶的社会，奴隶社会的对外贸易是为奴隶主阶级服务的。当时，奴隶主拥有财富的重要标志是其占有多少奴隶，因此奴隶社会国际贸易中的主要商品是奴隶。据记载，希腊的雅典就曾经是一个贩卖奴隶的中心。此外，粮食、酒及其他专供奴隶主阶级享用的奢侈品，如宝石、香料和各种织物等也都是当时国际贸易的重要商品。

奴隶社会时期从事国际贸易的国家主要有腓尼基、希腊、罗马等，这些国家在地中海东部和黑海沿岸地区主要从事贩运贸易。我国在夏商时代进入奴隶社会，贸易集中在黄河流域。

对外贸易在奴隶社会经济中不占有重要的地位，但是它促进了手工业的发展，奴隶贸易成为奴隶主补充奴隶的重要来源。

1.2.3 封建社会的国际贸易

封建社会时期的国际贸易比奴隶社会时期有了较大的发展。在封建社会早期，封建地租采取劳役和实物的形式，进入流通领域的商品并不多。到了中期，随着商品生产的发展，封建地租转变为货币地租的形式，商品经济得到进一步的发展。在封建社会晚期，随着城市手工业的发展，资本主义因素已孕育生长，商品经济和对外贸易都有较快的发展。

在封建社会，封建地主阶级占统治地位，对外贸易是为封建地主阶级服务的。奴隶贸易在国际贸易中基本消失。参加国际贸易的主要商品，除了奢侈品以外，还有日用手工业品和食品，如棉织品、地毯、瓷器、谷物和酒等。这些商品主要是供国王、君主、教堂、封建地主和部分富裕的城市居民享用的。

在封建社会，国际贸易的范围明显地扩大。亚洲各国之间的贸易由近海逐渐扩展到远洋。早在西汉时期，中国就开辟了从长安经中亚通往西亚和欧洲的陆路商路——丝绸之路，把中国的丝绸、茶叶等商品输往西方各国，换回良马、种子、药材和饰品等。到了唐朝，除了陆路贸易外，还开辟了通往波斯湾以及朝鲜和日本等地的海上贸易。在宋、元时期，由于造船技术的进步，海上贸易进一步发展。在明朝永乐、宣德年间，郑和曾率领商船队七次下“西洋”，经东南亚、印度洋到达非洲东岸，先后访问了30多个国家，用中国的丝绸、瓷器、茶叶、铜铁器等同所到的国家进行贸易，换回各国的香料、珠宝、象牙和药材等。

在欧洲，封建社会的早期阶段，国际贸易主要集中在地中海东部。在东罗马帝国时期，君士坦丁堡是当时最大的国际贸易中心。公元7世纪至8世纪，阿拉伯人控制了地中海的贸易，通过贩运非洲的象牙、中国的丝绸、远东的香料和宝石，成为欧、亚、非三大洲的贸易中间商。11世纪以后，随着意大利北部和波罗的海沿岸城市的兴起，国际贸易的范围逐步扩大到整个地中海以及北海、波罗的海和黑海的沿岸地区。当时，南欧的贸易中心是意大利的一些城市，如威尼斯、热那亚等，北欧的贸易中心是汉萨同盟的一些城市，如汉堡等。

综上所述，资本主义社会以前的国际贸易，是为奴隶主和封建地主阶级利益服务的。随着社会生产力的提高，社会分工和商品生产的发展，国际贸易不断扩大。但是，由于受到生产方式和交通条件的限制，国际贸易在奴隶社会和封建社会经济中都不占有重要的地位，贸易的范围和商品品种都有很大的局限性，贸易活动也不经常。因此严格地说，只有到了资本主义社会，国际贸易才获得了广泛的发展，才真正具有了世界性。

1.3 第二次世界大战前的国际贸易

1.3.1 资本主义生产方式准备时期的国际贸易

1）资本主义生产方式准备时期国际贸易的发展

15世纪末16世纪初的地理大发现是推动封建社会向资本主义社会过渡的一个重要因素。当时西欧以手工业为中心的商品经济的发展，要求有不断扩大的市场为商品寻找销路。而这个时期土耳其人和阿拉伯人控制了东西方贸易的通道，欧洲人迫切需要寻找一条通往东方的新航线。同时，欧洲人听说东方有大量的黄金白银，这就促使西欧国家派出许多船队远洋探险，寻找新航线，开辟新市场。1492年意大利航海家哥伦布由西班牙出发经大西洋到达了美洲大陆；1498年葡萄牙人达·伽马从欧洲绕过好望角到达印度；1519—1522年葡萄牙人麦哲伦完成了第一次环绕地球的航行。这些历史上著名的地理大发现，在国际贸易史上意义是重大的，对资本主义生产方式的产生起了巨大的推动作用，也为国际分工和世界市场的形成提供了条件。

在地理大发现以前，对欧洲人来说，还不知道美洲和大洋洲的存在，对亚洲和非洲的了解也仅仅是一部分，贸易活动主要局限于地中海、北海、波罗的海沿岸国家以及中国与其邻近国家之间。地理大发现以后，欧洲人所了解的地球面积比14世纪时一下子增加了5倍。参加国际贸易的国家和民族迅速增加，除了原来的那些欧亚国家以外，还包括美洲、大洋洲、亚洲和非洲的大片地区，国际贸易的范围扩展到世界各大洲。世界市场开始出现，国际贸易规模迅速扩大，贸易的商品种类和数量也随之增多。除了金银、香料、丝绸、茶叶等源源流入欧洲外，一些原来未曾到过欧洲的新商品如美洲的烟草、可可、咖啡，印度的棉花等，或以前欧洲人很少食用的蔗糖、大米等开始大量进入欧洲市场。为了开发美洲资源，欧洲殖民主义者还用武力或欺骗等手段，贩运大批非洲黑人到美洲，使奴隶又重新成为国际贸易中的一项商品。

西欧各国对美洲、非洲和亚洲这些新发现的地区进行了残酷的奴役和掠夺，建立了早期资本主义国际专业化生产，即宗主国与殖民地之间的国际分工。在这个时期，大批欧洲人涌进新发现地区，他们以武力和欺骗等手段，进行掠夺性贸易，把大量的金银财富运往欧洲。同时，欧洲殖民主义者还在这些地区开矿山、采金银，并强迫当地居民为其生产那些当地本来不生产的热带产品，建立了以奴隶劳动为基础，为世界市场而生产的种植园制度。当时的奴隶贸易是一种三角贸易，即西非人被贩卖到美洲当奴隶，在西印度群岛生产并出口蔗糖和烟草等，与英国生产的工业品相交换。这是当时宗主国和殖民地间国际分工的一种典型形式。

从世界经济发展的历史看，16世纪至18世纪是西欧各国进行资本原始积累的时期。所谓资本原始积累是指在资本主义生产方式确立以前，通过暴力使小生产者同生产资料相分离，并把生产资料和货币财富集中到少数资本家手中的过程。由地理大发现所引起的对海外殖民地的掠夺和奴隶贸易是西欧资本原始积累的重要源泉之一。

总之，在这一时期，由于当时各国生产力的发展水平和生产社会化程度还比较低，以手工业和工场手工业生产为基础的国际分工和国际贸易尚未从根本上动摇自然经济的统治地位，世界市场上流通的商品主要是殖民地的热带、亚热带土特产品或奢侈品以及欧洲的手工业品，较落后的运输手段仍严重地限制了大宗商品进入国际交换领域。地理大发现扩展了国际贸易和世界市场，但由于机器大工业时代尚未来临，国际分工和世界市场还只是处于萌芽状态。

2）对外贸易促进了资本主义生产方式的产生

资本主义生产方式是以社会化的机器大生产为物质基础，由资本家占有生产资料，并利用其所占有的生产资料作为资本，对雇佣劳动者进行剩余价值的剥削为主要特征的一种生产方式。这样一种生产方式的形成，在经济上必须具备三个基本条件：一是要有大量的有人身自由但丧失了生产资料的劳动者；二是要在少数人手里积累起资本主义生产所必需的大量货币财富；三是要有不断扩大的商品销售市场。这些条件在资本主义发展初期是通过资本原始积累实现的，而对外贸易在这个过程中始终起着重要的作用。对外贸易为资本主义生产方式的形成提供了劳动力、资本和市场。

从提供劳动力方面来看，资本原始积累的重要方式，就是剥夺农民的土地，把农民变成除了出卖劳动力以外一无所有的“自由”工人。这种剥夺过程与当时对外贸易的发展有直接的关系。例如，英国在15世纪末掀起的大规模的“圈地运动”，把大批农民赶走，使之流离失所，沦为雇佣劳动者，同时，耕地被改建成牧场，生产羊毛。英国历史上出现的这种“羊吃人”的现象，就是因为羊毛和毛织品是英国当时的主要出口商品，国外销路旺盛，价格昂贵，生产羊毛和毛织品比生产粮食更有利可图。

从提供货币财富上看，欧洲的商业资产阶级在地理大发现以后，通过征服殖民地，贩运奴隶和进行掠夺性贸易等手段，从世界各地运回了大量的黄金白银，然后在欧洲转化为资本主义生产所必需的资本。对外贸易是资本原始积累的重要途径。

再从提供市场上看，地理大发现后，英国、葡萄牙、西班牙、荷兰、法国等欧洲殖民主义者在16世纪至18世纪先后发动了一系列的商业战争，不仅扩大了殖民统治，而且也扩大了市场。非洲、亚洲和拉美广大地区都被纳入到世界市场中来，成为资本主义国家的商品销售市场和原料产地。

由此可见，资本原始积累过程始终都是在对外贸易的直接影响下进行的，对外贸易在劳动力、资本和市场方面为资本主义生产方式的形成提供了必要的前提条件。正是从这个意义上说，对外贸易是资本主义生产方式的基础。对外贸易对于资本主义生产方式的这种基础作用，只是就它推动封建社会向资本主义社会过渡，提供了过渡的条件，加速了过渡的进程而言，而不能由此得出结论说，对外贸易是资本主义生产方式形成的决定性因素。因为对外贸易属于流通领域，它不能决定新的生产方式的产生，只能为新的生产方式的产生创造条件。决定新的生产方式产生的是生产力的发展和生产关系的变化。

1.3.2 第一轮经济全球化时期的国际贸易

第一轮经济全球化从工业革命开始，到第一次世界大战爆发结束。这一时期国际贸易发展迅速，世界出口年均增长3.4%，高于世界产出2.1%的年均增速。贸易占产出的比重稳步提高，1913年达到7.9%的新高，这一比重直到20世纪60年代才被超越。

1）运输工具和通信技术革命与国际贸易发展

19世纪，英国出现了世界第一艘利用蒸汽作为动力的轮船，到19世纪30年代后期，轮船大量应用于跨大西洋航线，50年代扩展到非洲西部和南部航线。早期轮船主要运送的是邮件等价值高的商品，但是在随后几十年包括螺旋桨、涡轮发动机、船体设计等在内的一系列技术进步以及港口设施的建设，使轮船运输速度更快、运力更高、燃料利用更有效率，这进一步降低了运输成本，轮船开始应用于大宗商品和奢侈品的跨洋运输。在1869年苏伊士运河开通以前，受轮船携带燃料的限制，远东贸易航线仍然主要使用帆船。苏伊士运河创造了欧洲通往亚洲的捷径，使轮船远洋运输成为可能，并成为成本最为低廉的运输工具，到19世纪末跨洋运输广泛采用了轮船运输。

1825年，世界上第一条铁路在英国的斯托克顿和达灵顿之间开通，随后英国其他地区、比利时、法国、德国以及西欧其他国家纷纷效仿修建铁路，并在北美洲和亚欧大陆出现了跨洲铁路，1869年美国太平洋铁路建成，1885年加拿大太平洋铁路竣工，1904年西伯利亚铁路正式开通。在第一次世界大战前的几十年期间，阿根廷、印度、澳大利亚、中国等国家的铁路建设也得到快速发展。1825—1913年，世界修建的铁路里程达到近百万公里。

运输工具的革命大大降低了运输成本，1800—1910年，内陆运输成本下降了90%以上；1870—1900年这30年之间，跨大西洋的运输成本下降了约60%。运输成本的迅速下降不仅增加了贸易量，也使贸易的商品多样化。在工业革命之前，由于大多数商品和原料很难进行长途运输，或者运输成本很高，因而贸易的商品主要是价格/重量比最高的轻泡货，例如香料、贵金属、茶叶、咖啡等。但是，随着轮船代替了帆船，铁路代替了马车运输，谷物、金属、纺织品以及其他大宗商品的跨大洋贸易已经非常普遍。

机械制冷技术在19世纪30年代研发出来后，经过20余年的发展开始应用于运输业，使通过铁路和海运进行肉类、奶制品和水果的远距离运输成为可能。1870年美国开始向欧洲出口冻牛肉，到19世纪80年代，南美洲和澳大利亚的肉类以及新西兰的黄油开始向欧洲大量出口。

19世纪40年代，电报的使用开启了全球近乎即时通信的时代。1866年第一份跨大西洋海底电缆电报成功发送，使欧洲和北美洲之间的通信时间由原来的10天（即由船舶传递信件的时间）降低到几分钟。到19世纪末期，英国、法国、德国和美国的电报线路形成联结欧洲和北美洲的电报通信网络。

2）国际经济制度与国际贸易发展

（1）国际金本位制度与国际贸易发展

19世纪20年代英国采用了金本位制度，从70年代开始，德国、丹麦、挪威、瑞典、荷兰、比利时、法国、瑞士、美国等国相继采用了金本位制度，到19世纪80年代末期，国际金本位制度大致形成。

在金本位制下，各国货币价值等同于若干重量的黄金（即货币含金量），不同货币之间的兑换比率（即汇率）相对稳定，这大大降低了国际结算中的汇率风险和支付障碍。

（2）自由贸易秩序与国际贸易发展

作为世界最大的工业大国、金融大国和航海大国，19世纪中期英国开始废除保护贸易法令，发起和推行自由贸易政策，1846年和1849年先后废除了《谷物法》和《航海法》。

1860年，英国与法国签署了《科布登-谢瓦利埃条约》，该条约不仅使两国之间实现了自由贸易，还包含了无条件最惠国待遇条款。英国在该协定下的关税削减不仅适用于法国，还适用于其他所有国家，而法国在该协定下的关税削减仅适用于英国，不适用于其他国家，这就促使欧洲其他国家与法国谈判订立贸易协定，以确保其出口产品得到与英国产品同等的待遇。法国先后与比利时（1862年）、德意志关税同盟（1862年）、意大利（1863年）、瑞士（1864年）、瑞典（1865年）、挪威（1865年）、荷兰（1865年）、奥地利（1866年）达成贸易协定。欧洲国家之间通过签署双边贸易协定形成贸易协定网，促进了自由贸易的发展。

此外，欧洲宗主国与其海外殖民地经济通过贸易、投资和移民已经联结成为一个整体。由于宗主国希望从殖民地自由地获取自然资源并自由地进入其市场，很多发展中国家也被纳入到欧洲国家之间建立的自由贸易秩序中。

19世纪70年代初，意大利和德国先后实现国家统一，两国通过提高关税壁垒来巩固内部统一，对欧洲的自由贸易制度形成挑战。1873—1877年世界范围的大萧条进一步加大了各国保护国内产业的压力，由于缺乏有效的国际约束或监督，各国逐渐提高了关税水平。到19世纪末20世纪初，德国和日本的平均关税水平是12%，法国为16%，美国为32.5%。

（3）国际协调制度与国际贸易发展

为了促进通信、运输和知识产权保护等领域的国际合作，国际社会建立了各类协调制度。为了顺利实现国际电报通信，1865年成立了世界最早的国际组织——国际电信联盟（ITU）。为了连接各国国内铁路网，1883年召开了促进铁路技术标准化国际会议。1893年成立了保护知识产权联合国际局，负责管理《保护工业产权巴黎公约》和《保护文学和艺术作品的伯尔尼公约》。这些协调制度的出现降低了通信和运输成本，有利于技术进步，进而促进了国际贸易的发展。

3）国际贸易发展与国际分工模式的形成

19世纪国际贸易的迅速发展使国家可以从事其最有效率产品的专业化生产，逐渐形成了以先进的工业化国家为“中心”和以原材料供应国为“外围”的分工模式。由于受到来自北美洲和俄罗斯农产品的竞争，欧洲的食品价格开始下降，进一步促进了工业化和城市化的发展。与此同时，欧洲工业品的大量涌入导致发展中国家出现“去工业化”现象，1860—1913年，发展中国家占全球工业的份额由1/3下降到不足1/10。从商品结构看，第一次世界大战前工业国的贸易以初级产品为主。1890年农业和其他初级产品占世界贸易的68%，达到顶峰，到1913年略降至62.5%。到第一次世界大战爆发时，初级产品仍占英国进口的2/3。

随着国际贸易的发展，处于国际分工“中心”的工业化国家之间的差距逐步缩小。19世纪中期，英国是世界上毫无争议的工业大国，到1913年，美国和德国的工业产出超过了英国（见表1-1）。1870年，其他国家人均GDP不到英国的一半，但是到1913年，德国、比利时、瑞士和瑞典逐渐赶上。

表1-1　**部分国家占世界工业产出的比重**　单位：%

年份	美国	英国	德国	法国	俄罗斯	其他发达国家	其他国家
1830	2.4	9.5	3.5	5.2	5.6	13.3	60.5
1860	7.2	19.9	4.9	7.9	7.8	15.7	36.6
1913	32.0	13.6	14.8	6.1	8.2	17.8	7.5

资料来源：BAIROCH.International industrialization levels from 1750 to 1980［J］. Journal of European History，1982，11（1-2）：269-333.转引自WTO.World trade report：factors shaping the future of world trade［R］. Geneva：WTO，2013：50.

然而“中心”国家和“外围”国家的差距呈不断扩大的趋势。1860年，英国、美国、德国3个主要工业国家的产出占全球总产出的1/3；到1913年，其份额增长到近2/3。1820年，世界上最富裕国家的人均GDP约为最贫穷国家的3倍，到1910年扩大到9倍，到1925年扩大到15倍。

1.3.3 两次世界大战之间的国际贸易

第一次世界大战的爆发打断了经济全球化的进程，导致贸易保护主义和经济民族主义盛行。

第一次世界大战结束后，欧洲各国面临工业重建、解决数百万士兵就业、应对原材料和食品短缺等巨大挑战。由于战争时期政府对经济实施全面控制，人们对政府在经济中作用的认识发生转变，战争结束后，要求政府继续干预经济以促进充分就业和经济重建、促进更大程度的社会公平的政治呼声依然强烈。随着纸币停止兑换黄金，国际金本位制度解体，面对金融动荡和货币竞争性贬值，各国开始重新实施贸易限制和外汇管制政策，以减少进口和平衡国际收支。战争赔款和偿还贷款的压力不仅影响了欧洲经济的复苏，也使国家间的关系恶化，影响了国际合作的发展。

1929年10月美国华尔街股市崩盘，美国经济陷入大萧条。为了保护国内产业，1930年美国国会通过了臭名昭著的《斯穆特-霍利关税法》，把美国的关税提高到历史最高水平。其他国家为了保护本国产业和对美国进行报复，也纷纷提高关税和结成贸易集团，20世纪30年代世界平均关税税率最高达到25%。

由于需求疲弱和新的贸易壁垒出现，国际贸易萎缩，1929—1933年，世界贸易额下降了2/3（如图1-1所示）。

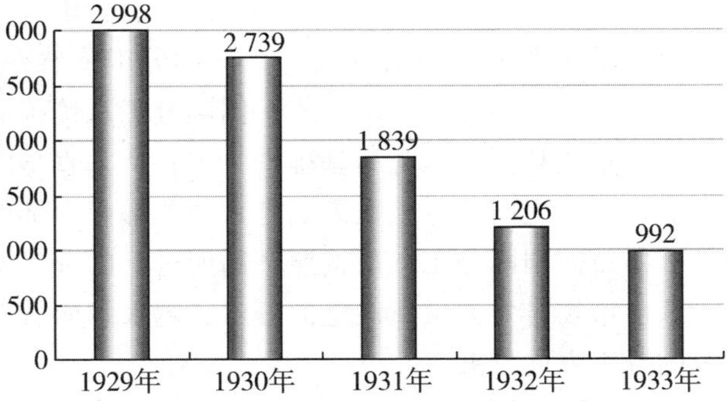

图1-1 1929—1933年世界贸易的萎缩（单位：百万旧美金）

资料来源：WTO.World trade report：factors shaping the future of world trade [R]. Geneva：WTO，2013：52.

尽管经济全球化的进程被战争和经济危机打断，但是运输领域的技术进步仍在持续，为新一轮经济全球化的发展创造了条件。

动力技术的进步引发了新一轮运输革命。柴油发动机的应用使以煤炭为动力燃料的商船日益减少，1914年，以煤炭为动力燃料的商船占96.9%，20世纪20年代这一比例降至约70%，20世纪30年代后半期降至50%以下。大型卡车的出现促进了铁路与公路联运的发展，汽车的普及也大大提高了石油在世界能源中的地位。在这一时期，铁路网（尤其是发展中国家的铁路网）得到迅速发展。到1937年，非洲的铁路里程占世界的5.7%，拉丁美洲占10.2%，亚洲占10.9%。

运输领域的另一重大突破是航空运输的迅速发展。早在1911年，飞机就被用于运送航空邮件，在第一次世界大战期间，空运的军事物资急剧增加。20世纪20年代中期，飞机制造商开始设计和建造专门的货机。

1.4 第二次世界大战后的国际贸易

1.4.1 第二次世界大战后国际分工的深化

第二次世界大战以后，兴起了以原子能、电子计算机和空间技术的发展和应用为主要标志的第三次科学技术革命。科学技术进步导致了一系列新能源、新材料、新工艺的出现和一系列新兴工业部门的相继建立，极大地促进了生产力的发展。随着生产专业化和生产国际化的不断加强，各国之间的相互依存关系日益加深，国际分工进入了深化发展的新时期。

如前所述，在国际分工的萌芽阶段，主要是宗主国与殖民地之间的分工。在机器大工业建立以后，形成了以英国为中心的工业国与农业国之间的分工，即世界城市和世界农村的对立和分工。当时的工业国以发展轻工业生产为主，而农业国主要从事食品和原料的农业生产。第二次科技革命以后，工业国家在工业生产上各有侧重，形成了各国的部门与部门之间的分工。在工业国与农业国之间，世界城市与世界农村的对立与分工进一步扩大了。第二次世界大战以后，国际分工发生了深刻的变化：19世纪所形成的世界城市与世界农村的对立和分工依然存在，但已经削弱，日益被以世界工业为主导形式的分工所取代——国际分工从传统的以自然资源为基础的分工逐步发展为以现代技术、工艺为基础的分工；从垂直型的分工日益走向水平型的分工；从产业各部门之间的分工发展到各个产业部门内部的分工，再发展到以产品专业化为基础的新的国际分工；从按照产品所进行的分工发展为按照生产要素所进行的分工；从由市场自发力量所决定的分工，越来越向着有组织的，特别是由跨国公司所组织的分工方向发展。

1）第二次世界大战后国际分工的特征

世界工业分工是第二次世界大战后国际分工的基本趋向和基本特征，这一深刻变化标志着国际分工的深化。

（1）在当代国际分工格局中，工业国与工业国之间的分工居于主导地位

古典的国际分工主要是经济结构不同、技术基础不同的工业国与农业国之间的分工。它们之间的分工在第二次世界大战战前一二百年发展迅速，制成品生产国与初级产品生产国之间的分工在国际分工格局中长期居主导地位；而经济结构

相似、技术基础接近的工业国家之间的分工，则发展缓慢，它们之间的分工处于次要的地位。第二次世界大战后，科技飞速进步和经济迅速发展改变了战前这种国际分工格局，国际分工在经济结构相似、技术水平接近的工业国家之间得到迅速发展。

国际分工的这一发展趋势在第二次世界大战后国际贸易发展中明显地反映出来。第二次世界大战后，发达国家与发展中国家之间的贸易发展得比较缓慢，而发达国家与发达国家之间的贸易发展得比较迅速，它们在世界贸易中所占的比重不断提高。在第二次世界大战后的世界贸易中，发达国家的出口约占世界贸易量的3/4，而其中的3/4是对发达国家的出口，这就是说，一半以上的国际贸易是在发达国家之间以工业品贸易的形式进行的，而发达国家与发展中国家之间以工业品交换初级产品的贸易，只占世界贸易不到1/5。这表明，传统的以自然资源为基础的世界工业与农业的分工日渐削弱，新型的以现代技术、工艺为基础的世界工业与工业的分工日趋加强。

（2）各国间工业部门内部分工日益深化

第二次世界大战前，在国际分工格局中，制成品生产国与初级产品生产国间的分工居于主导地位，其次才是工业国与工业国间的分工。而在工业国之间的分工中，占主导地位的又是各个国家的不同工业部门之间的分工，例如钢铁、冶金、化学、机械制造、汽车、造船、造纸、纺织等工业部门间的分工。这两种类型的分工，无论是工业与农业的分工，还是工业部门间的分工，都属于部门间的分工。

第二次世界大战以后，随着社会分工的发展，原来的生产部门逐步划分为更多更细的部门，原来的一个部门变为若干个新的独立的部门。部门内的分工不仅限于一国国内，而且越来越多地跨越国界，形成国家间的部门内部分工。

部门内部国际分工的发展是以科学技术为基础的国际分工迅速发展的结果。第二次世界大战后的科技进步引发发达资本主义国家产业结构的变化，出现了一系列的高新技术产业部门。这些部门技术密集程度高、生产能力强、生产工艺和产品结构复杂，这在客观上要求企业大型化。发达国家企业的现代化生产又要求在资金、研究与开发、生产、市场等方面必须走国际协作和国际专业化的道路。第二次世界大战后发达国家之间各个工业部门内部的国际分工采取了更加细分化的形式：

第一，产品专业化。这是指各发达国家的相同工业部门，对同一类型但型号、规格不同的产品，实行专业化生产。在技术进步的推动下，新产品源源不断地出现，各类工业品日益多样化，同类工业品在品种、型号、规格、质量、性能等方面日益差异化。在产品多样化、差异化迅速发展的情况下，即使技术水平很高，国内市场很大的国家，也不可能生产出所有型号、所有规格的同类产品。因此，在各国相同工业部门内部，不同型号、不同规格产品的分工迅速发展起来。

第二，零部件专业化。这是指发达国家把某种工业产品的零件、部件或配件，分别配置在不同的国家（包括发展中国家）进行专业化生产，然后把各种零部件集中到某个国家进行总装配，完成最终产品。现代工业产品的结构日趋复杂，越是高技术产品，所需零部件越多。生产成千上万种零部件，仅靠少数几家企业难以完成，需要众多的企业参与分工协作才能解决。由于不同的国家各有技术、设备、资源等方面的优势，为了保证质量，降低成本，实行零部件专业化和国际协作也是一种必然的趋势。

第三，工艺流程专业化。这是指不同国家对生产某种复杂产品或部件的工艺过程或工序实行专业化生产。例如把锻件、铸件、模压件、毛坯等中间产品或半制成品向国外出口，再由国外企业按需要进行加工，制成最终产品。

发达国家之间各工业部门内部分工的发展是第二次世界大战后国际分工深化发展的集中表现。产品专业化的发展必然扩大发达国家间制成品贸易，零部件专业化和工艺流程专业化的发展带来国际贸易中零部件、配件等中间产品和半制成品贸易比重增加。

（3）发达国家与发展中国家间工业分工在发展，而工业国与农业国之间的国际分工格局在削弱

从国际分工产生到第二次世界大战前，发达国家主要从事制成品的生产，落后国家则主要从事以自然条件为基础的农业和矿业的生产。工业国与农业国之间的分工关系构成传统的国际分工格局的主体。第二次世界大战后的科技革命和跨国公司的迅速发展，加速了两个转移，即某些工业产品的生产从发达国家向发展中国家的转移和某些初级产品的生产从发展中国家向发达国家的转移。由于这种转移，第二次世界大战结束以来，发展中国家向发达国家的出口中，除了初级产品以外，还逐步增加了劳动密集型产品，有些“新兴工业化国家”还出口某些资本和技术密集型产品（如电子产品、汽车等），而发达国家向发展中国家出口的工业品则主要是资本和技术密集型产品。这种转移削弱了这两类国家间传统的分工关系基础，在一定程度上打破了传统的国际分工格局。在发达国家与发展中国家之间，在工业与农业分工趋于削弱的同时，逐渐发展了资本和技术密集型工业与劳动密集型工业的分工，高技术工业与一般工业的分工。

2）第二次世界大战后国际分工深化的原因

第二次世界大战后国际分工向纵深方向发展，其原因是多方面的。

（1）第二次世界大战后科学技术的飞跃发展是促使国际分工深入发展的最重要因素

历史上的科学技术革命都曾深刻地改变了许多社会物质生产领域的状况，促使它们不断改善工艺和生产过程，也促进了新兴部门和新产品的出现。它也同样促使社会分工、国际分工发生变革。第二次世界大战后，在第三次科技革命条件下，世界各国经济结构的变化是促使国际分工格局发生变化的重要原因。第二次世界大战后，发达资本主义国家竞相优先发展新兴的高技术工业部门，而传统的

工业部门则发展相对缓慢。西方发达国家为了适应现代科学技术的发展和竞争的需要而进行了工业结构的调整，把那些技术层次低、使用劳动力多、耗能大、污染环境的劳动密集型工业，逐步向发展中国家转移。在科技革命的推动下，发达国家的农业也发生了深刻的变化。培育良种、灌溉施肥、改良土壤等广泛采用新技术，农业生产几乎普遍实现了机械化、化学化，家畜、家禽饲养工厂化，劳动生产率大幅度提高，产量迅速增加。发达国家不仅实现了农产品自给，而且还大量出口。此外，化学工业特别是人工合成材料工业的发展，使发达国家原材料自给程度提高，减少了对发展中国家的依赖。上述世界性的经济结构变化，导致了某些工业品的生产由发达国家向发展中国家转移，某些初级产品的生产由发展中国家向发达国家转移。

由于高科技生产耗用巨额资金和需要庞大的技术力量，因此，它越来越倾向于走国际合作、国际分工的道路，不仅在国家间进行专业化生产与协作，而且要在世界范围内进行这种分工协作。产品的差异性、多样化和零部件生产的专业化推动了发达国家之间部门内部分工的扩大和深化。

由于科技进步，第二次世界大战后的交通运输工具和通信手段发生了巨大的变革，这一方面加快了运送货物、传递信息的速度，另一方面又降低了费用，为国际分工的深化和扩大提供了重要的物质条件。以运输为例，1956—1957年苏伊士运河封闭引发了20世纪50年代中期船舶运输技术的革新。由于石油、煤炭、铁矿石及其他大宗商品的运输成本突然上涨，运输行业决定在大型、专业化散装船以及满足新船型需求的港口设施方面进行投资。20世纪50年代初，油轮的平均载重是16 000吨（其设计主要受苏伊士运河通航能力的限制），到20世纪90年代，油轮的平均载重达到了10万吨，现代超级油轮的载重达到了50万吨，可以运输300万桶石油。货船也出现了同样的技术进步，货船的平均载重由1960年的不足2万吨提高到20世纪90年代初的4.5万吨。20世纪70年代后期成立的联邦快递开始采用专门的货机运输，承诺货物在次日送达，引起快递行业呈指数扩张。1980年，航空运输的实际成本已经下降到第二次世界大战初期的1/4。

（2）跨国公司的兴起和发展是推动国际分工深入发展的另一股重要力量

第二次世界大战后国际分工的深入发展与跨国公司在世界范围内的扩张有密切关系。跨国公司以其母国为基地，在国外广设分支机构和建立子公司。它实行高度集中管理，全面安排母公司、子公司及分支机构的生产、销售、研究开发和资金调拨，并协调其设在不同国家的各公司、工厂之间的专业化生产和协作，是当代国际分工的重要组织者。跨国公司财力雄厚、技术先进、规模巨大，其内部生产专业化和协作的高度发展是国际分工进一步深化的重要推动力量。

（3）第二次世界大战后世界贸易自由化有助于国际分工的发展

第二次世界大战后，在关税与贸易总协定（简称关贸总协定）主持下举行了多次多边贸易谈判，各国的关税水平大幅度下降，非关税壁垒也逐步受到约束，促进了世界范围内的贸易自由化。区域性的经济贸易集团相继建立，集团内部取消各种贸易限制，实行内部贸易自由化。这些自由化措施有助于国际分工的发展，促进了世界各国间专业化分工，特别是促进了发达国家之间和它们各个工业部门内部的专业化分工和贸易的发展。

1.4.2 第二次世界大战后国际贸易的发展趋势

第二次世界大战结束后出现了长达半个多世纪的相对和平时期，世界各国和地区之间的经济往来越来越频繁，彼此之间的经济联系也日益紧密。1950—2022年，剔除价格变动因素后的世界贸易增长了近44倍，而同期世界GDP增长了13倍（如图1-2所示）。2022年世界货物出口额达到24万亿美元，服务出口额达到7万亿美元。

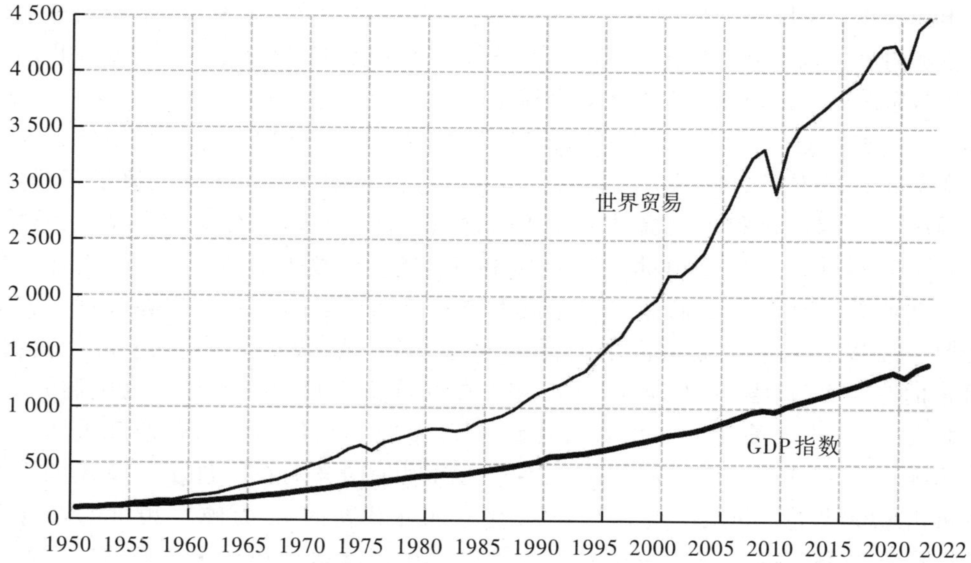

图1-2 1950—2022年世界贸易量和GDP指数（以1950年为100）

资料来源：WTO.World trade statistical review 2023［R］. Geneva：WTO Secretariat，2023.

第二次世界大战以后，国际贸易的发展趋势是：战争结束初期至20世纪70年代初，世界经济处于恢复和发展的“黄金时期”，国际贸易以空前的速度迅速发展；20世纪70年代，西方国家经济步入“滞胀”时期，国际贸易转入缓慢发展阶段；20世纪80年代，西方国家经济“滞胀”局面基本结束，国际贸易在80年代前半期曾一度出现过负增长，后半期逐步好转，但整个80年代国际贸易仍以较低速度发展；20世纪90年代是国际贸易新一轮增长期，进入新世纪以来，受美国网络泡沫危机（dotcom crisis）、经济危机、美国对华贸易战、新冠病毒感染、俄乌冲突等事件影响，国际贸易增速再次放缓（如图1-3所示）。

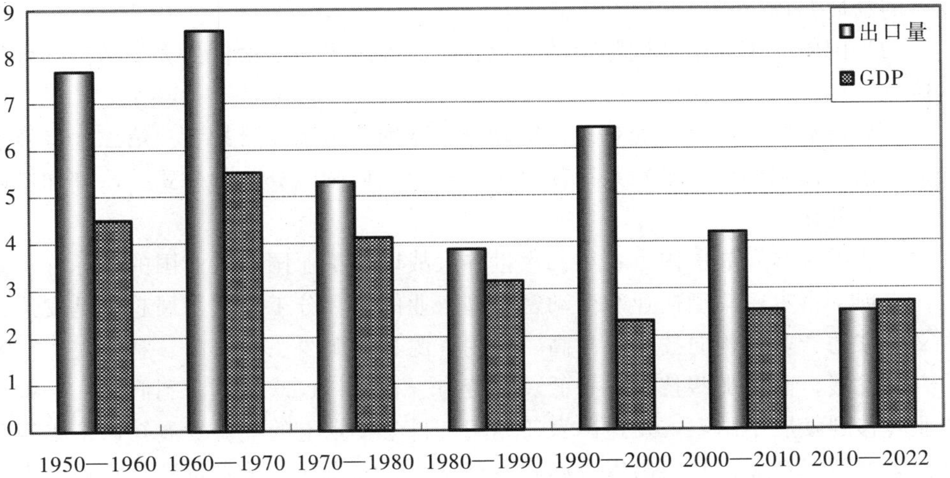

图1-3 第二次世界大战后不同时期国际贸易与GDP的年均增长率（%）

资料来源：WTO.World trade statistical review 2023［R］. Geneva：WTO Secretariat，2023.

1）1973年以前国际贸易迅速发展

1973年以前，国际贸易发展非常迅速。1950—1973年的23年间，世界出口贸易额从603亿美元增加到5 740亿美元，增长了8.5倍，年平均增长率为10.3%。按剔除价格变动因素的世界出口量计算，则扩大了4.1倍，年平均增长率为7.2%。这一增长速度，超过了历史上国际贸易增长最迅速的时期——19世纪六七十年代，即自由竞争资本主义发展的鼎盛时期，当时世界出口贸易量的年平均增长率也不过为5.6%。

在历史上，国际贸易的增长长期落后于世界生产的增长，这表明生产扩大了而市场相对狭小，因此引起了生产和市场的矛盾。第二次世界大战后，世界贸易的增长快于世界生产的增长。1950—1973年世界出口量的年平均增长率为7.2%，快于同期世界生产量的年平均增长率5.4%。这表明第二次世界大战后世界市场的容量明显地扩大，生产和市场的矛盾有所缓和。

第二次世界大战后国际贸易迅速发展的主要原因是：

（1）科技革命引起工业生产的增长是第二次世界大战后国际贸易迅速增长的最根本原因

从20世纪50年代初开始，世界进入了第三次产业革命时代。劳动生产率空前提高，出现一系列新兴工业部门，扩大了对资本和资本货物的需求，刺激了各国工业生产的迅速发展。发达资本主义国家的工业生产在1948年就已超过了战前的水平。1950—1973年资本主义世界的工业生产一直增长很快，年平均增长率达到5.4%，不仅超过两次世界大战之间那个时期的2.2%，而且也超过了第一次世界大战前1900—1913年的4.2%，被誉为第二次世界大战后世界经济发展的“黄金时期”。马克思主义经济理论认为，世界贸易与世界生产有相互促进的作用，但其中起决定性作用的是生产。世界生产的迅速增长成为第二次世界大战后国际贸易迅速发展的物质基础。

（2）国际分工和生产国际化的深化、扩大促进了第二次世界大战后国际贸易的迅速发展

世界市场是国际分工的表现，国际分工越细，市场容量越大。第二次世界大战后第三次科技革命建立了一系列新兴工业部门，使国际分工的形式、深度和广度发生了深刻变化。

发达国家与发展中国家在第二次世界大战以前工业国与农业国的国际分工基础上，出现了资本密集型产业和劳动密集型产业的国际分工。其发展趋势是发达资本主义国家的产业结构向技术水平高、耗用资源和能源少、产值高、利润大、公害轻的方向发展，而把那些技术水平低、费劳力、费原料、产值低、利润小、公害重的产业转移到发展中国家。发达国家还利用其科学技术上的优势发展知识密集型和技术密集型新兴产业，专门出售专利和专有技术，大力开展技术贸易。这种分工的出现扩大了国际交换的领域，也增加了世界市场的容量。

第二次世界大战后的国际分工已由部门之间的国际专业化发展为部门内部的国际专业化。这种国际分工的深化，主要是在发达资本主义国家之间进行的，其结果是这些技术水平相近的发达国家相互之间的贸易得到迅速发展。

此外，第二次世界大战后欧洲经济共同体、经济互助委员会以及发展中国家区域性经济贸易集团在内部实行分工和协作，促进了其内部贸易的发展，也意味着世界贸易的发展。

国际分工和生产国际化的扩大、深化成为第二次世界大战后国际贸易量增长速度超过工业生产增长速度的重要原因。

（3）国际金融贸易组织的建立和区域性经济一体化有利于国际贸易的发展

1945年正式成立的国际货币基金组织（International Monetary Fund，IMF），确定了以美元为中心的资本主义国际货币体系。这一体系要求各国稳定国际汇兑，取消外汇管制。这一方面有利于第二次世界大战后美国的对外扩张，另一方面也为第二次世界大战后国际贸易的发展提供了有利条件，使国际贸易能够在相对稳定的汇率下进行。

布雷顿森林体系的建立

1947年建立的关税与贸易总协定提出通过关税减让谈判逐步消除各国间的贸易壁垒以促进世界贸易自由化。自1947年以来，在关税与贸易总协定主持下举行的多次多边贸易谈判，在降低关税和减少非关税措施方面取得重要成果，使世界贸易逐步走向自由化，推动了第二次世界大战后国际贸易的发展。

此外，第二次世界大战后世界范围内的区域性经济一体化发展很快，各种区域性经济贸易集团的建立以及其内部实行贸易自由化，扩大了内部贸易，也促进了对外贸易的发展。

（4）国家加强在对外贸易发展中的作用

第二次世界大战后，随着国家垄断资本主义的发展，政府不断加强对对外贸易

的干预，在争夺世界市场中起着越来越大的作用。

为了扩大出口，资本主义国家政府广泛采取出口信贷、出口信贷国家担保制、出口补贴等办法，从财政上支持资本家争夺国外市场。除此之外，资本主义国家还通过各种行政和组织措施来促进和保证出口商扩大出口。

（5）跨国公司的发展促进了国际贸易的迅速发展

现代大型的跨国公司是指资本主义国家的那些以本国为基地，通过对外直接投资，在其他国家设立分支机构或子公司，从事国际性生产和经营活动的国际垄断企业。

第二次世界大战后，跨国公司的迅速发展对国际贸易的发展起了重要的作用。

第一，跨国公司的发展加强了资本的国际流动，促进了世界范围内国际分工的扩大和深化。

第二，跨国公司的巨大发展带动了发达资本主义国家之间对外贸易的发展。跨国公司总数的2/3设在发达资本主义国家，跨国公司的内部贸易，即跨国公司的母公司和子公司之间以及各子公司之间的产品转移，占国际贸易总量的1/3以上。

第三，跨国公司使国际贸易的中间产品贸易扩大。由于制造业跨国公司采取各子公司分工制造部件，集中装配，定向销售的经营方法，加大了国际贸易中中间性商品的比重。而且，跨国公司间各种部件、半成品及成品的往返运输，也造成了国际贸易额的重复计算。

第四，跨国公司的巨大发展也促进了第二次世界大战后世界贸易自由化。为了最大限度地扩大企业的规模，加强国际竞争力，增加利润，跨国公司不仅需要资本在国家间自由流动，而且需要商品自由流动。因而它要求减少阻碍商品在国家间自由流动的各种贸易壁垒，这在很大程度上推动了贸易自由化进程，加快了国际贸易发展的步伐。

2）20世纪70年代初至80年代中期国际贸易转入缓慢发展

1973年以后，国际贸易的增长速度明显减缓。1973—1979年世界出口贸易值的年平均增长率高达18.9%，但这主要是世界经济进入“滞胀”后高通货膨胀率导致的。1973—1979年世界出口贸易量的年平均增长率仅为4.5%，比1950—1973年的7.2%减少了2.7个百分点，1973—1985年世界出口贸易量年平均增长率仅为2.9%。20世纪80年代初，世界出口贸易量增长完全停滞，1982年甚至还下降了3%。

国际贸易转入缓慢发展的主要原因是：

（1）能源危机的爆发

从20世纪70年代初开始，石油输出国组织（OPEC，欧佩克）在反美反以色列的口号下，实行石油禁运、减产和提价等政策措施，使资本主义世界发生了能源危机。1973年开始的第一次石油危机，使油价猛涨（由每桶3美元上涨到每桶12美元）；1979年发生的第二次石油危机，油价进一步上涨（由每桶近12美元上涨到每桶34美元)；1982年的油价比1973年以前上涨了十几倍。

第一次石油危机简况

石油价格上涨使许多产品的成本提高，不少石油进口国损失严重，国际收支恶化，直接影响这些国家对外贸易的发展。

(2) 两次严重的经济衰退，世界经济的低速增长

1973—1975年爆发的资本主义世界经济危机是一个转折点，它标志着第二次世界大战后世界经济高速增长阶段已告结束，世界经济开始进入“滞胀”困境，出现了“两高一低”的局面，即物价上涨率和失业率急剧上升，经济增长率明显下降。1980—1982年，资本主义世界又发生了第二次世界大战结束以来严重的经济衰退。世界生产的年平均增长率从1950—1973年的5.4%下降到1974—1981年的3%，以后继续维持低速增长。通货膨胀率从20世纪60年代的年平均增长3.4%提高到20世纪70年代末的8%以上。1982年西方主要国家的失业总人数超过3 000万。由于经济危机的爆发，市场萎缩，为了转嫁经济危机，缓和国内失业，各资本主义国家都加强了对外贸的干预，纷纷采取贸易保护主义措施，高筑贸易壁垒，限制进口，严重影响了国际贸易的发展。

(3) 货币制度危机的爆发

1973年初，以美元为中心、以固定汇率制为基础的资本主义国际货币体系彻底崩溃，各国陆续开始实行浮动汇率制度。在浮动汇率制度下，国际货币金融市场动荡多变，汇率不稳，给国际贸易增加了阻力，影响了国际贸易的顺利发展。

布雷顿森林体系崩溃

西方世界的“滞胀”局面一直持续到20世纪80年代初。1983年以后，西方国家先后摆脱经济危机，走上了经济复苏的道路。整个80年代，世界经济经过普遍的调整，特别是西方国家为医治“滞胀”进行宏观经济政策和产业结构调整以后，总的形势已有所改善，“滞胀”已成为过去，通货膨胀虽然没有从根本上消除，但已基本上得到控制。但主要的工业发达国家并没有摆脱低经济增长、高失业的困境，国际贸易也因此而继续保持低速增长。整个80年代国际贸易的年平均增长率只有4%。

3) 20世纪80年代中期至2007年国际贸易进入新一轮增长

(1) 世界货物贸易总体呈快速增长，但波动较大

20世纪80年代中期到2007年，国际贸易总体呈快速增长，货物出口额由1985年的1.95万亿美元增长到2007年的14.0万亿美元，年均增长9.4%。进入20世纪90年代之后，西方国家受周期性和结构性因素的影响先后陷入衰退，加上美元汇率变化、国际债务、战争等因素的严重制约，国际贸易的增长速度虽然总体较快，但波动也较大，1993年、1998年和2001年世界货物出口额下降，剔除价格变动因素后的出口量在2001年也出现下降（如图1-4所示）。

这一时期世界货物贸易的发展在很大程度上归因于贸易壁垒的削减，尤其是关税的削减。关税与贸易总协定谈判（详见第8章）和国际经济一体化协定的广泛签署（详见第9章）大大降低了各国的平均执行关税水平，据世界贸易组织统计，发达国家的平均关税已降至5%左右，非农产品的平均关税已降至2.5%。

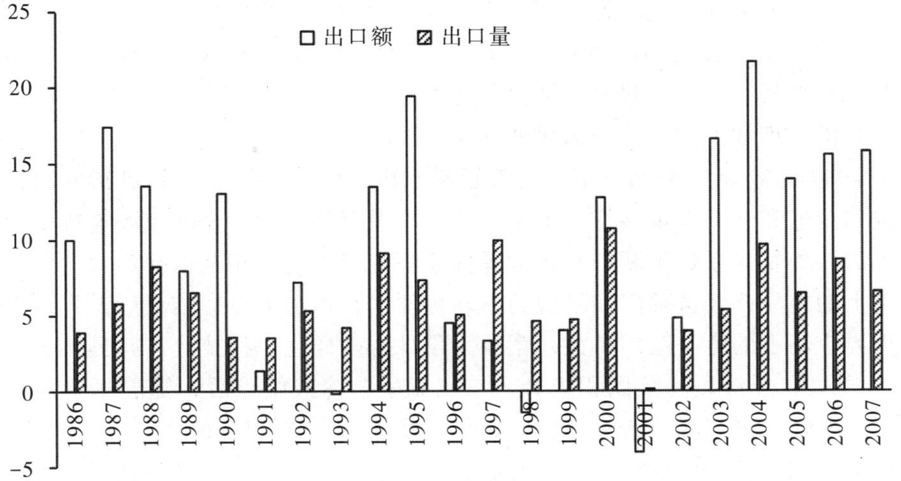

图1-4 1986—2007年世界货物出口额与出口量的年度变化（%）

资料来源：WTO统计数据库。

在这一时期的绝大多数年份，国际贸易的增速高于世界经济的增速（如图1-5所示）。这主要有四方面原因：首先，冷战的结束带来了“和平红利”，发达国家可以削减军费支出，用于其他领域的投资；其次，互联网和数字经济的发展促进了国际贸易的发展；再次，中国、印度等发展中大国实施经济改革政策，使贸易在经济赶超中发挥更为重要的作用；最后，产业链分工的发展使产品的各个生产环节放在不同国家，增加了中间产品的贸易量。

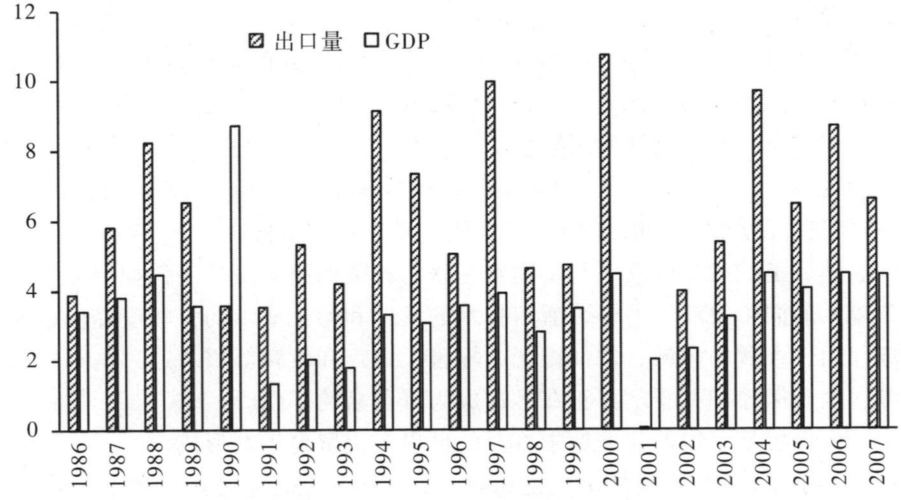

图1-5 1986—2007年世界货物出口量与实际GDP的年度变化（%）

资料来源：WTO统计数据库，联合国统计数据库。

由于世界贸易额是一定时期内世界各国或地区出口额之和，产业链分工使同一产品不同生产环节的增加值在世界贸易额中被多次重复统计，从而降低了统计信息的质量，也使一些传统贸易分析指标，例如对外贸易依存度的解释力下降。为此，学术界开始研究如何改进统计方法，有关区域和国际组织也致力于提供更高质量的世界贸易统计信息，例如欧盟建成了投入-产出数据库（WIOD），经济合作与发展组织与世界贸易组织合作建成了增值贸易数据库（Trade in Value-Added，TiVA）。

（2）世界市场上的竞争向纵深展开

从20世纪80年代中期开始，随着贸易自由化深入发展，科技迅猛发展，跨国公司遍布全球和开放政策盛行，国际分工向纵深发展，世界金融市场连成一片，全球和各国对外贸易系数不断提高，世界性经济传递加速，相互依存加深。但由于各国经济上的差异，经济部门和结构的不均衡发展，再加上冷战结束后世界多极化发展，世界市场上的竞争范围扩大，竞争手段日益多样化、科技化。其具体表现为：

① 国家和经济贸易集团积极介入市场竞争。冷战结束后，随着军事重心被经济重心所替代，国家间政治意义相应弱化，经济实力的作用加强了。世界市场的竞争体现国家利益的经济内涵，市场份额成为国家、集团利益的最终体现。因此，发达国家纷纷增加科技投入，扩张跨国公司，组建经济贸易集团，以稳固世界市场的中心地位，为自己谋求更大的利润基地。

② 封闭式竞争减少，开放式竞争增多。占世界贸易90%以上的世界贸易组织成员将在新的多边贸易体制基础上展开竞争。

③ 竞争范围从货物贸易延伸到服务贸易、与贸易有关的投资和知识产权领域。随着农产品与纺织品贸易的“回归”，农业部门和纺织业中的自由竞争也日益加剧。

④ 非价格和集约式竞争成为主要竞争方式。通过计算机联网，贸易单证标准化的“无纸贸易”（EDI）日益成为主要的贸易手段。

⑤ 竞争基础日益综合化。在竞争中，贸易、投资、服务、技术有机结合；产业革命不断加快，其途径有：不断推出新产品，采取新的生产技术，开拓新市场，挖掘新资源（尤其人力资源），进行机构管理改革等。

（3）服务贸易步入高速发展阶段

20世纪80年代中期以来，国际服务贸易发展十分迅速，服务出口额由1985年的0.38万亿美元增长到2007年的3.42万亿美元，年均增长10.5%。

产业链分工的发展带动了与货物贸易密切相关的服务贸易（例如运输服务、金融服务等）的同步发展，另外，通信技术的发展和通信成本的大幅度降低也使更多的服务部门进入贸易领域，例如银行、零售、医疗和教育等服务通过电子银行、电子商务、电子医疗和在线学习正在迅速成为可贸易的部门。

（4）世界贸易组织的建立标志着新的世界多边贸易体制形成

1995年1月1日世界贸易组织正式建立。它的建立，一方面维护了1947年关贸总协定形成的多边贸易体制，另一方面又加强和健全了这种多边贸易体制。目前其成员已达164个，基本上包揽了全球贸易，世界贸易组织所代表的多边贸易体制具有广泛性和持久性。

（5）国际经济一体化迅速发展

20世纪80年代中期，在欧共体一体化的刺激下，美国也走上了经济一体化的道路，其他国家和地区也纷纷跟进，掀起了新一轮国际经济一体化浪潮（详见第9章）。

（6）跨国公司的作用进一步增强

20世纪80年代中期以来，跨国公司蓬勃发展，其在国际经济中的地位和作用在不断增强。跨国公司的迅速发展对国际经贸产生重要影响：第一，其经营战略强调高技术的研究与开发，从而使国际分工从贸易、投资、金融多方面深入到科学技术知识领域；第二，促进世界市场的统一，推动世界市场的竞争；第三，多边贸易体制的进一步巩固、加强，推动贸易自由化不断深化，从而为资本雄厚、拥有先进技术的跨国公司的全球化提供了发展空间，其在国际经济中的地位上升，作用更强。

（7）全球性的协调管理贸易时代出现

20世纪80年代以来，国际协调管理贸易（有组织的、通过协商进行的自由贸易）趋势明显加强。第一，关贸总协定主持下举行的8轮多边贸易谈判为缔约方确立了一系列贸易行为规范，对缔约方之间的贸易关系予以协调和管理；乌拉圭回合达成的一揽子协议使国际贸易规范进一步扩展和加强。第二，通过国际商品协定和商品综合方案对初级产品的产、供、销加以协调管理。第三，通过生产国组织，如石油输出国组织协议对石油等资源性产品价格、产量进行协调管理。第四，通过商品标准化，对制成品的规格、质量进行管理，如国际标准化组织（ISO）于1987年发布了ISO 9000质量管理和质量保证的系列标准。第五，各国加强贸易法规的建设，尽可能与国际通行规则与惯例接轨，约束和保持相互的贸易行为。第六，经济贸易集团根据协议，协调管理成员对非成员的贸易行为。第七，通过政府领导人高层会谈对影响国际贸易发展的货币、环境保护、政府政策等进行协调。联合国贸易与发展会议（简称联合国贸发会，UNCTAD）、西方七国首脑会议、20国集团等均属此类会议。此外，经济合作与发展组织、国际货币基金组织、世界银行等对国际经贸关系的协调与管理也有重要的影响。

4）2008年以来国际贸易转入新一轮低速增长

（1）世界货物贸易增速明显放缓

2008年全球经济危机的爆发使国际贸易转入低速增长，货物出口额由2009年的12.56万亿美元增长到2018年的19.47万亿美元，年均增长5%，其中2009年、2015年、2016年和2019年世界货物出口额分别比上年下降了22.5%、13.2%、3.3%和2.6%，剔除价格变动因素后的出口量在2009年也下降了12%（如图1-6所示）。2020年新冠肺炎疫情在全球的蔓延导致货物出口额下跌了7.4%，剔除价格变动因素后的出口量下降了4.7%。

这一时期世界货物贸易缓慢增长的主要原因是需求萎缩、商品价格下降、剧烈的汇率波动、新冠肺炎疫情及俄乌冲突等事件的冲击，以往经济高速增长的发展中大国，中国的经济增速放缓，巴西则陷入严重经济衰退。与此同时，各国为保护本国产业采取了各种限制政策，导致贸易保护主义盛行，提高了贸易成本。

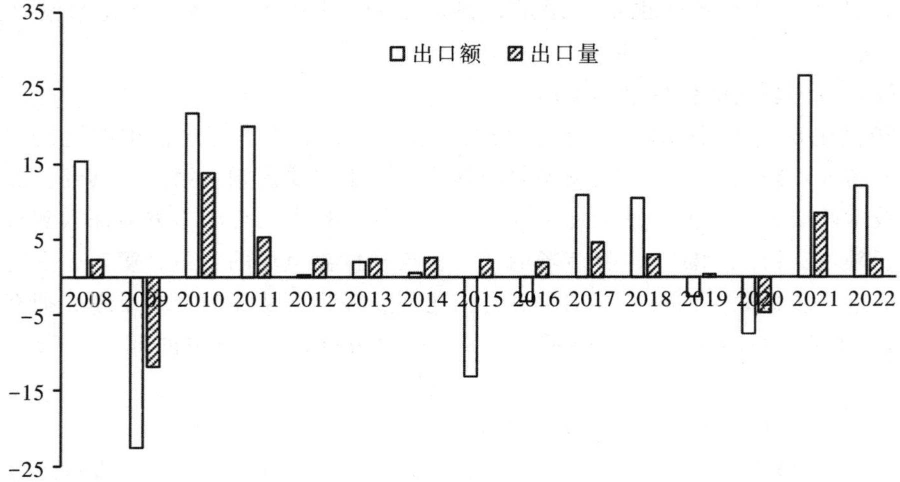

图 1-6 2008—2022 年世界货物出口额与出口量的年度变化（%）

资料来源：WTO统计数据库。

在这一时期国际贸易的增速与世界经济的增速逐步趋同（如图 1-7 所示），处于 2% ~ 3% 的较低水平。2012—2022 年，除了 2017 年和 2021 年，其余年份世界货物贸易（出口量）的增速均低于世界经济的增速。

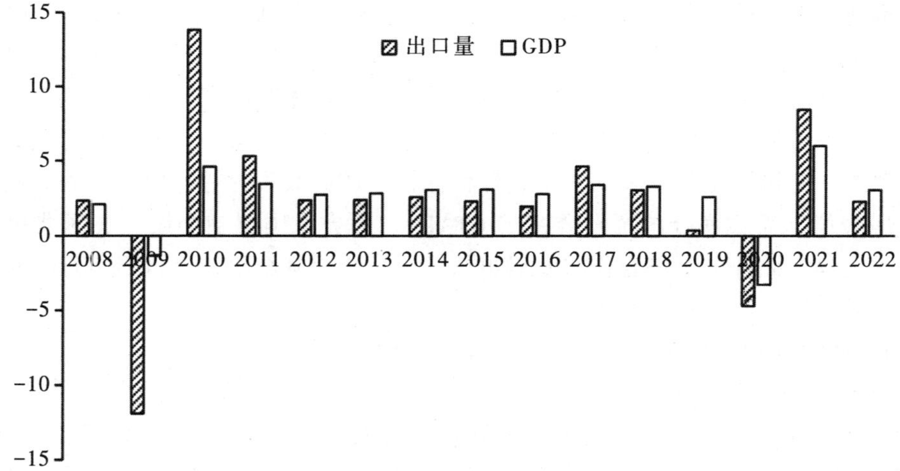

图 1-7 2008—2022 年世界货物出口量与实际 GDP 的年度变化（%）

资料来源：WTO统计数据库，联合国统计数据库。

（2）数字贸易发展迅速

2008 年以来，随着互联网尤其是移动互联网普及率的提高，数字贸易迅速发展。

数字贸易（digital trade）是以数字方式订购和/或以数字方式交付的国际贸易。以数字方式订购的国际贸易又称国际电子商务（international E-commerce）或跨境电子商务（cross border E-commerce）。

由于数字贸易主要通过各类平台完成，且数字贸易的统计规则尚未形成，因而关于数字贸易的统计数据很少，现有数据大都就数字贸易的某一组成部分基于企业调查或消费者调查进行估算。在数字贸易中，企业对企业（Business to Business，B2B）电子商务处于主导地位，企业对消费者（Business to Consumer，B2C）电子商务增长很快。根据MDF（Market Data Forecast）的估算，2022年跨境电子商务市场规模达到12 800亿美元，预计2028年达到48 200亿美元，年均增长27%。[①]

数字贸易与电子商务的关系

（3）服务贸易增速放缓，部门结构发生调整

世界服务出口额由2009年的3.66万亿美元增长到2022年的7.13万亿美元，年均增长4%，与世界金融危机之前相比增速放缓。

2020年新冠肺炎疫情对服务贸易产生巨大冲击，服务贸易额比上年下降了17%（如图1-8所示），其中旅游、运输和分销服务受到的影响最大，并波及贸易和经济增长。电信和计算机服务作为基础设施得到较快发展，零售、教育、电信和视听服务等部门更加注重通过互联网提供线上服务。随着疫情防控措施逐步放松，2021年和2022年服务出口分别增长了18.8%和14.8%。

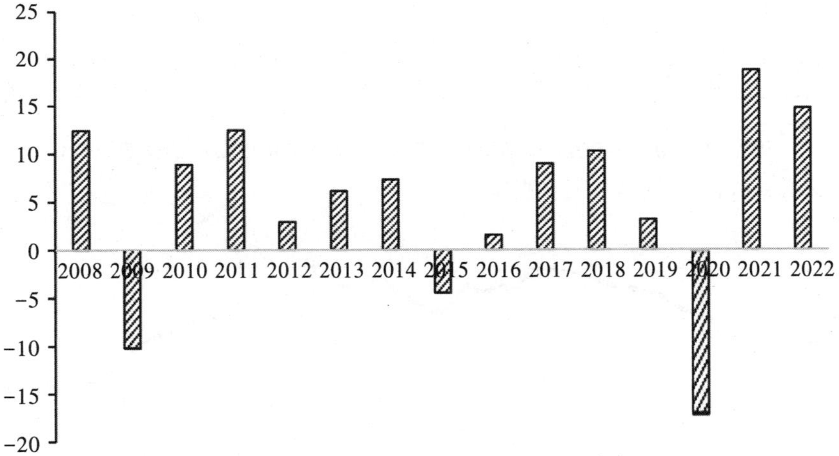

图1-8　2008—2022年世界服务出口额的年度变化（%）

资料来源：联合国贸发会统计数据库。

1.4.3　国际贸易地理格局的变化

1）不同类型国家在国际贸易中的地位变化

在国际贸易发展史上，发达国家一直占货物贸易的绝大部分比重，居支配地位。第二次世界大战后，发达国家所占份额虽有增减变化，但其支配地位并未改变。从出口比重看，1972年以前，发达国家在世界出口中的比重呈上升趋势，由1948年的68.2%提高到1972年的81%；1973年能源危机以后，其出口比重开始下

① https：//www.marketdataforecast.com/market-reports/cross-border-e-commerce-market.

降；1982年之后又趋向回升，1986年达到78.3%；之后随着国际产业结构的调整，发达国家在世界出口中的比重又趋于下降，2022年为55%。从进口比重看，1974年以前，发达国家在世界进口中的比重呈上升趋势，由1948年的68.4%提高到1973年的81.9%；1974年其进口比重开始下降；1982年之后虽略有回升，但总体仍呈下降趋势，2022年为60%（如图1-9和图1-10所示）。

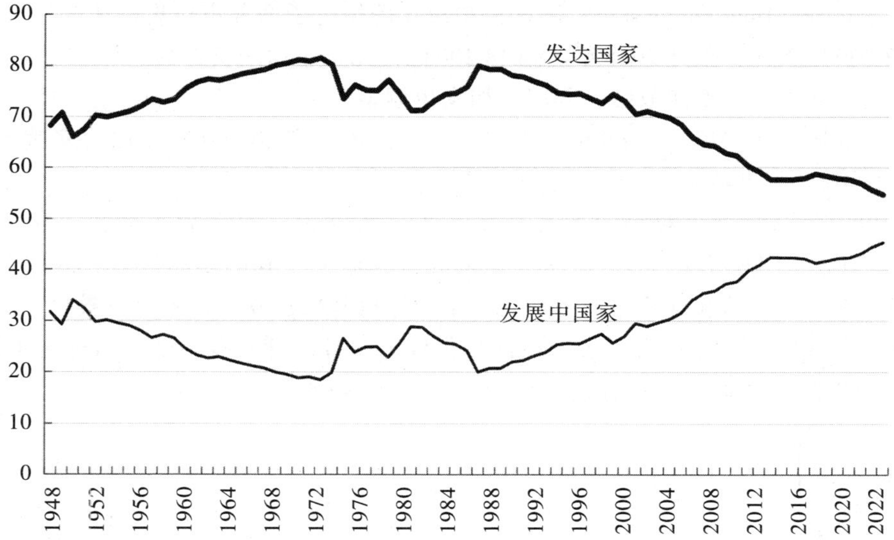

图1-9　1948—2022年不同类型国家在世界货物出口中的比重（%）

资料来源：联合国贸发会统计数据库。

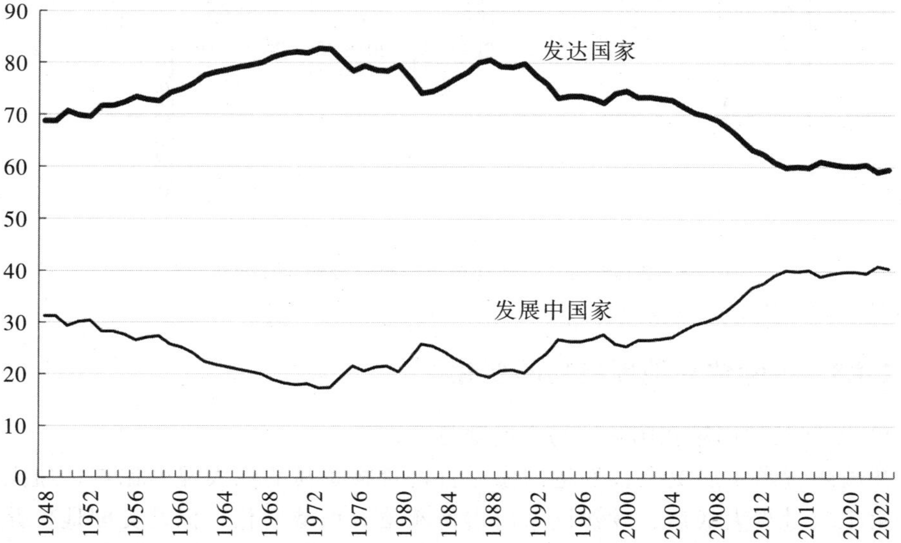

图1-10　1948—2022年不同类型国家在世界货物进口中的比重（%）

资料来源：联合国贸发会统计数据库。

发展中国家在国际贸易中所占的比重呈现先降后升的趋势。从出口比重看，

1948年，发展中国家在世界出口总额中占31.8%，此后不断下降，1972年仅为18.9%；1973年能源危机后，随着石油提价和发展中国家大力发展劳动密集型产品出口，发展中国家出口所占比重有所回升，1981年为29.8%；20世纪80年代中期以来，随着国际产业结构的调整，发展中国家在世界出口中的比重进一步上升，2022年达到45%。从进口比重看，1972年以前，发展中国家在世界进口中的比重呈下降趋势，由1948年的31.6%降至1972年的17.9%；1973年能源危机以后，其进口比重开始上升，2022年为40%。

在世界货物贸易和服务贸易排名前10位的国家和地区主要由三类经济体构成：第一类是美、欧、日等发达国家，第二类是中国、印度两个发展中大国，第三类是韩国、中国香港、新加坡三个新兴工业化经济体，具体见表1-2和表1-3。

表1-2　**2022年世界货物贸易排名前10位的国家和地区**　单位：十亿美元，%

位次	出口			进口		
	国家或地区	出口额	比重	国家或地区	进口额	比重
1	中国	3 594	14	美国	3 376	13.2
2	美国	2 065	8	中国	2 716	10.6
3	德国	1 655	7	德国	1 571	6.1
4	荷兰	966	4	荷兰	899	3.5
5	日本	747	3	日本	897	3.5
6	韩国	684	3	英国	824	3.2
7	意大利	657	3	法国	818	3.2
8	比利时	633	3	韩国	731	2.9
9	法国	618	2	印度	723	2.8
10	中国香港	610	2	意大利	689	2.7

资料来源：WTO.World trade statistical review 2023［R］. Geneva：WTO Secretariat，2023.

表1-3　**2022年世界服务贸易排名前10位的国家和地区**　单位：十亿美元，%

位次	出口			进口		
	国家或地区	出口额	比重	国家或地区	进口额	比重
1	美国	900	12.8	美国	671	10.3
2	英国	492	7.0	中国	461	7.1
3	中国	422	6.0	德国	458	7.0
4	德国	406	5.8	爱尔兰	373	5.7
5	爱尔兰	355	5.0	英国	313	4.8
6	法国	336	4.8	法国	286	4.4
7	印度	309	4.4	荷兰	264	4.1
8	新加坡	291	4.1	新加坡	258	4.0
9	荷兰	270	3.8	印度	249	3.8
10	西班牙	167	2.4	日本	207	3.2

资料来源：WTO.World trade statistical review 2023［R］. Geneva：WTO Secretariat，2023.

2）不同地区在货物贸易中的地位变化

第二次世界大战结束后，世界各个地区在国际贸易中的地位呈现不同的变化趋势，具体见表1-4和表1-5。

表1-4 1948—2022年不同地区和主要经济体的出口份额（%）

	1948	1953	1963	1973	1983	1993	2003	2022
北美洲	**28.1**	**24.8**	**19.9**	**17.3**	**16.8**	**17.9**	**15.8**	**13.3**
美国	21.6	14.6	14.3	12.2	11.2	12.6	9.8	8.5
加拿大	5.5	5.2	4.3	4.6	4.2	3.9	3.7	2.5
墨西哥	0.9	0.7	0.6	0.4	1.4	1.4	2.2	2.4
中南美洲	**11.3**	**9.7**	**6.4**	**4.3**	**4.5**	**3.0**	**3.1**	**3.4**
巴西	2.0	1.8	0.9	1.1	1.2	1.0	1.0	1.4
智利	0.6	0.5	0.3	0.2	0.2	0.2	0.3	0.4
欧洲	**35.1**	**39.4**	**47.8**	**50.9**	**43.5**	**45.3**	**46.2**	**35.8**
德国①	1.4	5.3	9.3	11.7	9.2	10.3	10.2	6.8
荷兰	2.0	3.0	3.6	4.7	3.5	3.8	4.0	4.0
法国	3.4	4.8	5.2	6.3	5.2	6.0	5.3	2.5
英国	11.3	9.0	7.8	5.1	5.0	4.9	4.2	2.2
独联体国家	—	—	—	—	—	**1.7**	**2.3**	**3.0**
非洲	**7.3**	**6.5**	**5.7**	**4.8**	**4.5**	**2.5**	**2.4**	**2.7**
南非②	2.0	1.6	1.5	1.0	1.0	0.7	0.5	0.5
中东	**2.0**	**2.7**	**3.2**	**4.1**	**6.7**	**3.5**	**4.1**	**6.7**
亚洲	**14.0**	**13.4**	**12.5**	**14.9**	**19.1**	**26.0**	**26.1**	**35.1**
中国	0.9	1.2	1.3	1.0	1.2	2.5	5.9	14.8
日本	0.4	1.5	3.5	6.4	8.0	9.8	6.4	3.1
印度	2.2	1.3	1.0	0.5	0.5	0.6	0.8	1.9
澳大利亚和新西兰③	**3.7**	**3.2**	**2.4**	**2.1**	**1.4**	**1.4**	**1.2**	**1.9**
新兴工业化经济体④	**3.4**	**3.0**	**2.5**	**3.6**	**5.8**	**9.6**	**9.6**	**9.6**

注：①1948—1983年数据为联邦德国数据，之后为合并后德国的数据。

②1997年前为南非关税同盟数据，1998年及以后仅为南非数据。

③WTO将澳大利亚和新西兰放在亚洲进行统计。

④包括中国香港、马来西亚、韩国、新加坡、中国台湾。

资料来源：WTO.World trade statistical review 2023［R］. Geneva：WTO Secretariat，2023.

表1-5　　1948—2022年不同地区和主要经济体的进口份额（%）

	1948	1953	1963	1973	1983	1993	2003	2022
北美洲	**18.5**	**20.5**	**16.1**	**17.2**	**18.5**	**21.3**	**22.7**	**18.3**
美国	13.0	13.9	11.4	12.4	14.3	15.9	17.1	13.4
加拿大	1.0	0.9	0.8	0.6	0.7	1.8	2.3	2.5
墨西哥	4.4	5.5	3.9	4.2	3.4	3.7	3.2	2.3
中南美洲	**10.4**	**8.3**	**6.0**	**4.4**	**3.9**	**3.3**	**2.5**	**3.7**
巴西	1.8	1.6	0.9	1.2	0.9	0.7	0.7	1.2
智利	0.4	0.4	0.4	0.2	0.2	0.3	0.3	0.4
欧洲	**45.3**	**43.7**	**52.0**	**53.3**	**44.1**	**44.5**	**44.6**	**36.9**
德国①	2.2	4.5	8.0	9.2	8.1	9.0	8.0	6.3
英国	3.4	3.3	4.4	4.8	3.3	3.3	3.5	3.6
法国	13.4	11.0	8.5	6.5	5.3	5.5	5.2	3.3
荷兰	5.5	4.9	5.3	6.4	5.6	5.7	5.2	3.3
独联体国家	—	—	—	—	—	**1.5**	**1.4**	**1.6**
非洲	**8.1**	**7.0**	**5.2**	**3.9**	**4.6**	**2.6**	**2.2**	**2.9**
南非②	2.5	1.5	1.1	0.9	0.8	0.5	0.5	0.5
中东	**1.7**	**2.2**	**2.3**	**2.7**	**6.2**	**3.3**	**2.8**	**4.2**
亚洲	**13.9**	**15.1**	**14.1**	**14.9**	**18.5**	**23.5**	**23.8**	**32.5**
中国	0.6	1.6	0.9	0.9	1.1	2.7	5.4	10.8
日本	1.1	2.8	4.1	6.5	6.7	6.4	5.0	3.6
印度	2.3	1.4	1.5	0.5	0.7	0.6	1.0	2.9
澳大利亚和新西兰③	**2.9**	**2.3**	**2.2**	**1.6**	**1.4**	**1.5**	**1.4**	**1.4**
新兴工业化经济体④	**3.5**	**3.7**	**3.2**	**3.9**	**6.1**	**10.2**	**8.7**	**9.6**

注：①1948—1983年数据为联邦德国数据，之后为合并后德国的数据。

②1997年前为南非关税同盟数据，1998年及以后仅为南非数据。

③WTO将澳大利亚和新西兰放在亚洲进行统计。

④包括中国香港、马来西亚、韩国、新加坡、中国台湾。

资料来源：WTO.World trade statistical review 2023［R］. Geneva：WTO Secretariat，2023.

虽然经济危机使北美洲在国际贸易中的比重有所波动，但总体而言，其占世界出口的比重趋于下降，由1948年的28.1%降至2022年的13.3%，占世界进口的比重变化不大，2022年水平与1948年持平，为18.3%。作为北美洲经济的主体部分，美国在世界贸易中的主导地位逐渐下降，其占世界出口的比重由1948年的21.6%降至2022年的8.5%，占世界进口的比重虽然受经济危机的影响有所波动，但变化不大，2022年为13.4%。

欧洲地区随着第二次世界大战后经济的恢复和经济一体化的发展，在国际贸易中的比重迅速上升，到1973年能源危机爆发时，其进出口占世界进出口的比重均超过了50%。1974年以后，受经济危机的影响，欧洲在国际贸易中的地位下降，但总体变化不大，多数年份进出口占世界贸易的比重在40%以上，受2008年世界经济危机的影响，欧洲在世界贸易中的地位下降，2022年占世界出口的35.8%，占世界进口的36.9%。

随着日本经济的起飞、新兴工业化经济体①的发展和中国对外开放政策的实施，亚洲地区②在国际贸易中的地位逐步提高，其占世界出口的比重由1963年的12.5%升至2022年的35.1%，占世界进口的比重由1963年的14.1%升至2022年的32.5%。其中，20世纪90年代以前，日本和新兴工业化经济体在国际贸易中的地位迅速提升，90年代以来，由于日本经济陷入萧条，其在国际贸易中的地位开始下降，与此同时，中国经济进入高速增长期，在世界货物贸易中的地位稳步提高。2009—2022年，中国出口稳居世界第一位，进口列美国之后，居世界第二位。

1973—1983年，中东地区在国际贸易中的比重由于石油涨价而提高，其占世界出口的比重由1948年的2%升至1983年的6.7%，占世界进口的比重由1948年的1.7%升至1983年的6.2%。此后石油价格的波动使中东地区在世界贸易中的比重也随之波动，2022年中东地区占世界出口的6.7%，占世界进口的4.2%。

中南美洲和非洲在国际贸易中的地位不断下降，中南美洲占世界出口的比重由1948年的11.3%降至2022年的3.4%，占世界进口的比重由1948年的10.4%降至2022年的3.7%；非洲占世界出口的比重由1948年的7.3%降至2022年的2.7%，占世界进口的比重由1948年的8.1%降至2022年的2.9%。

苏联解体后，随着独联体国家经济的恢复，其占国际贸易的比重稳步提升，其占世界出口的份额由1993年的1.7%提高到2022年的3.0%，占世界进口的份额变化不大，由1993年的1.5%提高到2022年的1.6%。

1.4.4 国际贸易商品结构的变化

1）国际贸易中的货物贸易与服务贸易

第二次世界大战后国际贸易商品结构的突出变化是20世纪70年代以来服务贸易在世界贸易中的比重迅速提升。

20世纪70年代以前，国际服务贸易在世界经贸关系中还不是一个引人注目的领

---

① 新兴工业化经济体：Newly Industrialized Economies，缩写为NIEs，包括中国香港、韩国、新加坡、中国台湾、马来西亚和泰国等国家和地区。

② 在世界贸易组织统计中，亚洲的数据包括大洋洲的澳大利亚和新西兰。

域。20世纪70年代以后，国际服务贸易有了突飞猛进的发展。1970年，世界服务出口额只有710亿美元，而到1980年则猛增至3 650亿美元，10年间增长4倍多，年均增长率高达17.8%。1980年以后，国际服务贸易依然保持着迅速增长的势头，1986年乌拉圭回合正式启动服务贸易谈判，国际服务贸易的发展日新月异，到20世纪90年代初，货物贸易在世界贸易中的比重由1980年的85%降至80%，服务贸易的比重由1980年的15%提高到20%。20世纪90年代以来，服务贸易与货物贸易发展速度基本持平，服务贸易与货物贸易在世界贸易中的比重变化不大。由于货物贸易中存在较多的增加值重复统计，如果按照增加值统计，服务贸易的比重会更大。

2）国际贸易中的货物贸易商品结构变化

第二次世界大战以后，国际货物贸易中各类商品的增长速度差异较大。按剔除价格变动因素的世界出口量计算，1950—2022年，世界制成品出口增长最快，年均增长率为6.6%，燃料与矿产品次之，年均增长3.6%，农产品增长最慢，年均增长3.3%（如图1-11所示）。从不同经济发展阶段看，制成品出口的增速也是最快的。燃料与矿产品在1973—1990年受石油涨价冲击增长缓慢，年均出口增长率仅为0.5%，20世纪90年代以来，受世界经济增长需求的拉动，其增速明显提高，1990—2008年年均出口增长率达到3.6%，2008年以来受世界经济危机影响，其增速降至1.1%（如图1-12所示）。

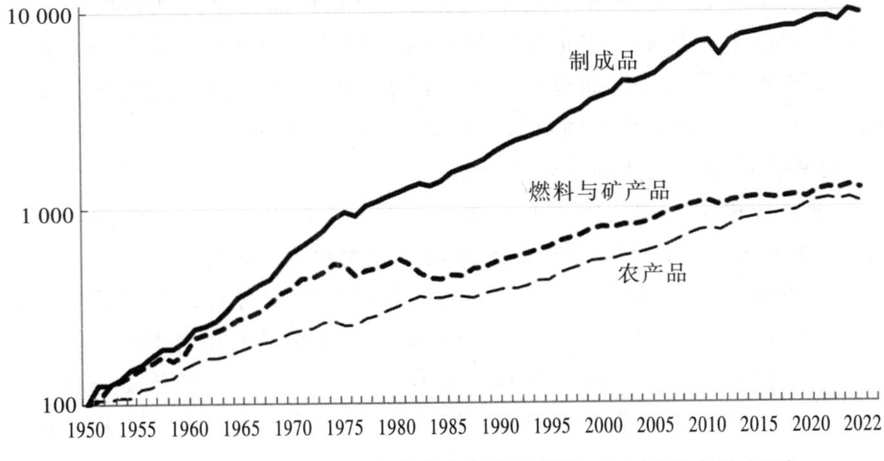

图1-11　1950—2022年各类货物的贸易指数（以1950年为100）

资料来源：WTO.World trade statistical review 2016［R］. Geneva：WTO Secretariat，2016；World trade statistical review 2023［R］. Geneva：WTO Secretariat，2023.

国际货物贸易中各类商品增长速度的差异导致国际货物贸易的商品结构发生了巨大的变化。

（1）国际货物贸易中的制成品与初级产品

第二次世界大战后，国际货物贸易结构最基本的变化是两大类商品贸易的变化：制成品在国际贸易中所占比重上升和初级产品所占比重下降。

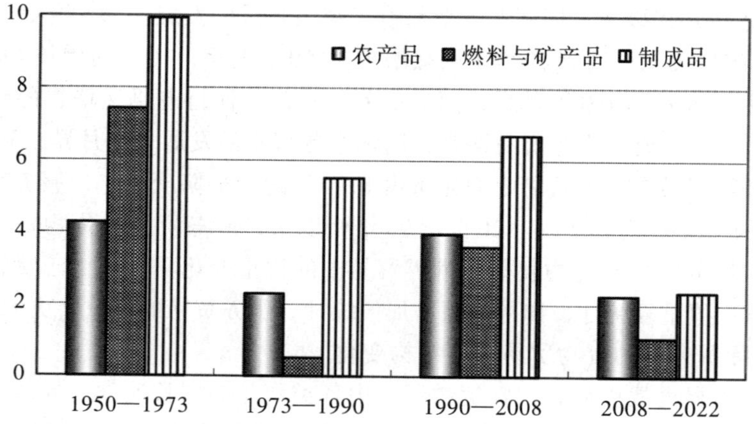

图1-12 1950—2022年不同历史时期各类货物贸易的年均增长率（%）

资料来源：WTO.World trade statistical review 2016［R］. Geneva：WTO Secretariat，2016；World trade statistical review 2023［R］. Geneva：WTO Secretariat，2023.

长期以来，初级产品在国际货物贸易中一直占有重要的地位。在第二次世界大战以前半个多世纪中，初级产品在国际货物贸易中所占比重基本保持在60%以上，制成品所占比重不到40%。第二次世界大战后，结构发生了变化，制成品贸易增长迅速，所占比重不断上升；初级产品贸易增长相对缓慢，所占比重逐渐下降。1955年两者比例大体持平，1960年制成品开始超过初级产品比重。到1980年，原来的比例关系颠倒过来，与第二次世界大战前情况相反，初级产品占39%，制成品占61%。20世纪90年代之后，制成品占比超过了70%。进入21世纪以来，受初级产品价格波动的影响，制成品比例也随之波动，2022年为66%。

出现这种商品结构变化的主要原因是：

① 由于科技进步，发达国家的工业发生了变革，出现了一系列的新兴工业部门，许多过去从未有过的工业新产品涌现出来并大量投入国际市场。

② 科技革命使发达国家能更经济、更有效地使用原材料，技术进步也使机器设备趋向小型化，节约了原材料，因而导致初级产品贸易的相对下降。

③ 第二次世界大战后合成原材料工业有了迅速的发展，像合成纤维、合成橡胶、塑料、人造皮革等产量不断增加，用以代替天然产品，减少了天然原材料的使用。

④ 第二次世界大战后发展中国家为了发展本国经济，实现工业化，需要进口大量的机器设备等资本货物。同时，随着发展中国家工业的发展，有相当一部分原料和食品在国内进行不同程度的加工制造，然后出口，这也是制成品贸易量增加和初级产品贸易量相对减少的重要原因。

⑤ 发达资本主义国家所实行的农业保护政策，一方面限制了国外农产品的进口，一方面又鼓励国内农业的生产，结果农业产品产量增加，自给率提高，减少了对农产品的进口需求。

⑥ 随着第二次世界大战后经济的发展，各国人民的消费水平有了很大提高，消费结构不断发生变化。总的来说，人们对粮食和食品等消费品的需求增长相对有限，而对制成品的消费需求却不断增长。制成品不仅靠本国生产，而且更多地要靠国际市场来满足，这就增加了制成品的国际贸易量。

第二次世界大战后国际货物贸易中商品结构的变化，不仅表现在制成品和初级产品两大类商品贸易的相对比重的升降上，也表现在制成品贸易和初级产品贸易本身结构的变化上。

（2）国际制成品贸易

第二次世界大战后，世界制成品贸易商品结构最突出的变化是：机器与运输设备和化学品在世界制成品贸易中所占比重增加，纺织品和服装等轻工产品在世界制成品贸易中所占比重减少，即呈现从生活消费品转向资本货物的变化趋势。1953年机器和运输设备在世界制成品贸易中所占比重为17.4%，1959年增加到41.3%，1980年为40.6%，1999年最高达到41.6%，2022年为31.8%。而纺织品和服装所占比重则由1959年占11.1%下降到2022年的5.9%（该比重在1899年曾为40.6%）。造成这一时期商品结构变化的主要原因是：①世界工业结构发生变化，重工业比重上升，轻工业比重下降。在重工业中，机电工业和石油化工工业重要性提高。②发达国家之间专业化生产日益加强，使机器设备和中间性机电产品在国际贸易中的数量和所占比重增加。③这一时期国际贸易中出现的新产品绝大部分是机器设备和化学产品。④随着收入增加和支付能力的提高，人们的消费需求也发生了变化。居民消费需求的增长，多数是对耐用消费品，如汽车、家用电器等需求的增长。

20世纪90年代，办公和电信设备贸易迅速发展，其增速位居各行业增速之冠，其占世界货物出口的比重从1990年的8.8%提高到2000年的15.4%，成为占比最大的贸易商品。受美国网络泡沫危机以及价格下降、需求增长缓慢等因素的影响，其占世界货物出口的比重连年下降，2011年降至10%，之后略有上升，2020年为13.7%，2022年又跌至11.5%。汽车占世界货物出口的比重也趋于下降，由1990年的9.4%降至2009年的8.3%，全球经济危机后升至2016年的10.2%，之后又呈下降趋势，2022年为7.9%。20世纪90年代，化学品占世界货物出口的比重持续上升，由1990年的8.7%升至2009年的11.6%，受全球经济危机影响，2010—2012年连续下降，之后略有上升，2022年为12.2%。钢铁占世界货物出口的比重由1990年的3.1%降到2001年的2.2%，之后受钢铁需求扩大和价格上升的影响，其占世界货物出口的比重持续上升，2008年达到3.7%，2009年受世界经济危机影响降至2.6%，2022年为2.5%。纺织品和服装占世界货物出口的比重持续下降，由1990年的3.1%和3.2%分别降至2022年的1.4%和2.3%。

（3）国际初级产品贸易

第二次世界大战后国际初级产品贸易发生了很大的变化。1950年农产品（包括加工食品）占世界货物出口的比重高达40%以上，1999年以来降到10%以下，2006年降至7.8%，之后随着农产品价格上涨，其在世界货物出口中的比重逐步升至2022年的9.6%。燃料和矿产品出口占世界货物出口的比重随价格变动而波动，1974和1981年达到20%以上。20世纪80年代至90年代中期，燃料和矿产品出口增速放缓，90年代中期以来，燃料和矿产品贸易每年以年均两位数的速度增长，2012年占世界货物出口的比重达到22.6%，之后一路下滑至2016年的13%，2017年反弹，2018年达到16.8%，2020年降至12.9%，2022年再次升至20.7%。

3）国际贸易中的服务贸易结构变化

第二次世界大战结束以后，随着世界货物贸易的增长，运输服务在服务贸易中的比重上升，是服务贸易中最重要的部门，1970年，运输服务占服务出口的38.5%，旅游占28.2%，其他商业服务占30.8%。20世纪70年代以后，由于货物贸易进入低速增长期，运输服务在服务贸易中的比重下降，1980年，运输服务占服务出口的36.8%，旅游占28.4%，其他商业服务占34.8%。80年代中期，由于经济恢复增长和新兴服务行业的不断兴起，运输服务在服务贸易中的比重进一步下降，旅游和其他商业服务的比重有所上升。1990年运输服务、旅游和其他商业服务占商业服务出口的比重分别为28.5%、33.8%和37.7%。20世纪90年代以来，运输服务和旅游占世界服务贸易的份额呈现下降的趋势，而其他商业服务贸易总体上呈现出持续增长的态势，服务贸易结构逐渐由传统的自然资源或劳动密集型服务贸易，转向知识、智力密集型或资本密集型的现代服务贸易。2019年运输服务、旅游和其他商业服务占商业服务出口的比重分别为16%、24%和60%，2020年受新冠肺炎疫情的影响，运输服务、旅游和其他商业服务的结构调整为17%、11%和72%，随着运输和旅游服务的恢复，2022年运输服务、旅游和其他商业服务占商业服务出口的比重分别为21%、16%和63%。在其他商业服务中，比重最大的是通信、计算机和信息服务，2022年占世界服务出口的13.6%；其次是金融服务，2022年占世界服务出口的8.7%；再次是知识产权使用费，2022年占世界服务出口的6.3%；之后依次是保险服务、个人文化娱乐服务、建筑服务，2022年占世界服务出口的比重分别为2.6%、1.6%和1.4%。

●本章小结

1.国际贸易是世界各经济体之间的商品交换活动。一个经济体与其他经济体之间的商品交换活动，称为该经济体的对外贸易。

2.狭义的国际贸易仅指货物贸易，广义的国际贸易包括货物贸易和服务贸易。

3.原始社会末期和奴隶社会初期，随着阶级和国家的出现，产生了国家间的贸易。之后国际贸易虽然不断发展，但在资本主义生产方式确立以前，受生产力水平、交通条件以及自然经济主导地位的制约，国际贸易在经济中不占有重要的地位。

4.随着生产力的发展和资本主义生产方式的确立，国际贸易获得了广泛的发展，真正具有了世界性。第二次世界大战之后，国际分工不断深化，由产业间分工发展到产业内分工和产品内分工，国际贸易也迅速发展。20世纪70年代，受能源危机、经济衰退和货币制度危机的影响，国际贸易转入缓慢发展期。20世纪80年代中期，在技术创新的推动下，国际贸易再次进入高速增长期，但波动较大。

5.在国际贸易发展史上，发达国家一直占世界贸易的绝大部分。1974年以前，发达国家在世界贸易中的比重呈上升趋势，1974年经济危机以后，其比重开始下降，但其支配地位并未改变。北美洲占世界出口的比重趋于下降，占世界进口的比重变化不大；欧洲地区在国际贸易中的地位非常重要，1974年以后在国际贸易中的地位有所下降，2008年以来下降更加明显；亚洲地区在国际贸易中的地位逐步提高；石油、矿产品等自然资源出口国在国际贸易中的份额受价格波动影响较大。

6.国际贸易以货物贸易为主，20世纪70年代以后服务贸易在世界贸易中的比重迅速提升。在货物贸易中，制成品的比重上升，初级产品的比重下降。在服务贸易中，20世纪90年代以来，运输和旅游服务占世界服务贸易的份额下降，其他商业服务的份额持续增长。

●延伸阅读

1.世界贸易组织每年发布《世界贸易报告》(World Trade Report)，对上一年度的世界贸易进行总结分析，并对上一年度的热点问题进行专题研究。可以在世界贸易组织网站（http：//www.wto.org）免费下载。

2.世界贸易组织每年发布《世界贸易统计评论》(World Trade Statistical Review)，包括上一年度世界贸易发展概述、各类货物和服务以及各地区贸易的统计数据，可以在世界贸易组织网站免费下载。

3.联合国贸易与发展会议每年发布《贸易和发展报告》(Trade and Development Report)，对与发展有关的贸易问题按专题进行分析，可以在联合国贸易与发展会议网站（http：//www.unctad.org）免费下载。

4.世界贸易组织、联合国统计委员会、联合国贸易与发展会议的数据库可以查询众多的全球和国别、地区的贸易统计数据，网址分别是 https：//stats. wto. org/、 https：//comtradeplus. un. org/和 https：//unctadstat.unctad.org/datacentre/。

贸易统计数据库

●基本概念

国际贸易　对外贸易　对外贸易额　贸易差额　顺差　逆差　国际贸易额　跨境交付　境外消费　商业存在　自然人流动　国际分工　世界市场

●复习思考题

自测题

1.什么是国际贸易？它与对外贸易有什么区别？

2.国际分工对国际贸易有哪些影响？

3.为什么说对外贸易促进了资本主义生产方式的产生？

4.第二次世界大战后国际分工深化的特征和原因是什么？

单选题

自测题
多选题

自测题
判断题

5. 试述第二次世界大战后国际贸易迅速增长的情况及其原因。

6. 试述20世纪70年代初以后国际贸易缓慢增长的情况及其原因。

7. 简述20世纪80年代中期至2007年国际贸易发展的特点。

8. 简述2008年以来国际贸易发展的特点。

9. 试分析第二次世界大战后国际贸易地理格局的变化。

10. 试分析第二次世界大战后国际贸易商品结构的变化。

第2章/国际贸易理论

学习目标

熟悉和掌握重商主义的贸易思想、绝对优势理论、要素丰裕度和要素密集度的含义、里昂惕夫之谜、基于需求不同的贸易理论和技术差距理论，重点学习和掌握比较优势理论的基本内容、要素禀赋理论的主要内容、要素价格均等化定理的主要内容、里昂惕夫之谜的解释、产业内贸易理论和产品生命周期理论。

2.1 古典国际贸易理论

2.1.1 重商主义的贸易思想

最早对国际贸易提出较为系统的理论解释和政策主张的是重商主义学派。重商主义（mercantilism）产生于15世纪的欧洲，16世纪至17世纪臻于鼎盛，18世纪走向衰落。它代表的是新兴商业资产阶级的利益和要求，首次从国家财富增长的角度讨论了国际贸易的作用和国家应当采取的政策。

1）重商主义的财富观

重商主义认为只有货币或金银才是真正的财富。货币之所以被认为是财富，主要源于货币的作用。首先，货币是交易的媒介，人们用货币购买商品比用一种物品交换另一种物品更容易。其次，货币是价值的尺度，人们往往用各种商品所能换得的货币量来估计其他各种商品的价值以及人的富裕程度，有很多货币的人被称为富人；只有极少一点货币的人，被称为穷人。最后，货币或金银作为储藏手段，不容易损耗，是动产中最坚固最可靠的部分。总之，按照通俗的说法，财富与货币，无论从哪一点看来，都是同义语。①因此，国家财富的增长即是一国拥有的金银量的增长。

2）重商主义的贸易政策

在重商主义看来，国内贸易是由一部分人支付货币给另一部分人，从而使一部分人获利，另一部分人受损，国内贸易的结果只是社会财富在国内不同集团之间的

① 斯密．国民财富的性质和原因的研究：下卷［M］．郭大力，王亚南，译．北京：商务印书馆，1974：2.

再分配，整个社会财富的总量并没有增加。

而对外贸易可以改变一国的货币总量，一国可以通过出口本国产品从国外获取货币从而使国家变富，但同时也会由于进口外国产品造成货币输出从而使国家丧失财富。因此，重商主义对贸易的研究主要集中在如何鼓励出口、限制进口以增加货币的流入从而增加社会财富。其主要观点包括：(1) 限制进口本国能生产的商品；(2) 限制来自逆差大国的进口；(3) 通过退税、发奖金、同主权国家订立有利的通商条约及建立殖民地等方式扩大出口。

如何做到多出口少进口，早期的重商主义与后期的重商主义观点有所不同。

早期的重商主义又称为重金主义，其理论基础是“货币差额论”，主要代表人物是英国的海尔斯（John Hales）和斯塔福（William Stafford）等。货币差额论强调绝对的贸易顺差，主张多卖少买甚至只卖不买，通过国家立法和采取行政手段，禁止金银输出，鼓励商品出口，增加金银流入，在对外贸易中要保证对每一国的贸易都是顺差。恩格斯曾形象地指出，这个时期的重商主义者“就像守财奴一样，双手抱住他心爱的钱袋，用嫉妒和猜疑的目光打量着自己的邻居”①。

但是，在实践中，由于各国都限制金银货币外流，都奉行多卖少买，其结果反而窒息了国际贸易。于是重商主义由早期的重金主义发展为后期的名副其实的重商主义，其理论基础由货币差额论发展为贸易差额论。

后期重商主义理论称为“贸易差额论”，代表人物是英国的托马斯·孟（Thomas Mun）。贸易差额论不主张限制货币输出，原因有二：第一，搁置不用的货币是不会产生货币的，货币只有投入流通才会增殖。为购买外国货物而输出金银，未必会减少国内的金银量，反之，往往还会增加金银量。因为如果进口货物并不在国内消费，而是以高利润转售到国外，所带回来的金银也许会比原来为购买货物而输出的金银多得多。第二，金银输出禁令并不能阻止金银输出，因为金银价值大体积小，极容易向外走私。贸易差额论把商品与货币联系起来，重视长期的贸易顺差和总体的贸易顺差，允许一定时期的贸易逆差，只要最终的贸易结果能保证顺差，保证货币最终流回国内就可以；对某些国家和地区存在贸易逆差也是允许的，只要对外贸易总额保持顺差即可。

无论早期还是后期的重商主义，其共同点是二者都把国际贸易看成是一种零和博弈，一方得益必定使另一方受损，出口者从贸易中获得财富，而进口者则减少财富，带有强烈的经济民族主义色彩。他们都把货币作为财富，认为对外贸易对增加一国财富有很大的作用，主张鼓励出口限制进口，只是在如何增加财富的具体措施和方法方面的主张有所不同。

2.1.2 绝对优势理论

英国古典经济学家亚当·斯密（Adam Smith）在1776年出版的《国民财富的

① 恩格斯．论封建制度的解体及资产阶级的兴起［M］//尚钺．封建社会历史译文集．北京：生活·新知·三联书店，1955：9.

性质和原因的研究》(An Inquiry into the Nature and Causes of the Wealth of Nations，简称《国富论》)中，系统批判了重商主义的观点，创立了自由主义经济思想理论，同时提出了他的国际贸易理论——绝对优势理论（theory of absolute advantage)。

1）斯密对重商主义的批判

（1）斯密认为，重商主义的财富观是错误的

亚当·斯密简介

斯密认为，财富并不由货币或金银构成，而由货币所购各物构成。他指出，除了用来交换货币，货物还有其他许多用处；但除了购买货物，货币就一无所用。所以“货币必然追求货物，而货物却并不总是或无须追求货币”[①]。人们所以追求货币，不是为了货币本身，而是为了他们用货币所能购买的物品。

（2）斯密认为，重商主义的奖出限入政策是错误的

斯密认为，政府干预经济会带来决策风险。他指出，关于可以把资本用在什么种类的国内产业上面，其生产物能有最大价值这一问题，每一个人处在他当地的地位，显然能判断得比政治家或立法家好得多。如果政治家企图指导私人应如何运用他们的资本，那不仅是自寻烦恼地去注意最不需注意的问题，而且是僭取一种不能放心地委托给任何个人、也不能放心地委之于任何委员会或参议院的权力。把这种权力交给一个大言不惭的、荒唐地认为有资格行使的人，是再危险也没有了。

重商主义的奖出限入政策还会扭曲资源配置，使“国家的劳动由较有利的用途改到较不利的用途”，造成福利损失。他指出，如果一件东西在购买时所费的代价比在家内生产时所费的小，就永远不会想要在家内生产，这是每一个精明的家长都知道的格言。在每一个私人家庭的行为中是精明的事情，在一个大国的行为中就很少是荒唐的了。如果外国能以比我们自己制造还便宜的商品供应我们，我们最好就用我们有利地使用自己的产业生产出来的物品的一部分向他们购买。[②]

（3）斯密认为，重商主义用贸易差额来判断一国在贸易中的得失是错误的

重商主义认为，如果两国贸易是平衡的，则两国各无得失；如果两国贸易是不平衡的，则逆差的一方受损，而顺差的一方得利，而且得失程度与顺差、逆差的大小相称。而斯密认为，一国从贸易中获得利益的大小并不取决于贸易差额，国产商品占交换品最大部分而外国货物占交换品最小部分的国家，总是主要的利得者。[③]

（4）斯密认为，国际贸易不是零和博弈，而是“双赢”

斯密指出，在战争或政治上，邻国的财富，虽对我国有危险，但在贸易上，确对我国有利。在和平的通商状态下，邻国的财富，必使他们能够和我们交换更大的价值，必对我国产业的直接生产物或用这种生产物购进来的物品，提供更好的市

① 斯密．国民财富的性质和原因的研究：下卷［M］．郭大力，王亚南，译．北京：商务印书馆，1974：11.

② 斯密．国民财富的性质和原因的研究：下卷［M］．郭大力，王亚南，译．北京：商务印书馆，1974：28.

③ 斯密．国民财富的性质和原因的研究：下卷［M］．郭大力，王亚南，译．北京：商务印书馆，1974：62.

场。勤劳的邻近的富人，和穷人比较，是更好的顾客；邻近的富国，也是这样。另外，富国的制造业者，无疑会成为邻国同种制造业者极危险的竞争者，但这种竞争，却有利于人民大众。①所以，不受限制而自然地、正常地进行的两地间的贸易，虽未必对两地同样有利，但必对两地有利。②

2）绝对优势理论的主要内容

绝对优势理论认为，劳动分工可以大大提高劳动生产率，每个人专门从事其具有优势的产品的生产，然后彼此进行交换，则对每个人都是有利的。

以裁缝和鞋匠两个人之间的分工为例，裁缝和鞋匠都需要一套衣服和一双鞋子，做一套衣服，裁缝需要一天时间，而鞋匠需要两天；做一双鞋子，裁缝需要两天时间，而鞋匠只需要一天。如果两人不分工，两人均需要工作3天才能满足需要。如果两人进行分工，每人只生产自己具有优势的产品，两人只需工作两天即可满足需要（表2-1）。

表2-1 裁缝与鞋匠分工前后的比较

	分工前		分工后	
裁缝投入—产出	1天—1套衣服	2天—1双鞋子	2天—2套衣服	
鞋匠投入—产出	2天—1套衣服	1天—1双鞋子		2天—2双鞋子
总投入—总产出	3天—2套衣服	3天—2双鞋子	2天—2套衣服	2天—2双鞋子

斯密认为，分工之所以能提高劳动生产率，原因有三：第一，劳动者由于从事一种单纯的操作，能够大大提高其熟练程度；第二，由一种工作转到另一种工作，通常须损失不少时间，有了分工，就可以免除这种损失；第三，劳动者把注意力集中在单一事物上，更容易发明更简易更便利的操作方法。

绝对优势理论采用了由私人家庭推及整个国家的论证方法，指出适用于私人家庭、国内不同职业、不同工种之间的分工原则，同样也适用于国家之间的分工；国际分工是各种分工形式的最高形式，国际分工的结果也同样使贸易双方都能得到利益。

例如，假设世界上只有法国和英国两个国家，两国只生产小麦和布两种产品。生产1单位小麦，法国需投入100单位劳动，英国则需要投入150单位劳动；生产1单位布，法国需投入100单位劳动，英国则需投入50单位劳动。在分工生产前，法国和英国在上述投入情况下共可以生产2单位小麦和2单位布，见表2-2。可见，法国在小麦的生产方面比英国有绝对优势，英国在布的生产方面比法国有绝对优势。如果两国按照绝对优势分工，法国将原来生产布的100单位劳动转移到小麦的生产上，共可生产2单位小麦；英国将原来生产小麦的150单位劳

① 斯密．国民财富的性质和原因的研究：下卷［M］．郭大力，王亚南，译．北京：商务印书馆，1974：66-67.

② 斯密．国民财富的性质和原因的研究：下卷［M］．郭大力，王亚南，译．北京：商务印书馆，1974：61.

动转移到布的生产上，共可生产4单位布。两国分工的结果是，用相同的劳动投入，比分工前多生产了2单位布。这2单位布通过交换，在两国间进行分配，对两国都有利。

表2-2　　　　**绝对优势理论示例**

	分工前		分工后	
	小麦	布	小麦	布
法国的劳动投入	100	100	100＋100＝200	
英国的劳动投入	150	50		50＋150＝200
总产量	2单位	2单位	2单位	4单位

为了更容易发现规律，绝对优势理论进行了高度抽象，包含了如下假设：

（1）世界上只有两个国家，每个国家只生产两种产品，两种产品的生产都只使用一种生产要素——劳动，即使用2-2-1模型的分析方法。

（2）两国在不同产品上的生产技术不同，存在着劳动生产率的绝对差异。这是国际分工的直接原因。

（3）生产要素在国内不同部门完全自由流动，但不能在国家间流动。以表2-2为例，劳动者可以在小麦的生产部门和布的生产部门之间自由转移，不存在诸如技术障碍等跨部门转移困难。

（4）规模收益不变。

（5）成本以真实劳动成本即劳动时间计量，一国内部所有劳动都是同质的。即该国所有劳动者，不论其处于哪个生产部门，都具有同样的劳动技能。我们会发现在表2-2的例子中，劳动力转移后，产量是随着该部门劳动投入量的增长而同比例增长的。

（6）不考虑运输成本。如果运输成本高于两国之间的价格差，尽管两国之间存在劳动生产率的绝对差异，国际贸易也不会发生。

（7）两国均实行自由贸易政策，没有贸易限制。如果两国之间的关税等贸易障碍导致贸易成本提高抵消了两国之间的价格差，尽管两国之间存在劳动生产率的绝对差异，国际贸易也不会发生。

（8）不存在技术进步和经济发展，国际经济是静态的。

在这些假设前提下，斯密证明了：如果每一个国家都按照其绝对有利的生产条件去进行专业化生产，然后彼此进行交换，则会使各国的生产要素得到最有效的利用，增加物质财富，对所有参加交换的国家有利。

斯密认为，国际分工的基础是有利的自然禀赋或后天有利的生产条件，因为自然禀赋和后天有利的生产条件可以使一个国家生产某种产品的成本绝对低，在国际交换中比其他国家处于优势地位。

绝对优势理论解释了国际贸易产生的部分原因，也首次论证了贸易双方都可以从国际分工和交换中获得利益。可以说，斯密把国际贸易理论纳入了市场经济的理论体系，开创了对国际贸易的经济分析。

2.1.3 比较优势理论

绝对优势理论假设两国在不同产品上的生产技术不同，存在着劳动生产率的绝对差异，贸易双方各自至少存在一种产品成本低于另一方，即各具有绝对优势。但是在现实社会中，有些比较先进、发达的国家有可能在各种产品的生产上都具有绝对优势，而另一些国家有可能在各种产品的生产上都处于绝对劣势，但贸易仍然在这两种国家之间发生，此时的贸易是否对双方均有利？

亚当·斯密在《国富论》第一篇第一章里表达了比较优势理论的基本思想："现在最富裕的国家，固然在农业和制造业上都优于邻国，但在制造业方面的优越程度，必定大于农业方面的优越程度。富国的土地，一般都耕耘得较好，投在土地上的劳动与费用也较多；但是，这样较大的生产量，很少在比例上大大超过所花的较大劳动量和费用。在农业方面，富国劳动生产力未必都比贫国劳动生产力大得多，至少不像制造业方面一般情况那样大得多。所以，如果品质同样优良，富国小麦在市场上的售价，未必都比贫国低廉。"[①]李嘉图则更加直观地阐述了比较优势的思想。

1）比较优势理论的基本内容

英国古典经济学家大卫·李嘉图（David Ricardo）在1817年出版的《政治经济学及赋税原理》（Principles of Political Economy and Taxation）一书中，继承和发展了绝对优势理论，提出了比较优势理论（theory of comparative advantage）。

大卫·李嘉图简介

比较优势理论认为，国际贸易的基础并不限于劳动生产率的绝对差异。即便一个国家在两种产品的生产方面都具有绝对优势，另一个国家在两种产品的生产方面都具有绝对劣势，只要两国之间存在着劳动生产率的相对差异，就会出现生产成本和产品价格的相对差异，从而使两国在不同的产品上具有比较优势，使互利的国际分工和国际贸易成为可能。

除了绝对优势理论的假设（2）之外，比较优势理论的假设与绝对优势理论的假设基本相同，它强调两国之间存在着劳动生产率的相对差异而不是绝对差异。

在这些假设前提下，李嘉图证明了：如果每个国家都集中生产并出口其具有比较优势的产品，进口其具有比较劣势的产品，则总产量可以增加，而且通过交换，贸易双方都会获得利益。

例如，假设世界上只有英国和葡萄牙两个国家，两国只生产呢绒和酒两种产品。生产1单位呢绒，英国需要投入100单位劳动，葡萄牙则需投入90单位劳动；生产1单位酒，英国需投入120单位劳动，葡萄牙则需投入80单位劳动。在分工生产前，

---

① 斯密．国民财富的性质和原因的研究：上卷［M］．郭大力，王亚南，译．北京：商务印书馆，1972：7-8.

葡萄牙和英国在上述投入情况下共可以生产2单位呢绒和2单位酒，见表2-3。

表2-3 **比较优势理论示例**

	分工前		分工后	
	呢绒	酒	呢绒	酒
英国的劳动投入	100	120	100+120＝220	
葡萄牙的劳动投入	90	80		80+90＝170
总产量	2单位	2单位	2.2单位	2.125单位

从表2-3中可以看出，英国生产呢绒和酒的劳动投入都比葡萄牙多，但生产呢绒所投入的劳动是葡萄牙的1.1倍（100/90），酒却是1.5倍（120/80），这表明虽然英国生产两种产品的投入都高于葡萄牙（都处于绝对劣势），但其生产呢绒的效率相对酒要高一些，也可以说，英国在生产呢绒方面具有比较优势。从葡萄牙方面来看，它生产呢绒的劳动投入为英国的90%（90/100），而生产酒的劳动投入只相当于英国的67%（80/120），这说明虽然葡萄牙生产两种产品的投入都比英国低（都处于绝对优势），但其生产酒的效率比呢绒相对高一些，换句话说，葡萄牙在生产酒方面具有比较优势。

现在让英国和葡萄牙进行分工，各自只生产本国具有比较优势的产品，即英国只生产呢绒，原来用于生产酒的120单位劳动现在也用于生产呢绒，则一年共可生产2.2单位（220/100=2.2）的呢绒；同时，葡萄牙只生产酒，一年共可生产2.125单位（170/80=2.125）的酒。这样，分工生产的结果是两种产品的产量都高于分工以前。假定英国以1单位的呢绒换取葡萄牙1单位的酒，那么英国可以多消费0.2单位呢绒，葡萄牙可以多消费0.125单位的酒。可见，实行国际分工使两国可增加各自具有比较优势的产品的产量，通过贸易增加了两国的国内消费量，对双方都有利。

比较优势理论的意义在于它说明了任何一个国家，不论其在经济上强与弱，不论处于什么样的发展阶段，都可以确定自己具有比较优势的产品，安排生产，进行贸易，使贸易双方都可以用同样的劳动耗费，得到比分工前更多的产品。

比较优势理论有一个不是很常见的例外，那就是当一国生产两种产品的相对投入完全相同时，两国之间不会发生分工和互惠贸易。例如，如果英国生产呢绒的劳动投入不是100单位，而是135单位，那么英国生产呢绒所投入的劳动是葡萄牙的1.5倍，酒也是1.5倍，这时无法找到具有比较优势的产品，也无法按比较优势进行分工和贸易。

如果说绝对优势理论首次论证了贸易双方都可以从国际分工和交换中获得利益，那么，比较优势理论则把国际分工和交换的领域扩展到了各种类型的、经济发展水平各异国家的更广泛的范围，从而论证了国际分工和贸易的普遍适用性和合理性。因此，与绝对优势理论相比，比较优势理论更具有普遍意义，绝对优势可以被看作比较优势的一个特例。

2）比较优势理论的扩展

（1）比较优势与机会成本

1936年哈伯勒（Haberler）用机会成本理论（opportunity cost theory）解释了比较优势理论。用机会成本理论解释的比较优势理论，有时也被称作比较成本原理。

生产某种商品的机会成本是指增加生产一单位此种商品所必须放弃的另一种商品的生产数量。哈伯勒认为，当一国在一种商品生产上具有较低的机会成本时，该国在该种商品生产上就具有比较优势，而在另一种商品生产上具有比较劣势。例如，在表2-3中，英国增加1单位呢绒的产量需要放弃生产5/6单位（100/120）的酒，葡萄牙增加1单位呢绒的产量需要放弃生产9/8单位（90/80）的酒，由于5/6小于9/8，所以英国生产呢绒的机会成本小于葡萄牙生产呢绒的机会成本，因此英国应该集中资源生产呢绒，而葡萄牙应集中资源生产酒。

比较成本原理没有作出劳动是唯一的投入要素或劳动是同质的假设，使其更具有普遍意义。后来出现的国际贸易理论和学说大多是在比较成本原理的基础上的进一步补充和发展。

（2）多边贸易与多种产品贸易

在现实生活中，国际贸易大都是由多个国家参加的，相互之间交换多种产品。在这种复杂的多边国际贸易的情况下，比较优势理论也同样适用。

①多个国家、两种产品的贸易

在多个国家都生产两种产品的情况下，贸易模式取决于各国各自的价格优势。假设有五个国家参加国际贸易，各国生产一单位产品的成本见表2-4。

表2-4 **五国生产两种产品的单位产品成本**

	甲国	乙国	丙国	丁国	戊国
X产品	5	4	3	2	1
Y产品	1	1	1	1	1
相对成本 C_X/C_Y	5	4	3	2	1

如果假设国际市场上X产品的相对价格是3Y，则丁、戊两国会生产并出口X产品，进口Y产品；甲、乙两国会生产并出口Y产品，进口X产品；丙国由于国际市场相对价格等于其国内市场相对价格，所以不会参加贸易。在这种情况下，甲、乙、丁、戊四国都获得了比自己生产更便宜的产品，因而从贸易中获得了利益。可以看出，只要产品的国际相对价格与各国国内相对价格有差异，各国就可以从国际贸易中获利。

②两个国家、多种产品的贸易

在两个国家进行多种产品贸易的情况下，各国的贸易结构和流向仍取决于比较优势。假设两国生产四种产品的单位产品成本见表2-5所示。

表2-5 两国生产四种产品的单位产品成本

	A产品	B产品	C产品	D产品
甲国	10	10	20	20
乙国	10	5	4	2
相对劳动生产率 $C_{乙}/C_{甲}$	1.0	0.5	0.2	0.1

假设甲国的工资率是 $W_{甲}$，乙国的工资率为 $W_{乙}$，则甲国某产品的生产成本为 $W_{甲}\times C_{甲}$，乙国该产品的生产成本为 $W_{乙}\times C_{乙}$。如果 $W_{甲}\times C_{甲}<W_{乙}\times C_{乙}$，即 $W_{甲}/W_{乙}<C_{乙}/C_{甲}$，则甲国具有生产该产品的比较优势。如果甲、乙两国的工资率之比为0.15，那么甲国具有生产A、B、C三种产品的比较优势，而乙国只具有生产D产品的比较优势，在自由贸易条件下，甲国出口A、B、C产品，乙国出口D产品。如果工资率之比是0.6，则甲国生产和出口A产品，乙国生产和出口B、C、D产品。

2.2 新古典国际贸易理论

比较优势理论揭示了国际贸易的基础是比较优势，在劳动作为唯一的投入生产要素的假设下，认为比较优势是因各国劳动生产率（或生产技术）之间的差异而产生的。这一假设与现实世界相差甚远，在有两种或两种以上生产要素投入的情况下，比较优势产生的原因更加复杂。瑞典经济学家赫克歇尔（Heckscher）和俄林（Ohlin）于1919年、1924年和1933年相继提出，即便各国劳动生产率（或生产技术）完全相同，生产要素禀赋的差异和各种商品在生产过程中所使用的要素比例的差异也能够产生比较优势，从而带来国家间的贸易，即要素禀赋理论（factor endowment theory）。该理论并没有离开比较优势理论的分析方法，只是从另一个角度即生产要素禀赋的角度说明了比较优势产生的原因。

赫克歇尔和俄林进一步指出，随着贸易的发展，各国相同生产要素的价格将趋于均等化。20世纪40年代，美国经济学家斯托尔珀（Wolfgang Stolper）、萨缪尔森（Paul A.Samuelson）证明和发展了这一理论，即要素价格均等化定理（factor price equalization theorem）。

20世纪50年代初，美国经济学家瓦西里·里昂惕夫（Wassily Leontief）对要素禀赋理论进行验证，结果得出了完全相反的结论，即“里昂惕夫之谜”或“里昂惕夫反论”（Leontief paradox）。为了解开里昂惕夫之谜，经济学家们纷纷对这一验证结论从不同角度进行评论，作出各种各样的解释。

2.2.1 要素禀赋理论

1）要素密集度和要素丰裕度

（1）要素密集度

生产要素是指生产中所使用的各种资源。西方经济学家把这些资源分为：土地、劳动、资本与企业家才能。也有人把技术知识、经济信息作为生产要素。要素价格是生产要素的使用费用或要素的报酬，包括土地的租金、劳动的工资、资本的利息和管理的利润等。

要素密集度指的是产品生产中某种要素投入比例的大小，如果某种要素投入比例大，可称为该要素密集度程度高。根据产品生产所投入的生产要素中所占比例最大的生产要素的种类不同，可把产品划分为不同种类的要素密集型产品。在只有两种商品（X和Y）和两种要素（劳动和资本）的情况下，如果生产Y商品时的资本/劳动比率大于生产X商品时的资本/劳动比率，则称Y商品为资本密集型产品，称X商品为劳动密集型产品。

（2）要素丰裕度

要素禀赋是指一国拥有各种生产要素的数量的多少。要素丰裕度或称要素丰缺度是一个相对的概念，它与一个国家实际拥有的生产要素绝对量有很大区别。要素丰裕度是指在一国的生产要素禀赋中，某要素供给的比例大于他国同种要素的供给比例。要素丰裕度有两种定义方法：一种是以实物单位定义，即用各国拥有的资本/劳动的比率（人均资本）来衡量，如果乙国的人均资本高于甲国，则乙国是资本要素丰裕的国家，甲国是劳动要素丰裕的国家，这种定义方法只考虑了要素供给这一方面的因素；另一种是以要素的相对价格来定义，如果甲国劳动的相对价格低于乙国，则甲国是劳动要素丰裕的国家，乙国是资本要素丰裕的国家，这种定义方法同时考虑了要素供求两方面的因素，因此更为科学。

2）要素禀赋理论的主要内容

赫克歇尔在1919年发表的《对外贸易对收入分配的影响》一文中提出，在产品生产技术相同的条件下，产生国际贸易的原因是进行交换的国家之间生产要素的相对稀缺程度（即生产要素的相对价格）和不同产品中所用生产要素的不同比例。赫克歇尔的学生俄林在1924年发表的《贸易理论》一文中进一步发展了赫克歇尔的理论，并在1933年出版的《区际贸易和国际贸易》一书中更周密地论证了要素禀赋理论，因此，该理论又称赫克歇尔—俄林理论（Heckscher-Ohlin theory）、赫-俄模式（H-O model）。

赫克歇尔与俄林简介

（1）要素禀赋理论的假设前提

要素禀赋理论的假设前提如下：

① 使用2-2-2模型的分析方法，即世界上只有两个国家（甲国和乙国），每个国家只生产两种产品（X商品与Y商品），两种产品的生产都需要使用两种生产要素（劳动和资本）。

② 甲国是劳动要素丰裕的国家，乙国是资本要素丰裕的国家；在两个国家中，X商品都是劳动密集型产品，Y商品都是资本密集型产品。

③ 两国在生产中使用相同的技术。

④ 在两个国家中，商品市场、要素市场属于完全竞争市场，要素在一国内可以完全自由流动，但在国家间则不能自由流动。

⑤ 规模收益不变。

⑥ 两国的需求偏好相同，即两国的需求无差异曲线的位置和形状相同。

⑦ 没有运输成本，没有关税或影响国际贸易自由进行的其他壁垒。

为了集中说明理论，赫克歇尔和俄林用了最简单的2-2-2模型。实际上，放松这一假设（即研究更为现实的多个国家、多种商品、多种要素）并不会对要素禀赋理论所得出的结论产生根本性的影响。

（2）要素禀赋理论的主要结论与推理

在上述假定下，要素禀赋理论认为，每个国家在那些大量使用它相对丰裕和便宜的要素，较少使用它相对缺乏和昂贵的要素的商品生产上，有着比较优势。那么，一个国家出口的应是该国相对丰裕和便宜的要素密集型的商品，进口的应是该国相对缺乏和昂贵的要素密集型的商品，即国际贸易的流向应该是，劳动要素丰裕的国家应集中生产劳动密集型产品，出口到劳动要素缺乏的国家去，资本要素丰裕的国家应集中生产资本密集型产品，出口到资本要素缺乏的国家去。

要素禀赋理论的推理过程如图 2-1 所示，图中的单线箭头表示假定为不变的因素。

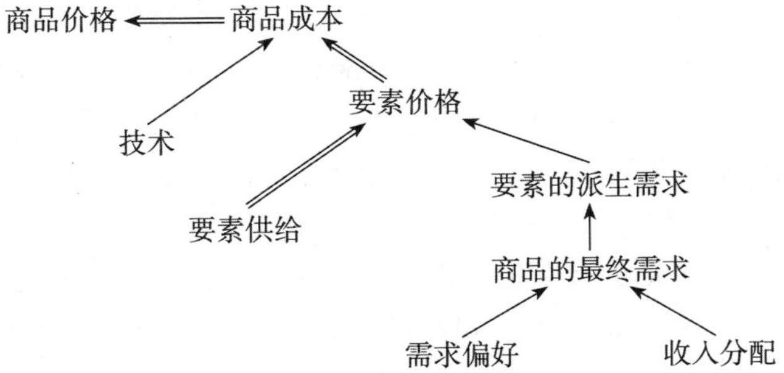

图 2-1　要素禀赋理论的推理

① 商品价格的国际绝对差异是国际贸易产生的直接原因。所谓商品价格的国际绝对差异，是指同种商品在不同国家以本国货币表示的价格按照一定的汇率换算成以同种货币表示的价格时，两者的差异。

② 商品价格的国际绝对差异是各国生产相同产品的成本差异造成的。

③ 各国生产相同产品的成本差异是各国生产要素的价格不同造成的。

④ 各国生产要素的价格差异是各国生产要素的相对丰裕度不同造成的。

⑤ 各国生产要素的不同丰裕度和生产各种产品所使用的要素比例不同（即不同商品的要素密集程度不同），使各国在生产相同产品时，分别在不同的生产方面具有比较优势。

2.2.2　要素价格均等化定理

赫克歇尔和俄林指出，生产要素与商品的流动可以相互替代，因此，随着贸易的发展，各国相同的生产要素的价格将趋于均等化。1941 年，斯托尔珀和萨缪尔森在他们合作完成的论文《实际工资和保护主义》中明确地将要素收益与产品价格直接联系起来，用数学方法严格证明了要素价格均等化定理是成立的，提出由于出口商品的国际价格高于国内价格，随着出口商品生产的扩大，将增加对其生产中密集使用的生产要素（本国丰裕的要素）的需求，使该要素的报酬提高；由于进口商品的国内价格高于国际价格，随着进口商品生产的萎缩，将减少对其生产中密集使用的生产要素（本国稀缺的要素）的需求，使该要素的报酬降低。这一结论又被称为“斯托尔珀-萨缪尔森定理”（Stolper-Samuelson Theorem）。在1948年和1949年，萨缪尔森又分别发表了论文《国际贸易和要素价格均等化》及《再论国际要素价格均等化》，进一步发展了要素价格均等化定理，指出自由贸易不仅使两国的商品价格相等，而且使两国相同的生产要素获得相同的相对和绝对收入，即要素价格均等化定理。由于这一定理建立在要素禀赋理论的基础上，并由萨缪尔森发展，因此，该定理又称赫克歇尔-俄林-萨缪尔森定理，简称赫-俄-萨定理（H-O-S Theorem）。

2.2.3 里昂惕夫之谜及其解释

1）里昂惕夫之谜的提出

要素禀赋理论创立以后，很快为西方经济学界普遍接受。根据这一理论，如果掌握了一个国家的要素禀赋情况，就可以推断出该国对外贸易的商品流向。

但是，这一理论在实证检验中遇到了挑战。1953年，美国经济学家瓦西里·里昂惕夫对要素禀赋理论进行验证。里昂惕夫用他所创立的投入-产出分析方法对美国在1947年每生产100万美元出口商品和与进口相竞争的商品（或称进口替代商品）所需要使用的资本和劳动的数量进行分析，并比较了两组商品的要素密集度。由于美国被认为是资本相对丰富而劳动相对稀缺的国家，按照要素禀赋理论进行推断，美国应出口资本密集型产品，进口劳动密集型产品。而里昂惕夫的计算结果令人震惊，美国与进口相竞争的商品的资本密集程度比美国出口商品的资本密集程度高出大约30%，这意味着，美国进口的是资本密集型商品，出口的是劳动密集型商品，与要素禀赋理论的结论完全相反。这就是“里昂惕夫之谜”或“里昂惕夫反论”。

1956年，里昂惕夫又用美国1951年的贸易数据再次进行验证，发现出口商品的资本/劳动比率依然比与进口相竞争商品的比率低6%。1971年美国经济学家罗伯特·鲍德温（Robert Baldwin）收集了美国1962年的贸易数据进行研究，发现出口商品的资本/劳动比率比与进口相竞争商品的比率低27%，得出了与里昂惕夫相同的结论。

里昂惕夫简介

2）对里昂惕夫之谜的解释

对里昂惕夫之谜，西方经济学界提出了各种各样的解释，并在一定程度上带来了第二次世界大战后西方的国际分工和国际贸易理论的发展。各种解释中，认为“谜”产生的原因主要有：

（1）人力技能的差异

要素禀赋理论的假定条件之一是两国在生产中使用相同的技术，即两国的要素效率相同。事实上，各国之间不仅存在要素禀赋的差异，而且也存在要素效率的差异。里昂惕夫认为，美国工人的劳动生产率大约是其他国家工人的3倍，如果把美国劳动数量乘以3，再和国内可用资本比较，美国就成为劳动要素相对丰裕而资本要素相对短缺的国家，实证结果与要素禀赋理论并无矛盾。至于美国工人劳动生产率高的原因，他解释说，是由于美国科学的管理、高水平的教育、优良的培训、可贵的进取精神等。但这一解释并没有被广泛接受，里昂惕夫自己后来也否定了它，原因是当美国的劳动生产率比其他国家更高时，资本的生产率也要比其他国家高。美国的劳动和资本都应乘以相近的乘数，这就使美国的资本相对丰裕程度变化不会太大。另外，美国学者克雷宁（Krelnin）的验证结果表明，美国劳动生产率比其他国家高20%~25%，而非3倍，不足以使美国变为劳动要素丰裕的国家。

后来，美国经济学家基辛（D.B.Keesing）对这个问题进一步加以研究。他将劳动分为熟练劳动和非熟练劳动两类，并据此对14个国家的进出口商品结构进行了分析，得出了资本较丰裕的国家倾向于出口熟练劳动密集型商品，资本较缺乏的国家倾向于出口非熟练劳动密集型商品的结论。在这14个国家的出口商品中，美国的熟练劳动比重最高，非熟练劳动的比重最低；在进口商品方面，美国的熟练劳动比重最低，非熟练劳动比重最高。这表明发达国家熟练劳动这个要素比较丰裕，在生产熟练劳动密集型产品方面具有比较优势，发展中国家非熟练劳动比较充裕，在生产非熟练劳动密集型产品方面具有比较优势，这样就解释了里昂惕夫之谜。

上述学说是用劳动效率和劳动熟练程度或技能的差异来解释里昂惕夫之谜的，因此被称为劳动熟练说（skilled labor theory）或人力技能说（human skill theory）。

（2）人力资本的差异

美国经济学者凯能（P.B.Kenen）等人认为，劳动效率的差异主要是由劳动熟练程度所决定，而劳动熟练程度又取决于对劳动者进行培训、教育和其他有关的开支，因此，高的熟练效率和熟练劳动归根到底是一种投资的结果。在商品生产中使用的资本，既包括有形资本，也包含无形资本，即人力资本。而里昂惕夫对资本的定义仅指的是有形资本，而完全忽略了人力资本。由于美国投入了较多的人力资本而拥有更多的熟练劳动，因此，美国出口产品含有较多的熟练劳动。如果把熟练劳动的收入高出简单劳动的部分算作资本并同有形资本相加，作为美国出口产品和与进口相竞争商品的资本/劳动比率的分子（而不是像里昂惕夫那样把作为分母的劳动量扩大3倍），则美国出口的仍然是资本密集型商品，这个结论是符合要素禀赋理论的，这就是人力资本说（human capital theory）。

（3）对其他生产要素的否定

要素禀赋理论假设在生产中只使用劳动和资本两种生产要素，忽略了其他生产要素如自然资源的影响。一种商品如果是自然资源密集型的，在两要素模型中将其划分为资本或劳动密集型，显然是不正确的。另外，许多生产过程需要使用自然资源，如采矿业、钢铁业、农业等，同时也需要大量的实物资本。美国对许多自然资源的进口依赖性很强，这也有助于解释美国进口产品具有较高的资本密集程度这一现象。这种解释也可用于其他国家，如加拿大20世纪50年代出口的是资本密集型产品，进口的是劳动密集型产品，原因在于加拿大是自然资源非常丰富的国家。

（4）美国实施的贸易保护政策

要素禀赋理论假设两国之间没有关税或影响国际贸易自由进行的其他壁垒，然而在现实经济生活中，自由贸易是很难实现的，各国政府为了本国的利益建立起各种关税和非关税贸易壁垒，其目的是减少进口，刺激国内进口替代品的生产。克拉维斯（Kravis）在1954年的研究中发现，美国受贸易保护最严密的产业就是劳动密集型产业，这就影响了美国的贸易模式，降低了劳动密集型商品的进口。也就是说，如果美国实行自由贸易政策，美国应大量进口劳动密集型商品，但由于其实施贸易保护政策，使得本应大量进口的劳动密集型商品减少了进入美国市场的机会。

（5）要素密集度逆转

要素禀赋理论假设在两个国家中，X商品都是劳动密集型产品，Y商品都是资本密集型产品，而现实中存在要素密集度逆转（factor-intensity reversal）的情况，即一种给定商品在劳动要素丰裕的国家是劳动密集型产品，在资本要素丰裕的国家是资本密集型产品。例如，X商品在甲国（劳动要素丰裕国）是劳动密集型商品，同时其在乙国（资本要素丰裕国）是资本密集型商品，Y商品在甲国是资本密集型商品，同时其在乙国是劳动密集型商品。

要素密集度逆转一旦发生，要素禀赋理论和要素价格均等化定理就都不再成立。这是因为，就X商品的生产而言，在甲国可以密集地使用其丰裕和便宜的劳动要素，而在乙国可以密集地使用其丰裕和便宜的资本要素，至于哪个国家的商品价格更加便宜，很难由此确定，因此要素禀赋理论不再成立。Y商品也是如此。如果两国进行分工，例如甲国分工生产X商品（劳动密集型商品），从而需要更多的劳动，甲国的相对和绝对工资就会上升；乙国分工生产Y商品（劳动密集型商品），也需要更多的劳动，乙国的相对和绝对工资也会上升，两国相对工资和绝对工资之间的差异会缩小、扩大或不变，主要取决于各国工资上涨的快慢程度，因此要素价格均等化定理也不再成立。

要素密集度逆转在现实世界中确实是存在的，关键问题是它到底是不是普遍现象。1962年明哈斯（Minhas）的研究表明，要素密集度逆转是非常普遍的，约占其研究情况总数的1/3。而里昂惕夫1964年的研究表明，要素密集度逆转在其所研究的例子中只占8%，如果除去生产中大量需要自然资源的两个产业，要素密集度逆转发生的概率就会降至1%。鲍尔（Ball）在其1966年所做的研究中也证实要素密集度逆转在现实世界中很少发生。

（6）需求逆转

要素禀赋理论假设两国的需求偏好相同，所以国际贸易模式只取决于要素禀赋差异，与需求因素无关。但在现实中，贸易国之间的需求偏好会存在很大差异，因此决定国际贸易模式的因素既可能来自供给方面，也可能来自需求方面。如果某一国对于某一商品在生产上具有比较优势，但因其国民在消费上又特别地偏好该产品，该商品的价格就不一定低，贸易模式就可能与要素禀赋理论所推测的情况完全相反。

里昂惕夫之谜所引起的解释和有关的大部分学说，不是对比较优势理论和要素禀赋理论的全盘否定，也不是对这些传统理论的全盘继承，而是在继承的基础上有所创新和扩展，对这些理论做了一些修整补充的工作。他们继承了传统贸易理论中最基本的东西，即比较优势理论，把两个国家、两种商品、两种生产要素的模式分析，代之以多个国家、多种商品以及自然资源、人力技能、人力资本等多种因素的模式分析。

2.3 现代国际贸易理论

2.3.1 基于需求不同的贸易理论

国际贸易产生的重要原因是商品价格的差异。古典国际贸易理论与新古典国际贸易理论都是从生产或供给方面来分析这种差异的。由于商品的价格是由供求两方面决定的，在同样的生产条件下，需求的不同也会带来商品相对价格的差异，即需求的差异也可能成为国际贸易的基础。需求的决定因素包括需求偏好和收入水平。收入变化影响需求进而对国际贸易产生影响这一内容将在第6章中进行分析。这里我们仅分析需求偏好不同而产生的贸易。

一般而言，在封闭经济条件下，一国需求偏好强的商品的相对价格较高。如果两国的需求偏好不同，在进行分工和贸易时，两国都会增加其需求偏好弱的商品的生产，并向对方出口以换取其需求偏好强的商品。通过分工和贸易，两国都达到了更高的福利水平。

2.3.2 产业内贸易理论

第二次世界大战以后，国际贸易出现了新的发展趋势：发达工业国家之间的贸易量大大增加，占世界贸易量的2/3以上，成为国际贸易的主要部分；国际贸易中同类产品之间的贸易量大大增加，工业国家传统的“进口初级产品，出口工业产品”的贸易模式逐渐改变，出现了同一行业既有出口又有进口的产业内贸易。由于发达国家之间要素禀赋及技术水平的差异远远小于发达国家与发展中国家之间的差异，因此，这些新现象用要素禀赋和技术水平差异等因素已无法进行解释。当代经济学家通过放松传统国际贸易理论的假设，对这一新趋势作了新的分析。

1）产业内贸易的含义和测度

（1）产业内贸易的含义

产业内贸易（intra-industry trade）是相对于产业间贸易（inter-industry trade）而言的，是指一个国家在出口某种产品的同时又进口同类型的产品，也常被称为双向贸易或贸易重叠。按照国际商品标准分类方法的规定，相同类型的商品是指至少属于同章、同类和同组的商品同时出现在一国的进出口项目中。

产业内贸易与一般意义上的制成品贸易不同，是指两个以上的国家在某个相当明确和具体的产业内进行贸易。同产业间贸易相比较，产业内贸易有两个特点：一是进口和出口的商品有非常高的相互替代性。从使用价值的角度来考虑，进出口商品之间并没有大的差异，而仅仅是消费者的选择和偏好不同。二是进口国和出口国在该商品的生产能力方面并无大的差别。贸易往往是在生产力发展程度、人均国民收入水平等条件接近的国家之间进行。因此，产业内贸易的形成基础和影响都不同于产业间工业品的相互贸易。

（2）产业内贸易的测度

产业内贸易程度可以用产业内贸易指数（intra-industry trade index）来测度。产业内贸易指数的计算公式为：

$$T=1-\frac{|X-M|}{X+M}$$

式中X和M分别代表一个产业或一类产品的出口额和进口额。T的取值范围介于0和1之间。当一个国家的某一产业或某类产品只有进口或只有出口时（即不存在产业内贸易），T=0；当某一产业或某类产品的进口等于出口时（即产业内贸易达到最大），T=1。T愈是接近1，说明产业内贸易程度愈高；T愈是接近0，意味着产业内贸易程度愈低。

经济发达程度是影响产业内贸易指数的一个重要因素。从总体上看，经济发展水平较高的国家，产业内贸易指数相对就高。此外，经济的外向程度也是影响产业内贸易指数的一个重要因素。当然，产业内贸易指数的大小在很大程度上还取决于产业或产品种类的定义范围的大小，产业或产品种类的定义范围越宽泛，产业内贸易指数也越大，反之就越小。

2）产业内贸易理论的内容

（1）差异产品、规模经济与国际贸易

传统贸易理论假设各国生产的产品都是同质的，国际市场是完全竞争市场，因此一国要么出口、要么进口某产品，同质产品的产业内贸易只在少数情况下发生，例如，某些产品的运输成本占整个产品成本的比重大，且邻国比本国的产地距离本国消费地更近，而国内产地距离邻国的消费地更近，为降低运输成本，可能出现同质产品的产业内贸易；某些季节性强的商品可能在本国供给旺盛时出口，而在本国供给不足时进口；转口贸易这种贸易方式也是同质产品的产业内贸易。

在现实世界中，大部分商品是有差异的，而不是同质的，同一产业内或同一类商品组中的差异产品（differentiated products）由于类似而有一定的替代性，从而互相竞争；另一方面，这些产品又各有特征，相互间不能完全替代，从而使各种产品具有一定的垄断性，其市场属于垄断竞争市场。

传统国际贸易理论假设贸易双方的规模收益不变。然而在规模经济条件下，即使两国各方面的条件完全相同，双方也可以发生互利贸易。规模经济或称规模报酬递增（increasing returns to scale），是指一国产出水平增长的比例高于要素投入增长比例的生产状况，即当企业的产量提高时，企业生产的平均成本下降。由于规模经济的存在，企业希望消费者需要的产品越单一越好，因为这样有利于实现规模经济；而由于相互间不能完全替代的差异产品的存在，使消费者的需求呈现多样化的特征。这样，生产的单一性要求和消费的多样化要求就必然发生矛盾，其最佳的解决方案就是国际分工和国际贸易。通过国际分工，一国只生产有限系列的同类商品，获得经营上的规模效益；通过国际贸易，为消费者的多样化选择提供了可能性。

（2）需求相似与国际贸易

瑞典经济学家林德（Staffan B.Linder）认为，要素禀赋理论只适用于解释发达国家与发展中国家之间的制成品和初级产品贸易，而不能解释发达国家之间的制成品贸易，因为前者的贸易发展主要是由供给因素决定的，而后者的贸易发展主要是由需求因素决定的。

林德指出，制成品生产的初期是满足国内需求，之后才逐渐推向国际市场。由于产品是为满足国内需求而研发的，所以该产品较多地是出口到那些需求相似的国家。这些国家之间的需求越相似，其贸易量就越大。影响需求的最主要因素是人均收入，因此，人均收入越接近的国家之间需求越相近，产品的相互适应性越强，贸易交往也就越密切，而人均收入的差异则是贸易发展的潜在障碍。由于发达国家的人均收入水平较高，它们之间的需求更加相似，因此，制成品贸易主要发生在收入水平比较接近的发达国家之间。林德的理论被称为需求相似理论，也称收入贸易理论（income trade theory）。

如图2-2所示，图中横轴表示人均收入水平（y），纵轴表示消费者所需的各种商品的品质等级（q），α线表示最高收入者随收入的变化对商品品质等级需求的变化，β线表示最低收入者随收入的变化对商品品质等级需求的变化，在某国某一特定的收入水平，α线与β线之间垂线所对应的商品品质等级就是该收入水平下该国所需商品的品质等级范围。例如，甲国的人均收入水平为$y_{甲}$，则甲国所需商品的品质等级范围就是AB，同样，乙国和丙国所需商品的品质等级范围分别为CD和EF。从图2-2中可以看出，乙国与丙国之间不可能发生贸易，因为丙国最高等级品质的商品在乙国连最低收入者都不愿意消费，而乙国最低等级品质的商品在丙国连最高收入者都消费不起。甲国和乙国之间则可能发生贸易，因为两国需求的商品品质等级范围存在重叠部分，即AD。而且甲国和乙国的人均收入水平越接近，两国需求的商品品质等级范围重叠的部分越大，相互间的贸易关系就可能越密切；反之，人均收入水平相差越悬殊，两国需求的商品品质等级范围重叠的部分就越小，甚至不存在，相互间的贸易密切程度就越小，甚至不发生贸易。

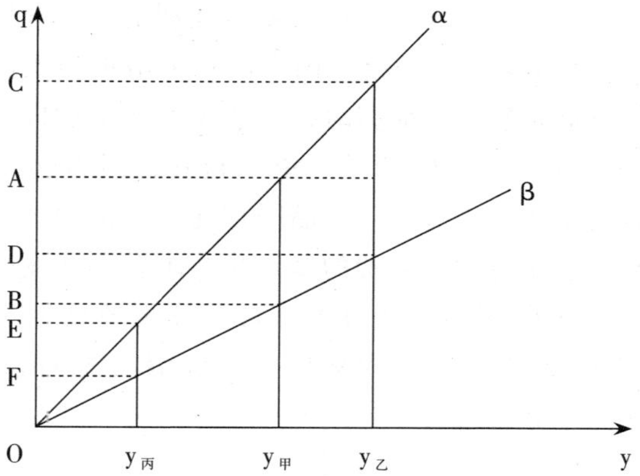

图2-2 需求相似与可贸易区间

2.3.3 基于动态技术差异的国际贸易理论

传统贸易理论是在不存在技术进步假设基础上的静态分析。实际上，在现代国际贸易中，技术是决定一国经济活动和贸易格局的重要因素。技术差距理论和产品周期理论把科学技术因素引入到国际贸易的分析中来，并同其他因素相结合，共同解释比较优势的形成和变化以及国际贸易中商品流向的变化，从而进一步推进了传统国际贸易理论。

1）技术差距理论

1961年，美国经济学家波斯纳（Posner）在其论文《国际贸易和技术变化》中首先提出了技术差距理论（technological gap theory）。他认为，人力资本是过去对教育和培训事业进行投资的结果，技术则是过去对研究和发展事业进行投资的结果，所以技术和人力资本可以作为一种资本或一种独立的生产要素，而且科学技术的研究和发展在国际贸易格局和商品比较优势中起决定作用。由于各国的技术进步不一致，所以当技术领先国家发明出新产品或新的生产方法，而其他国家尚未完全掌握时，就会产生国家间的技术差距。然而由于技术扩散，其他国家迟早也会掌握这一技术，从而消除技术差距。从技术创新国的新产品问世到其他国家能够完全模仿前的时期，因创新国在世界市场上暂时处于垄断地位，故该产品自然具有出口优势。这样，因新技术引起的技术差距是产生国际贸易的原因，并决定了国际贸易的流向。

波斯纳在分析时使用了几个“时滞”，如图2-3所示。T_0T_1为需求时滞阶段，是指从技术创新国新产品问世到进口国开始产生对该产品需求的时间差距，它取决于收入因素和模仿国消费者对新产品的认知。T_0T_3为模仿时滞阶段，是指新产品在技术创新国问世到在进口国完全自给（进口为零）的时间差距，在此之后，模仿国就会以低成本为基础进行出口。模仿时滞阶段又分为反应时滞阶段和掌握时滞阶段。T_0T_2为反应时滞阶段，是指从新产品问世到进口国开始仿制的阶段，它取决于模仿国厂商的反应，以及产品的规模经济、价格、市场、关税等。T_2T_3为掌握时滞阶段，是指从仿制开始到进口国完全自给并转向出口为止的阶段，它取决于模仿国取得技术的渠道和消化技术的能力等。T_1T_3是由于技术差距而导致的贸易期间。在这段时间内，创新国将产品出口到需求时滞小于反应时滞的国家，可以获得贸易利益。

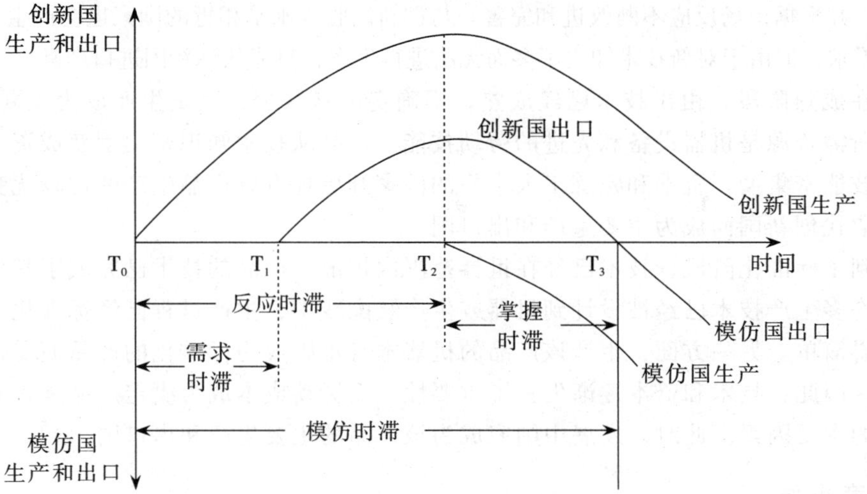

图2-3 技术差距示意图

2）产品生命周期理论

技术差距理论的缺点是它并没有深入解释技术差距产生和随着时间推移而消失的原因。美国经济学家雷蒙德·弗农（Raymond Vernon）在1966年的论文《产品周期中的国际投资与国际贸易》中对技术差距理论进行了扩展，提出产品生命周期理论（product cycle theory）。

产品生命周期理论认为，产品和生物一样是有生命周期的，产品的生命周期分为三个阶段：新产品阶段、成熟阶段和标准化阶段，如图2-4所示。在产品生命周期的不同阶段，产品的要素密集度会发生规律性的变化，比较优势将随之从一种类型的国家转向另一种类型的国家，从而引起国际贸易中商品流向的变化。

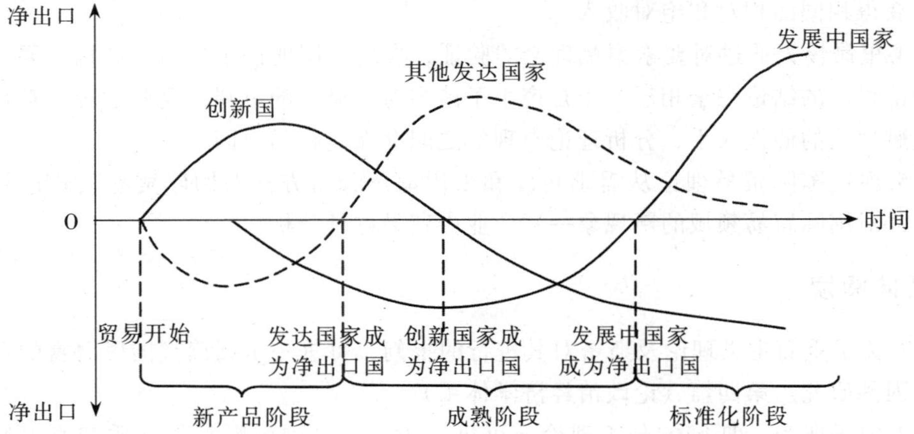

图2-4 产品生命周期示意图

在新产品阶段，由于新产品在收入水平高的国家需求最旺，且新产品的研究开发需要大量的资本和科技劳动投入（即新产品是技术知识密集型产品），所以少数科学研究发达的国家拥有新产品生产的比较优势，成为创新国。新产品在这些国家开发出来投入生产，并根据市场反应不断改进和完善。与创新国收入水平相近的国家也会产生对该产品的需求，但由于对新技术知之不多而无法进行生产，只能从创新国进口产品。

在成熟阶段，由于技术已经成熟，不确定因素减少，大量生产成为主要目标。这时所需资源是机器设备和先进的劳动技能。产品从技术知识密集型变成资本密集型或技能密集型。资本和熟练工人丰裕的国家开始拥有该产品生产的比较优势，并逐渐取代创新国而成为主要生产和出口国。

到了标准化阶段，技术已经在世界范围内扩散，产品的技术已完成了其生命周期，许多生产技术已经被设计到机器或生产装配线中，生产过程已经标准化，操作也变得简单。另一方面，生产该产品的机器本身也因成为标准化的产品而变得比较便宜。因此，技术和资本逐渐失去了重要性，而劳动成本成为决定产品是否有比较优势的主要因素。此时，发展中国家成为该产品的主要生产和出口国。

●本章小结

1. 重商主义认为货币是财富，出口会增加本国财富而进口会导致本国财富流出，为了增加财富（货币）的流入，一国应采取鼓励出口、限制进口的贸易政策。

2. 亚当·斯密的绝对优势理论认为财富是交换价值而非货币，分工和贸易能够增加财富，对所有国家都是有利的，因而一国应采取鼓励分工的自由贸易政策。李嘉图的比较优势理论进一步指出，即便一国没有绝对优势，仍然可以按照比较优势参与国际分工和贸易，取得双赢的效果。

3. 要素禀赋理论认为，一国的进出口商品结构除了取决于生产效率的差异以外，还受到一国要素禀赋和产品要素密集度的影响。要素价格均等化定理则进一步指出，生产要素与商品的流动可以相互替代，随着贸易的发展，各国相同的生产要素将获得相同的相对和绝对收入。

4. 里昂惕夫通过对要素禀赋理论的验证，发现美国的进出口商品结构与要素禀赋理论得出的结论完全相反，于是产生了诸多对“谜”的解释。这些解释大都从要素禀赋理论的假设入手，分析理论与现实之间存在差距的原因。

5. 现代国际贸易理论从需求角度和采用动态分析方法对国际贸易模式进行解释，并对国际贸易领域的新现象——产业内贸易进行分析。

●延伸阅读

1. 关于重商主义理论及斯密对其进行的批判，可进一步阅读《国民财富的性质和原因的研究》第四篇（论政治经济学体系）。

2. 关于亚当·斯密的分工理论，可进一步阅读《国民财富的性质和原因的研究》第一章至第三章。

3. 关于比较优势理论，可进一步阅读《现代比较优势理论研究》（李辉文著，中国人民大学出版社，2006）。

4.本章关于经济学家的介绍均摘自《新帕尔格雷夫经济学大辞典》（约翰·伊特韦尔、默里·米尔盖特、彼得·纽曼编，经济科学出版社，1996），有兴趣的读者可查阅更详细的介绍。

●基本概念

绝对优势理论　比较优势理论　要素密集度　要素丰裕度　要素禀赋理论　斯托尔珀-萨缪尔森定理　要素价格均等化定理　里昂惕夫之谜　产业内贸易　产品生命周期理论

●复习思考题

自测题 单选题

自测题 多选题

自测题 判断题

1.贸易差额论与货币差额论有何异同？

2.斯密从哪些方面对重商主义进行批判？绝对优势理论的主要内容是什么？

3.比较优势理论有哪些主要观点？

4.什么是要素丰裕度和要素密集度？

5.要素禀赋理论的主要内容是什么？

6.要素价格均等化定理的主要内容是什么？

7.什么是里昂惕夫之谜？对里昂惕夫之谜的解释主要有哪些？

8.什么是产业内贸易？如何测度产业内贸易？

9.简述产业内贸易理论的主要内容。

10.简述产品生命周期理论的主要内容。

●附录

附录2-1　比较优势理论的现代分析

1）封闭条件下的一般均衡分析

（1）生产均衡点

生产可能性边界上任何一点都表示在既定的资源之下所能达到的两种产品最大产量的组合，但究竟在哪一点生产，还要看两种商品的相对价格，即它们在市场上的交换比率。

在完全竞争条件下，商品的价格应等于其边际成本。而生产可能性边界的斜率（即边际转换率，MRT）就是相对于生产另一种商品的边际成本来说生产一种商品的边际成本。①因此，当边际转换率等于X、Y两种商品的相对价格时，即 $MRT = \Delta Y/\Delta X = MC_X/MC_Y = P_X/P_Y$ 时，生产点在生产可能性边界上的位置也就确定了，如图

① 平狄克，鲁宾费尔德．微观经济学［M］．4版．张军，罗汉，尹翔硕，等译．北京：中国人民大学出版社，2000：517.

2-5中点A所示。

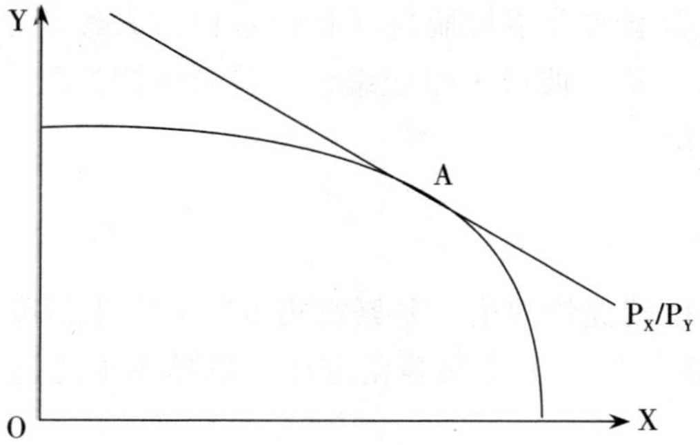

图2-5 封闭条件下的生产均衡

（2）消费均衡点

消费均衡点的几何意义是无差异曲线与预算线（或称消费可能线）的切点，在这一点上，预算线的斜率与无差异曲线的斜率（即边际替代率，MRS）相等，即 $MRS = \Delta Y/\Delta X = MU_X/MU_Y = P_X/P_Y$，如图2-6中点A所示（图中的I表示消费者的收入）。

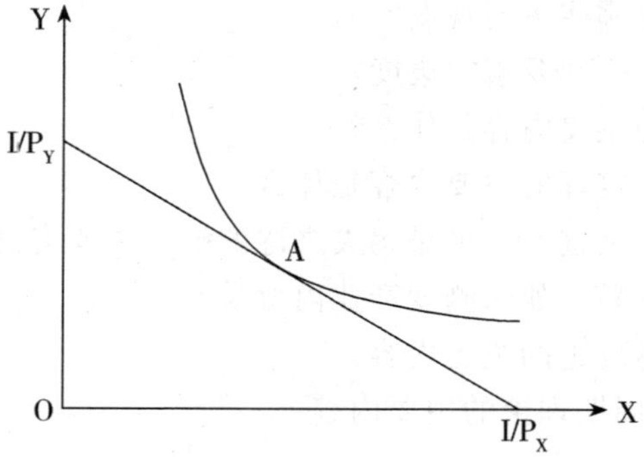

图2-6 封闭条件下的消费均衡

（3）封闭条件下的一般均衡

在封闭条件下，当一国达到其生产可能性边界所允许的最高的无差异曲线时，该国就达到了均衡状态。其几何意义是无差异曲线与生产可能性边界的切点，在这一点上，两条曲线的公切线的斜率等于X、Y两种商品均衡的相对价格，即 $MRS = MRT = P_X/P_Y$，如图2-7中点A所示。

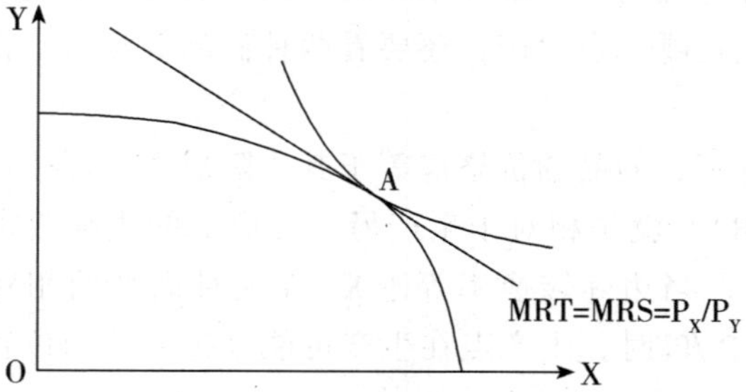

图2-7 封闭条件下的一般均衡

2）固定机会成本下的贸易利益

斯密和李嘉图的理论中都假设劳动是唯一的生产要素，而且一国内部所有劳动都是同质的，因此，生产产品的机会成本是固定不变的。在固定机会成本下，一国的生产可能性曲线是一条直线，如图2-8所示。

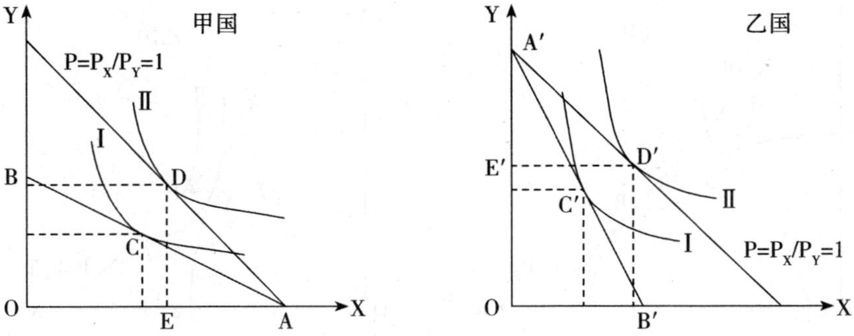

图2-8 固定机会成本下的贸易利益

甲国的生产可能性曲线为AB，假设X商品的相对价格为$P=P_X/P_Y=1/2$，乙国的生产可能性曲线为A′B′，假设X商品的相对价格为$P=P_X/P_Y=2$，甲乙两国在发生贸易前，分别在C、C′点生产和消费。甲国生产X商品的机会成本是1/2单位Y，乙国生产X商品的机会成本是2单位Y，甲国X商品的相对成本低，拥有生产X商品的比较优势；乙国则相反，拥有生产Y商品的比较优势。

如果两国进行分工和贸易，根据比较优势理论，甲国会专门生产X商品，乙国则专门生产Y商品。假设国际市场上X商品的相对价格为$P=P_X/P_Y=1$，即1单位X可以交换1单位Y，X商品的相对价格高于甲国的国内价格，因此甲国愿意出口；该价格低于乙国的国内价格，乙国也愿意进口。甲国在A点进行生产，出口AE单位的X商品，按国际交易比价换回ED单位的Y商品，在D点消费；乙国在A′点进行生产，出口A′E′单位的Y商品，按国际交易比价换回E′D′单位的X商品，在D′点消费。可见，两国通过分工和贸易，都达到了比贸易前更高的福利水平（由无差异曲线Ⅰ提高到Ⅱ），两国都从国际分工和国际贸易中获得了利益。

在上例中，甲、乙两国按照比较优势进行了完全的专业化分工，即甲国只生产X商品，不生产Y商品，而乙国只生产Y商品，不生产X商品。需要指出的是，这里有一个隐含的假设：两国的规模大小相似。如果一国比另一国大得多，在两国分别集中生产一种产品后，小国集中生产的产品将不能满足两国的消费需求。因此完全的国际专业化分工在大国和小国之间将无法发生，大国只能进行不完全分工。

3）机会成本递增条件下的贸易利益

在现实生活中，机会成本不发生变化只是一种特殊情况，大多数情况下生产某种产品的机会成本都随产量的变化而变化。理论上，机会成本的变化有三种情况，即机会成本不变、机会成本递减和机会成本递增。这里我们只讨论机会成本递增的情况。

机会成本递增是指两个国家在专门生产本国具有比较优势的商品的同时，生产的机会成本也在不断递增。到两国同一商品的相对价格相同时，这种分工就会停止，贸易也在这一价格水平上达到均衡。通过互利贸易，两国的最终消费水平均会大于贸易前的消费水平，如图2-9所示。

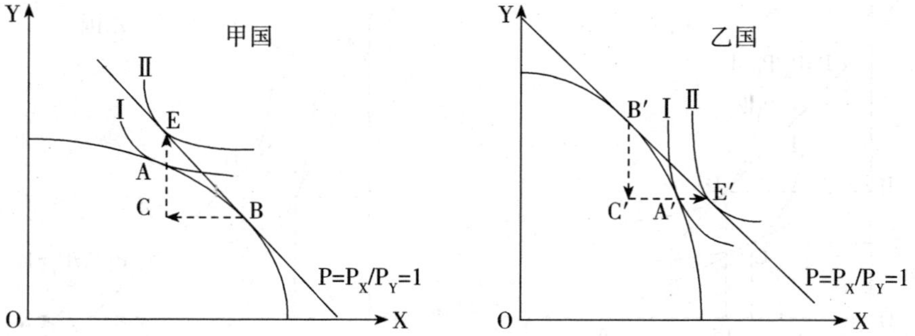

图2-9　机会成本递增条件下的贸易利益

在不存在贸易的条件下，甲国在A点生产和消费，假设X商品的相对价格为$P = P_X/P_Y = 1/4$，乙国在A′点生产和消费，假设X商品的相对价格为$P= P_X/P_Y =4$。可见，甲国X商品的相对成本低，拥有生产X商品的比较优势；乙国则相反，拥有生产Y商品的比较优势。

如果两国进行分工和贸易，根据比较优势理论，甲国会分工生产X商品，乙国则分工生产Y商品。随着甲国X商品生产的增加，生产X的机会成本也在递增；同样，随着乙国Y商品生产的增加，生产Y的机会成本也在递增。这种生产中的分工过程一直持续到商品相对价格在两国相等时才停止，在这一点上贸易达到均衡，在图2-9中，假设均衡的相对价格为$P= P_X/P_Y =1$。

通过分工，甲国由在A点生产转移到在B点生产，通过出口BC单位的X商品，按国际交易比价换回CE单位的Y商品，在E点消费；乙国由在A′点生产转移到在B′点生产，通过出口B′C′单位的Y商品，按国际交易比价换回C′E′单位的X商品，在E′点消费。可见，两国通过分工和贸易，都达到了比贸易前更高的福利水平（由无差异曲线Ⅰ提高到Ⅱ），两国都从国际分工和国际贸易中获得了利益。

在机会成本递增的条件下，不论是小国还是大国都存在着不完全分工。这是因为，当一国专门生产一种商品时，它生产这种商品的机会成本也在不断提高，而生产另一种商品的机会成本在不断下降。这样，随着每个国家专门生产该国具有比较优势的商品的同时，两国的相对商品价格就会逐渐接近，直到该价格在两国间相等为止。

4）比较利益的分解

比较利益可以分解为交换所得（gains from exchange）和分工所得（gains from specialization）。

一国在国内资源配置不变、产出不变的情况下，按国际市场价格同另一国交换一部分产品获得的福利水平的提高是交换所得，这是产品在消费领域的重新配置所得。一国在对本国资源按照比较优势进行重新配置得到的福利水平的提高是分工所得，这是资源在生产领域的更有效配置所得。

如图2-10所示，在封闭条件下，一国在A点生产和消费。假设由于某种原因，即使在存在贸易的条件下该国也不能分工生产X产品，且只能在A点生产，即该国与其他国家发生贸易，但并不改变生产结构。此时该国可以按世界市场价格Pw同其他国家交换商品Y，最终在无差异曲线Ⅱ上的T点消费，该国的福利水平比在封闭条件下得到了提高。该国从A点到T点的福利水平提高就是交换所得。

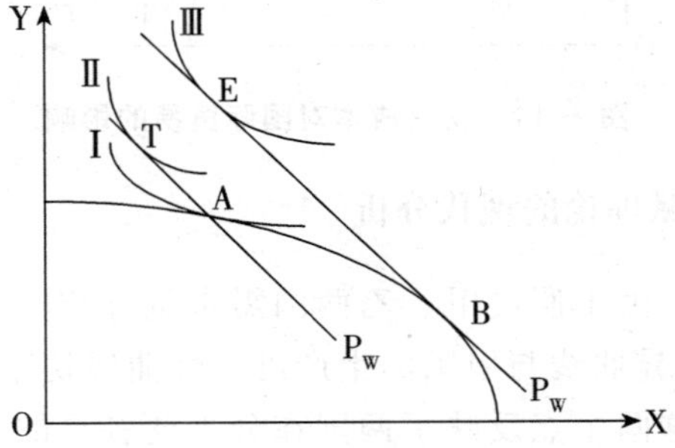

图2-10 比较利益的分解

如果情况发生变化，该国可以分工生产X产品，该国的生产点就是B点。该国可以按世界市场价格Pw用更多的X同其他国家交换更多的Y，最终在无差异曲线Ⅲ上的E点消费，从而获得更高的福利水平。从T点到E点的福利水平提高就是分工所得。

从A点到E点的福利水平的提高就是该国从分工和交换中获得的全部比较利益。

5）交易成本对国际贸易的影响

比较优势理论假定国际贸易没有交易成本，国与国之间的贸易模式只取决于各国的比较优势。在现实中进行国际贸易时会发生各种交易成本，而且这些交易成本通常比国内贸易的交易成本高，它们会削弱比较优势甚至导致比较优势消失。

如图2-11所示，在封闭条件下，一国在A点生产和消费，国内X、Y商品的相对价格为直线DD的斜率。在参加国际贸易后，如果不考虑交易成本，国际市场上X、Y商品的相对价格为直线TT的斜率，则该国的生产点将移至B点，消费点将移到C点，可以看出，该国福利水平显然比分工前大为提高。但是，在交易成本的作用下，国际市场上X、Y商品的相对价格不会达到直线TT斜率的水平，假设国际市场上X、Y商品实际的相对价格是直线T′T′的斜率，则该国会在B′点生产，在C′点消费。这时虽然该国的福利水平比不考虑交易成本时低，但仍高于分工前的水平，所以该国仍致力于进行贸易。

因此，交易成本的存在与不考虑交易成本的情况相比，降低了国内生产的专业化程度，减少了贸易规模和贸易利益。只要交易成本不高于国际贸易带来的利益，各国仍会按比较优势进行分工和交换，贸易参加国仍可以获得高于封闭状态下的福利水平。

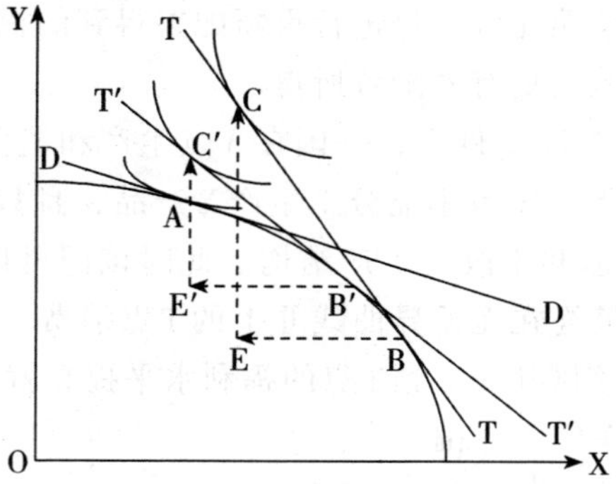

图 2-11　交易成本对国际贸易的影响

附录 2-2　要素禀赋理论的现代分析

在图 2-12 左图中，由于假设甲、乙两国需求偏好相同，所以两国具有共同的无差异曲线Ⅰ。该无差异曲线与甲国的生产可能性曲线切于点 A，与乙国的生产可能性曲线切于点 A′。这两个点反映了两国在分工前各自的生产和消费均衡点。此时，甲国 X 商品的相对商品价格为 $P_{甲}$，乙国 X 商品的相对商品价格为 $P_{乙}$。由于 $P_{甲} < P_{乙}$，所以甲国在 X 商品的生产上具有比较优势，乙国在 Y 商品的生产上具有比较优势。在右图中，进行分工和贸易后，甲国在 B 点进行生产，出口 BC 单位的 X 商品以交换 CE 单位的 Y 商品，最终消费点为 E 点；乙国在 B′点进行生产，出口 B′C′单位的 Y 商品以换取 C′E 单位的 X 商品，最终也在 E 点达到消费的均衡，其中 B′C′＝CE，C′E＝BC。两国均在贸易中获利，都达到了更高的无差异曲线Ⅱ。

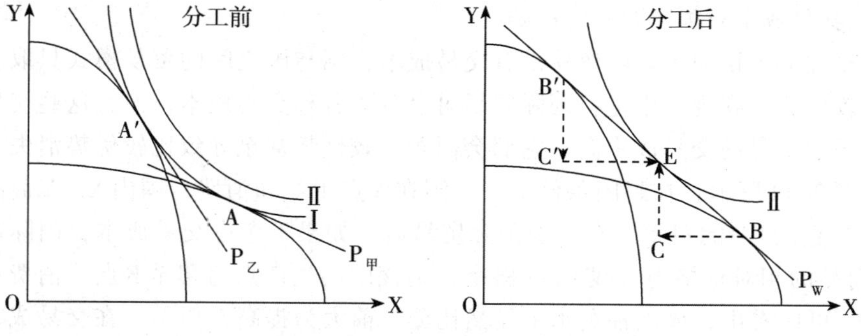

图 2-12　要素禀赋理论的现代分析

附录 2-3　基于需求不同的贸易理论

假设甲、乙两国在生产方面的能力是完全相同的，即同样的生产技术、同样的资源禀赋、同样的生产规模等，因此，两国具有相同的生产可能性曲线，如图 2-13 所示。但两国的需求偏好不同，甲国更偏好 X 商品，乙国更偏好 Y 商品。因此，在封闭经济条件下，甲国在 A 点生产和消费，乙国在 A′点生产和消费，甲国 X 商品的相对价格高于乙国，Y 商品的相对价格低于乙国。

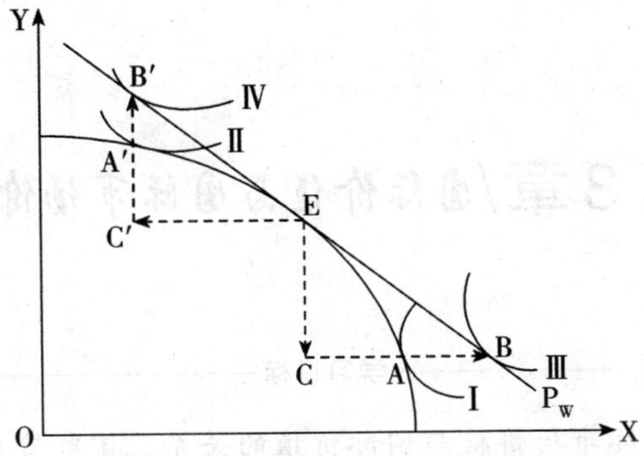

图2-13 需求偏好不同产生的贸易

如果两国进行分工和贸易，甲国会增加Y商品的生产，并向乙国出口以换取X商品，减少X商品的生产，乙国正好相反。分工和贸易的结果是两国的生产都移到E点，甲国出口EC单位的Y商品，按国际市场价格P_W换取CB单位的X商品，在B点消费；乙国出口EC′单位的X商品，按国际市场价格P_W换取C′B′单位的Y商品，在B′点消费。这里EC=C′B′，CB=EC′。可见，通过分工和贸易，两国都达到了更高的福利水平（甲国由无差异曲线Ⅰ提高到Ⅲ，乙国由无差异曲线Ⅱ提高到Ⅳ）。

第3章/国际价值与国际市场价格

学习目标

学习和了解国际市场价格与国际价值的关系，国际贸易中的不等价交换及产生的原因，重点掌握贸易条件和相互需求原理。

3.1 马克思主义的国际价值与国际市场价格理论

3.1.1 国际价值与国别价值

1）商品国际价值形成的基础和条件

商品的国际价值是在国别价值的基础上形成的。价值是指凝结在商品中的抽象劳动。任何一个国家所生产的商品，其价值内容都是由抽象的社会劳动决定的。商品的国别价值量是由该国生产该商品的社会必要劳动时间决定的。

在资本主义生产方式建立以前，各国虽然有商品生产和商品交换，但由于自给自足的自然经济占统治地位，因此这时并不具备国别价值向国际价值转化的条件。当资本主义生产方式建立以后，各国形成了统一的国内市场，后来随着生产国际化的发展，统一的世界市场逐步形成，这时各国的社会劳动才不仅作为个别国家的社会劳动，而且也作为世界的社会劳动。当商品交换变成世界性交换的时候，社会劳动才具有普遍的国际性质。因此，促使国别价值向国际价值转化、国际价值得以形成的最重要的条件就是以国际分工为基础的世界市场的形成和发展。

2）国别价值和国际价值质的同一性和量的差别性

商品的国别价值和国际价值在本质上是无差别的，即两者具有质的同一性，表现在两者都是一般人类劳动的凝结。

但从量上来看，两者是有差别的。商品的国别价值量是由该国生产该商品的社会必要劳动时间决定的。社会必要劳动时间是在现有的社会正常的生产条件下，在社会平均的劳动熟练程度和劳动强度下制造某种使用价值所需要的劳动时间。在世界市场上，既然商品交换已超出了一国的范围，因此也就不能以任何一国的国别价值作为衡量的尺度。国际商品价值量是由世界劳动的平均单位决定的。在商品的国际交换中，各国的社会劳动转化为世界范围的社会必要劳动。而每个国家在进行商品生产时，都有一个中等的劳动强度。所谓劳动强度是指劳动的紧张程度，也就是指同一时间内劳动力消耗的程度。假定其他条件相同，在单位时间内，强度较大的劳动和强度较小的劳动相比，前者要付出较多的劳动量，因而会提供较多的产品，创造较多的价值。因此，价值量与劳动强度成正比。国家不同，劳动的中等强度也就不同，有的国家高些，有的国家低些。于是各国的平均数形成一个阶梯，它的计量单位是世界劳动的平均单位。这个平均的劳动单位就是在世界经济的一般条件下生产某种商品时所需要的特殊的社会必要劳动时间。

于是，同一种商品就会有国别价值和国际价值两种不同的价值尺度。在表现形式上，商品的国别价值是以该国货币表示的。而在世界市场上，商品普遍地展开它们的价值，它们的国际价值形态是直接以世界货币（黄金）表示的。

3）产生国别价值量和国际价值量差异的主要因素

各国在同一时间里生产产品的国际价值不相等，这是由于各国经济发展程度不同。一国经济发展水平愈高，国民劳动强度和劳动生产率也愈高，在相同的时间内生产同种商品的量愈多，获得的国际价值愈高；反之，则愈低。由于各国经济发展水平相差悬殊，有的国家的国民平均劳动强度和平均劳动生产率高于国际标准，有的则低于国际标准。

4）影响国际价值量变化的各种因素

（1）国际价值量与劳动生产率

国际价值量随国际社会必要劳动时间的变化而变动。因为商品的国际价值量是由生产这种商品的国际社会必要劳动时间决定的。生产商品的国际社会必要劳动时间如果发生变化，商品的国际价值量必然也要随之变动。国际社会必要劳动时间是随着世界各国的社会必要劳动时间变化而变动的，假如各国的社会必要劳动时间缩短了，则国际社会必要劳动时间也将随之缩短；反之，则延长。各国生产商品的社会必要劳动时间是随着劳动生产率的改变而改变的。劳动生产率越高，单位时间内生产的商品越多，则生产单位商品所需的社会必要劳动时间越少，单位商品的价值量便越小。反之，劳动生产率越低，单位商品的价值量便越大。劳动生产率和劳动创造的价值成反比。

（2）国际价值量与劳动强度

国际价值量还受各国劳动强度的影响。劳动强度与价值量是成正比例的。假若所有国家的劳动强度同时均等地提高了，新的较高的强度，就会成为普遍的社会的标准强度，从而影响国际上的标准强度，影响国际价值量。

（3）国际价值量与贸易参加国的贸易量

国际社会必要劳动时间的形成与参加国际贸易国家的商品量有密切关系。

如果绝大多数国际贸易商品是在大致相同的正常的国家社会必要劳动时间下生产出来的，则国际社会必要劳动时间就是该商品各个国家的社会必要劳动时间。在这种情况下商品国别价值与国际价值基本上是一致的。

假定绝大多数国际贸易商品是由生产条件较差的国家生产的，则国际价值就由在较差条件下生产并出口的大量商品来调节，此时的国际价值比较接近于条件较差国的国别价值。反之，如果绝大多数国际贸易商品是由生产条件较好的国家生产的，则国际价值就由在最好条件下生产的那部分商品来调节。

3.1.2 国际价值与国际市场价格

1）国际生产价格是国际价值的转化形态

商品的价格是商品价值的货币表现。尽管价格经常涨落，但是，它始终是围绕着价值上下波动的。在资本主义生产方式建立以前，在一国国内商品交换中，商品是按价值进行交换的，价值一直是价格运动的中心。随着资本主义的发展、资本主义国内市场的形成，利润转化为平均利润，商品的价值转化为生产价格，于是商品的生产价格便成为商品价格变动的基础和中心。

商品的国际市场价格是商品国际价值的货币表现。商品的国际价值是商品的世界市场价格变动的基础和中心。但是在资本主义世界市场上，国际商品交换不是按照国际价值而是按照国际生产价格来交换的。商品的国际生产价格成了国际商品价格变动的基础和中心。

一国的生产价格是由成本价格和平均利润构成的，它是价值的转化形式。国际生产价格是由国际成本价格和国际平均利润构成的，国际生产价格是国际价值的转化形式。

2）国际市场价格围绕着国际生产价格上下波动

商品在国际市场上，按照国际生产价格出售，不是对价值规律的否定，而只是价值规律起作用的形式发生了变化。

价值规律是商品生产和交换的基本规律，它的基本内容和客观要求是：商品的价值量取决于生产商品的社会必要劳动量；商品的交换按照商品的价值来进行。国际生产价格的变动，归根到底取决于国际商品价值的变化，也就是说归根到底取决于生产商品的国际社会必要劳动时间的变化，而且国际生产价格与国际价值这两者变化的方向也是一致的。如果生产商品所耗费的社会必要劳动时间减少，商品的国际价值会降低，商品的国际生产价格也会随之下降。反之，如果生产商品所耗费的国际社会必要劳动时间增加，商品的国际价值会增大，那么国际生产价格也会随之提高。例如，一种新产品刚上市时，由于产量小，技术不熟练，花费的社会必要劳动时间多，生产价格往往十分昂贵。以后，生产技术不断改进，所耗费的劳动不断减少，价值就会降低，那么生产价格和国际市场价格也会随之降低。

3）国际市场价格的变化由国际市场上的供求关系所决定

商品价值（或者说商品生产价格）是商品价格变动的中心。价值规律要求商品交换依据商品的价值来进行，但这并不意味着在每一次商品交换时，国际市场价格都是和国际价值（国际生产价格）相一致的。这是因为，商品的价格虽然以价值为基础，但在资本主义制度下，竞争和生产无政府状态规律在起作用，商品的供给和需求是经常不平衡的，因而使商品国际市场价格经常高于或低于国际价值。当商品供大于求时。国际市场价格会低于国际价值（国际生产价格）；反过来，当商品供不应求时，价格就可能涨到国际价值（国际生产价格）以上。另外，价格本身的变化，又会反过来影响供给和需求的变化，使它们逐渐趋于平衡，从而使国际市场价格接近国际价值（国际生产价格）。当某种商品供不应求时，引起国际市场价格上涨，许多国家的商品生产者为较高的利润所吸引，就会增加这一商品的生产，于是这一商品的供给就会逐渐增加，从而阻止了国际市场价格的进一步上涨并且开始转为下落。当商品供过于求时，引起国际市场价格下落，许多国家的商品生产者就会因无利可图而减少这一商品的生产，于是这一商品的供给会逐渐减少，从而阻止了国际市场价格的进一步下降并转为回升。

可见，商品的国际市场价格是围绕着国际价值（国际生产价格）上下波动的，而商品的国际价格的上下波动是由国际市场上的供求关系决定的。

3.2 贸易条件

3.2.1 贸易条件的含义

贸易条件（terms of trade），就一国对外贸易而言，是一国出口商品价格指数与进口商品价格指数的比值。这个比值通常要乘以100，以百分比的形式表示。

贸易条件的变化在一定程度上反映了贸易利益变化的方向。一国贸易条件的上升意味着，为了换取同等数量的进口商品，该国只需出口比原来更少的商品，或者出口同等数量的商品，该国能换回比原来更多的进口商品。因此，贸易条件上升一般被称为贸易条件改善，而贸易条件下降则被称为贸易条件恶化。

需要指出的是，仅仅从贸易条件的变化来判断贸易状况是有所改善还是有所恶化是不全面的。例如，本国出口商品价格指数的下降虽然会使本国贸易条件恶化，但要对造成出口商品价格指数下降的原因进行具体分析。如果出口商品价格指数的下降是由于国外需求的减少或是由于竞争对手具有更高的生产效率，这种贸易条件的恶化显然意味着本国贸易状况的恶化；如果出口商品价格指数的下降是由于本国生产者提高了生产效率或降低了劳动成本，那么本国较低的出口商品生产成本带来的利益就可能抵消本国在贸易中减少的利益，而且外国消费者也从中获得了一定的利益，所以这种贸易条件的变化不应看成是本国实际贸易状况的恶化。

3.2.2 贸易条件的种类

贸易条件有以下几种：

（1）商品贸易条件

商品贸易条件（commodity terms of trade），也称纯易货贸易条件（net barter terms of trade）（N），它等于一国出口价格指数（P_X）与进口价格指数（P_M）的比乘以100，即：

$$N=(P_X/P_M)\cdot 100$$

例如：假定某国以2015年为基期（N=100），2020年时出口价格指数下降10%（为90），进口价格指数上升5%（为105），那么该国2020年的商品贸易条件为：

$$(90/105)\times 100=85.71$$

这表明，从2015年到2020年，该国出口价格相对于进口价格降低了14.29个百分点，贸易条件恶化了。

（2）收入贸易条件

收入贸易条件（income terms of trade）（I），是在商品贸易条件的基础上，把出口数量指数（Q_X）加进来，以反映一国以出口收入为基础的进口数量。其计算公式为：

$$I=(P_X/P_M)\cdot Q_X$$

仍以（1）中的例子说明。如果该国2020年的出口数量指数比2015年提高了20%（为120），则该国的收入贸易条件为：

$$I=(90/105)\times 120=102.86$$

这表明，从2015年到2020年，该国尽管商品贸易条件恶化了，但由于出口数量的上升，其进口能力增加了2.86，也就是收入贸易条件改善了。

（3）单项要素贸易条件

单项要素贸易条件（single factoral terms of trade）（S），是在商品贸易条件的基础上，考虑出口商品的生产率指数（Z_X）提高或降低后贸易条件的变化。其计算公式为：

$$S=(P_X/P_M)\cdot Z_X$$

仍以（1）中的例子说明。如果该国2020年的出口商品的生产率指数比2015年提高了30%（为130），则该国的单项要素贸易条件为：

$$S=(90/105)\times 130=111.43$$

这表明，从2015年到2020年，该国尽管商品贸易条件恶化了，但由于出口商品生产率的提高，不仅弥补了商品贸易条件的恶化，而且使单项要素贸易条件好转。它说明出口商品生产率提高在贸易条件改善中的重要作用。

（4）双项要素贸易条件

双项要素贸易条件（double factoral terms of trade）（D），不仅考虑到出口商品生产率指数的变化，而且考虑到进口商品生产率指数（Z_M）的变化。其计算公式为：

$$D=(P_X/P_M)\cdot(Z_X/Z_M)\cdot 100$$

仍以（3）中的例子说明。如果该国2020年的进口商品生产率指数比2015年提高了10%（为110），则该国的双项要素贸易条件为：

$$D=(90/105)\times(130/110)\times 100=101.29$$

这说明，从2015年到2020年，该国尽管商品贸易条件恶化了，但如果出口商品生产率指数在同期内高于进口商品生产率指数，则双项要素贸易条件仍有可能得到改善。

上述四种贸易条件中，收入贸易条件和双项要素贸易条件反映的信息是相对准确的，但计算起来也非常困难，而商品贸易条件的计算相对简单。因此，大多数经济学文献中使用的“贸易条件”如未加特别说明，通常指的是商品贸易条件。

3.3 相互需求原理

比较优势理论论证了两个国家按照比较优势进行分工和贸易，双方都能获得贸易利益，但它并没有说明国家间商品的交换比率（或相对价格）是如何确定的，即贸易利益在贸易双方之间是如何进行分配的。

约翰·穆勒（John Mill）认为，比较优势理论仅从供给方面来分析国际分工及贸易利益是不全面的，由于忽略了对需求的分析，因而也就无法确定国际贸易的商品交换比率。1848年，穆勒在其《政治经济学原理》一书中，在比较优势理论的基础上进一步阐述了国家间商品交换比率（或国际均衡相对价格）如何确定的问题，提出了相互需求原理。

穆勒认为，商品的国内交换比率是由其生产成本决定的，但在国际交换中，因资本和劳动在国家间不能自由流动，国家间商品的交换比率取决于国际供求关系。

约翰·穆勒简介

穆勒从两个国家相等的劳动投入生产出不同的产量出发，研究两个国家之间的贸易利益分配。表3-1列出的是假设英国和德国在一定的劳动投入下所产出的毛呢与麻布的不同产量数值。

表3-1 **英、德两国的比较优势**

	分工前		分工后	
	毛呢	麻布	毛呢	麻布
英国	10码	15码	20码	
德国	10码	20码		40码
合计	20码	35码	20码	40码

从表3-1中的数字可以看出，德国生产麻布具有比较优势，而英国生产毛呢具有比较优势。如果两国间没有分工贸易关系，则英国国内的交换比率为10：15，在德国则为10：20。如果两国间进行分工和贸易，则英国将专门生产毛呢，德国将专门生产麻布，两国总产量与分工前相比增加了5码麻布。如果英国输出10码毛呢能换得15码以上的德国麻布，就对英国有利。如果德国为了换得10码毛呢，只要输出20码以下的麻布，就对德国有利。这就是说，两国商品的国内交换比率

（10：15和10：20）决定了国家间商品交换比率的上下限，国家间商品的交换比率必定介于两国国内交换比率之间。

但是，国家间商品的交换比率究竟确定在哪一个点上，这是一个未决的问题。如果这个比率是10：19，则英国得到大部分利益，虽然德国也能从贸易中得到好处；如果这个比率确定在10：16，则大部分利益将会由德国得到。

穆勒假定英、德两国间商品的交换比率为10：17。如果在这个交换比率上，英国对德国麻布的需求（假定为17 000码）与德国对英国毛呢的需求（假定10 000码）恰好能使两国的进出口额相等，则这个比率就是一个稳定的、均衡的交换比率。

如果假定英国对麻布的需求降到13 600码，按10：17的比率，德国只能换得8 000码的毛呢。如果德国对毛呢的需求不变，仍为10 000码，为了多获得2 000码毛呢，德国必须提高毛呢的买价，如提高到10：18。在这个比率上，德国对毛呢的需求量必然会缩减，如减少到9 000码，而英国对麻布的需求将会增加，如增加到16 200码，这时两国间的贸易重新又达到平衡。

根据上述情况，穆勒得出结论：在由两国产品的国内交换比率所决定的界限内，国际交换比率取决于两个贸易国家各自对对方商品需求程度的强弱。外国对本国商品的需求强度与本国对外国商品的需求强度相比越大，国际交换比率越是接近于外国国内这两种商品的交换比率，这个交换比率对本国就越有利。反之，如果本国对外国商品的需求强度与外国对本国商品的需求强度相比越大，国际交换比率就越接近于本国国内这两种商品的交换比率，这个交换比率对外国就越有利。

均衡的国际交换比率形成的必要条件是贸易双方的出口商品总值等于进口商品总值，即两国按照给定的国际交换比率所获得的出口收入若恰好等于两国为进口商品所需要的支出，国际交换比率就会稳定。否则，国际交换比率就会上下波动，直到两国对对方的需求水平达到均衡为止。

相互需求原理发展了比较优势理论，为确定商品的国际交换比率提供了分析的基础，但它本身还存在着一定的局限性。首先，相互需求原理实际是以两国的贸易平衡作为商品国际交换比率决定的前提，这一条件的满足有一定的难度。其次，这个理论只能应用于经济规模相当、双方的需求对市场价格有显著影响的两个国家。如果两个国家经济规模相差悬殊，小国的相对需求强度远远小于大国的相对需求强度，在这种情况下，按照相互需求理论，大国的国内交换比率就成了商品的国际交换比率，相对来说，反而小国获得的利益会更大，这与实际情况不符。

●本章小结

1.马克思主义认为，国际市场价格围绕着国际生产价格上下波动，国际生产价格是国际价值的转化形态，国际价值的基础是国别价值。

2.贸易条件的变化在一定程度上反映了贸易利益变化的方向，它是一国出口商品价格指数与进口商品价格指数的比值，包括商品贸易条件、收入贸易条件、单项要素贸易条件和双项要素贸易条件四类。

3.约翰·穆勒认为，国家间商品的交换比率取决于国际供求关系。在由两国产品的国内交换比率所决定的界限内，国际交换比率取决于两个贸易国家各自对对方商品需求程度的强弱。贸易双方的出口商品总值等于进口商品总值时，国际交换比率才是均衡的。

●延伸阅读

1.关于马克思主义的国际经济理论，可进一步阅读《马克思的国际经济理论》（许兴亚著，中国经济出版社，2003）。

2.关于约翰·穆勒的详细介绍可参阅《新帕尔格雷夫经济学大辞典》第500~511页（约翰·伊特韦尔、默里·米尔盖特、彼得·纽曼编，经济科学出版社，1996）。

自测题 单选题

●基本概念

贸易条件　商品贸易条件　收入贸易条件　单项要素贸易条件　双项要素贸易条件　相互需求原理

自测题 多选题

●复习思考题

1.国际价值与国别价值是什么关系？

2.简述贸易条件的含义与种类。

3.简述相互需求原理的主要内容。

4.重商主义的贸易思想、绝对优势理论、比较优势理论、相互需求原理之间有什么内在的逻辑关系？

自测题 判断题

●附录

附录3-1　国际均衡相对价格的局部均衡分析

1）开放条件下的局部均衡

如图3-1所示，在封闭条件下，局部均衡的均衡点在E点，均衡的价格水平为P_0。而在开放条件下，任何一个价格水平都可能是均衡的价格水平。例如，当国际市场价格为P_1时，国内生产OB，国内消费OA，生产与消费的差额AB为出口；当国际市场价格为P_2时，国内生产OC，国内消费OF，消费与生产的差额CF为进口。

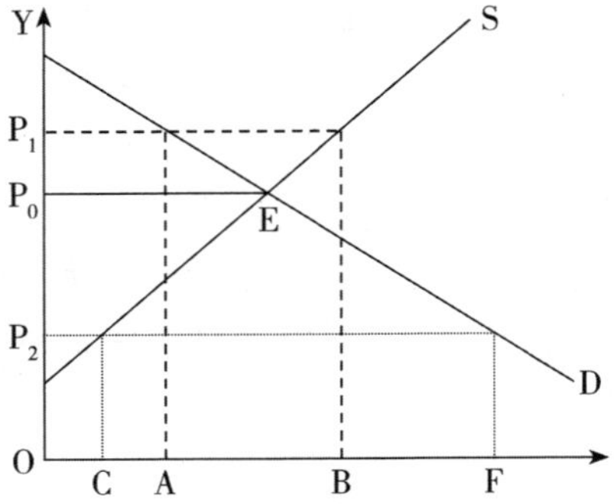

图3-1　开放条件下的局部均衡

2）国际均衡相对价格

图3-2是通过局部均衡分析确定国际均衡相对价格的示意图。其中左图与右图中的S_X、D_X分别为甲国与乙国X商品的供给和需求曲线，三图中的纵轴均表示X商品的相对价格（即P_X/P_Y），横轴均表示X商品的数量。在封闭条件下，甲国在A点生产和消费，X商品的均衡相对价格是P_0；乙国在A′点生产和消费，X商品的均衡相对价格是$P_0{'}$。

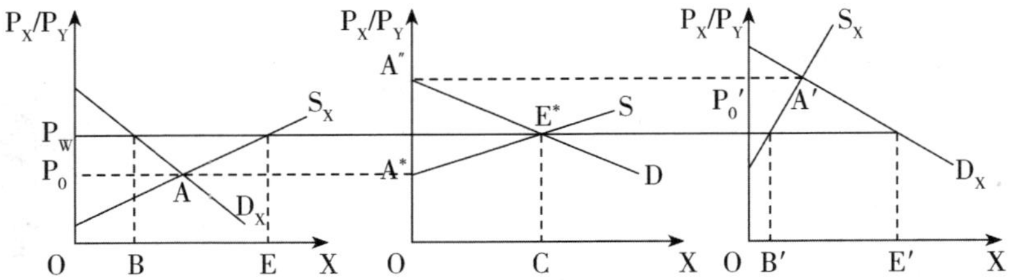

图3-2　国际均衡相对价格的局部均衡

可见，甲国的X商品具有比较优势，而乙国的X商品处于比较劣势，如果两国进行分工和贸易，甲国将向乙国出口X商品。甲国的出口构成了国际市场上X商品的供给，甲国在不同的相对价格水平所对应的出口X商品的数量组合成国际市场上X商品的供给曲线S；乙国的进口构成了国际市场上对X商品的需求，乙国在不同的相对价格水平所对应的进口X商品的数量组合成国际市场上对X商品的需求曲线D，如图3-2中图。图中的A^*点对应的是甲国的国内均衡相对价格P_0，A″点对应的是乙国的国内均衡相对价格$P_0{'}$，即国际市场商品的均衡相对价格必定介于两国国内均衡相对价格之间。国际市场上X商品的均衡相对价格为S与D交点所对应的价格水平P_W，贸易量为OC。在此价格水平，甲国出口量为BE，乙国进口量为B′E′，且BE=OC= B′E′。

附录3-2　国际均衡相对价格的一般均衡分析

1）提供曲线的含义与形状

提供曲线（offer curves），也称相互需求曲线（reciprocal demand curves），它是由20世纪初的两名英国经济学家马歇尔（Marshall）和埃奇沃思（Edgeworth）共同提出的。提供曲线反映的是一国为了进口其需要的某一数量的商品而愿意出口的商品数量。正如其定义所指出的，提供曲线包含了供给和需求两方面的因素，从另一个角度看，我们也可认为提供曲线反映了一国在不同的相对价格水平下所愿意进口和出口的商品数量。

一国的提供曲线可以从它的生产可能性曲线、无差异曲线和可能发生贸易的假设的商品的相对价格中推导出，如图3-3所示。

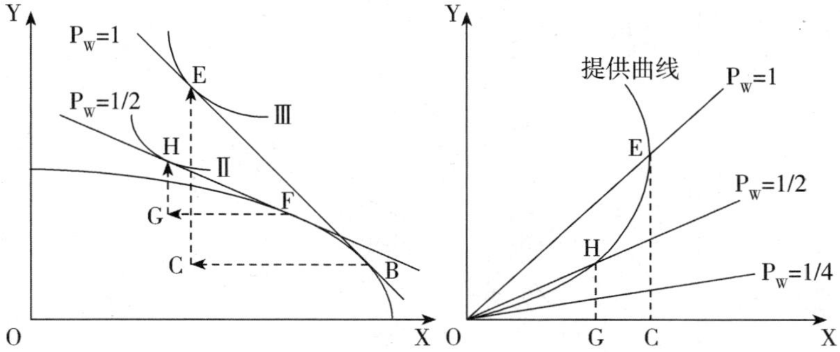

图3-3 甲国提供曲线的推导

假设甲国X商品的国内相对价格为P=1/4，如果世界市场相对价格$P_W \leqslant 1/4$，则甲国不会出口X商品，在右图中表现为提供曲线在$P_W=1/4$的上方。如果$P_W=1$，则甲国在左图的B点生产，在E点消费，在该相对价格水平，甲国出口BC单位的X商品，进口CE单位的Y商品，相应地对应右图的E点，其中OC=BC。如果$P_W=1/2$，则甲国在左图的F点生产，在H点消费，在该相对价格水平，甲国出口FG单位的X商品，进口GH单位的Y商品，相应地对应右图的H点，其中OG=FG。右图中，连接原点、点H、点E以及其他用类似方法得到的点，就得到了甲国的提供曲线，它反映了甲国为进口某一数量Y商品而愿意出口X商品的数量。

我们可以用类似的方法得到乙国的提供曲线，如图3-4所示。

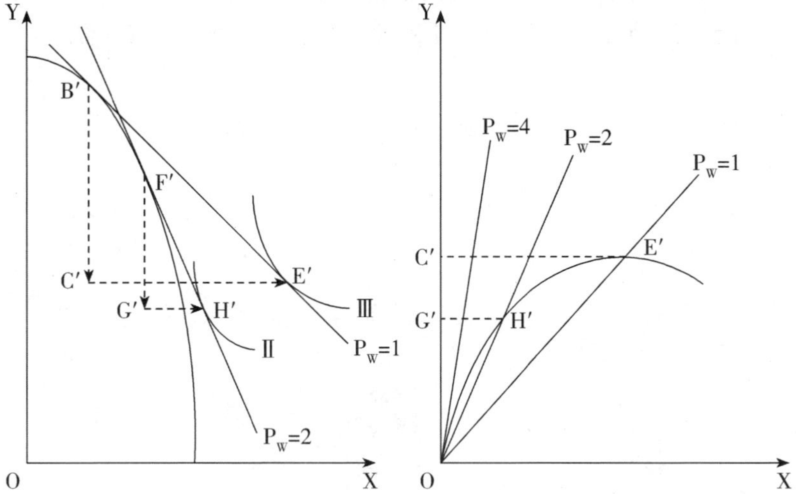

图3-4 乙国提供曲线的推导

2）国际均衡相对价格的一般均衡分析

两个国家提供曲线的交点确定了两国在开展贸易时的国际均衡相对价格。只有在均衡的相对价格水平上，两国贸易才能达到平衡。在均衡相对价格之外的任一价格水平上，两国的进口和出口意愿都不会相等，从而产生相对商品价格向均衡相对价格移动的压力，如图3-5所示。

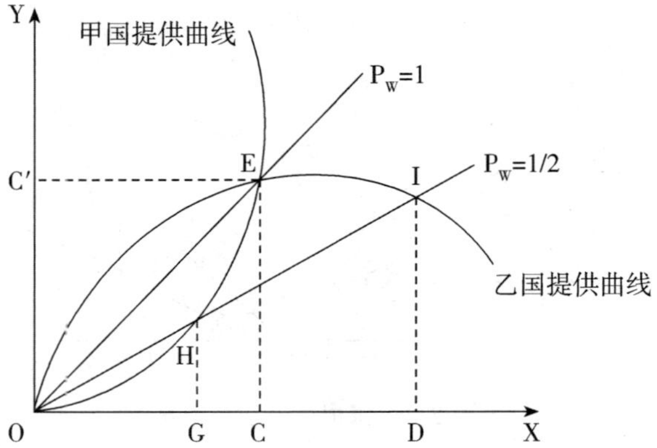

图3-5 国际均衡的相对价格

图3-5中的提供曲线就是图3-3和图3-4中得到的甲国和乙国的提供曲线，它们交于E点，确定了X商品的国际均衡相对价格为P_W=1，在该相对价格水平，甲国愿意出口OC单位的X商品以换取OC′单位的Y商品，而乙国也愿意出口OC′单位的Y商品以换取OC单位的X商品。

其他的相对价格水平都不是均衡的相对价格。例如，在P_W=1/2时，甲国愿意出口OG单位的X商品，而乙国愿意进口OD单位的X商品。乙国对X商品的超额需求将会使X商品的相对价格上升，随着相对价格的上升，甲国愿意出口X商品的数量会增加（从H点沿甲国的提供曲线向E点移动），乙国也会减少对X商品的进口需求（从I点沿乙国的提供曲线向E点移动）。这种移动会持续至供需在E点达到平衡。

第4章/对外贸易政策与理论

学习目标

了解对外贸易政策的历史演变，熟悉和掌握对外贸易政策的含义、构成、性质及类型，重点学习和掌握对外贸易政策理论。

4.1 对外贸易政策概述

4.1.1 对外贸易政策的含义与构成

对外贸易政策是一国政府在一定时期内为实现一定的政策目标对本国进出口贸易制定并实施的政策，它从总体上规定了该国对外贸易活动的指导方针和原则。

对外贸易政策的内容一般包括对外贸易总政策、进出口商品政策和国别或地区政策等。

对外贸易总政策包括进口总政策和出口总政策，是根据国民经济发展的需要，结合本国在世界经济贸易中所处的地位、本国经济发展战略和本国产品在世界上的竞争能力以及本国的资源、市场和产业结构等情况，所制定的在一个较长的时期内发展对外贸易的基本方针和原则。例如，中国对外贸易的总政策是，以积极的对外贸易政策为方向，以多样的政策措施为手段，借助对外贸易推动产业结构的升级和经济的工业化，实现中国经济的可持续发展。

进出口商品政策是根据对外贸易总政策和国内产业结构、国内外市场状况等分别对进出口商品的生产、销售、采购等制定的政策。例如，为了保护本民族工业的发展，对某些外国同类商品实行进口限制。又如，为了防止某些尖端技术或战略性物资流向敌对国家，对某些高技术产品实行出口限制等。

国别对外贸易政策是根据各国或地区与本国不同的政治、经济和外交关系而采取的区别对待的贸易政策。

4.1.2 对外贸易政策的性质

对外贸易政策是一个国家经济政策和对外政策的重要组成部分。对外贸易政策作为国家经济政策的一个组成部分，为国家经济总政策服务。在制定对外贸易政策时，既要考虑对外贸易本身的需要，又要考虑国民经济其他组成部分的需要。对外贸易政策的制定与实施必须与国家其他经济政策密切配合，如产业政策、外汇政策、外资政策等。对外贸易政策作为国家对外政策的一个组成部分，服从于国家最高利益，配合外交活动。一个国家的贸易政策是独立自主制定的，但由于它具有涉外性，因而在优先考虑本国利益的同时，还必须适当考虑有关国家的利益；除考虑国内政治经济环境外，还要考虑国际政治经济环境。

4.1.3 对外贸易政策的类型

迄今为止，对外贸易政策有两种基本类型：自由贸易政策和保护贸易政策。

自由贸易政策的主要内容是：国家取消对进出口贸易的限制和障碍，取消对本国进出口商品的各种特权和优待，只要是合法制造的商品，就可以自由进出口，在国内外市场上自由竞争。这是一种中性的贸易政策，国家只负责营造公平的竞争环境和维持正常的竞争秩序。

保护贸易政策的主要内容是：国家对进出口贸易施加干预，利用各种措施限制商品进口，保护国内市场和国内生产，使之免受外国商品的竞争；对本国出口商品给予优待和补贴，以鼓励扩大出口。简言之，即奖出限入政策。

一个国家选择实行何种对外贸易政策，主要取决于该国的经济发展水平和在国际经济中所处的地位，以及其经济实力和产品的竞争能力。小国多倾向于采取自由贸易政策，大国则有所差异：那些经济发达、经济实力雄厚、产品具有竞争能力的大国，往往提倡自由贸易政策或带有自由化倾向的政策；而那些经济发展起步较晚、经济发展水平和实力较差、产品缺乏竞争力的大国，一般采取保护贸易政策。

从世界经济发展的不同时期来看，一般而言，当世界经济普遍繁荣时，国际贸易自由程度较高，贸易障碍减少；当世界经济衰退、市场不景气时，各国为保护国内经济而增加贸易障碍，贸易自由度降低，保护贸易政策便成为主流。

4.2 对外贸易政策的历史演变

纵向来看，对外贸易政策随着时代的变化而变化。封建社会与资本主义社会的对外贸易政策不同，而在资本主义时代的各个发展时期，资本主义国家的对外贸易政策也有变化。横向来看，在同一发展时期内，各国由于情况不同，也会实行不同的对外贸易政策。

4.2.1 资本主义生产方式准备时期的对外贸易政策

重商主义政策是资本主义生产方式准备时期，西欧国家为了促进资本原始积累而普遍实行的对外贸易政策，最早出现于意大利，后来在西班牙、葡萄牙和荷兰实行，最后英国、法国、德国和俄国也先后实行。这是一种早期的保护贸易政策，主张国家干预经济和对外贸易，通过对金银货币和贸易的管制实现贸易顺差来加速资本的积累。其理论基础是货币差额论和贸易差额论（详见重商主义的贸易思想）。

在当时的历史条件下，重商主义的对外贸易政策对于促进资本主义商品货币关系的发展，加速资本原始积累，推动从封建制度向资本主义制度过渡，曾起到了一定的积极作用。到自由竞争资本主义时期，它却成为资本主义经济进一步发展的障碍。

4.2.2 资本主义自由竞争时期的对外贸易政策

18世纪中叶至19世纪末是资本主义自由竞争时期。在这一时期，各国由于其工业发展水平及在世界市场上竞争地位的不同，采取了不同的对外贸易政策。

1）自由贸易政策

自由贸易政策在历史上多为经济强盛国家所采用，因而常被称为“强者”的政策。

英国是最早实行自由贸易政策的国家。在18世纪后半期，英国最先进入了产业革命，确立了资本主义在国内的统治地位，大机器工业代替了民族手工业，工业生产迅速发展。19世纪英国成为最强的工业国家，它的商品销往世界各地，原料、食品来自世界各地，英国被形容为“世界工厂”。但是，直到19世纪初，已经进行产业革命达半个世纪的英国却仍然是一个实行关税保护政策的国家。贵族地主阶级主张关税保护政策，力图阻止国外廉价粮食和原料的进口，以保持国内这些商品的高价，维护其自身的利益。在英国“世界工厂”地位已经确立并获得巩固，其工业品已经不怕外国竞争的情况下，重商主义的保护贸易政策便成为束缚英国经济发展和阻碍英国工业对外扩张的障碍。为此，英国新兴工业资产阶级迫切要求废除以往的保护贸易政策，主张实行在世界市场上进行无限制的自由竞争和自由贸易的政策。从19世纪20年代开始，以伦敦和曼彻斯特为基地的英国工业资产阶级展开了一场大规模的自由贸易运动。运动的中心内容就是反对保护贸易的立法——谷物法。经过数十年的斗争，工业资产阶级终于取胜，英国开始实行自由贸易政策。

英国在这个时期实行自由贸易政策主要表现在以下几个方面：

（1）废除谷物法

谷物法是英国推行重商主义保护贸易政策的重要立法，主要内容是运用关税政策，限制或禁止谷物的进口，维持国内谷物的高价，保护贵族地主阶级的利益。谷物法的实施，导致其他粮食输出国家对英国工业品提高关税，英国工业资产阶级的利益受到了损害。所以，工业资产阶级在自由贸易的口号下与贵族地主阶级展开了反谷物法的斗争。1846年英国政府被迫宣布废除谷物法，工业资产阶级最终取得了胜利。马克思称英国谷物法的废止是19世纪自由贸易所取得的最伟大的胜利。

（2）简化税法，降低关税税率和减少纳税税目

经过几百年重商主义实践的英国制定的有关关税的法令达1 000件以上。1825年英国开始简化税法，废止旧税率，建立新税率。关税税率大大降低，所征关税完全是财政关税，禁止出口的法令完全废除。1841年英国进口的商品需要纳税的

有1 000多种，到1882年已逐步减少到10余种。

（3）废除航海法

航海法是英国限制外国航运业竞争和垄断殖民地航运事业的政策。从1824年开始，英国逐步废除这些限制性法令，到19世纪50年代，英国的沿海贸易和对殖民地贸易全部开放给其他国家，重商主义时代制定的航海法全部废除。

（4）取消特权公司

在1813年和1834年，东印度公司对印度和中国贸易的垄断权分别被废止。从此，对印度和中国的贸易开放给所有的英国人。

（5）改变对殖民地的贸易政策

在18世纪英国对其殖民地的航运享有特权，殖民地的货物输入英国享受特惠关税的待遇。1849年航海法废止后，殖民地可以向任何国家输出商品，也可以从任何国家输入商品。通过关税法的改革，废止了对殖民地商品的特惠税率，从此，殖民地与外国输入的商品均处于同等的竞争地位。同时也准许殖民地与外国签订贸易协定，英国不再干涉殖民地与任何外国建立直接的贸易关系。

（6）与外国签订贸易条约

1860年签订了英法条约，该条约是以自由贸易精神签订的，其中规定相互提供最惠国待遇。在19世纪60年代，英国与意大利、荷兰等国缔结了8项这种形式的重要条约。在英国的影响下，欧洲各国间分别签订了类似的贸易条约，相互提供最惠国待遇，放弃贸易歧视。在欧洲各国间，形成了一个完整的条约网，从而出现了关税普遍减低的时期。

自由贸易在英国的彻底胜利，也影响到其他欧洲国家。但是，采取全面自由贸易政策的国家只有英国和荷兰。

斯密和李嘉图的国际分工、自由贸易理论为英国推行自由贸易政策提供了理论上的依据。他们的理论指出：在自由贸易条件下，各国按照比较优势进行分工和交换，有利于提高专业技能，使资源和生产要素得到最优化配置，提高劳动生产率，通过国际交换，节约社会劳动，增加国民财富。（详见绝对优势理论和比较优势理论）另外，自由贸易还有利于反对垄断，加强竞争，提高经济效率，有利于提高利润率，促进资本积累。这些理论完全适应了当时英国工业资产阶级的愿望，成为反对重商主义保护贸易政策、推行自由贸易政策的有力武器。

自李嘉图时代至今，西方有关国际贸易的理论大多是主张自由贸易的，李嘉图关于自由贸易的基本原理经久不衰，至今未变。但是从近200年西方国际贸易发展的历史来看，自由贸易只有一段短暂的历史，而且也并非在所有国家实行。在大部分时间里，西方国家普遍实行的是保护贸易政策。自由贸易政策产生于资本主义自由竞争时代，随着自由竞争向垄断的过渡，原来实行自由贸易的国家也纷纷放弃了自由贸易政策，转而实行保护贸易政策。

2）保护贸易政策

在19世纪资本主义自由竞争时期，与英国不同，美国和德国先后实行了保护贸易政策。

美国是后起的资本主义国家，产业革命进行比较晚，工业基础薄弱，其工业品无法与英国竞争，因此新兴的北方工业资产阶级要求实行保护贸易政策。1791年，代表工业资产阶级利益的美国财政部长亚历山大·汉密尔顿（Alexander Hamilton）向国会提交了《关于制造业的报告》(Report on Manufactures)。报告详细阐述了保护本国制造业的必要性，提出为摆脱英国殖民经济统治，独立发展民族经济，美国应保护本国的幼稚工业。但是南方的种植园主则主要出口农产品，进口工业品，因而要求实行自由贸易，反对高关税政策。随着英法等国工业革命的不断发展，美国的工业遇到了来自国外的越来越大的竞争和挑战，汉密尔顿的主张在美国的贸易政策上得到反映。1816年，美国提高了制造品进口关税，这是美国第一次实行以保护为目的的关税政策。1828年，美国再度加强保护措施，工业制造品平均从价税率提高到49%。南北战争以北方取胜而告终，削弱了南方种植园主的自由贸易势力，成为进一步推行保护贸易政策的转折点。1890年“麦肯莱关税法”实施后，许多幼稚工业产品都大幅度提高了关税，美国也成为当时世界上关税税率最高的国家之一。

19世纪初的德国，工业发展水平远比英、法两国落后，德国受到英、法两国自由贸易政策的冲击，大量廉价商品涌入德国市场。摆脱外国自由竞争的威胁，保护和促进德国工业的发展，成为德国工业资产阶级的迫切要求。1870年德国取得普法战争胜利后，不断加强对原有工业和新建工业的保护。到19世纪末，德国成为欧洲高度保护贸易的国家之一。

这一时期的保护贸易理论以德国经济学家李斯特的保护幼稚工业理论最具有代表性（详见保护幼稚工业理论）。

4.2.3 资本主义垄断时期的对外贸易

19世纪末20世纪初，资本主义发展进入垄断阶段。在这个阶段，资本主义经济发生了巨大变化：垄断代替了自由竞争，垄断成为一切社会经济生活的基础；由于科技进步，各国工业迅速发展，一些起步较晚的国家已完成了产业革命，经济实力迅速增强，世界市场竞争空前激烈；两次严重的世界性经济危机使资本主义国家的商品销路发生严重困难，市场矛盾尖锐化。在这样的背景下，各国为了垄断国内市场和争夺国外市场先后走上了保护主义的道路。1929—1933年发生的经济危机使所有的经济强国，包括有自由贸易传统的英国，都卷入到保护贸易的浪潮之中。这个时期各主要国家实行的保护贸易政策具有明显的侵略性和扩张性，因而一般称之为侵略性的保护贸易政策或超保护贸易政策。

垄断时期的超保护贸易政策与自由竞争时期的保护贸易政策的主要区别是：

（1）保护的对象扩大了。超保护贸易政策不仅保护幼稚工业，而且更多地保护国内已经高度发展的或出现衰落的垄断工业。

（2）保护的目的变了。超保护贸易政策不再是为了培植国内工业自由竞争的能力，而是为了巩固和加强对国内外市场的垄断。

（3）由保护转为进攻。超保护贸易政策不再是防御性地限制进口，而是在垄断国内市场的基础上对国外市场进行进攻性的扩张。

（4）保护的措施多样化。超保护贸易政策不仅采取关税措施，还采取各种非关税壁垒和其他奖出限入的措施。

在上述历史背景下，各国经济学者提出了各种支持超保护贸易政策的理论依据，其中最有影响的是凯恩斯主义（详见凯恩斯主义理论）。

4.2.4 第二次世界大战结束到20世纪70年代的对外贸易政策

第二次世界大战结束初期，发达国家特别是西欧和日本等国家继续实行超保护贸易政策，严格限制外国商品进口。作为第二次世界大战后第一经济强国的美国继续维持战时保留的高关税壁垒。但是，随着各国经济的恢复和发展，从20世纪50年代开始至70年代初，主要国家都在不同程度上放宽了进口限制，在它们的对外贸易政策中出现了贸易自由化倾向。

贸易自由化是指主要资本主义国家在世界范围内采取减低关税和放松其他进口限制以逐步实现国际商品自由流通的政策倾向。

1）第二次世界大战后贸易自由化出现的主要原因

（1）第二次世界大战结束初期，美国成为世界上实力最强的国家，而其他主要资本主义国家保留下来的战前和战时高关税壁垒和进口限制，成了美国对外经济扩张的障碍。因此，美国为了扩大出口，占领更多的市场，就极力倡导和推行贸易自由化，迫使西欧、日本等国拆除壁垒。

（2）随着西欧、日本等国经济的恢复和发展，它们为了扩大出口，也愿意彼此减税，逐步实现贸易自由化。

（3）战后跨国公司迅速发展，它们不仅需要资本在国家间自由流动，也需要商品在国家间自由流通，贸易自由化符合跨国公司的利益。

（4）发展中国家在取得了政治独立以后，为了发展民族经济，需要扩大制成品的出口，增加外汇收入，以便积累资金或偿还外债，因此，也迫切要求发达国家减免关税和取消进口限制。

2）贸易自由化的主要表现

（1）在关税与贸易总协定缔约方范围内大幅度降低关税。

（2）在区域性经济贸易集团内部取消关税。

（3）通过普遍优惠制的实施，发达国家对来自发展中国家和地区的制成品和半制成品普遍地给予减免关税的优惠待遇。

（4）经济贸易集团给予发展中国家或其他有关国家优惠关税待遇。

（5）发达国家在不同程度上放宽进口数量限制，逐步放宽或取消外汇管制，实行货币自由兑换，促进贸易自由化的发展。

3）第二次世界大战后贸易自由化的特点

（1）第二次世界大战后贸易自由化有着雄厚的经济基础，是在资本主义世界经济迅速增长的基础上发展起来的。它与美国、西欧和日本等发达国家经济高速增长、生产和资本的国际化、国际分工的深化以及跨国公司大量出现都有密切的联系。它反映了世界经济和生产力发展的内在要求，而历史上的自由贸易只是反映了英国工业资产阶级一国资本自由扩张的利益与要求。

（2）第二次世界大战后贸易自由化是一场更广泛的贸易自由化运动。历史上的自由贸易主要在欧洲国家间展开，第二次世界大战后贸易自由化席卷全球，世界大多国家和地区都参与或受到影响。

（3）美国成为第二次世界大战后贸易自由化积极的倡导者和推动者。第二次世界大战后，美国成为世界最强大的经济和贸易国家，实现国际贸易自由化符合美国垄断资本对外扩张的需要。

（4）第二次世界大战后贸易自由化主要是通过各种国际性经济贸易组织在世界范围内进行的。关贸总协定、联合国贸易与发展会议以及区域性国际经济一体化组织均把实现贸易自由化作为理想的政策目标。

（5）第二次世界大战后贸易自由化是在新的历史条件下进行的，它实际上是一种有选择性的贸易自由化。它具体反映在：发达资本主义国家之间的贸易自由化超过它们对发展中国家和社会主义国家的贸易自由化；区域性经济贸易集团内部的贸易自由化超过集团对外的贸易自由化；制成品的贸易自由化超过农产品的贸易自由化；机器设备的贸易自由化超过工业消费品的贸易自由化。

4.2.5 20世纪70年代至今的对外贸易政策

20世纪70年代中期以后，在第二次世界大战后贸易自由化的总趋势下，贸易保护主义重新抬头，出现了新贸易保护主义。

1）新贸易保护主义出现与加强的原因

（1）1974—1975年和1980—1982年两次世界性的经济衰退，对西方国家经济是一个沉重打击。由于各国经济转入低速发展，市场问题更加严重，在各国失业率居高不下的情况下，有关的产业要求政府加强贸易保护。

（2）主要工业发达国家的对外贸易发展不平衡。自20世纪70年代中期以后，美国对外贸易逆差急剧增长，特别是对日本、联邦德国贸易逆差不断扩大。为了减少贸易逆差，美国一方面迫使对它有巨额顺差的国家对其开放市场，另一方面自身加强限制和报复的进口措施，成为新贸易保护主义的策源地。

（3）国际货币关系失调。汇率长期失调影响了国际贸易的正常发展，带来了巨大的贸易保护压力。浮动汇率迫使贸易商采取各种手段防范外汇风险，增加了交易成本，又引起价格、投资效益和竞争地位的变化，从而产生贸易保护的压力。

（4）贸易政策的相互影响。随着世界经济相互依存关系的增强，贸易政策的连锁反应也更为敏感。美国率先加强贸易保护，必然引起其他国家相应的报复和效尤，致使新贸易保护主义得以蔓延，从而形成一种普遍的政策倾向。

2）新贸易保护主义的主要特点

（1）限制进口措施的重点从关税壁垒转向非关税壁垒。第二次世界大战后，随着贸易自由化的进展，特别是经过关贸总协定主持下的多次多边贸易谈判，各国的关税水平已降到历史最低点，而已约束的关税受关贸总协定的监督不得任意回升。自20世纪70年代初资本主义世界经济危机以来，发达国家竞相采取非关税壁垒来限制进口，并成为限制进口的主要手段，以抵消关税下降所造成的不利影响。

（2）奖出限入措施的重点从限制进口转向鼓励出口。随着国际分工的加深和对国外市场依赖性的加强，各国争夺国外市场的斗争日益加剧。发达国家加强非关税措施来限制进口，不仅满足不了扩大国外市场的要求，而且也容易受到其他国家的报复。在这种情况下，许多发达国家把奖出限入措施的重点从限制进口转向鼓励出口。

（3）从贸易保护制度转向更系统的管理贸易。20世纪70年代末以来，随着贸易保护主义的日益加强，为了适应发达国家既要遵循其所倡导的自由贸易原则，又必须实行一定的贸易保护的现实需要，在发达国家的对外贸易政策中出现了一种介于自由贸易与保护贸易之间、兼有两者特点的一种新的政策倾向——管理贸易。管理贸易在一定程度上遵循自由贸易原则，但却同时利用国内立法，或通过达成双边或多边国际协定，管理本国对外贸易和进行国际协调。各国加强实施管理贸易主要采取非关税措施，以不违背降低关税壁垒的自由贸易原则为前提，通过各种巧妙的办法限制进口。管理贸易在国际范围的应用还体现在区域性贸易集团化和国际协调上。区域性贸易集团对内实行自由贸易，各种生产要素可以自由流通，对外则实行贸易保护政策，以差别待遇限制区外产品的进口。通过签订国际多边协议或通过各种国际协调管理的贸易也属于管理贸易的范畴，如欧共体共同农业政策管理下的贸易，在联合国贸易与发展会议安排下通过商品综合方案所进行的贸易，在国际性组织协调下，通过国际商品协定、多种纤维协定等所进行的贸易，以及石油输出国组织通过限制产量、协调价格所管理的石油出口贸易等。管理贸易是在新形势下出现的资本主义国家垄断调节形式，是一种特殊的保护贸易政策。

4.3 对外贸易政策理论

4.3.1 保护幼稚工业理论

1）汉密尔顿的贸易保护思想

汉密尔顿是美国独立后第一任财政部长。当时美国在政治上虽然独立，但经济上仍属殖民地经济形态，国内产业结构以农业为主，工业方面仅限于农产品加工和手工业的制造，处于十分落后的水平。美国北方工业资产阶级要求实行保护关税政策，以独立地发展本国经济。南部种植园主则仍主张实行自由贸易政策，继续向英国、法国、荷兰等国出口小麦、棉花、烟草、木材等农林产品，用以交换这些国家的工业品。汉密尔顿代表工业资产阶级的愿望和要求，于1791年12月向国会提交了《关于制造业的报告》，明确提出实行保护关税政策的主张。汉密尔顿认为，一个国家要在消费廉价产品的“近期利益”和本国产业发展的“长远利益”之间进行选择。一国不能只顾追求近期利益而牺牲长远利益。他在报告中系统阐述了保护和发展制造业的必要性和重要性，提出一个国家如果没有工业的发展，就很难保持其独立地位。美国工业起步晚，基础薄弱，技术落后，生产成本高，根本无法同英、法等国的廉价商品进行自由竞争，因此，美国应实行保护关税制度，以使新建立起来的工业得以生存、发展和壮大。

汉密尔顿还较详细地论述了发展制造业的直接和间接利益。他认为，制造业的发展，有利于推广机器使用，提高整个国家的机械化水平，促进社会分工的发展；有利于扩大就业，诱使移民移入，加速美国国土开发；有利于提供更多开创各种事业的机会，使个人才能得到充分发挥；有利于消化大批农业原料和生活必需品，保证农产品销路和价格稳定，刺激农业发展等。

为了保护和促进制造业的发展，汉密尔顿提出了一系列具体的政策主张，主要有：向私营工业发放贷款，扶植私营工业发展；实行保护关税制度，保护国内新兴工业；限制重要原料出口，免税进口本国急需原料；给各类工业发放奖励金，并为必需品工业发放津贴；限制改良及其他先进生产设备输出；建立联邦检查制度，保证和提高工业品质量；吸收外国资金，以满足国内工业发展需要；鼓励移民迁入，以增加国内劳动力供给。

汉密尔顿的贸易保护思想和政策主张反映了经济发展水平落后国家独立自主地发展民族工业的要求和愿望，是落后国家进行经济自卫并通过经济发展与先进国家进行经济抗衡的保护贸易学说。该理论的提出，标志着与自由贸易理论相对立的保护贸易理论的基本形成。

2）李斯特的保护幼稚工业理论

19世纪中期的德国还是一个政治上分裂、经济上落后的农业国。那时英国已经完成了从工场手工业向机器大工业的过渡，法国的近代工业也有了长足的发展，它们竭力提倡在国际市场上开展自由竞争，以大量廉价的商品冲击德国的市场。当时，德国内部对实行什么样的贸易政策的意见尖锐对立：一派主张实行自由贸易政策，反对保护关税制度，其理论依据是亚当·斯密的绝对优势理论和大卫·李嘉图的比较优势理论；另一派则主张实行保护关税制度，主要是德国工业资产阶级的愿望，但缺乏强有力的理论基础。1841年，德国经济学家弗里德里希·李斯特（Friedrich List）出版了《政治经济学的国民体系》（The National System of Political Economy）一书，发展了汉密尔顿的保护关税学说，建立了一套以生产力理论为基础、以保护关税制度为核心，为后进国家服务的保护贸易理论——保护幼稚工业理论。

李斯特简介

李斯特是在与流行学派即英国古典学派的论战中提出自己系统的保护贸易理论的。他指出，最大限度的国际贸易自由，其结果甚至能使国家沦于奴隶地位，英国宣扬自由贸易的实质是要组成一个以英国为首的国家体系[①]。

（1）李斯特对流行学派的理论批判

李斯特认为，流行学派的理论体系存在以下主要缺点：

第一，流行学派没有考虑国家间利益冲突的可能性，也不考虑如何满足国家利益，是无边无际的世界主义。

李斯特认为，分工之所以具有生产性，不单单是由于“划分”，主要还是由于“联合”。而国际生产力的协作需要以“持久和平”为保证，否则遇到战争、政治上的变动、商业恐慌等变故，这种协作可能会中断。流行学派的理论假定世界上一切国家所组成的只是一个社会，而且是生存在持久和平局势之下的，在这样的假设下，国际自由贸易原则是完全正确的。然而现实社会并非如此，国家间的利益冲突时有发生，所以限制政策并不只是出于凭空的理想，而是由于利益的分歧，是各国在追求独立与优势方面的争夺，也就是国际竞胜与战争的自然结果。在国家利益上的这种冲突还没有停止以前，换个说法，就是一切国家还没有在同一个法律体系下合成一体以前，这个政策是不能舍弃的。所以必须把政治经济或国家经济与世界主义经济划分开来。政治经济或国家经济是由国家的概念和本质出发的，它所教导的是，某一国家，处于世界目前形势以及它自己的特有国际关系下，怎样来维持并改进它的经济状况。[②]

第二，流行学派只考虑交换价值，而没有考虑到国家的精神和政治利益、眼前和长远的利益以及国家生产力。

如前所述，流行学派认为财富由货币所购各物（即交换价值）构成，强调通过分工和交换来使一国的财富得以增加。李斯特则指出，财富的原因与财富本身完全不同。一个人可以据有财富，那就是交换价值；但是他如果没有那份生产力，可以产生大于他所消费的价值，他将越过越穷。一个人也许很穷，但是他如果据有那份生产力，可以产生大于他所消费的有价值产品，他就会富裕起来。由此可见，“财富的生产力比之财富本身，不晓得要重要到多少倍；它不但可以使已有的和已经增加的财富获得保障，而且可以使已经消失的财富获得补偿”。对于国家亦是如此，一个国家的发展程度，主要并不是决定于它所蓄积的财富（也就是交换价值），而是决定于它的生产力的发展程度。“生产力是树之本，可以由此产生财富的果实，因为结果子的树比果实本身价值更大。力量比财富更加重要，因为力量的反面——软弱无能——足以使我们丧失所有的一切，不但使我们既得的财富难以保持，就是我们的生产力量，我们的文化，我们的自由，还不仅是这些，甚至我们国家的独立

① 李斯特．政治经济学的国民体系［M］．陈万煦，译．北京：商务印书馆，1961：16，116.

② 李斯特．政治经济学的国民体系［M］．陈万煦，译．北京：商务印书馆，1961：109，132，142，104.

自主，都会落到在力量上胜过我们的那些国家的手里。”[①]因此，一国实行什么样的对外贸易政策，首先必须考虑的是国内生产力的发展，而不是从交换中获得的财富增加多少。

李斯特认为，经济落后国家为了抵御外国竞争、促进国内生产力成长，实行保护贸易政策，实际上是牺牲些眼前利益，使将来的利益获得保障，这就像一个聪明的家长缩减眼前的消费，花钱培养子女去学习一门技术那样。李斯特同时论述了这种保护贸易政策在经济上也是合算的。从工业部门看，保护关税在初行时会使工业品价格提高；但是经过相当时期，国家建成了自己的充分发展的工业以后，这些商品由于在国内生产成本较低，价格会低于国外进口品价格。因此，保护关税虽然使价值有所牺牲，但却使生产力有了增长，足以抵偿损失而有余，由此使国家在物质财富的量上获得无限增进，而且一旦发生战事，可以保有工业的独立地位。

流行学派认为，保护工业就会牺牲农业部门的利益，而李斯特则认为，地主和农业经营者并不会在有利于工业的情势下受到了牺牲，其从建立工业中所获得的利益比工业家本身所获得的更大，因为有了工业以后，对农产品的需求在品种和数量上将增多，农产品的交换价值也将提高，这时农业经营者就能够在更加有利的情况下利用他的土地和劳动力。地租、利润、工资这一切因此就都可以提高；地租和资本有了增长以后，跟着就会使地产售价和劳动工资提高。因此，地主和农业经营者从建立工业中所获得的利益比工业家本身所获得的更大。“有了国内工业，国内农业经营者就由此获得了莫大利益，至于他们在保护制度下所不能避免的一些牺牲，比起所得的利益来，简直是极其微小的。”[②]

第三，流行学派混淆了私人经济原则和国家经济原则，完全抹杀了国家和国家利益的存在。

流行学派认为，“在每一个私人家庭的行为中是精明的事情，在一个大国的行为中就很少是荒唐的了。”[③]一国的财富不过是国内一切个人财富的综合，既然每个人都能为他自己作出最妥善的安排，那么尽量听任每个人自己做主时，国家就必然是最富裕的。李斯特则认为，有些在私人经济中也许是愚蠢的事，但在国家经济中却变成了聪明的事，反过来也是这样。国家为了民族的最高利益，不但有理由而且有责任对商业也加以某种约束和限制。流行学派错误地把单纯价值理论与生产力理论混淆在一起，国家限制贸易的目的不在于直接增加国内的交换价值的量，而是增加生产力的量。国家生产力的综合并不等于在分别考虑下一切个人生产力的综合；这些力量的综合量主要决定于社会和政治情况，特别有赖于国家在国内分工和生产力协作这些方面发挥作用的有效程度。国家在经济上越是发展，立法和行政方面的干预就越必不可少。只要同社会利益无抵触，一般来说，个人自由是好事；同样的道理，个人事业只有在与国家福利相一致的这个限度上，才能说在行动上可以

① 李斯特. 政治经济学的国民体系［M］. 陈万煦，译. 北京：商务印书馆，1961：118，127，47.
② 李斯特. 政治经济学的国民体系［M］. 陈万煦，译. 北京：商务印书馆，1961：128，202，267.
③ 斯密. 国民财富的性质和原因的研究：下卷［M］. 郭大力，王亚南，译. 北京：商务印书馆，1974：28.

不受限制。但如果个人的企图或活动不能达到这种境地，或者甚至对国家可能有害，私人事业在这个限度上就当然需要整个国家力量的帮助，为了它自己的利益，也应当服从法律的约束。[①]

（2）李斯特的贸易政策主张

①对外贸易政策具有动态性

李斯特并非主张一国要采取持久的贸易保护政策，他认为，国际贸易的自由和限制，对于国家的富强有时有利，有时有害，是随着时期的不同而变化的。真正有害的“并不是保护政策的采用，而是当采用的理由已成过去以后，对这个政策仍然坚持不舍”。

李斯特将国家经济发展阶段划分为原始未开化时期、畜牧时期、农业时期、农工业时期和农工商业时期。在不同的阶段，应实行不同的对外贸易政策。在一个国家的经济由原始未开化转入畜牧、农业时期，对比较先进的国家实行自由贸易（即输出农产品、输入工业品）能起到促进繁荣的作用，因为通过自由贸易，可以为其农、牧、林产品和其他原料谋得出路，并可换回更好的生活必需品和生产工具以及贵金属等，以促进本国农业的发展。然而一个单纯的农业国家难以从自由贸易中获得长期的和稳定的利益，也不能获得重大的政治势力，因为它在经济上、政治上总是要或多或少处于从属地位。首先它的农产品有效销售量势必要看工农业国家收成的丰歉来决定。其次在销售中还势必要同别的纯农业国相竞争。这就是说，销售情况本身就不稳定，由于竞争势力的存在，就更加处于摇晃不定的境地。最后农业国对工业国的贸易关系还有遭到全部被破坏的危险，一旦发生了战争，或外国在关税制度上有了新的设施，贸易的局面将完全改观，这时农业国一方面不能为自己的剩余农产品找到买主，一方面眼见工业品的供应断绝，势必受到双重打击。如果将农业国比作个人时，这个人只有一个膀子，还有一只是向外人借用的，借来的是靠不住的，是不能随时随刻“如身之使臂”的；而工农业同时发展的国家却是两臂齐全的人，他的两只膀子是完全听他自己使用的。因此，农业国都应致力于发展工业，迈入农工业时期。在这一时期，由于本国工业刚刚起步，同时国外还存在着比它们更先进的工业国家的竞争力量，处于这样的形势，在自由竞争下一个一无保护的国家要想成为一个新兴的工业国已经没有可能，自由竞争的结果将会是该国从农工业时期退回到农业时期，因此应实行保护贸易政策以便建立和发展自己的工业，并向农工商时期迈进。当一国工业已经有了相当力量，处于优势地位，已经没有任何理由害怕国外竞争时，保护政策就开始对它不利了，因为由此使它与一切别的国家的竞争处于隔离状态，这就要发生懈怠情绪，所以应转而实行自由贸易政策。[②]

②贸易保护必须以促进和保护国内工业力量为目的

李斯特主张当一国处于农工业时期时应采取贸易保护政策，但他同时指出，保

---

① 李斯特．政治经济学的国民体系［M］．陈万煦，译．北京：商务印书馆，1961：145，146，149，151.

② 李斯特．政治经济学的国民体系［M］．陈万煦，译．北京：商务印书馆，1961：15，105，128，155，157.

护制度必须与国家工业的发展程度相适应，只有这样，这个制度才会有利于国家的繁荣，对于保护制度的任何夸张都是有害的。可见，李斯特并非主张在整个农工业时期持续地、严格地保护所有产业部门，而是主张必要的保护。

首先，从保护的对象看，李斯特认为，农业不需要保护，保护的对象主要是国内的工业。他在论著中反复强调工业发展会给一国带来巨大的利益，并从国民经济协调发展的角度，阐明保护工业成长的重要意义。但并非所有工业都需要保护，只有刚刚开始发展且有强有力的外国竞争者的幼稚工业才需要保护。

李斯特同时指出，即便是需要保护的幼稚工业，不同的工业部门也并不是一定要在同样程度上受到保护。那些仅生产高贵奢侈品的工业，只需要最低度的保护。这有三方面的原因：一是这类生产需要技术上的高度造诣与熟练；二是这类生产的总值与全国总产值对比是不会大的，输入以后，很容易用农产品与原料或供一般使用的工业品来抵偿；三是如果在战争时期输入中断，不致因此引起太大的不便；四是如果对这类产品征税过高，极容易通过走私来逃避这种高关税率。

凡是在专门技术与机器制造方面还没有获得高度发展的国家，对于一切复杂机器的输入应当允许免税，或只征收极轻的进口税，直到在机器生产上能与最先进国家并驾齐驱时为止。从某种意义上说来，机器工业是工业的工业，对国外机器输入征收关税，实际上就是限制国内工业的发展。

应当予以特别注意的只是那些最重要的工业部门。这里所谓重要的工业部门，指的是建立与经营时需要大量资本、大规模机械设备、高度技术知识、丰富经验以及为数众多的工人，所生产的是最主要的生活必需品，因此按照它们的综合价值来说，按照它们对国家独立自主的关系来说，都有着头等重要意义的工业。如果这些主要部门能够在适当保护下获得发展，工业中其他次要部门就可以围绕着它们在较低度的保护下成长起来。[①]

其次，从保护的程度看，要达到保护目的，对某些工业品可以实行禁止输入，或规定的税率事实上等于全部，或至少部分地禁止输入，或税率较前者略低，从而对输入发生限制作用。所有这些保护方式，没有一个是绝对有利或绝对有害的，这些是不能从理论上来决定的，究竟采取哪一个方式最为适当，要看比较落后国家在它对比较先进国家所处关系中的特有情况以及相对情况来决定。

实行保护制度时也并不是没有步骤的。施行保护关税的目的总是在于为国家谋福利，但是工业就像树木一样，不能顷刻涌现，是要逐渐成长起来的，因此如果一上来就完全排除国外竞争，突然割断了原来存在的商业关系，使处于这样制度下的国家同别的国家完全隔离，那么这样的制度必然对国家不利。如果要加以保护的那个工业国还处于发展初期，保护关税在开始时就必须定得相当轻微，然后随着国家的精神与物质资本以及技术能力与进取精神的增长而逐渐提高。在从禁止政策转变到温和的保护制度阶段过程中，采取的措施恰恰相反，应当由高额税率逐渐降低。

---

① 李斯特．政治经济学的国民体系［M］．陈万煦，译．北京：商务印书馆，1961：156，265，274．

总之，一国的保护税率应当由低到高然后再到低。[①]

最后，从保护的时间看，李斯特认为当国内工业已经有了相当力量，已经没有任何理由害怕国外竞争时，就应该放弃保护。但是对于没有成长起来的工业是否要无限期地一直保护下去呢？答案是否定的。李斯特提出，如果任何技术工业不能用原来的40%~60%的保护税率建立起来，不能在20%~30%的税率的不断保护下持久存在，那就缺少工业力量的基本条件，因而不应该给予保护。保护期限应当以30年为最高期限，在这个期限内仍然不能成长起来的工业，政府就不应当继续保护下去。

③政府对工业的保护不能违背市场规律和自然规律

李斯特将政府对经济发展的作用比作一个植林者对森林的形成所起的作用，提出“风力会把种子从这个地方带到那个地方，因此荒芜原野会变成稠密森林；但是要培植森林因此就静等着风力作用，让它在若干世纪的过程中来完成这样的转变，世上岂有这样愚蠢的办法？如果一个植林者选择树秧，主动栽培，在几十年内达到了同样目的，这倒不算是一个可取的办法吗？”当然，有些产品由于自然条件的限制，不宜在国内生产，如果依照国际分工原则（就是说，通过国外贸易）向国外采购时，质量既好，价格也低，对于这类物品要想采用国内分工原则，试图由本国来供应，那就是件愚不可及的事。[②]

④保护政策是大国可以采取的政策

李斯特认为自由贸易政策是小国的唯一选择，他指出，一个单独的城市或一个小邦与大国进行竞争时，决不能成功地建立或保持保护政策，一个小国是决不能使生产的各部门在它国境以内获得充分发展机会的。在这样的环境下，一切保护制度不过是私人垄断性质，它只有靠了与强大的国家结成同盟，牺牲一部分国家利益，并加倍地努力，然后可以有希望勉强保持独立地位。而有些国家有着广阔完整的疆域，人口繁庶，天然资源丰富，在农业上有很大成就，在文化与政治方面也有高度发展，因此有资格与第一流农工商业国家、最大的海陆军强国分庭抗礼，只有在这样情况下的国家，才有理由实行保护制度。[③]

需要特别指出的是，保护幼稚工业理论认为，保护是为了不保护，保护本身不是目的，而只是手段。一旦时机成熟，幼稚产业成长起来以后就撤销这种保护。即使在保护期间，也不绝对排斥国外的竞争，只是要把这种竞争限制在本国工业可以承受的范围之内。有限度的国外竞争，对本国工业是有益无害的。有人把保护幼稚工业的政策理解成闭关锁国、断绝与其他国家的经济往来，这是一个极大的误解。

李斯特的保护幼稚工业论具有十分重要的理论意义。这一理论的提出，确立了保护贸易理论在国际贸易理论体系中的地位，标志着西方国际贸易理论两大学派——自由贸易学派和保护贸易学派的完全形成。

---

① 李斯特．政治经济学的国民体系［M］．陈万煦，译．北京：商务印书馆，1961：156，261，264，263.

② 李斯特．政治经济学的国民体系［M］．陈万煦，译．北京：商务印书馆，1961：101，142，261.

③ 李斯特．政治经济学的国民体系［M］．陈万煦，译．北京：商务印书馆，1961：16，153，261.

3）幼稚产业的判定标准

李斯特之后的经济学家对其理论作了补充和发展，对于哪些产业可以称之为幼稚产业，一些经济学家提出了他们的看法。

（1）穆勒标准

英国经济学家约翰·穆勒是自由贸易论者，但他赞成李斯特的保护幼稚工业理论，认为这是保护贸易可以成立的唯一理由。穆勒提出，确定幼稚产业应注意以下三点：首先，正当的保护应该只限于对从外国引进的产业的学习掌握过程，过了这个期限就应取消保护。就是说，应以暂时的保护为限。其次，引进的产业应完全适合该国国情（生产上的各种便利条件）。最后，因为个人不愿意负担学习掌握期间的损失和风险，所以要靠保护关税之类的社会（国家）手段来促其实现。

（2）巴斯塔布尔标准

约翰·穆勒关于幼稚产业的选择标准发表后，巴斯塔布尔（C.F.Bastable）又补充了一个标准：新兴产业将来可能得到的利益，必须超过现在因为实行保护而必然要受到的损失。

有人认为，巴斯塔布尔的标准，还不能认为是使保护正当合理的充分根据，因为对个别企业家来说，这样的产业也是十分有利的投资对象，即使不去管它，在追求私人利益的基础上，它也会发展起来，根本不需要由政府来保护。这种对巴斯塔布尔标准的反驳，是以存在着许多能对现在和将来的损益进行比较和研究的有才干的企业家为前提的。而缺少这样的企业家正是发展中国家的特点，所以，要满足巴斯塔布尔标准就需要政府主动给以保护。

（3）肯普标准

经济学家肯普（M.C.Kemp）在综合了穆勒标准和巴斯塔布尔标准的基础上，又补充了一个更严格的标准，即只有先行企业在学习过程中取得的成果具有对国内其他企业也有好处的外部经济效果时，对先行企业的保护才是正当的。这是因为先行企业花费成本、费气力所取得的知识、技术、经验、工人的培训等，可以免费地被其他想学这些东西的企业很容易学会，因此先行企业不愿意做这种投资。在这种情况下，由于社会得到的利益比先行企业得到的私人报酬还大，所以值得花费相应的补贴予以保护。

日本经济学家小岛清认为，穆勒、巴斯塔布尔、肯普的标准都是根据个别企业或个别产业的利弊得失来寻求保护正当合理的标准，这种研究方法是不正确的。最重要的是，要根据要素禀赋比率和比较成本的动态变化，从国民经济的角度选择应该发展的幼稚产业，只要是这样的幼稚产业，即使不符合巴斯塔布尔或肯普的标准，也是值得保护的。问题在于，怎样具体选择这种幼稚产业，以及怎样进行保护。①

---

① 小岛清. 对外贸易论［M］. 周宝廉，译. 天津：南开大学出版社，1987：302，306，307.

4）对保护幼稚工业理论的质疑

李斯特的保护幼稚工业理论在德国工业发展过程中起了积极的促进作用，使它在较短时间内赶上了英、法等发展较早的资本主义国家，对落后国家制定对外贸易政策有一定借鉴意义。但是，经济学家发现，保护幼稚工业理论在实践中有以下两个很难克服的困难：

一是保护对象的选择问题。尽管理论上说要保护幼稚产业，但在实际选择中往往取决于各种政治经济力量的对比。另外，是否能选准那些应该保护的行业还有一个信息和判断问题。由于人们不可能掌握全部信息（包括未来发展的信息），决策中就有可能出现错误，即使从经济利益出发，也会出现技术上的错误判断，结果不能达到预期目标。

二是保护手段的选择问题。有时保护对象选对但保护手段用错，其结果仍然达不到通过对幼稚工业的保护来促进其成长的目的。一般来说，采用产业政策优于关税等限制进口的贸易政策（详见生产补贴对鼓励出口和限制进口的影响）。同时，错误地使用限制进口的手段还可能带来推迟接受和普及先进技术和知识所造成的损失。此外，产业在贸易保护下的低效率问题以及一旦给予保护就很难取消也是保护幼稚工业理论在实践应用中所必须面对的难题。

4.3.2 凯恩斯主义的贸易保护理论

保护幼稚工业理论是处在经济发展过程中的国家建立在走向工业化基础上的贸易保护理论，而凯恩斯主义的贸易保护理论则是建立在已经实现了工业化的国家试图寻求经济稳定增长基础上的贸易保护理论，主要是由凯恩斯本人和一些后凯恩斯主义者们提出的。他们的观点反映了20世纪30年代大萧条以后西方国家经济的要求。

1）凯恩斯的贸易保护观点

英国经济学家约翰·梅纳德·凯恩斯（John Maynard Keynes）在1936年出版的《就业、利息和货币通论》（The General Theory of Employment Interest and Money）一书中比较系统地阐述了自己的观点。在凯恩斯看来，一国在没有政府干预的情况下国内有效需求可能不足。于是，在开放经济条件下，奖励出口、限制进口是一国总需求政策的一部分。

凯恩斯简介

凯恩斯认为，重商主义合理的、科学的成分未被人们认识到，奖励出口、限制进口是有着重要的科学性的。他指出，一国的总投资由对内投资和对外投资两部分构成，对外投资的多寡决定于贸易顺差的大小。一国的贸易顺差越大，对外净投资就越多。同时贸易顺差越大，本国的货币供应量也就越多。货币供应量的增加有助于国内贷款利息率的下降，从而会刺激私人投资的增加，进而提高有效需求。因此，国际贸易顺差可以从两个方面促进有效需求的增加：一是一国贸易顺差的增加本身就是本国有效需求水平的提高，进而导致国民收入的提高；二是通过贸易顺差，可直接影响国内货币的供应量，从而压低国内利息率，刺激国内的私人贷款，增加私人的消费和投资需求。基于这一点，凯恩斯指出，政府应该关注、进而应干预对外贸易，采取奖励出口、限制进口的做法。

凯恩斯的贸易保护政策不简单等同于重商主义。他指出，这种贸易顺差是不可以无限地增加下去的。因为当贸易顺差过大时，国内的货币供应量就会过多，从而使商品价格过高，影响本国商品在国际市场上的竞争力。此外，贸易过度顺差还会使本国的利息率降低，进而引起资本外流，造成本国投资的减少。因此在凯恩斯看来，政府干预、保持贸易顺差不是一个长期目标，而只是在一国有效需求不足的情况下才偶尔使用的手段。凯恩斯的贸易保护理论实质上是其“萧条经济学”原理的一种延伸，是一种“萧条时期的贸易保护理论”。

2）马克卢普的对外贸易乘数理论

后凯恩斯主义经济学家对凯恩斯本人的贸易保护理论作了进一步发挥。其中最有代表性的是美籍奥地利经济学家马克卢普（F.Machlup）在1943年所著《国际贸易与国民收入乘数》中提出的对外贸易乘数（foreign trade multiplier）理论。

对外贸易乘数理论是在对凯恩斯的乘数理论加以发展的基础上提出的。根据投资乘数理论，由于各经济部门是相互关联的，某一部门的一笔投资不仅会增加本部门的收入，而且会在国民经济各部门中引起连锁反应，从而增加其他部门的投资与收入，最终使国民收入成倍增长。如果以K代表乘数，ΔY表示国民收入的增量，ΔI表示投资的增量，MPC表示边际消费倾向，MPS表示边际储蓄倾向，则有$K=\Delta Y/\Delta I=1/(1-MPC)=1/MPS$。乘数与边际消费倾向呈同方向变化，与边际储蓄倾向成反比，即边际消费倾向越大，乘数就越大，边际消费倾向越小，乘数就越小；相反，边际储蓄倾向越大，乘数就越小，边际储蓄倾向越小，乘数就越大。

马克卢普认为，投资乘数的基本原理同样适用于开放经济中的对外贸易变动。

他认为，一国的出口和国内投资一样，属于“注入”，对就业和国民收入有倍增作用；而一国的进口则与国内储蓄一样，属于“漏出”，对就业和国民收入有倍减效应。如果以K代表乘数，MPM表示边际进口倾向，则有$K=\Delta Y/(\Delta I+\Delta X)=\Delta Y/(\Delta S+\Delta M)=1/(MPS+MPM)$，即对外贸易乘数等于边际储蓄倾向和边际进口倾向之和的倒数，边际储蓄倾向与边际进口倾向越小，对外贸易乘数越大；反之，边际储蓄倾向与边际进口倾向越大，对外贸易乘数越小。

由此，马克卢普主张政府应该采取鼓励出口、限制进口的政策，实现贸易顺差，以扩大本国的有效需求，同时带来几倍的国民收入增加，这种国民收入水平的成倍增加又会为经济的稳定增长和充分就业创造更好的条件。

总之，凯恩斯主义的贸易保护理论反映了西方经济由单纯重视企业的经济运行向重视宏观经济稳定和增长方向的转变。他们不仅强调政府干预国内经济的重要性，强调通过财政和货币政策实现经济目标，同时还提出了政府干预对外贸易的观点，主张实行贸易保护政策来配合国内宏观经济政策。

4.3.3 中心-外围理论

第二次世界大战后，随着殖民体系的瓦解，原帝国主义的殖民地、半殖民地和附属国纷纷取得了政治上的独立。为了巩固这一成果，最迫切的任务就是迅速发展民族经济，实现经济上的自主。然而，这些国家民族经济的发展受到了旧的国际经济秩序尤其是旧的国际分工和国际贸易体系的严重阻碍。在这一背景下，阿根廷经济学家劳尔·普雷维什（Raul Prebisch）代表广大发展中国家的利益，提出了中心-外围理论。

1950年，在联合国拉丁美洲经济委员会秘书处工作时，普雷维什提交了一份题为《拉丁美洲的经济发展及其主要问题》的报告。他从分析发展中国家在现存国际分工体系中的不公平地位开始，进一步探讨了发展中国家贸易条件长期恶化的趋势，提出了实行贸易保护政策，走发展本国工业化的道路，打破传统国际分工体系，建立国际经济新秩序的一系列理论政策主张。

劳尔·普雷维什简介

1）中心-外围理论的主要内容

（1）中心国家和外围国家在经济发展中处在不平等的地位

普雷维什把世界分为中心国家和外围国家两大体系，即由发达国家构成的中心体系和由发展中国家构成的外围体系。它们在经济发展中处在不平等的地位：第一，在经济发展的自主性上，中心国家处于主宰地位，外围国家则处于依附地位。中心国家不仅能够独立自主地发展本国的经济，而且还能够控制外围国家的经济发展；外围国家则只能顺应中心国家的经济发展而发展，依附于中心国家。第二，在经济发展结构上，中心国家生产和出口制成品，进口原料、燃料和农产品等初级产品，外围国家则生产和出口原料等初级产品，进口制成品。第三，在技术进步带来的利益分配上，中心国家通常是新技术的发明者和传播者，技术进步的利益几乎全部为它们所占有，外围国家则是新技术的模仿者和接受者，因而难以分享技术进步的利益。而且就连自己的技术进步利益也几乎被中心国家掠夺殆尽。第四，中心国家实行霸权主义政策，不但拒绝改变其本身及其与外围国家的关系现状，而且反对外围国家内部改变现状。一旦外围国家有意无意地损害了这种经济和政治利益时，中心国家——特别是主要中心国家——往往就会采取惩罚的措施，在极端的情况下甚至会通过军事干预的手段进行报复。于是，造成中心国家与外围国家的经济发展水平的差距越拉越大。

普雷维什认为，这主要是由三个原因造成的：第一，中心国家通过资本输出、凭借技术和管理优势获取垄断利润，获得了投资收益的绝大部分。中心国家除了采用一般的方式进行资本输出获取利润外，还通过建立跨国公司的途径进行直接资本输出，最大限度地剥削外围国家。凭借其技术优势和管理优势取得高额垄断利润，把外围国家劳动者创造的国民收入大量地吸吮掉，同时还利用其产品优势和消费取向，影响外围国家的消费结构和消费水平，造成“消费早熟”。使这些国家的积累水平过低，正常的投资比例和经济发展遭到破坏，强化外围国家对中心国家经济上的依赖关系。第二，传统的国际分工体系扭曲了外围国家正常的经济发展道路。传统的国际分工造成了外围国家经济结构的单一性和出口生产的被动专业化，使外围国家实际上成为专门为发达国家提供食品和原料的机器。在这种情况下的发展并不等于民族经济的发展。第三，外围国家贸易条件长期恶化。

（2）外围国家贸易条件恶化的原因

普雷维什通过实证研究发现，发展中国家贸易条件长期恶化，这是他的贸易保护理论的重要依据。普雷维什认为，外围国家贸易条件恶化是由以下原因造成的：

第一，技术进步的利益分配不均。如果初级产品和制成品的价格比例严格按照生产率增长比例而下降，那么外围国家和中心国家的收入就会按各自的生产率增长的比率而增加，各国通过国际贸易得到平均利益，因此不需要工业化，否则效率的降低就会丧失固有的贸易利益。由于制成品的生产率比初级产品的生产率提高更快，价格降低的幅度就应较大，价格比例的变化对初级产品有利。但是现实恰恰相反，技术进步实现后，制成品价格却不一定下降，或者反而上涨，尤其是当企业家和生产要素的收入增加的幅度超过生产率提高导致的成本下降的幅度时，更是如此。结果，中心国家占有由于技术进步而产生的全部利益，而外围国家则将其技术进步的果实转移一份给中心国家，外围国家的贸易条件恶化就成为自然的了。

第二，制成品的市场结构具有垄断性。在经济繁荣时期，制成品和初级产品的市场价格都会上涨。但在经济萧条和危机时期，由于制成品市场具有垄断性质，其价格下降幅度要比初级产品的小得多。经济危机的周而复始，相对于初级产品而言，制成品价格可看成是上涨的。外围国家的贸易条件就当然趋于恶化了。

第三，中心国家的工资刚性得到工会组织的强化。在繁荣时期，由于企业家之间的竞争和工会的压力，雇主会腾出部分利润来增加工资，而在危机时期，上涨了的工资却不易下降。于是凭借其在生产中的作用和能力，把危机的压力转移给外围国家。而从事初级产品生产的工人则缺乏工会组织，没有谈判工资的能力，经济繁荣时工资上涨的幅度小，而危机时下降的幅度却大，结果，在工资成本上，促使制成品价格相对上涨，而初级产品价格下跌，由此导致外围国家的贸易条件趋于恶化。

美国经济学家辛格（H.M.Singer）从需求角度论证了初级产品贸易条件恶化的论点，他认为初级产品的需求收入弹性要比制成品的小得多。根据恩格尔定律(Engels Law)，随着人们实际收入的增加，用于对制成品的消费支出增加，而对初级产品的需求相对减少。对于原材料来说，技术进步往往带来单位产品所耗原材料的节约，结果对初级产品的需求就跟不上制成品生产的扩大。所以它们的价格不但是周期性地下降，而且是结构性地下降。初级产品贸易条件具有长期恶化的趋势。

（3）外围国家必须实行工业化，独立自主地发展民族经济

基于以上理由，普雷维什认为，传统的国际贸易和国际分工理论虽然从逻辑上说是正确的，但其前提条件与实际相去甚远，因而只适用于中心国家之间，不适用于中心国家与外围国家之间。发展中国家必须摒弃传统国际贸易理论，彻底摆脱不

合理的国际分工体系，打破旧的国际经济秩序。

要打破这一格局，外围国家就必须实行工业化，独立自主地发展自己的民族经济。工业化是外围国家取得一部分技术进步利益、逐步提高其人民生活水平的主要手段。为此，发展中国家应该只把少量资源用于初级产品的生产和出口上，将更多的资源集中到建立和扩大现代化工业上。工业化要分阶段实施：第一阶段，主要发展出口替代工业，加快工业化所需的资金积累，为工业化创造条件。首先应积极发展初级产品出口，增加外汇收入，为进口工业化必需的资本货物创造条件，并用出口所得的资金进行资本积累。第二阶段，建立和发展国内进口替代工业。一是初级产品出口扩大导致价格下降后，就不要再扩大出口，而应用剩余资源建立一些国内消费品工业，用以替代从中心国家的进口。一定时期后，要加强与其他外围国家的经济联系与合作，相互交换各自生产的初级产品和制成品，既可以积累国际贸易经验，又可以不断加强工业品竞争力。第三阶段，建立和发展制成品的出口替代工业。主要生产和出口制成品，进一步发展消费品生产，同时发展一些中间产品、耐用消费品和资本货物的生产和出口。

普雷维什指出，要保证发展中国家工业化的顺利实施，就必须实行保护贸易政策。因为保护贸易政策有如下作用：一是限制进口以减少外汇支出，改善国际收支状况；二是削弱外国商品的出口能力和竞争能力，相对增强本国出口商品的竞争优势，改善贸易条件；三是有效扶植本国幼稚工业的发展，推动工业化进程；四是引导国内消费商品的国别结构的调整，扩大国内工业产品的国内需求，刺激本国工业的发展。因此他主张，运用关税和非关税手段的同时，还要通过外汇管制，实行对本国工业和市场的保护。在出口替代阶段，还应实行有选择的出口补贴等鼓励出口政策，增强本国产品在国际市场上的竞争能力。主张通过政府紧缩财政，发挥私人企业作用，优先扩大工业品生产和出口，合理选择进口替代工业等具体办法，来扩大生产性投资在国民收入中所占比重，以保持高水平的积累率。

普雷维什强调，发展中国家和发达国家实行保护贸易的性质不同。发展中国家实行贸易保护源于其经济发展的内在要求，贸易保护政策是发展中国家实现工业化的唯一选择。而且其政策目标之一是纠正国际贸易中由于需求弹性的不同而产生的一系列不平等因素，缩小制成品与初级产品的收入需求差异，因而并不会妨碍世界贸易的增长速度。然而，发达国家的贸易保护政策是对制成品的保护，旨在扩大制成品与初级产品的收入需求差异，而且，如果发达国家对本国初级产品的生产也进行保护，进一步加深了制成品与初级产品之间不平等贸易的程度。因此不仅不是必需的，而且还会降低世界贸易规模和增长速度。因此，要保持世界贸易的稳定增长和贸易利益的互利分配，发达国家必须放弃其贸易保护主义。

2）对普雷维什理论的异议

普雷维什的贸易保护理论提出后，遭到了美国经济学家范纳（J.Viner）和奥地利经济学家哈伯勒（G.Haberler）等的猛烈抨击。

首先，关于传统国际分工理论的适用性、旧的国际分工体系和旧的国际经济秩序是发展中国家经济落后的主要原因问题，他们认为比较优势理论同样适用于发展中国家。哈伯勒强调了比较优势的静态利益与动态利益，他认为，在传统的比较优势理论所强调的直接静态利益之上，贸易还赋予参与国以重要的间接利益，即动态利益，包括得到经济发展必需的物资、技术知识、诀窍及技能和管理经验等；贸易是不发达国家从发达国家获得资金的渠道；自由贸易还是最好的反垄断措施。他们认为，普雷维什把农业和矿业等同于贫困是缺乏依据的，农业不等于贫困，工业不等于富裕。一个国家在国际分工体系中的地位取决于其工业、农业或矿业上的比较优势状况，而不是取决于它所从事的产业部门的特性。因而，发展中国家不应发展多种产品，否则会影响资源分配，不能取得最大的经济利益。

其次，普雷维什把初级产品与制成品之间的交换关系等同于发展中国家与发达国家之间的贸易关系，导致了逻辑上的矛盾。事实上，发展中国家也出口制成品，而不少发达国家也是初级产品的出口大国。如果说初级产品贸易条件恶化了，那么也包括大量出口初级产品的发达国家，而发达国家的垄断力量和工会组织等因素在作用于制成品价格上涨的同时，也作用于初级产品价格上涨。这与初级产品价格下降又相矛盾。

再次，初级产品贸易条件是否恶化问题。他们认为普雷维什据以立论的统计资料有缺陷。第一，期间运费的大幅度下降和产品质量的提高并未加以考虑，在普雷维什所列统计数据中，英国的出口产品价格按FOB计，而进口产品价格则按CIF计，运费价格直接影响到进口价格水平。第二，发展中国家出口的初级产品供求受到多种因素的影响，各种初级产品的变动趋势完全不同。普雷维什以英国进口价格指数代替发展中国家出口价格指数，并用一个发达国家的贸易条件来推算众多不发达国家整体的贸易条件是不可靠的。第三，英国的统计资料开始于1801年，选择不同的基期，其结论不一样，或正相反。

最后，关于支持贸易条件恶化的理由。他们认为，发展中国家的工会力量已迅速加强，政府也作种种努力来提高出口价格。事实上，工会的力量不足以提高商品价格。而且大企业的垄断权力的行使需要企业对产品市场有足够的垄断程度，这在目前的世界市场上并不多见。至于需求收入弹性问题，并不是所有初级产品的需求收入弹性都很低，而且不少初级产品的销售更多地取决于需求的价格弹性。技术进步并不一定意味着对原料需求的减少，也可能导致对某些原料需求的增加。总之，大多数初级产品的贸易条件近百年来经常变动，但并没有长期恶化的趋势，分析一个包括所有初级产品的总的贸易条件没有多大意义。

因此，他们反对普雷维什关于发展中国家应实行贸易保护，走工业化道路的主张。认为发展中国家企图通过关税影响进出口商品价格来改善贸易条件的努力，会因其进出口规模较小而达不到目的。实施进口限制措施，只会导致国内生产的高成本和低效率。

普雷维什的保护贸易理论是对有关发展中国家国际贸易的开拓性研究。他从发展中国家利益出发，抨击了传统国际贸易理论的错误观点，第一次从理论上和实践上初步揭示了发达国家和发展中国家之间贸易关系不平等的本质，以及现存国际分工格局和国际经济秩序的不合理性。其出发点是积极的，主要论点在方向上是正确的，基本政策主张也是有意义的，极大地推动了20世纪60年代后拉丁美洲及其他地区发展中国家掀起的工业化进程。

当然，普雷维什在具体理论分析上也有局限性和错误。首先，他没能从根本上揭示以比较优势理论为核心的自由贸易理论是如何造成利益分配上的不平等，从而使发展中国家的经济状况恶化。其次，他用以解释的各种理由都有不科学的方面。如发达国家工会组织对产品价格的影响、技术进步利益不公平分配的原因以及辛格用需求收入弹性对收入间接转移的分析等。

4.3.4 战略性贸易理论

战略性贸易理论是20世纪70年代以来，在世界产业结构和贸易格局发生重大变化、产业内贸易兴起、新贸易保护主义盛行的背景下产生的，其代表人物是艾尔哈南·海尔普曼（Elhanan Helpman）和保罗·克鲁格曼（Paul R.Krugman）等。战略性贸易理论的核心是非比较优势论，即各国从事专业化和贸易不仅仅是比较成本的差别，还在于收益递增所带来的实际上的专业化优势。贸易在很大程度上是由收益递增而不是由比较优势驱动的。在有限的范围内，通过选择政府帮助形式或“选择优胜者”，给予国内企业以帮助的做法，强于实行自由贸易。这种“新贸易理论”为政府干预提供了可能性。

战略性贸易理论在三个方面获得了理论上的突破：一是不完全竞争，二是规模经济，三是外部经济。

首先，战略性贸易理论认为，工业品的国际市场不是完全竞争的，产品的差异性使得各国企业都有可能在某些工业品上有一定的垄断或垄断性力量。在寡头市场中，纯经济利润（超过正常利润部分）一般不为零，而且市场均衡价格一般不等于企业的边际成本，因此适当的政策干预有可能通过影响本国厂商及其外国竞争对手的决策行为而转移一部分纯经济利润，并产生一定的反托拉斯（减少市场价格与企业生产成本的差距）效果，从而提高本国国民福利（详见经济学中关于古诺模型的分析）。另外，政府可以通过限制进口来分享外国企业的垄断性利润，提高国民福利，如图4-1所示。

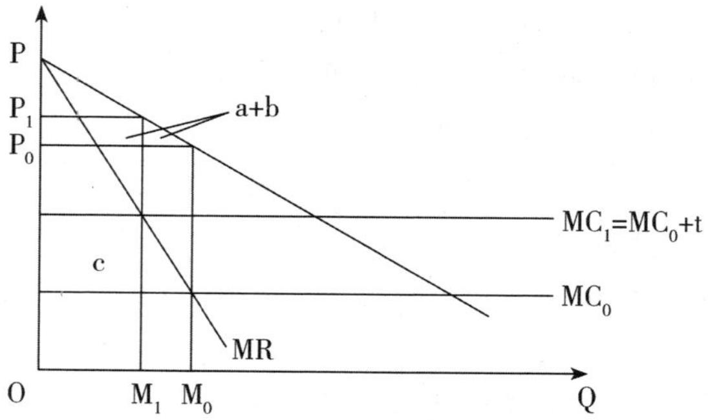

图4-1 政府限制进口分享外国垄断利润

由于进口产品主要由少数几家外国企业提供，它们在进口国市场上就有一定的垄断力量，在追求利润最大化的目标下，这些垄断或寡头企业在进口国的销售量会确定在其产品的边际收益等于边际成本的水平上（M_0），而价格则根据进口国的需求定在高于边际成本的水平上（P_0）。如果进口国政府征收关税 t，外国企业的边际成本提高到 MC_1（$MC_1=MC_0+t$），外国企业会提高商品价格至 P_1。但由于进口国的需求不是完全没有弹性的垂直曲线，因此，商品价格上升的幅度会小于边际成本提高的幅度（即 $P_1-P_0<t$）。这意味着外国企业通过提高销售价格从进口国消费者身上得到的额外收益会小于对关税的支付。进口国政府所得的关税收益 c 有可能大于消费者所受的损失 a+b，从而使整个国家受益。显然，通过关税来分享外国寡头或垄断企业的利润并提高整个国民收益，进口国政府是有可能如愿以偿的。关键在于关税率的确定和对消费者的补偿。

其次，许多工业品的生产都具有规模经济的特征，即生产越多，产品的单位成本越低。尤其是在电子、化工、飞机、汽车等资本技术密集型产业中，这种特征更为显著。一般来讲，在许多产业中，国内国际市场的容量都只能容纳少数厂商盈利，有时甚至是一个厂商（如飞机制造业）就能够占领大部分的市场份额。这些产业中垄断性的市场结构排除了完全竞争的可能。一国政府可以通过有选择和有针对性的干预，使贸易政策发挥战略性变量的作用，来帮助本国企业取得一定的市场份额，从而达到一定的生产规模，使企业成本下降，在国际竞争中获胜，结果，企业所得的利润会大大超过政府所支付的补贴。

最后，外部经济的存在是战略性贸易理论的又一论据。简而言之，外部经济是指某些企业的行为可以给其他一些企业带来好处，或者某一产业的发展能推动其他产业的发展，即企业或产业发展的社会效益高于其个体效益。外部经济可以分为技术外部经济和资金外部经济。前者指厂商通过同一产业或相关产业中其他厂商的技术外溢和“干中学”中获得效率提高，其途径主要有技术信息传播、人员流动、模仿和反向研究等；后者指厂商从同一产业或相关产业厂商的聚集中获得的市场规模效应，包括从产业集中中便捷廉价地获得原材料、中间品和专业化服务而使效率提高。

外部经济的存在，促进了国际专业化的形成。一旦某个产业在某国建立，技术和资金外部经济促进厂商在地理上的集中，促进厂商降低生产成本，提高竞争力；当产业竞争提高到一定水平且国内市场有限时，该产业就会成为出口产业，国际市场的开辟和扩大又会进一步强化该产业在国际专业化分工中的地位。外部经济显著的产业往往是那些研发投入巨大的产业，厂商由于不能完全专有其知识投资的收益，往往会导致私人投资不足（即市场失效）或因为初始投资额或投资风险太大使私人厂商无法进入，从而使产业不能发展到社会最佳状态。因此，政府应选择具有显著外部经济的产业给予适当的保护和扶持，使之能够在外部经济作用下形成国际竞争力并带动相关产业的发展。这方面的贸易政策往往要和产业政策相配合，才能达到预期效果，具体包括信贷优惠、国内税收优惠或补贴、对国内企业进口中间品的关税优惠、对外国竞争产品征收关税等。

4.3.5 其他保护贸易理论

保护贸易理论除了上述的基本理论外，还有种种经济和非经济依据。以下简要介绍一些常见的主要理论依据。

1）改善国际收支论

改善国际收支论的基本思想是通过贸易保护来减少进口，减少外汇支出，增加外汇储备，以平衡国际收支或保持贸易顺差。它起源于重商主义保持贸易顺差的思想，得到凯恩斯主义的发展。

一国通过输出商品和劳务以及通过吸收外资赚取外汇的能力，决定了其在世界经济中对生产的商品和劳务的支配权。另外，一国的对外贸易顺差增加了其外汇储备，进而引起国内利率的下降，刺激了投资和生产；相反，对外贸易逆差会对国内投资和生产造成不利影响。对于发展中国家而言，防止大量、持续的贸易逆差尤为重要。发展中国家尽管在一些商品的生产上有着某种优势，但在总体上却是处于劣势，因而其贸易收支将持续出现逆差，必须动用外汇储备以弥补赤字。一国政府不可能拥有无限的外汇，一旦外汇储备告罄，就需要向外国借债以维持进口。大量的进口商品和利率的逐渐上升将使国内投资下降；与此同时，外债的增加使偿还本息的压力越来越大，从而更加需要外汇，造成恶性循环，这也是一些发展中国家的现实教训。

改善国际收支有两个途径，即扩大出口和限制进口。出口的扩大取决于两个因素：一是出口商品竞争力的提高，二是出口目标市场开放程度的扩大。对发展中国家而言，在短期内提高出口商品竞争力的难度较大，发展中国家也缺乏与主要出口目标国家（主要是发达国家）政府的谈判能力，因此难以在短期内扩大出口。而限制进口却是发展中国家容易做到的，且其效果有直接性和迅速性，颇受政策制定者的推崇。

然而，这种做法容易遭到外国的报复。若进口的减少引起出口的减少，则对国际收支的作用会相互抵消，国内经济将陷于不振，还会出现失业，降低经济总体的效果。单纯通过减少进口来节约外汇只是一种消极的、代价昂贵的平衡方法；积极的、代价较少的改善国际收支的办法应该是提高出口工业的劳动生产率，挖掘更多的出口潜力去多赚外汇。当然，如果将限制进口作为临时性的紧急措施，就无可非议了。

2）改善贸易条件论

改善贸易条件论的核心在于，在一定条件下通过对进口商品征收关税和限制进口可以压低进口商品的价格，从而改善征税国的贸易条件，增进福利。

从理论上说，当一国是进口大国时，它对某一商品的进口需求量占该商品世界总出口量的较大份额，具有一定的需求垄断优势，以至足以靠进口量的调整来影响国际市场的供求，进而影响甚至操纵这些商品的国际价格，并且使其对这一进口商品的需求弹性大于进口供给弹性。进口国征收关税会减少进口，从而迫使出口国降低向进口国出口商品的价格，进口国的贸易条件得到改善，可以用同样数量的出口商品换回更多的进口商品，从而使整个国家获利。改善贸易条件论为最佳关税论提供了一个论据，即通过改善该国的贸易条件，克服由于减少贸易量而产生的负效应，使净福利达到最大化（详见大国进口关税的局部均衡分析）。

这一手段能否成功，一方面取决于该国是否为进口大国，另一方面还取决于其总体经济实力，即遭到贸易伙伴报复的可能性。此外，它也不可避免地存在间接的负效应，造成国际市场价格的扭曲，不利于资源的有效利用。

3）增加政府收入论

增加政府收入论又称为关税收入论，主要涉及新独立的发展中国家的关税问题，因而亦被称作“新建政府论”。

该理论认为，在一个新独立国家中，进口税不是作为一项保护工业的措施，而是作为财政收入的重要来源。对贫困的新独立的国家来说，政府提供诸如卫生、教育、治安、水利和国防等方面的基本公共服务，对于增进社会利益是至关重要的，但政府苦于没有足够的人力、财力或运转效率极低，并不能提供这些服务，而通过征收进口关税则可以部分地解决这个问题。

第一，征收关税要比征收更复杂的、花费更大的其他种类的税收更经济；而且其他税种由于无法计量和监督而难以征收。第二，对许多落后的发展中国家来说，政府既没有自己的企业，由于国内人民生活水平低又没有多少收入税可征，关税就成为政府收入的重要来源。第三，通过关税来增加政府收入，与其说是一种政策理论，不如说是一种利益行为。不管消费者和整个社会所付的代价如何，作为政府，征收的关税则是实实在在的收入，这也是政府要实行贸易保护的动力之一。第四，征收关税比增加国内的各种税收的国内阻力要小。国内的各种税收，消费者或生产者都直接看到，增加的阻力自然就大，而关税则在外国商品进入本国市场前就征收了，虽然最终还是消费者支付了一定的关税，但消费者对这种间接的支付感觉并不灵敏，反对的声浪也不大。这一点，对政府来说，尤其是要靠选民投票的政治家们来说，是很重要的。第五，如果该国是进口大国，并且确定的进口税率恰当，还可以将一部分税赋转嫁到外国生产者或出口商身上（当然这种可能性几乎没有）。

这样关税不但保证了政府的财政收入，支持了政府的公共工程计划，并且还起到了替代国内其他税收的作用，有利于国内生产和社会的发展。

4）夕阳产业保护论

根据产品生命周期理论，随着产品要素密集度的变化，某一产品的比较优势会从一国转向另一国。所谓夕阳产业，是指那些处在别国竞争压力下，并逐步失去比较优势的产业。

从理论上说，当一国失去其在某个特定行业的比较优势时，该国的生产要素就需要转向其他部门。然而夕阳产业保护论认为，应该对这类产业实行保护，原因有二：

第一，生产要素在部门间的转移会产生“转移成本”。这种成本包括由于转移所带来的摩擦性失业造成社会的失业救济金支出的增加；一些劳动者难以适应新的部门或产业的需要而成为长期失业者；社会长期失业人员的增加将带来社会秩序的不稳定，从而维持社会秩序所需要付出的成本加大。因此，必须对这种衰退产业加以一定的保护，以减缓衰退的速度来缓和摩擦。

第二，某些行业比较优势的丧失可能是要素禀赋优势的丧失，而不是技术优势的丧失。由于存在产品要素密集度逆转的可能，如果一国将其用在转移生产要素、特别是劳动力所需要的支出用于改进技术上，那么经过一段时间，技术优势可能会抵消要素禀赋的劣势，重新获得该部门的比较优势。

夕阳产业保护论的实质是，一国尚未发现足以将需要放弃产业中的生产要素充分利用或吸收的其他部门，因此担心对夕阳产业部门的放弃就是该部门就业或收入的损失。发达国家采取的这种贸易保护政策将阻碍发展中国家工业化的步伐。如果在经济发展过程中，发达国家总生产发展中国家尚不能生产的产品，不存在产业的重合，也就无所谓保护夕阳产业。但在现实中，当发展中国家的工业化进程发展到某个阶段时，往往会遇到与发达国家产业的重合，发达国家采取保护贸易政策就是不可避免的了，这时，某些经济集团（如工会）的压力是社会不愿调整产业结构的最直接的理由。

5）保护公平贸易论

所谓的“公平贸易”（fair trade）是指贸易双方在相互提供同等待遇基础上所进行的贸易。保护公平贸易论最初是针对国际贸易中因为政府参与而出现的不公平竞争行为，后来又被广泛用来要求对等开放市场。它以一种受害者的姿态出现来进行贸易保护，又称为“防止侵害论”。这种保护似乎是迫不得已的，目的也似乎是为了更好地保证国际上的公平竞争，以推动真正的自由贸易。

以公平贸易理由实行保护的主要是发达国家，特别是美国。第二次世界大战后，美国把公平贸易作为一项政策原则强加给别国，它成了美国市场斗争的一种战略。近年来发达国家越来越高的呼声是要求“公平贸易”而不是自由贸易。与这一论调相应的手段主要包括：反补贴税、反倾销税或其他惩罚性关税、进口限额、贸易制裁等。这些政策在理论上说可能有助于限制不公平竞争，促进自由贸易，但在实施中却往往被利用而进行实质上更不公平的贸易。

6）社会公平论

社会公平又称为收入再分配，主要指的是社会各阶层或各种生产要素在收入上的相对平衡。不少国家利用贸易保护来调节国内各阶层的收入水平，以减少社会矛盾和冲突。

社会公平论认为，通过国际贸易必然引起一国商品价格的相对变动，提高某些生产要素的报酬而牺牲另一些生产要素的报酬。并且在消费模式的作用下最终使某一集团境况变好而使另一集团的境况变坏。虽然自由贸易能够增进一国福利，却可能对某一地区、某一民族、某一集团的收入分配造成不良影响，使他们处于被损害的地位。譬如，在土地丰富而劳动力短缺的国家里，通过国际贸易必然使密集使用土地的产品（如小麦）价格上升，而密集使用劳动力的产品（如布）价格下跌，这会引起生产向密集使用土地的产品集中，造成土地价格上涨，劳动力工资下降，土地所有者收入增加，劳动者收入下降。如果收入下降的劳动者的消费大部分集中在价格已上升的小麦上，则他们的境况就变得更糟。为了改变这种收入不公平状况，当采取其他措施改善国内收入分配有障碍时，使用关税手段就是正当而合理的。通过关税限制外国廉价布的进口，减轻对国内布的生产者的冲击，阻止土地向小麦种植方面转移和劳动力工资水平的下降，这样可以改善国内收入分配不公平的状况，起到收入再分配的作用。其中最典型的例子就是发达国家对农产品的保护。

7）国家安全论

贸易保护主义有时还以国家安全为依据，主张限制进口，以保持经济的独立自主。国家安全论认为，自由贸易会增强本国对外国的经济依赖性，这种情况可能会危及国家安全，一旦战争爆发，贸易停止，供应中断，过于依赖对外贸易的经济就会出现危机，在战争中可能会不战自败。出于维护国家安全的考虑，国家必须保持独立自主的经济，所以对生产有关战略物资的产业要以自己生产为主，不能依靠进口，当这些行业面临国际竞争时，政府应加以保护。这些重要商品包括粮食、石油等重要原料和燃料。对某些不友好国家的出口也要控制，任何有可能加强敌方实力、威胁自身安全的商品都要严加控制。

以国家安全为理由限制贸易的思想由来已久，可以追溯到17世纪英国的重商主义，当时的贸易保护主义就以国家安全为依据，主张限制使用外国海运服务和购买外国商船。20世纪以来战争连续不断，第二次世界大战后又经历了长期的东西方冷战，这一论点也就经久不衰。

8）民族自尊论

进口商品并不仅仅是一种与国内产品无差别的消费品，进口商品的品种、质量常常反映了别国的文化和经济发展水平，而且进口的商品上往往带有“某某国制造”的标签，以示与本国商品的区别。一般而言，进口货总是比国产的要“物美价廉”一些，尤其是发展中国家所进口的先进制成品，许多是本国不能制造的。在消费者“赞洋崇洋”的时候，政府往往会觉得有损民族自尊心和自信心。为了增加民族自豪感，政府一方面从政治上把使用国货作为爱国主义来宣传，一方面企图通过贸易保护政策来减少外来冲击，发展民族工业。

●本章小结

1.对外贸易政策是一国政府在一定时期内为实现一定的政策目标对本国进出口贸易制定并实施的政策。对外贸易政策的内容一般包括对外贸易总政策、进出口商品政策和国别或地区政策。对外贸易政策是一个国家经济政策和对外政策的重要组成部分。对外贸易政策有自由贸易政策和保护贸易政策两种基本类型。

2.资本主义生产方式准备时期，西欧国家采取了重商主义的保护贸易政策；资本主义自由竞争时期，英国和荷兰采取了自由贸易政策，美国和德国等实行了保护贸易政策；资本主义垄断时期，主要国家实行的是侵略性的保护贸易政策（或超保护贸易政策）；第二次世界大战结束到20世纪70年代，主要国家的对外贸易政策中出现了贸易自由化倾向；20世纪70年代中期以后，贸易保护主义重新抬头，出现了新贸易保护主义。

3.对外贸易政策理论主要包括重商主义的保护理论、保护幼稚工业理论、凯恩斯主义的贸易保护理论、中心-外围理论、战略性贸易理论以及其他保护贸易理论。

●延伸阅读

自测题
单选题

1.佟家栋．贸易自由化、贸易保护与经济利益［M］．北京：经济科学出版社，2002.

2.任烈．贸易保护理论与政策［M］．上海：立信会计出版社，1997.

3.张二震．国际贸易政策的研究与比较［M］．南京：南京大学出版社，1993.

自测题
多选题

●基本概念

对外贸易政策　对外贸易总政策　进出口商品政策　国别或地区政策　自由贸易政策　保护贸易政策　贸易自由化　对外贸易乘数

自测题
判断题

●复习思考题

1.什么是对外贸易政策？它由哪几个部分构成？

2.对外贸易政策有哪些基本类型？各自的含义是什么？

3.在不同的历史发展阶段，各国实行的是哪种对外贸易政策？

4.简述第二次世界大战后贸易自由化出现的主要原因、表现及特点。

5.简述新贸易保护主义出现的原因与特点。

6.试述保护幼稚工业理论、凯恩斯主义的贸易保护理论、中心-外围理论、战略性贸易理论的主要内容。

自测题
贸易理论小结

●附录

附录4-1　国际贸易相关理论之间的逻辑关系图解

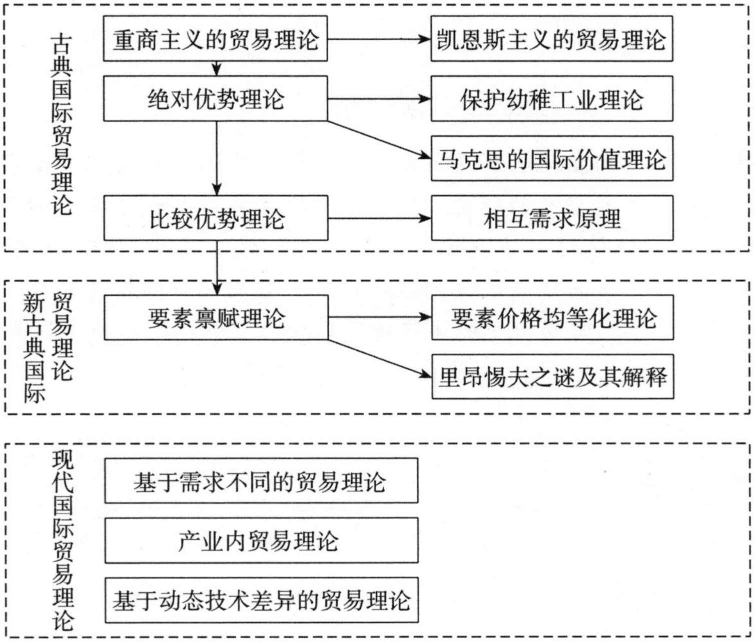

第5章/对外贸易措施

学习目标

了解管制出口的措施、贸易条约与协定的种类、经济特区的类型，熟悉和掌握关税和非关税壁垒的含义、性质、作用等基础知识，重点学习和掌握关税的作用、反倾销税、普遍优惠制、关税的经济效应、非关税壁垒的特点、非关税壁垒种类、进口配额的经济效应、鼓励出口的措施、生产补贴的经济效应、贸易条约与协定中的法律待遇条款、经济特区的含义与类型等。

5.1 关税措施

5.1.1 关税概述

1）关税的含义

关税（tariff，customs duties）是进出口商品经过一国关境时，由政府所设置的海关向其进出口商所征收的一种税。

关税的征收是通过海关来执行的。海关是设在关境上的国家行政管理机构，它受权于国家，行使国家权力，对外代表国家行使国家主权，对内代表中央政府行使对地方的权力。海关是贯彻执行本国有关进出口政策、法令和规章的重要工具，它的基本职责是根据这些政策、法令和规章对进出口货物、货币、金银、行李、邮件和运输工具等实行监督管理、征收关税、查禁走私，临时保管通关货物和统计进出口商品等。

海关对进出口货物实行监督和管理，需要规定一个地域界线，货物进入这个地域时作为进口，离开这个地域时作为出口，这个地域界限称为关境。关境亦称关税领土、海关境域、关税境域或关税领域。一般说来，关境和国境是一致的，但在许多国家两者并不一致。关境与国境的不同主要有三种情况：第一，有些国家在国境内设有自由港、自由贸易区和出口加工区等经济特区，这些地区虽然在国境之内，但从征收关税的角度来看，它们是在该国的关境之外，这时关境在范围上小于国境。第二，有些国家相互之间结成关税同盟，参加同盟的国家领土合并成为一个统一的关境，成员国之间免征关税，货物自由进出口，只对来自或运往非成员国的货物进出共同关境时征收关税。这时关境则大于成员国各自的国境。第三，在“一国两制”的国家境内可能有两个或两个以上的关境同时并存，中国除中国海关管辖的区域外，还有中国香港、中国澳门和中国台湾地区三个单独关税区域，这种情况下的关境范围小于国境。

2）关税的性质

关税与其他税收一样，具有强制性、无偿性和预定性。强制性是指关税由海关凭借国家权力依法强制征收，而不是一种自愿性的捐纳，纳税人必须按照法律规定无条件地履行其义务，否则就要受到国家法律的制裁。无偿性是指关税由海关代表国家单方面地对纳税人征取，作为国库收入，而国家不需给予任何补偿。预定性是指关税由海关根据国家预先制定的法令和规章加以征收，海关与纳税人均不得任意更改有关的法规。

关税属于间接税。课税主体即关税的纳税人，是进出口商；课税客体即课税的对象，是进出口货物。因为关税主要是对进出口商品征税，其税款可以由进出口商垫付，然后把它作为成本的一部分加入货价，货物售出后可收回这笔垫款，因此关税负担最后转嫁给买方或消费者承担。

3）关税的作用

关税的主要作用有：

（1）增加财政收入

海关代表国家行使征税权，因此，关税收入便成为国家财政收入的一个来源。在资本主义以前和资本主义发展初期，由于各国工业不发达，税源有限，当时征收关税的主要目的是获取财政收入。这种以增加国家财政收入为主要目的而征收的关税，称为财政关税（revenue tariff）。随着资本主义的发展，财政关税的意义逐渐降低。这一方面是由于工商业的迅速发展和国民收入的提高使在生产领域征收个人所得税和公司所得税等直接税成为比较充足的税源，关税收入在国家财政收入中的比重相对下降；另一方面是由于关税已被世界各国普遍地作为限制外国商品进口、保护国内产业和国内市场的一种重要手段来加以使用。但是，对于许多经济落后、生产不发达、国民收入低和税源有限的国家来说，财政关税仍然具有十分重要的意义，是国家财政收入的一个重要来源。

（2）保护国内的产业和市场

对进口货物征收关税，提高了进口货物的成本，削弱了它与本国同类产品的竞争力，因而可以起到保护国内同类产业或相关产业的生产和市场的作用。这种以保护本国产业和市场为主要目的的关税，称为保护关税（protective tariff）。保护关税的税率一般都比较高，因为只有较高的关税，才能起到限制进口的作用，达到保护的目的。在现代国际贸易中，各国设置的关税主要是保护关税。第二次世界大战后，通过多次关税与贸易总协定主持的多边贸易谈判，各国的关税水平都有较大幅度的下降，利用关税来保护本国市场的作用相对减弱，但是关税仍不失为各国限制进口和实行贸易歧视的重要手段。

对本国同类产业的保护程度通常用关税保护率来反映。关税保护率有名义保护率和有效保护率两种。名义保护率（norminal rate of protection）是指直接用某种进口商品的关税税率的高低来反映对本国同类产业的保护程度高低。在其他条件相同的情况下，进口税的税率越高，对本国同类产业的保护程度就越高；税率越低，其保护程度也就越低。但是，直接用关税税率的高低反映保护程度的高低只是名义上的，并不能反映实际的或有效的保护程度。有效保护率（effective rate of protection）是征收关税所导致的该产品附加价值增加的百分率。其计算公式为：E=（V′-V）/V，其中，E表示有效保护率，V表示不征收关税时单位产品的附加值，V′表示征收关税后单位产品的附加值。

例如，在自由贸易时，某种产品的价格为1 200元，其中900元为原材料成本。如果对同类产品的进口征收10%的关税，对原材料的进口征收5%的关税，那么该产品的有效保护率为：

V=1 200-900=300（元）

V′=1 200×（1+10%）-900×（1+5%）=1 320-945=375（元）

E=（V′-V）/V=（375-300）÷300=25%

由此可见，名义保护率与有效保护率并不一定完全相等。实际上，大多数工业品的有效保护率都大大超过名义保护率。这是因为，几乎所有征收进口关税的国家，制成品的名义关税往往都高于原材料或中间产品的关税。

（3）调节进出口贸易

长期以来，关税一直是各国对外贸易政策的重要手段。一国可以通过制定和调整关税税率来调节进出口贸易。在出口方面，通过低税、免税和退税来鼓励商品出口；在进口方面，通过税率的高低、减免来调节商品的进口。例如，对于国内能大量生产或者暂时不能大量生产但将来可能发展的产品，规定较高的进口关税，以削弱进口商品的竞争力，保护国内同类产品的生产和发展；对于国内不能生产或生产不足的原料、半制成品、生活必需品或生产上的急需品，制定较低的税率或免税，鼓励进口以满足国内生产和生活的需要。此外，还可以通过关税来调整贸易差额。当贸易逆差过大时，可以调高某些产品的进口税率或征收进口附加税，以减少进口，缩小贸易逆差；当贸易顺差过大时，可以通过调低某些产品的进口税率来增加进口，缩小贸易顺差，以缓和与有关国家的贸易矛盾。

4）关税的征收方法

征收关税的方法主要有从量税和从价税两种。在这两种主要的征收方法的基础上，又派生出混合税和选择税两种。

（1）从量税

从量税（specific duties）是以商品的重量、数量、容量、长度、面积等计量单位为标准计征的关税。

各国征收从量税，大部分以商品的重量为单位来计征，但各国对应税商品重量的计算方法不同。有的国家按商品的净重计征，有的国家按商品的法定重量计征，有的国家按商品的毛重计征。

采用从量税的方法征收进口税，在商品价格下跌的情况下，加强了关税的保护作用；在商品价格上涨的情况下，进口税额不变，财政收入相对减少，保护作用也随之而减弱。第二次世界大战以前，西方国家普遍采用从量税的方法计征关税。第二次世界大战以后由于通货膨胀，大多数国家已逐步采用从价税，或只对一部分商品采用从量税。

（2）从价税

从价税（ad valorem duties）是以进出口商品的价格为标准计征的关税，其税率表现为货物价格的百分率。

从价税税额随着商品价格的变动而变动，所以它的保护作用不受商品价格变动的影响。但在商品价格下跌时，关税收入减少，作为财政关税的作用减弱。

征收从价税，较为复杂的问题是确定商品的完税价格。完税价格是经海关审定作为计征关税依据的货物价格，它是决定税额多少的重要因素。不同国家、不同商品所采用的完税价格标准很不一致，有的以包括运费、保险费的价格（CIF）作为征税价格标准，有的以装运港船上交货价（FOB）作为征税价格标准，还有的以法定价格作为征税价格标准。我国进出口关税的征收采用从价税，进口商品以CIF价格作为完税价格，出口商品以FOB价格作为完税价格。

（3）混合税

混合税（mixed or compound duties）是对某种进出口商品同时征收从量税和从价税的一种方法，又称复合税。

混合税在具体应用时有两种情况：一种是以从量税为主加征从价税，另一种是以从价税为主加征从量税。

（4）选择税

选择税（alternative duties）是对某种进出口商品同时制定从量税和从价税两种税，选择其中一种而征收的关税。一般是选择其中税额较高的一种征收，但也有选择其中税额较低者征收的。

5）海关税则

（1）海关税则的含义与分类

海关税则（customs tariff）是一国对进出口商品计征关税的规章和对进出口的应税和免税商品加以系统分类的一览表，又称关税税则。海关税则是海关凭以征税的依据，是一国关税政策的具体体现。

海关税则的内容一般包括两个部分：一部分是海关征收关税的规章、条例和说明；另一部分是关税税率表。关税税率表主要包括税则号列、商品名称、关税税率等栏目。

根据关税税率栏目的多少，海关税则可分为单式税则和复式税则。

单式税则（single tariff）又称一栏税则。在这种税则中，每个税目只有一个税率，适用于来自任何国家的商品，没有差别待遇。现在只有少数发展中国家如委内瑞拉、巴拿马、乌干达、冈比亚等仍实行单式税则。复式税则（complex tariff）又称多栏税则。在这种税则中，每个税目订有两个或两个以上税率，对来自不同国家的同类商品适用不同的税率，以实行差别待遇和贸易歧视政策。目前，绝大多数国家都采用复式税则。

在单式税则或复式税则中，依据进出口商品流向的不同，可分为进口货物税则和出口货物税则。有的将进出口货物的税率合在同一税则中，分列进口税率栏和出口税率栏，称为进出合一制税则。我国现行的进出口税则采用进出合一制，分列进口税率栏和出口税率栏。

根据制定者的不同，海关税则可分为国定税则和协定税则。国定税则又称自主税则（autonomous tariff），是指一国立法机构根据关税自主原则单独制定并有权加以变更的海关税则。协定税则（conventional tariff）是指一国与其他国家或地区通过贸易与关税谈判制定的受贸易条约或协定约束的海关税则。在国定税则和协定税则中所规定的关税税率，分别称为国定税率和协定税率，国定税率高于协定税率。

（2）海关税则中的商品分类

对海关税则中的商品进行系统分类，目的在于方便征税、纳税、统计和查找。第二次世界大战前，各国的分类方法差别很大，有的是按照商品的自然属性分类，有的是按照商品的加工程度分类，有的是按照税率的高低分类，有的甚至按照商品名称的拉丁字母顺序分类。商品分类方法上的差异，不利于贸易业务的开展，不利于各国间进行比较，不利于关税减让谈判。

第二次世界大战结束后，国际社会为了协调各国海关税则中商品分类方法做了不懈的努力。联合国统计委员会编制了《国际贸易标准分类》，海关合作理事会制定了《海关合作理事会税则目录》。前者主要用于进出口贸易的统计和分析，后者主要用于海关管理和国际贸易谈判。虽然两者目的不同，但在贸易统计方面，两者关系密切，而且都被世界上相当数量的国家所采用，对简化国际贸易程序，提高工作效率起到了积极的推动作用。但两套编码同时存在，仍不能避免商品在国际贸易往来中因分类方法不同而需重新对应分类、命名和编码。这些都阻碍了信息的传递，妨碍了贸易效率，增加了贸易成本，不同体系的贸易统计资料难以进行比较分析；同时也给利用计算机等现代化手段来处理外贸单证及信息带来很大困难。因此，如何使这两套商品分类标准协调起来，就成为国际贸易领域中的一大课题。

海关合作理事会从1970年开始先后成立了研究组和专门的委员会，着手研究协调两套标准的可能性，并进行了具体的编制工作。经过多年的努力，海关合作理事会于1983年通过了《商品名称及编码协调制度国际公约》及其附件《协调制度》（Harmonized System，HS），以HS编码“协调”涵盖了《国际贸易标准分类》和《海关合作理事会税则目录》两大分类编码体系，于1988年1月1日正式实施，以逐步取代《国际贸易标准分类》和《海关合作理事会税则目录》。这样，世界各国在国际贸易领域中所采用的商品分类和编码体系有史以来第一次得到了统一。

1992年1月1日我国海关正式采用编码协调制度。我国海关采用的编码协调制度分类目录，前6位数是编码协调制度国际标准编码，第7、8两位是根据我国关税、统计和贸易管理的需要加列的本国子目。为满足中央及国务院各主管部门对海关监管工作的要求，提高海关监管的计算机管理水平，在8位数分类编码的基础上，根据实际工作需要对部分税号又进一步分出了第9、10位数编码制度。

5.1.2 关税的主要种类

关税有多种分类方法。按照征收的对象或商品流向分类，可分为进口税、出口税和过境税；按照征税的目的分类，可分为财政关税和保护关税；按照征税的方法或征税的标准分类，可分为从量税、从价税、混合税和选择税。以上这些都是在一般关税基础上进行的分类，除此之外，还有一些是为特殊目的而设置的关税以及国家之间作出的优惠贸易安排。以下我们将从一般关税、特别关税和优惠关税三个方面扼要地介绍几种比较重要的关税。

1）一般关税

一般关税是指海关征收的正常关税，包括进口税、出口税和过境税。

（1）进口税

进口税（import duties）是进口国海关在外国商品输入时，对进口商品所征收的关税，是关税中最主要的一种。进口税主要可分为最惠国税和普通税两种。最惠国税适用于与该国签订最惠国待遇条款的贸易协定的国家或地区所进口的商品；普通税则适用于与该国没有签订这类贸易协定的国家或地区所进口的商品。最惠国税率比普通税率低，两者税率的差幅往往很大。第二次世界大战以后，大多数国家都加入了关税与贸易总协定或者签订了双边的贸易条约或协定，相互提供最惠国待遇，享受最惠国税率，而普通税实际上只是适用于极少数的国家，因此，通常所讲的正常关税一般指的就是最惠国税。

一国为了保护本国产业和市场，对某些产品征收较高的进口税，以削弱这些进口商品的竞争能力。这种高额进口税像高墙似的把国内市场保护起来，所以被形象地称为“关税壁垒”。

进口国并不是对所有的进口商品都征收高额进口税，大多数国家的关税税率随产品加工程度的逐渐深化而不断提高，一般说来，对制成品的进口征收较高的关税，对半制成品的进口税率次之，而对原料的进口税率最低甚至免税。这种关税结构称为关税升级，或阶梯式关税结构。

（2）出口税

出口税（export duties）是出口国海关在本国商品输出时，对出口商品所征收的关税。目前国际贸易中很少征收出口税，因为征收出口税势必会提高本国商品在国外市场的价格，削弱其竞争能力，不利于扩大出口。第二次世界大战以后，征收出口税的国家主要是发展中国家。征收出口税的目的，或是为了增加财政收入或是为了保证本国生产或本国市场的供应。以增加财政收入为目的的出口税，它的税率一般不高，过高的税率会导致出口量减少，缩小了财源，达不到增加财政收入的目的；以保护本国生产为目的的出口税，通常是对出口的原料征税，以保障国内生产的需要或增加国外产品的生产成本，加强本国产品的竞争能力。

（3）过境税

过境税（transit duties）是一国对于通过其领土运往另一国的外国货物所征收的关税。过境货物只是在该国境内通过，而不进入该国的国内市场。在资本主义生产方式准备时期，这种税曾普遍流行于欧洲各国，征税的目的主要是增加财政收入。后来，随着交通运输事业的发展，各国在货运方面发生了激烈的竞争。同时，过境货物一般置于海关的监管下，不准自由流入国内市场，对本国生产和市场没有影响。另外，过境税的税率比较低，财政收入意义并不大。由于这些原因，在19世纪后半期各国相继取消了过境税。目前，大多数国家在外国商品通过其领土时都不征收过境税，而只是收取少量的准许费、印花税、登记费和统计费等。

2）特别关税

有些国家对进口商品除了征收正常的进口关税以外，还往往根据某种需要或者为了特殊的目的设置专门的关税。这类关税与一般的正常关税有所不同，所以又被称为特别关税。

（1）进口附加税

进口国家对进口商品除了征收一般关税以外，再加征额外的关税，称作进口附加税（import surtaxes）。

征收进口附加税通常是作为限制进口的一种临时性的措施来实施的。其目的主要有：应对国际收支危机以及进口激增对国内相关产业造成的严重损害或严重损害威胁；纠正外国商品倾销或由于享受补贴而造成的不公平竞争；对某个国家实行贸易歧视或报复等。

最常见的进口附加税主要有反倾销税和反补贴税两种。

①反倾销税

反倾销税（anti-dumping duty）是对实行商品倾销的进口货物所征收的一种进口附加税。其目的在于抵制外国商品倾销，保护本国的市场和工业。

倾销是指产品在正常的贸易过程中，以低于正常价值销售的行为。商品倾销的目的包括：打击竞争对手以扩大和垄断市场；保持国内供求关系平衡，维持产品较高的市场价格，将国内市场容纳不下的产品低价出口；推销“过剩”产品和新产品；扩大出口，赚取外汇；扩大出口，实现规模经济；通过国内外市场的差别定价，实现利益最大化。

按照倾销的具体目的和时间长短的不同，商品倾销可分为以下几种类型：偶然性倾销（出售“剩余物资”或库存积压）；掠夺性倾销（先以低价抛售击败竞争对手，再提高价格）；长期性倾销（长期以低价在国外市场上出售商品）；隐蔽性倾销（出口商按正常价格出售商品给进口商，进口商再以低价在进口国国内市场上抛售）。

在国际贸易实践中，倾销被认为是违背了公平竞争与公平贸易的原则。但就倾销本身而言，并不一定有害。倾销的商品一般价格较低，这对于消费者来说是有利的。但是，倾销行为可能对进口国家或地区的内部产业造成危害，因而，各国对那些对本国产业造成损害的倾销采取反倾销措施，以纠正不公平贸易行为，保护正常贸易。

1947年《关税与贸易总协定》第6条对倾销与反倾销作出了规定：用倾销手段将一国产品以低于“正常价值”的办法挤入另一国贸易时，如因此对某一缔约方领土内已建立的某项工业造成重大损害或产生重大威胁，或者对某一国内工业的新建产生严重阻碍，这种倾销应该受到谴责；缔约方为了抵消或防止倾销，可以对倾销的产品征收数额不超过这一产品的倾销幅度的反倾销税。

根据《关于实施1994年关贸总协定第6条的协定》（又称《反倾销协议》），实施反倾销措施必须具备的三个基本要件是倾销、损害、倾销与损害之间的因果关系。

A.倾销的确定

倾销是指，一项产品的出口价格，低于其在正常贸易中出口国提供其国内消费的同类产品的可比价格，即以低于正常价值的价格进入另一国市场。

a.正常价值的确定

产品正常价值的确定方法有3种：一是按正常贸易过程中出口国国内销售价格确定；二是按出口国向第三国正常贸易中的出口价格确定；三是按结构价格确定。

正常贸易过程中出口国国内销售价格，一般指被指控出口产品的同类产品在调查期内（通常是1年或1年半），国内市场正常贸易中的成交价（包括批发价），或销售牌价，或一段时间内的加权平均价。以出口国国内销售价格确定正常价格，下列情况除外：

第一，出口国国内市场的正常贸易中，不存在被指控产品的同类产品的销售。

第二，虽然被指控产品的同类产品在出口国国内市场有销售，但由于特殊的市场情形（如某种情况下关联企业之间销售或低于成本价销售）不允许作适当的价格比较。

第三，虽然被指控产品的同类产品在出口国国内市场有销售，但如果“销售量低”（一般是被调查产品的同类产品在出口国供消费的数量，不足该产品向进口方销售的5%），也不允许作适当比较。

出口国向第三国正常贸易中的出口价格，是指出口到适当的第三国的可比价格。选用向第三国的出口价格应考虑如下因素：产品具可比性；向所有第三国销售的同类产品价格中的较高价格；向第三国的销售做法与向反倾销调查国销售此类产品的做法相类似；向第三国销售的价格不能低于产品成本；向第三国的出口量一般不低于出口到反倾销调查国市场总量的5%。

结构价格是根据同类产品在原产国的生产成本，加上合理的管理费、销售费、一般费用和利润确定的。

b.出口价格的确定

出口价格指在正常贸易中，一国向另一国出口某一产品的价格，也就是出口商将产品出售给进口商的价格。在特定情况下，如果不存在出口价格，或出口价格因进出口商有关联关系等原因不可靠时，可在进口产品首次转售给独立买主的价格基础上推定出口价格。如果该产品不是转售给独立买主，或不是以进口时的状态或条件转售，则进口方可以在合理的基础上确定出口价格。

c.倾销幅度的确定

倾销幅度是对正常价值和出口价格进行适当的比较后确定的。正常价值和出口价格是两个不同市场的销售价格，因此在比较前必须进行必要的调整，调整主要考虑：相同的贸易水平，通常倒推至出厂前的价格水平；尽可能是在相同时间进行的销售；影响价格可比性的差异，包括销售条件、税收、销售数量和产品的物理特征等方面的差异；转售费用；汇率；产品的同类性等。

B.损害的确定

《反倾销协议》中的损害分3种情况：一是进口方生产同类产品的产业受到实质损害；二是进口方生产同类产品的产业受到实质损害威胁；三是进口方建立生产同类产品的产业受到实质阻碍。

“国内产业”的范围为国内同类产品的全部生产商，或其产品合计总产量占全部国内同类产品产量的相当部分的那些生产商。但如果生产商与出口商或进口商是关联企业，或者该生产商本身就被指控为倾销产品的进口商，则可以不计算在内。

a.实质损害

实质损害指对进口方国内生产同类产品的产业造成实质性的重大损害。对实质性损害的确定应依据肯定性证据，并应审查以下内容：

第一，进口产品倾销的数量（包括调查期内进口绝对数量或相对数量的增长）。

第二，进口产品的倾销对国内市场同类产品价格影响（包括使价格大幅下降或在很大程度上抑制价格的上涨）。

第三，进口产品的倾销对国内同类产品、产业产生的影响。应考虑和评估的指标包括销售、利润、产量、市场份额、生产率、投资收益或设备利用率的实际和潜在的下降；影响国内价格的因素；倾销幅度的大小；对流动资金、库存、就业、工资、增长率、筹措资本或投资能力的实际和潜在的消极影响等。

b.实质损害威胁

实质损害威胁指进口方的有关产业虽尚未受到实质性损害，但可明显预见倾销将对相关产业造成实质性损害，且这种情形非常迫近。

c.产业建立受阻

产业建立受阻指进口产品的倾销阻碍了新产业的实际建立过程，而不是阻碍建立一个新产业的设想或计划。

d.损害的累积评估

在下列条件下，进口方可以累积评估从不同来源进口的倾销产品对本国产业的影响：

第一，来自每个国家的产品的倾销幅度（按出口价格百分比表示）超过了2%，即超过了“最低倾销幅度”。

第二，来自每个国家的倾销产品的进口量并非可忽略不计。一般指高于进口方对该产品进口总量的3%；或几个出口国各自所占份额虽然低于3%，但其总和超过进口方进口该产品总量的7%。

第三，根据进口产品之间的竞争条件及进口产品与国内同类产品之间的竞争条件，对进口产品所作的累积评估是适当的。

C.倾销与损害之间因果关系的认定

在认定倾销与损害之间的因果关系时，进口方主管机构应审查除进口倾销产品以外的、其他可能使国内产业受到损害的已知因素，包括未以倾销价格产生的进口产品的价格及数量；需求萎缩或消费模式的改变；外国与国内生产商之间的竞争与限制性贸易做法；技术发展、国内产业的出口实绩及生产率等。

进口方主管机构经过调查，初步认定被指控产品存在倾销，并对国内产业造成损害，据此可以在全部调查结束前，采取临时反倾销措施，以防止在调查期间国内产业继续受到损害。临时反倾销措施有两种形式：一是征收临时反倾销税；二是要求进口商自裁决之日起，提供与临时反倾销税数额相等的现金保证金或保函。

在全部调查结束后，如果有充分的证据证明被调查的产品符合实施反倾销措施必须具备的3个基本要件，则进口方主管机构可以采取最终反倾销措施，即征收反倾销税。反倾销税的税额不得超过裁定的倾销幅度。初裁时的反倾销税率与终裁的税率不同时，其不足部分不再补交，而多交部分则应退还。除非进口方主管机构以复审方式决定继续维持反倾销税，反倾销税的征收应自决定征收之日起不超过5年。

为防止被进口方征收反倾销税，生产商和出口商还可以采取价格承诺的方式来解决这一问题。价格承诺指被控倾销商品的生产商和出口商与进口方主管机构达成协议，出口商提高价格以消除产业损害，进口方相应地中止或终止案件调查。《反倾销协议》规定，缔结价格承诺协议应在进口方主管机构已经作了肯定性的倾销和损害的初步裁决后。如进口方主管机构认为其接受出口商的价格承诺实际上不可行，则可以不接受出口商的价格承诺要求。价格承诺可由进口方主管机构提出，但不得强迫出口商接受。价格承诺被接受后，应出口商的请求或进口方主管机构决定，可以继续完成倾销和损害的调查。如果关于倾销和损害的调查结论是否定的，则价格承诺自动失效；如结论是肯定的，价格承诺应按照规定继续有效。如果出口商违反了价格承诺协议，则进口方主管机构可以根据有关规定迅速采取行动，包括立即实施临时反倾销措施，并可立即追溯征收反倾销税。

反倾销数据库

②反补贴税

反补贴税（counter-vailing duty）又称抵消税。它是对直接或间接地接受任何奖金或补贴的外国商品进口所征收的一种进口附加税。

补贴作为公共经济政策的重要组成部分，被各国广泛采用。但补贴措施如使用不当，也会导致不公平竞争，对进口方的相关产业或其他合法利益造成损害。征收反补贴税的目的在于提高进口商品的成本，抵消进口商品所享受的补贴金额，削弱其竞争能力，使进口国家的同类商品能与之在市场上公平地竞争，从而保护进口国的国内生产和市场。

1947年关税与贸易总协定第6条、第16条和第23条对反补贴措施作了规定。但由于这一条款相当笼统，没有对补贴作出一般定义，为反补贴措施滥用提供了条件。东京回合把补贴与反补贴措施列为重点议题之一，于1979年达成了《关于解释和适用关贸总协定第6条、第16条和第23条的协议》，又称《补贴与反补贴守则》。由于该协议只约束签字国，而且有的概念模糊不清，使日趋复杂的补贴与反补贴措施的制约性受到很大限制。在乌拉圭回合又一次把补贴与反补贴问题列为议题之一，达成了《补贴与反补贴措施协议》，使其成为世界贸易组织管辖下的多边贸易协议之一。

根据《补贴与反补贴措施协议》，补贴只有在满足下列三个条件时才成立：第一，补贴是由政府或公共机构提供；第二，政府提供了财政资助或任何形式的收入或价格支持；第三，补贴使产业或企业得到了在正常商业条件下不能获得的利益。

《补贴与反补贴措施协议》只约束具有专向性的补贴。所谓专向性（specificity），是指补贴只给予一部分特定的产业、企业和地区。《补贴与反补贴措施协议》将专向性补贴分为三类：禁止性补贴、可诉补贴和不可诉补贴。

禁止性补贴（prohibited subsidy）又称“红灯补贴”。《补贴与反补贴措施协议》明确地将出口补贴（不包括农产品出口补贴）和进口替代补贴规定为禁止性补贴，任何成员不得实施或维持此类补贴。出口补贴指法律上或事实上以出口实绩为条件而给予的补贴。出口补贴的影响在于，它会刺激出口的增长，使其他未受补贴的同类产品在竞争中处于不利境地，并可能对进口方或第三方相关产业造成实质损害或实质损害威胁。进口替代补贴指以使用国产货物为条件而给予的补贴。与出口补贴给予出口产品的生产者或出口商不同，进口替代补贴给予的对象是国产商品的生产者、使用者或消费者。这种补贴的影响在于，它会使进口产品在与受补贴的国产商品的竞争中处于劣势，从而抑制相关产品的进口。

可诉补贴（actionable subsidy）又称“黄灯补贴”，指那些不是一律被禁止，但又不能自动免于质疑的补贴。对这类补贴，往往要根据其客观效果才能判定是否符合世界贸易组织规则。

不可诉补贴（non-actionable subsidy）又称“绿灯补贴”。《补贴与反补贴措施协议》规定了两大类不可诉补贴：第一类是不具有专向性的补贴；第二类是符合特定要求的专向性补贴。不具有专向性的补贴可普遍获得，不针对特定企业、特定产业和特定地区。符合特定要求的专向性补贴，包括研究和开发补贴、贫困地区补贴和环保补贴。该规定自协定生效之日起适用5年，补贴与反补贴措施委员会应在不迟于该期限结束前180天进行审议，以确定是否及如何延长其使用。然而，在该期限届满前，WTO成员未能就是否及如何延长适用不可诉补贴条款达成一致，该条款已经于2000年1月1日起失效。

《补贴与反补贴措施协议》规定的使用反补贴措施的规则与《反倾销协议》的有关规则非常相似，但两者仍存在一些不同点：

A.对微量的标准规定不同

在反倾销调查中，2%以下的倾销幅度被认为是微量的；在反补贴调查中，只有补贴低于从价金额的1%，才能被视为微量，对发展中成员适用的比例还要高一些，即可以低于2%。

B.对忽略不计的标准规定不同

在反倾销调查中，如果某一成员倾销产品对特定市场的出口量不足该市场进口总量的3%，则该进口量可忽略不计，除非此种比例均低于3%的几个成员的合计比例超过7%；在反补贴调查中，针对发展中成员的此种比例为4%，作为例外的合计比例为9%。

C.邀请磋商是发起反补贴调查成员的义务，而反倾销调查中不存在此类规定

《补贴与反补贴措施协议》要求进口方主管机构在接受国内产业有关申请后，最迟应在发起调查前邀请可能被调查的成员进行磋商，以澄清有关被指证的事项，寻求达成双方满意的解决办法。

D.价格承诺的方式有所不同

反补贴中的价格承诺有两种形式：一是出口商同意修改其价格，以消除补贴的有害影响；二是出口方政府同意取消或限制补贴，或采取其他能消除补贴影响的措施。而在反倾销的价格承诺中，不存在政府承诺的问题。

（2）差价税

当某种产品的国内价格高于同类进口商品的价格时，为了削弱进口商品的竞争能力，保护国内生产和国内市场，按国内价格与进口价格之间的差额征收关税，叫作差价税（variable levy）。由于这种税是随着国内外价格差额的变动而变动，因此它是一种滑动关税（sliding duty）。

3）优惠关税

优惠关税又称特惠税（preferential duties），指的是对特定国家或地区进口的全部或部分商品，给予特别优惠的低关税或免税待遇。特惠税有的是互惠的，有的是非互惠的。

（1）“洛美协定”国家之间的特惠税

目前，在国际贸易中较有影响的特惠税制之一是“洛美协定”（Lome Convention）国家之间的特惠税。1975年2月28日，欧洲经济共同体9国与非洲、

加勒比和太平洋地区46个发展中国家在多哥首都洛美签订了“欧洲经济共同体——非洲、加勒比和太平洋国家洛美协定”。根据该协定，非、加、太国家出口的全部工业品和94.2%的农产品可以不限量地免税进入欧共体国家。欧共体国家的商品进入非、加、太国家享受最惠国待遇，但不享受免税待遇。

（2）普遍优惠制

普遍优惠制（Generalized System of Preference，GSP）是发达国家给予发展中国家贸易优惠的一种形式，简称“普惠制”。根据该制度，发达国家单方面地削减或取消对来自发展中国家和地区的制成品或半制成品的进口关税。

普遍优惠制的设想最初由阿根廷经济学家普雷维什提出，随后七十七国集团提出发达国家应对发展中国家制成品和半制成品出口普遍减低或取消关税的改革要求。但是以美国为代表的发达国家对发展中国家的要求予以拒绝，其理由是普遍优惠制会破坏关税与贸易总协定的最惠国待遇原则，担心发展中国家会以普遍优惠制原则为借口拒绝给予发达国家最惠国待遇。1971年6月关贸总协定缔约方全体根据总协定第25条通过了一项“豁免”，授权发达的缔约方对发展中国家产品实行优惠制，允许在10年内背离最惠国待遇原则，普遍优惠制于1971年7月1日开始实施。1979年11月28日，关贸总协定缔约方大会通过了题为“发展中国家差别和更优惠待遇、互惠与更充分参与”的决议。决议授权总协定发达缔约方无期限地背离总协定第1条所规定的无条件的最惠国待遇原则，实施有利于发展中国家的普遍优惠制，以及授权发展中的缔约方背离第1条的规定相互提供优惠待遇，故通常称为“授权条款”。其意义在于：第一，给予普遍优惠制以法律地位。第二，给予发展中国家间实行优惠待遇以法律地位。第三，不必申请免除义务，为上述两项差别待遇提供了长期的法律依据。

普遍优惠制的目标是：扩大发展中国家对工业发达国家的制成品和半制成品出口，增加发展中国家的外汇收入；促进发展中国家的工业化；加速发展中国家的经济增长率。普遍优惠制三项主要原则为普遍原则（即所有工业发达国家应对所有发展中国家制成品和半制成品普遍给予减免进口关税的优惠待遇）、非歧视原则（即应使所有发展中国家都不受歧视、无例外地享受普惠制待遇）和非互惠原则（即工业发达国家应单方面地向发展中国家作出特别关税减让或免税，而不要求发展中国家提供相应的反向优惠）。

普遍优惠制的实施对发展中国家和地区扩大出口起到了一定的促进作用。但由于各给惠国在各自普惠制方案中，对受惠国及受惠商品范围均有许多限制性规定，故普遍优惠制实质上并不“普遍”。而且，各国普惠制方案也都以国内市场不受干扰为前提，包括了许多保护性措施以及复杂的原产地标准和证明书等规定，这些规定都不同程度地约束和降低了普惠制的作用。

5.2 非关税措施

非关税措施（Non-Tariff Measures，NTMs）是除了关税以外的能够对贸易产生潜在经济影响，改变贸易量或价格，或同时改变贸易量与价格的政策措施。非关税措施包括限制进口的非关税措施（即非关税壁垒）和管制出口的非关税措施。

5.2.1 非关税壁垒概述

非关税壁垒（Non-Tariff Barriers，NTBs）是指除关税以外的各种限制进口的措施。非关税壁垒与关税壁垒合称为贸易壁垒（trade barriers），是指一国政府所采取的限制商品进口的一切措施。

非关税壁垒可分为直接的非关税壁垒和间接的非关税壁垒两大类：直接的非关税壁垒是指进口国直接对进口商品按照规定的进口数量和金额加以限制，或迫使出口国直接对出口商品按照规定的出口数量和金额进行限制。这类措施有进口配额制、进口许可证、“自动”出口限制等。间接的非关税壁垒是指进口国对进口商品制定种种严格的条例或规定，间接地影响和限制商品的进口。这类措施有进口押金制、进口最低限价制、专断的海关估价及技术性贸易壁垒等。

非关税壁垒在资本主义发展初期就已出现，但它作为限制进口的重要手段是在20世纪30年代经济危机后才广泛地发展起来的。20世纪30年代的大萧条使商品价格暴跌，仅仅通过大幅度提高关税的办法已经无法有效地阻止外国商品涌入本国市场。于是，进口配额、进口许可证和外汇管制等非关税壁垒措施便在各国得到了广泛的采用。

第二次世界大战结束初期，发达国家对许多商品进口仍然实行严格的数量限制和外汇管制等措施。随着经济的恢复和发展，这些国家除了大幅度降低关税外，还逐步放宽和取消进口数量限制，放宽和取消外汇管制，实行贸易自由化。

但是，自20世纪70年代中期以来，在两次世界性的经济危机冲击下，世界性贸易保护主义又重新抬头。为了抵消由于关税大幅度下降所造成的不利影响，发达国家广泛地采取各种非关税壁垒措施，限制商品进口，出现了以非关税壁垒为主、关税壁垒为辅的新贸易保护主义。当前，非关税壁垒呈日益加强的趋势，主要表现在：第一，非关税壁垒措施的项目日益增多。第二，非关税壁垒措施的适用范围不断扩大。第三，受到非关税壁垒限制的国家日益增多。由此可见，非关税壁垒已经成为当前国际贸易中的重要障碍，非关税壁垒问题越来越引起世界各国的普遍关注。

非关税壁垒与关税壁垒都有限制进口的作用，但是非关税壁垒与关税壁垒相比较又具有以下几个特点：

（1）非关税壁垒比关税壁垒具有更大的灵活性和针对性

一般说来，各国关税税率的制定，必须通过立法程序，如果调整或更改税率，需要经过较繁琐的法律程序和手续，这种法律程序和手续往往难以适应紧急限制进口的情况。同时，关税税率一般受到多边或双边贸易协定的约束，因此，关税税率很难作出灵活性的调整。而在制定和实施非关税壁垒上，通常采取行政程序，手续简便迅速，并能随时针对某国、某种商品采取相应的限制措施，较快地达到限制进口的目的。

（2）非关税壁垒比关税壁垒更具有隐蔽性和歧视性

一般说来，关税税率确定后，往往以法律形式公布于众，依法执行，它较有透明度，出口商比较容易把握有关商品的税率。但一些非关税壁垒往往不公开，或者规定极为繁琐复杂的标准和手续，而且经常变化，出口商往往难以预测和无法适应。同时，一些国家还针对个别国家采取相应的限制性的非关税壁垒措施，结果，大大加强了非关税壁垒的差别性和歧视性。

（3）非关税壁垒比关税壁垒能更直接更有效地达到限制进口的目的

关税壁垒是通过征收高额进口关税，提高进口商品成本和价格，削弱其竞争能力，间接地影响进口量，达到限制进口的目的。如果出口国采取出口补贴、商品倾销等办法降低出口商品成本和价格，关税往往难以有效地阻止进口，达到其限制的目的。但一些非关税措施如进口配额等预先规定了进口的数量和金额，超过限额即禁止进口，直接限制超额的进口商品，达到了关税未能达到的目的。

5.2.2 非关税壁垒的主要种类

国际贸易中的非关税壁垒名目繁多，这里仅介绍其中几种主要的措施。

1）进口配额制

进口配额（import quota）又称进口限额，是一国政府在一定时期（如一季度、半年或一年）内，对某些商品的进口数量或金额事先规定一个限额，在规定的期限内，凡在限额以内的货物可以进口，超过限额则不准进口，或虽不完全禁止进口，但要征收较高的关税或罚金。

进口配额制主要分为绝对配额与关税配额两种。

（1）绝对配额

绝对配额（absolute quota）是指在一定时期内，对某些商品的进口数量或金额规定一个最高限额，达到这个限额后，便不准进口。绝对配额在实施中通常采取以下两种具体方式：

① 全球配额（global quota）。它属于世界范围的绝对配额，对于来自任何国家或地区的商品一律适用。这种配额对货物来自哪些国家和地区不加限制，其方法是由主管当局按照进口商申请的先后或按以往的实际进口额发放一定的额度，直到总配额发放完为止，超过总配额便不准进口。

② 国别配额（country quota）。这种配额是将总配额按国别和地区来分配一定的额度，超过规定的配额便不准进口。为了区分来自不同国家和地区的商品，在进口时进口商必须提交原产地证明书。实行国别配额可以使进口国家根据它与有关国

家或地区的政治经济关系分别给予不同的额度。

国别配额又可以分为自主配额（autonomous quota）和协议配额（agreement quota）。自主配额是由进口国单方面自主地规定在一定时期内从某个国家或地区进口某种商品的配额，而不必征得出口国的同意，也称单方面配额。这种配额一般参照某国过去某年的进口实绩，按一定比例确定新的进口数量或金额。协议配额是由进口国和出口国政府或民间团体之间协商所确定的配额，也称双边配额（bilateral quota）。

（2）关税配额

关税配额（tariff quota）是指对商品进口的绝对数额不加限制，而对在一定时期内所规定的配额以内的进口商品，给予低税或减免税的优惠待遇，对超过配额的进口商品则征收较高的关税或罚款。

关税配额按商品进口来源，可分为全球性关税配额和国别关税配额。按征收关税的目的，又可分为优惠性关税配额和非优惠性关税配额。前者是对关税配额内的进口商品，给予较大幅度的关税减让，甚至免税，而对超过配额的进口商品则征收原来的最惠国税率。后者是在关税配额内仍征收原来的进口税，但对超过配额的进口商品，征收很重的附加税或罚款。

2）“自动”出口配额制

“自动”出口配额制（voluntary export quota）又称“自动”出口限制（voluntary export restraints，VERs）。所谓“自动”出口配额制是指出口国家或地区在进口国的要求或压力下，“自动”规定某一时期向进口国输出某种特定商品的限额，在限定的配额内自行控制出口，超过配额即禁止出口。

“自动”出口配额制与绝对进口配额制在形式上略有不同。前者表现为出口国方面直接控制某些商品对指定国家的出口，而后者则表现为进口国方面直接控制某些商品的进口配额。但是，就进口国方面来说，“自动”出口配额与绝对进口配额一样，起到了限制商品进口的作用。从表面上看，好像“自动”出口配额制是出口国家出于自愿，但在实质上它却具有明显的强制性。进口国往往以商品大量进口使其有关工业受到严重损害，造成所谓“市场混乱”为理由，要求有关国家的出口实行“有秩序地增长”，“自动”限制商品出口，否则进口国就会单方面地采取限制进口措施。由此可见，“自动”出口配额制实际上是进口国家为限制进口，保护国内工业而对出口国施加压力的结果，因而是一种特殊形式的进口配额。

3）进口许可制

进口许可制（import license system）是一种凭证进口的制度。在实行进口许可制的国家，进口商在进口商品前必须向本国有关政府机构提出申请，经批准并发给许可证后，方能办理报关手续，没有许可证一律不准进口。许可证制与配额制一样，是一种进口的数量限制，是国家政府对进口贸易实行的一种行政管理措施与直接干预。

进口许可证按照其与进口配额的关系可以分为两种：一种为有定额的进口许可

证，即国家的有关机构预先规定有关商品的进口配额，然后在配额的限度内，根据进口商的申请进行审批，并发给有关进口商一定数量或金额的进口许可证，当进口配额用完就不再发放进口许可证。另一种为无定额的进口许可证，即不与进口配额相结合的进口许可证。国家有关当局预先不公布进口配额，发放有关商品的进口许可证只是在个别考虑的基础上进行。因为这种进口许可证没有公开的标准，在执行上具有很大的灵活性，因而给正常贸易的进行造成更大的困难，起到更大的限制进口的作用。

进口许可证按照许可的程度又可分为两种：一种为公开一般许可证（open general licence），又称公开进口许可证，或一般进口许可证，或自动进口许可证。这种许可证，进口商经申请比较容易获得，而且对进口国别和地区没有限制。凡属公开一般许可证的商品，进口商只要填写此许可证即可获准进口，因此，这类商品实际上是自由进口商品。另一种为特种进口许可证（specific licence），又称非自动进口许可证。这种许可证的审批手续比较严格，进口商必须向政府有关当局提出申请，获准后才能进口。这种许可证与公开一般许可证有本质的不同，它不再是一种形式上的手续，而是一种实际的控制。这类许可证一般都有国别和地区的限制，对进口的商品也有一些严格的规定。

4）外汇管制

外汇管制（foreign exchange control）是一国政府通过法令对国际结算、外汇买卖和使用实行限制，以平衡国际收支和维持本国货币汇价的一种制度。

外汇管制是金融危机和国际收支危机的产物。1931年世界经济危机爆发后，许多国家都实行外汇管制。第二次世界大战结束初期，由于国际收支长期失衡，外汇储备短缺，许多国家不得不继续实行外汇管制。直到20世纪50年代末，西方发达国家随着国际收支状况的改善才逐步放松或取消了外汇管制，实行货币自由兑换。20世纪70年代中期以来，由于货币金融危机不断加深，各国的外汇管制又有逐渐加强的趋势。

在实行外汇管制的国家，一切外汇收入都要按官方汇价卖给国家，一切外汇支出都要经外汇管制机关的许可，才能购买外汇。出口商必须把出口所得到的外汇收入按官方汇价卖给外汇管制机关；进口商也必须在外汇管制机关按官价申请购买外汇以支付进口货款。如果进口商买不到外汇，也就无法从国外购进商品，从这个意义上说，外汇管制是一种限制进口的非关税壁垒。国家主要通过官方汇率的确定与外汇收支的集中控制来限制商品的进口量、种类和来源国别。

外汇管制的方式很多，常见的有：

（1）数量性外汇管制

数量性外汇管制是指一国外汇管理机构对外汇买卖的数量直接进行限制和分配。实行数量性外汇管制时，往往规定进口商必须获得进口许可证，外汇管理机构才按许可证上所载明的商品数量所需金额批给外汇。这样，政府通过控制外汇的供应数量来掌握进口商品的种类、数量和来源国别。实行数量性外汇管制的目的在于集中外汇收入，控制外汇支出，实行外汇分配，从而起到限制进口的作用。

（2）成本性外汇管制

成本性外汇管制是指一国外汇管理机构对外汇买卖实行复汇率制度，利用外汇买卖成本的差异来间接影响商品的进出口。实行复汇率制度的国家，一般都规定进口机器设备、重要的原材料和生活必需品按较低的汇率供应外汇，进口非生活必需品和奢侈品则按较高的汇率供应外汇；出口缺乏竞争力的商品适用优惠的汇率，出口一般商品适用一般的汇率。实行复汇率制的目的在于利用汇率的差异达到限制和鼓励某些商品的进口或出口的目的。

（3）混合性外汇管制

混合性外汇管制是指一国同时采用数量性和成本性外汇管制，对外汇实行更为严格的控制，以影响商品的进出口。

5）影响竞争的措施

（1）国营贸易

国营贸易（state trading）是指在对外贸易中，规定某些商品的进出口由国家直接经营，或者由国家特许的垄断组织经营。

国营贸易对进口的限制主要通过设立全权受理进口某项产品的公司实现，由这些公司从国外进口产品，然后转手以高价在国内市场上出售。国家对进口的限制程度则取决于国家贸易公司对该商品价格的提高程度，价格提高的效果与征收关税相同，它直接影响着该商品的进口数量。

发达国家的国营贸易商品主要集中在烟酒、军火武器、农产品和石油等几类商品上。通过垄断商品的进口，国家可以获得巨额的利润，增加财政收入，同时也可以控制某些商品的进口数量。

（2）强制使用国家服务

强制使用国家服务（compulsory use of national services）是指进口国要求，进口产品必须使用国营企业提供的服务，例如进口产品在国家保险公司投保，进口产品由国家运输公司负责运输等。

6）歧视性政府采购政策

歧视性政府采购政策（discriminatory government procurement policy）是国家通过法令，规定政府机构在采购时要优先购买本国产品的做法。在国际贸易中，这些歧视性的政府采购政策是一种常见的非关税壁垒措施，通过对外国供应者不利的差别待遇，限制其产品的进口，从而达到保护本国生产者和提高国内就业水平的目的。

7）各种国内税

国内税（internal taxes）指在一国境内对生产、销售、使用或消费的商品所应支付的捐税。一些国家往往对不同种类的商品征收不同的国内税来限制外国商品的进口。国内税与关税不同，它的制定与执行属于本国政府或地方政府的权限，通常不受国际多边或双边贸易条约和协定的约束，因此，它是一种比关税更灵活、更隐蔽的贸易限制手段。

8）最低限价和禁止进口

有些国家采用最低限价的办法来限制进口。所谓最低限价（minimum price）就是一国政府规定某种进口商品的最低价格，凡进口货价低于规定的最低价格则征收进口附加税或禁止进口。1977年，美国为了抵制欧洲国家和日本等低价钢材和钢制品进口，实行所谓“启动价格制”（trigger price mechanism，TPM）。美国对进口的所有钢材和部分钢制品制定最低限价，即启动价格。启动价格是按当时国际上效率最高的钢生产者的生产成本为基础计算出来的最低限价。如果进口钢的价格低于启动价格，则进口商就必须对价格进行调整，否则便要接受调查，并有可能被征收反倾销税。又如，1985年智利对绸坯布进口规定最低限价为每公斤52美元，低于限价的则征收进口附加税。

禁止进口（prohibitive import）是一国政府对贸易采取的一种极端措施。当国家政府感到实行进口数量限制也无法阻止进口以解决经济贸易困难时，往往颁布法令，禁止进口某些商品。

9）进口押金制

进口押金制又称先期进口存款制（advanced deposit），这是国家通过对进口商设置某种支付障碍来限制进口的措施。在这种制度下，进口商在进口商品时，必须预先在规定的时间内将相当于进口货值一定比例的现金款项无息存入指定的银行，方能获准报关进口，存款须经一定时期后才发还给进口商。其作用是政府可从进口商获得一笔无息贷款，进口商则因周转资金减少并损失利息收入而减少进口，从而达到限制进口的目的。例如，意大利从1974年5月到1975年3月曾对400多种进口商品实行这种制度，规定进口商无论从任何一个国家进口，必须先向中央银行存放相当于进口货值50%的现款押金，无息冻结半年。据估计，这相当于征收5%以上的进口附加税。

进口押金制是通过加重进口商的资金负担来限制商品进口的，但如果进口商能用存款收据作抵押，从资金市场得到优惠利率贷款，或者外国出口商为保证销路而愿分担存款金额，进口押金制的限制进口作用就会减弱，甚至消失。

10）专断的海关估价

海关估价（customs valuation）是指海关为征收关税等目的，确定进口货物完税价格的程序，主要适用于实施从价税的商品。海关当局可以通过人为地高估进口货物的完税价格，来增加进口货物的关税负担，从而限制外国商品的进口。

11）技术性贸易壁垒

（1）技术性措施与技术性贸易壁垒

技术性措施是指为实现维护国家基本安全、保护人类健康或安全、保护动植物的生命或健康、保护环境、保证出口产品质量、防止欺诈行为等合法目标而采取的技术法规、标准、合格评定程序等。

技术法规（technical regulations）是强制性执行的有关产品特性或相关工艺和

生产方法的规定。其主要包括国家制定的有关法律和法规，政府部门颁布的有关命令、决定、条例，以及有关技术规范、指南、准则、专门术语、符号、包装、标志或标签要求。一些国家也授权非政府机构制定技术法规。

标准（standards）指经公认机构批准供通用或重复使用的、非强制执行的关于产品特性或相关工艺和生产方法的规则或指南。公认机构包括国际组织、区域性组织、国家组织、社团、学（协）会、研究机构乃至知名企业。

合格评定程序（conformity assessment procedures）是指任何直接或间接用以确定产品是否满足技术法规或标准要求的程序。其主要包括：抽样、检验和检查；评估、验证和合格保证；注册、认可和批准；以及上述各项程序的组合。

技术性贸易壁垒（technical barriers to trade，TBT）是指进口国以实现合法目标为由，采取技术性措施以妨碍其他国家商品自由进入该国市场。

（2）技术性贸易壁垒的特征

①名义上的合理性、形式上的合法性优于其他非关税壁垒

实施其他非关税壁垒的立足点大多是国内经济目标，其制定依据大部分是国内法和少数国家之间订立的多边协定；设立技术性贸易壁垒名义上的目标具有非经济性特点，理由更堂而皇之，其制定依据不仅有国内法，也包括国家之间订立的多边协定。

②名义上的公开性和实际上的隐蔽性

因为大多数国家都公布其技术性措施，所以技术性措施名义上是公开的，但在实施方式上，却更加隐蔽。进口国经常利用颁发技术法规的突发性和信息查询的不透明性来达到迅速限制进口的作用。

③涉及领域的广泛性

从涉及领域看，技术性贸易壁垒较其他非关税壁垒更为广泛。从产品角度来看，它不但涉及初级产品，而且还涉及所有的中间产品和工业制成品，产品的加工程度越高，所受到的制约和影响也越显著。另外，技术性贸易壁垒已从有形商品扩展到金融、信息等服务贸易，投资，知识产权及环境保护等各个领域。从过程角度分析，它已经覆盖了产品的研究开发、生产加工、包装运输和消费的全过程。也就是说，技术性贸易壁垒已经从单纯的商品流通领域扩大到了生产加工领域。而其他非关税壁垒如进口许可证、配额等仍旧停留在对商品进口这一环节。

④不同类型国家受影响的不平衡性和扩散性

尽管世界贸易组织要求采取技术性措施时应尽量减少对贸易的影响，但其对贸易的影响较之关税和一般非关税壁垒更大。由于技术水平的差异，发展中国家受到技术性贸易壁垒的限制程度要远远高于发达国家。一些技术性措施容易产生连锁反应，从一个国家扩展到多个国家，甚至全球。

⑤易变性和差异性

各国采取的技术性措施经常变化，且各国差异较大，使得发展中国家的出口厂家难以适从。另外，为了符合各国的要求，出口企业可能需要重复认证，结果加大

了成本，影响了竞争能力。

⑥合理与不合理界限的模糊性和争议性

由于技术性贸易壁垒涉及面广，有些非常复杂，其究竟是否是合理的和必要的，很难有一个确切的划分界限，且隐蔽性和合法性结合，不同国家从不同角度有不同的评判标准，难以形成统一的衡量标准，结果相互之间较难协调，易引起争议。

（3）技术性贸易壁垒迅猛发展的原因

20世纪90年代以来，技术性贸易壁垒得到迅猛发展，原因如下：

① 第二次世界大战后，人类创造了巨额的物质财富，但生态受到严重破坏，环境受到污染，并正在威胁人类的安全甚至生存。随着生活质量迅速提高，人们越来越注重环境、健康、安全和自身的权益。为了实现这些合法目标而采取的技术性措施有时就成为市场准入的壁垒。

② 科学技术迅猛发展及科技发展水平的不平衡使得技术性贸易壁垒迅猛发展成为可能。由于科学技术的迅速发展，人们对产品的技术要求不断提高；同时，科技和信息水平的差异使发达国家通过构筑技术性贸易壁垒限制来自发展中国家的商品变得尤为“简便”。

③ 在世界多边贸易体制的努力下，各国关税不断削减至较低的水平，同时，传统的非关税壁垒在很大程度上受到了约束。在贸易保护主义抬头时，技术性贸易壁垒就成为限制进口的主要手段。

④ 合理与不合理界限的模糊性为设置技术性贸易壁垒创造了条件。尽管世界多边贸易体制规定了制定、采用和实施技术性措施应遵守的规则，但由于技术性措施是否是必要的和合理的，很难有明确的标准，因此，这些规则只能是原则性的规定，难以保证各国只“采取为实现合法目标所必需的技术性措施”，从而使一些国家可以滥用技术性措施，将其发展成为新贸易保护主义的工具。

12）装运前检验和其他手续

（1）装运前检验

装运前检验（pre-shipment inspection）是指进口国主管部门要求，货物从出口国装运前，必须由独立机构实施强制性的质量、数量和价格控制。

（2）直接交货要求

直接交货要求（direct consignment requirement）是指进口国要求，货物必须直接从原产国装运，不得在第三国停留，以确保产品不会在任何第三国转运时被替换或进一步加工。

（3）通过特定海关口岸的要求

通过特定海关口岸的要求（requirement to pass through specified port of customs）是指进口国规定，某些进口货物须通过某指定入境口岸和/或海关办事处接受检验和测试。

此外，为了监测特定产品的进口价值或进口量，进口国会采取进口监测和监督等行政措施。

13）分销限制

分销限制（distribution restrictions）是指进口国通过额外的许可证或认证要求对进口产品在境内的分销实施限制。

（1）地域限制

地域限制（geographical restriction）是限制在进口国境内特定地区销售货物的措施。例如，仅允许在具有容器回收设施的城市销售进口饮料。

（2）经销限制

经销限制（restriction on resellers）是限制指定零售商销售进口产品的措施。例如，规定机动车出口商需要在进口国建设自有零售点，因为进口国现有的汽车经销商专营本国制造的汽车。

14）售后服务限制

售后服务限制（restrictions on post-sales services）是指进口国限制出口货物生产商在进口国提供售后服务。例如，进口国规定，从国外进口电视机的售后服务必须由进口国当地的服务公司提供。

15）原产地规则

原产地规则（rules of origin）包括进口国政府为确定货物原产国而普遍适用的法律、规范和行政决定。在实施反倾销和反补贴税、原产标志和保障措施等贸易政策工具时，原产地规则具有重要意义。如果进口产品难以满足进口国的原产地规则要求，则没有资格享受其制定的较低的关税税率。

16）与贸易有关的投资措施

（1）当地含量措施

当地含量措施（local content measures）是指投资所在国政府为了促使企业购买本国产品或者限制企业进口外国产品，要求企业购买或使用的国产或国内分包产品不得低于一定最低比例，或者根据当地产品的出口量或出口价值限制购买或使用进口产品。例如，在生产汽车时，要求本国产的零部件价值比例不得低于50%。

（2）贸易平衡措施

贸易平衡措施（trade-balancing measures）是指进口国政府限制进口产品用于当地生产，或根据当地产量（包括当地产品出口量）限制进口产品；或根据所涉企业产生的外汇流入量限制该企业可用来进口产品的外汇。例如，进口国政府规定，企业进口的材料和其他产品不得超过其上年出口收入的80%。

5.2.3 管制出口的非关税措施

许多国家出于政治、经济、军事或外交上的需要，往往对某些商品，特别是战略性物资、重要资源和先进技术等实行管制、限制或禁止出口。

1）出口管制的商品

出口管制的商品主要有以下几类：

（1）对战略物资、尖端技术、先进产品及有关的技术资料，严格控制出口，甚至禁止出口。

（2）对国内生产所需的原材料、半制成品及国内市场供应不足的必需品，实行限量出口。

（3）对某些重要的历史文物、艺术品、黄金、白银等特殊商品，大多数国家规定须经特许才能出口。

（4）出于某种政治、军事、经济或外交上的目的，对某些特定的国家和地区实行出口管制和禁运，进行制裁。

（5）对某些在国际市场上竞争激烈的商品，为了缓和与进口国在贸易上的矛盾，在进口国的压力下，实行“自动”限制出口。

2）管制出口的形式与非关税措施

出口管制的形式可分为单方面出口管制和多边出口管制两种。单方面出口管制是指一国根据本国的出口管制法案，设立专门的执行机构，对本国某些商品的出口实行管制。多边出口管制是指几个国家政府通过一定的方式，建立国际性的多边出口管制机构，商讨和编制多边出口管制货单和出口管制国别，规定出口管制的办法等，以协调彼此的出口管制政策和措施，达到共同的政治、军事和经济目的。

管制出口的非关税措施包括出口许可证、出口配额、出口禁令、国营贸易、价格管制等。

5.3 其他对外贸易措施

5.3.1 鼓励出口的措施

为了推行奖出限入的贸易政策，许多国家除了利用关税和非关税壁垒措施限制进口外，还采取各种措施鼓励、扩大商品的出口。这些措施涉及财政、金融、汇率、组织管理和精神鼓励等方面。

1）出口信贷

出口信贷（export credit）是出口国的官方金融机构或商业银行为了鼓励商品出口，提高商品的竞争能力，以优惠的条件向本国出口商、外国进口商或银行提供的贷款。它是出口厂商利用本国银行的贷款，扩大商品出口，特别是一些大项目商品出口的一种重要手段。

出口信贷按借贷关系划分为两种：

（1）卖方信贷

卖方信贷（supplier’s credit）是出口国银行向本国出口厂商（即卖方）提供的贷款。贷款合同由出口厂商与银行签订，通常用于船舶、大型成套设备等大项目的出口。由于这些商品的出口涉及金额较大，交货期长，外国进口商一般都要求采用延期付款的方式，出口厂商为了加速资金周转，往往需要取得银行的贷款。因此，卖方信贷是银行直接资助出口厂商向外国进口厂商提供延期付款，以促进商品出口的一种方式。

（2）买方信贷

买方信贷（buyer's credit）是指出口国银行直接向外国进口厂商（即买方）或进口国银行提供的贷款。这种贷款是一种约束性贷款，其附带条件是贷款必须用于购买债权国的商品，即贷款的提供与商品的出口是直接相联系的，因而可以起到促进出口的作用。

当出口国银行直接贷款给外国进口厂商时，进口厂商先用本身的资金，以即期付款的方式向出口厂商交纳买卖合同金额15%~20%的定金，其余货款以即期付款的方式将银行提供的贷款支付给出口厂商。以后按贷款合同规定的条件，向供款银行还本付息。当出口国银行贷款给进口国银行时，进口国银行以即期付款的方式代进口厂商支付应付的货款，并按贷款协议规定的条件向供款银行还本付息，并与进口厂商按双方商定的办法在国内结清债权债务。

买方信贷不仅使出口厂商可以较快地得到货款和减小风险，而且使进口厂商对货价以外的各种费用比较清楚，便于与出口厂商进行讨价还价，因此这种方式在目前较为流行。

按贷款偿还期限的长短，出口信贷可分为：短期出口信贷，偿还期一般不超过1年，主要用于支持消费品、原材料、小型设备的出口；中期出口信贷，偿还期一般为1~5年，主要用于支持中型设备的出口；长期出口信贷，偿还期一般为5~10年，甚至更长，用于支持大型项目和成套设备的出口。

2）出口信贷国家担保制

出口信贷国家担保制（export credit guarantee system）是指各国为了扩大出口，对于本国出口厂商或商业银行向外国进口厂商或银行提供的信贷，由国家设立的专门机构出面担保的一种制度。当外国债务人不能付款时，该国家机构便按照承保的金额给予赔偿。这是国家为了扩大出口，代替出口厂商承担风险，争夺国外市场的一项重要手段。

出口信贷国家担保制的主要内容有：

（1）担保的项目与金额

通常私人商业保险公司不承保的出口风险项目，均可向该担保机构进行投保。这些风险可分为两类：

① 政治风险。即进口国发生政变、革命、暴乱、战争以及政府实行禁运、冻结资金或限制对外支付等政治原因所造成的经济损失，这种风险的承保金额一般为合同金额的85%~95%。

② 经济风险。即进口厂商或借款银行破产倒闭、无力偿付、货币贬值或通货膨胀等经济原因所造成的损失，这种风险的承保金额一般为合同金额的70%~85%。

目前，各国普遍加强了出口信贷国家担保制，对于某些出口项目的承保金额已经达到100%。

（2）担保对象

担保对象主要分为两种：

① 对出口厂商的担保。出口厂商输出商品时提供的短期信贷或中、长期信贷可以向国家担保机构申请担保。有些国家的担保机构本身不向出口厂商提供出口信贷，但可以为出口厂商取得出口信贷提供有利条件。例如，有的国家采用保险金额抵押方式，即允许出口厂商将所获得的承保权利以“授权书”的方式转移给供款银行而取得出口信贷。

② 对银行的直接担保。银行所提供的出口信贷通常均可向国家担保机构申请担保，这种担保是担保机构直接对供款银行承担的一种责任。有些国家为了鼓励出口信贷业务的开展和提供贷款安全保障，往往给银行更为优厚的待遇。例如，英国出口信贷担保署对商业银行向出口厂商提供的某些信贷，一旦过期未能清偿，不问未清付的原因便可给予100%的偿付，但保留对出口厂商的追索权。一旦未清付的原因超过了承保风险项目，该署可要求出口厂商偿还。这种办法有利于银行扩大出口信贷业务，从而促进商品的出口。

（3）担保期限与费用

根据出口信贷的期限，担保期限通常可分为短期与中、长期。短期信贷担保期为6个月左右。中、长期信贷担保期通常为2~15年，最长的可达20年。承保时间可从出口合同成立日或货物装运出口时起直到最后一笔款项付清为止。

出口信贷国家担保制的主要目的在于担保出口厂商与供款银行在海外的风险，以扩大商品的出口，因而所收取的费用一般不高，以减轻出口厂商和银行的负担。保险费率根据出口担保的项目内容、金额大小、期限长短、输往国别或地区的不同而有所不同。

3）出口补贴

出口补贴（export subsidy）是指一国政府在某种商品出口时给予出口厂商的现金补贴或财政上的优惠待遇，目的在于支持出口商降低出口商品的价格，加强其在国际市场上的竞争能力。

政府对出口商品可以提供补贴的范围非常广泛，但不外乎两种基本方式：

一种是直接补贴，指出口某种商品时，由政府直接付给出口厂商的现金补贴。另一种是间接补贴，指政府对有关出口商给予财政上的优惠待遇。其具体形式很多，主要有退还或减免出口商品所缴纳的国内税、暂时免税进口、退还进口税、免征出口税、延期纳税、减低运费、提供低息贷款、复汇率等。

4）外汇倾销

外汇倾销（exchange dumping）是国家利用本国货币对外贬值的机会向国外倾销商品的一种特殊措施。当一国货币对外贬值后，用外币表示的本国出口商品的价格会降低，该商品的竞争能力则相应地提高，从而有利于扩大出口。

外汇倾销不能无限制、无条件地进行，必须具备以下两个条件才能起到扩大出口的作用：

第一，货币贬值的程度要大于国内物价上涨的程度。货币贬值必然引起一国国内物价上涨，当国内物价上涨程度赶上或超过货币贬值的程度时，外汇倾销的条件就不存在了。但国内价格与出口价格的上涨总要有一个过程，并不是本国货币一贬值，国内物价就会立即相应上涨，而总是在一定时期内落后于货币对外贬值的程度，因此垄断组织就可以获得外汇倾销的利益。

第二，其他国家不同时实行同等程度的货币贬值或采取其他报复性措施。如果其他国家实行同等程度的货币贬值，那么两国货币贬值程度就相互抵消，汇价仍处于贬值前的水平。如果外国采取提高关税等其他限制进口的报复性措施，也会起到抵消的作用，外汇倾销的条件也就不存在了。

5）其他措施

除上述措施以外，各国还从其他许多方面来鼓励、促进商品出口。

（1）设立专门组织，研究和制定出口战略，扩大出口。

（2）建立商业情报系统，提供商业情报服务。许多国家都设立了官方的商业情报机构，在海外设立商情网，负责向出口厂商提供所需的情报。

（3）组织贸易中心和贸易展览会。贸易中心是永久固定性的设施，在此可以举办贸易展览会，进行咨询服务或正常办公等。贸易展览会是短期流动性的展出。

（4）组织贸易代表团和接待来访。许多国家为了发展对外贸易，经常组织贸易代表团出访，其出国费用大部分由政府补贴。许多国家还设立专门机构接待来访团体。

（5）组织出口商的评奖活动。许多国家对出口成绩卓著的厂商，都授予奖章、奖状，以鼓励其业绩，并通过授奖活动推广它们扩大出口的经验。

为了扩大出口，许多国家还采取了其他一些措施，如外汇分红、出口奖励证制、复汇率、国家资本输出等。

5.3.2 贸易条约与协定

贸易条约与协定是指两个或两个以上的经济体在经济关系，特别是贸易关系方面规定相互间权利和义务的书面协议。这些贸易条约与协定一般都反映了缔约国对外政策和对外贸易政策的要求，并为缔约国实现其对外政策和对外贸易政策的目的服务。

按照缔约国的数量，贸易条约与协定可分为双边贸易条约与协定和多边贸易条约与协定。前者是指两个经济体间缔结的贸易条约与协定；后者是指两个以上经济体共同缔结的贸易条约与协定。

1）贸易条约与协定中的法律待遇条款

在国际贸易条约与协定中，通常所适用的法律待遇条款是最惠国待遇条款和国民待遇条款。

（1）最惠国待遇条款

最惠国待遇（Most-favored Nation Treatment）是指缔约国一方现在和将来所给

予任何第三国的一切特权、优惠及豁免，应同样地给予缔约国对方。

最惠国待遇有无条件的最惠国待遇和有条件的最惠国待遇两种。无条件的最惠国待遇是指缔约国一方现在或将来给予任何第三国的一切优惠待遇，应该立即、自动、无条件、同样地适用于缔约国对方。无条件的最惠国待遇条款首先是英国采用的，所以也称为“欧洲式”最惠国待遇条款。有条件的最惠国待遇是指如果缔约国一方给予任何第三国的一切优惠是有条件的，则缔约国对方必须提供同样的补偿，才能享受这种优惠待遇。有条件的最惠国待遇条款最先是美国采用的，所以也称为“美洲式”最惠国待遇条款。在现代贸易条约与协定中，普遍采用的是无条件的最惠国待遇条款，而极少采用有条件的最惠国待遇条款。

最惠国待遇条款可以适用于缔约国经济贸易关系的各个方面，也可以适用于贸易关系中某几个具体问题。在签订贸易条约或协定时，缔约双方可以根据两国的关系和发展贸易的需要，在最惠国待遇条款中具体列举其适用的范围。在列举范围以内的事项适用最惠国待遇条款，在列举范围以外的事项则不适用最惠国待遇条款。

最惠国待遇条款适用的范围很广，通常包括以下几个方面：

① 有关进口、出口、过境商品的关税及其他各种捐税。

② 有关商品进口、出口、过境、存储、转船方面的海关规则、手续和费用。

③ 有关进出口许可发放的行政手续。

④ 有关船舶驶入、驶出、停泊时的各种税收、费用和手续。

⑤ 有关移民、投资、商标、专利及铁路运输方面的待遇。

在贸易条约与协定中，一般都规定有最惠国待遇条款适用的限制或例外。最惠国待遇条款适用的限制是指将最惠国待遇适用的范围限制在经济贸易关系的某些具体方面。最惠国待遇条款适用的例外是指某些具体的经济和贸易事项排除适用最惠国待遇。最惠国待遇条款适用的例外最常见的有以下几种：

① 边境贸易。国际上的通行惯例往往对国家边界两边15公里以内的小额贸易的关税、海关通关手续给予减免等优惠待遇。

② 关税同盟。结成关税同盟的成员方间的关税免税待遇，作为最惠国待遇的例外。

③ 区域性特惠。若干特定国家间通过条约或协定相互给予的特别优惠和便利。

④ 国内法令和禁令中的有关规定。即一国为了维护国内的公共秩序、国家安全、人民保健、保护文物古迹，以及禁止金银货币外流、防止动植物病虫害而制定的限制规定或禁令，不作为对最惠国待遇的违背。

⑤ 沿海贸易和内河航行。缔约国一方在沿海贸易和内河航行方面给予他国的优惠，作为最惠国待遇的例外。

⑥ 多边国际条约或协定承担的义务。缔约国一方参加其他多边国际条约或协定而履行其所承担的义务，作为最惠国待遇的例外。

（2）国民待遇条款

国民待遇（national treatment）是指缔约国一方保证缔约国对方的公民、企业、船舶在本国境内享有不低于本国公民、企业、船舶的待遇。

国民待遇条款一般适用于外国公民或企业的经济权利，通常包括：外国产品应缴纳的国内捐税，利用铁路运输和转口过境的条件，船舶在港口的待遇，商标注册、版权、专利权的保护等。但是，国民待遇条款的适用也是有例外的，并不是将本国公民或企业所享有的一切经济权利都包括在内。例如，沿海航行权、领海捕鱼权、购买土地权等，通常均不包括在国民待遇条款的范围之内。

2）贸易条约与协定的种类

贸易条约与协定的种类很多，常见的主要有：

(1) 通商航海条约

通商航海条约（treaty of commerce and navigation）是全面规定两国间经济和贸易关系的条约。它常涉及缔约国之间经济和贸易关系的各个方面，不仅关系到缔约国的经济利益，还关系到国家的主权。这种条约一般由国家元首或其特派的全权代表来签订，并经双方的立法机关讨论通过、最高权力机关批准才能生效，条约的有效期限比较长。目前，全面规定国家间经济贸易关系的通商航海条约已很少签订。

(2) 贸易协定和贸易议定书

贸易协定（trade agreement）是缔约国间调整彼此贸易关系而签订的一种书面协议。与通商航海条约相比较，贸易协定所涉及的面比较窄，内容比较具体，有效期限比较短，签订的程序也比较简单，一般只需经签字国的行政首脑或其代表签署即可生效。

贸易议定书（trade protocol）是缔约国就发展贸易关系中某项具体问题所达成的书面协议。它往往作为贸易协定的补充、解释或修改而签订，有的作为贸易协定的附件，有的则不作为其附件。此外，在签订长期贸易协定时，关于年度贸易的具体事项往往通过贸易议定书的方式加以规定。贸易议定书的签订程序和内容都更为简单，一般由签字国有关行政部门的代表签署后即可生效。

(3) 支付协定

支付协定（payment agreement）是国与国之间关于贸易和其他方面债权债务结算办法的书面协议。支付协定是外汇管制的产物。在实行外汇管制的情况下，一种货币不能自由兑换成另一种货币，对一国所拥有的债权不能用来抵偿对第三国的债务，结算只有在双边基础上进行，因而，需要缔结支付协定来规定两国间债权债务的结算。

一般说来，支付协定正文的主要内容包括以下几个方面：

①清算机构和清算账户的规定

支付协定的目的在于避免支付黄金和外汇，而采用直接抵消债权债务的办法进行两国间的结算，因此，必须设立清算机构。通常双方都指定各自的中央银行作为清算的负责机构。

清算机构办理清算业务是通过清算账户进行的，清算账户的设立有两种：一是单边账户，即只在缔约国一方的中央银行设立清算账户；二是双边账户，即在缔约国双方的中央银行互为对方国家设立清算账户，目前大多数的清算账户都属于这种。

②清算项目与范围的规定

清算项目与范围是指两国间应通过清算账户进行结算的项目与范围。该项目与范围，除了进出口商品价款外，还包括进出口贸易的从属费用，如运费、保险费、佣金等；此外，也可包括其他项目，如外交费用、侨汇等。凡未列入清算范围内的项目，仍用收付现汇的办法进行结算。

③清算货币的规定

在单边账户下，用设立清算账户国家的货币进行记账和支付；在双边账户下，分为记账货币和支付货币两种，记账货币可以用一方的货币，也可以用第三国的货币，由双方谈判后在协定中确立。双方的债权人和债务人在办理收付时，则分别使用本国的货币。

④清算方法和差额结算的规定

缔约国双方的债权人或债务人通过指定银行，从本国中央银行的清算账户领取本国货币或用本国货币把应付款项记入对方国家的清算账户，结算债务。缔约国双方的中央银行，要把收付款项互相通知，尽量保持双方清算账户的平衡。

支付协定到期时，对清算账户的差额进行结算的办法主要有四种：一是在一定期限内由债务国向债权国输出商品；二是用双方同意的可兑换货币或黄金支付；三是用双方同意的其他不可兑换货币支付；四是将差额转入下年度清算账户内。

（4）国际商品协定

国际商品协定（international commodity agreement）是指某项商品的主要出口国和进口国间就稳定该项商品价格及保证供销等问题所缔结的政府间多边协定。

国际商品协定的主要对象是发展中国家的初级产品，其目的是稳定这些商品的合理价格和保证这些产品的生产及销售。国际商品协定虽然在20世纪20年代就已经开始存在，但主要是在第二次世界大战以后才发展起来的。第二次世界大战以后，共签订了小麦（1949年签订）、糖（1953年签订）、锡（1956年签订）、橄榄油（1958年签订）、咖啡（1962年签订）、可可（1973年签订）和天然橡胶（1979年签订）七种国际商品协定。

国际商品协定一般由序言、宗旨、经济条款、行政条款、最后条款等部分构成，并有一定的格式，其中的经济条款和行政条款是国际商品协定中两项主要的条款。

①经济条款

经济条款是确定各成员方权利和义务的依据，它关系到各成员方的具体权益。商品不同，有关经济条款的内容也不尽相同，但主要有以下几种：

A.缓冲存货的规定

缓冲存货是指由该商品协定的执行机构按最高限价和最低限价的规定，运用其成员方提供的实物和资金，干预市场和稳定价格。其办法是在最高限价和最低限价之间划成高、中、低三档，当市场价格涨到高档时，抛售缓冲存货的实物以维持价格在最高限价以下；在低档时；利用缓冲存货的现金在市场上收购以保持价格在最低限价以上；在中档时，不动用缓冲存货。这种规定最主要的是就最高限价、最低限价及价格档次达成协议，并拥有大量资金和存货。采用缓冲存货规定的有国际锡协定和国际天然橡胶协定。

B.出口限额的规定

该条款规定一个基本的出口限额，每年再根据市场需求和价格变动，确定当年平均的年度出口限额。年度出口限额按固定部分和可变部分分配给有基本限额的各出口成员方，可变部分按出口成员方的库存量占全体出口成员方总库存量的比例进行分配；固定部分占年度限额的70%，可变部分占30%。采用出口限额规定的有国际咖啡协定。

C.多边合同的规定

该条款规定在协定规定的价格幅度内，进口国向各出口国购买一定数量的有关商品，出口国向各进口国出售一定数量的有关商品。当完成协定规定的数量后，可在任何市场，以任何价格，进口国购买任何数量的有关商品，出口国出售任何数量的有关商品。采用多边合同规定的有国际小麦协定。

D.出口限额与缓冲存货相结合的规定

该条款规定同时采用这两种办法来控制市场和稳定价格。其办法是首先规定该商品的最高限价和最低限价；其次是确定指示价格；最后采用出口限额和缓冲存货所规定的办法调节价格，使价格恢复到最高限价与最低限价的幅度内。采用这种规定的有国际可可协定。

②行政条款

该条款主要涉及权力机构和表决票的分配。国际商品协定的权力机构有理事会、执行委员会或监督机构，权力机构职位的分配是进出口各成员方所关心的重要问题。各权力机构达成的协议，除采用协商一致的办法外，一般要通过表决决定，由各成员方对重大问题进行投票表决。因此，各协定对表决票的分配及其使用均有具体的规定，以保证各成员方享有一定的表决权。

国际商品协定是进出口国矛盾斗争暂时妥协的产物，对于控制商品的供销和稳定价格都起到了一定的作用，但如果发生经济危机等问题，这些协定往往不能起作用。在这种情况下，发展中国家提出建立商品综合方案的主张，要求用一种综合的办法来解决商品贸易问题。

（5）商品综合方案

商品综合方案（integrate programme for commodities）是发展中国家在1974年4月第六届特别联合国大会上第一次提出来的、1976年5月联合国第四届贸易和发展会议上正式通过的决议。这项方案的主要内容包括以下几个方面：

①建立多种商品的国际储存（或称缓冲存货）

该项规定是为了稳定商品价格及保证正常的生产和供应。国际储存商品的选择标准有两条：第一，这项商品对发展中国家具有重要的利害关系；第二，这项商品便于储存。

②建立国际储存的共同基金

该项共同基金是为了资助建立这些国际初级产品的缓冲存货，改善初级产品市场，提高初级产品的长期竞争力。

③商品贸易的多边承诺

该项规定是为了稳定供应，各有关国政府承诺在特定时期内各自进口或出口某种商品的数量。

④扩大和改进商品贸易的补偿性资金供应

该项条款规定出口初级产品的发展中国家的出口收入剧减时，国际货币基金将给予补偿性贷款。

⑤扩展初级产品的加工和出口多样化

该项条款规定发达资本主义国家对来自发展中国家初级产品的加工产品的进口降低或取消关税和非关税壁垒，采取促进贸易的措施等。

商品综合方案是发展中国家为打破旧的国际经济贸易秩序，建立新的国际经济贸易秩序所采取的一个重要步骤，但由于触动了发达国家在国际市场的垄断地位和利益，要将方案的内容变成现实，还须经过长期艰苦的斗争。

5.3.3 经济特区

经济特区是一国为了促进对外经贸发展，加快经济建设而在国内设立的特殊区域。在这个区域内，采取比其他地区更开放、更灵活、更优惠的政策和管理体制，以吸引外资和引进外国先进技术设备。

经济特区的发展已有很长的历史。早在15世纪末，德国北部几个商业城市建立了“汉撒同盟”，为了促进同盟内部的优惠通商，曾选定汉堡和不来梅作为自由贸易区。16世纪中叶以后，欧洲一些国家为了活跃对外贸易，先后把沿海港口辟为自由港。此后，从17世纪到19世纪，在国际贸易中占有优势地位的国家，如荷兰、法国、英国、丹麦、葡萄牙等，为了扩大对外贸易，除在本国建立自由港外，还把地中海沿岸地区、中东、东南亚、加勒比地区的许多港口城市辟为自由港。到了帝国主义时期，垄断资本为了取得最大限度的利润，不仅在殖民地、附属国继续设置自由港区，而且还在本国开辟自由港区，以便借助其优越的地理位置，发挥商品集散中心的作用，增加贸易利益。例如，1934年美国国会通过对外贸易区法案后，在纽约、旧金山等地开始设置对外贸易区。因此，在资本主义自由竞争时期曾一度衰落的自由港区，到了帝国主义时期再度盛行起来。到第二次世界大战前夕，全世界已有26个国家设立了75个自由港区。

第二次世界大战以后，许多国家为了加强本国的经济实力和扩大对外贸易，不仅在本国经济特区内放宽对外国投资的限制，而且增设了更多的经济特区，以促进贸易的发展。

各国或地区设置的经济特区名目繁多，规模不一，基本上可分为三种类型，即贸易型经济特区、工贸型经济特区、科技型经济特区。

1）贸易型经济特区

贸易型经济特区是指以发展转口贸易为主要目的的经济特区，包括自由港、自由贸易区、对外贸易区、保税区等。

自由港或自由贸易区都是划在关境以外，对进出口商品免征关税，并且允许在港内或区内自由从事商品存储、展览、拆散、改装、重新包装、整理、加工和制造等业务活动，以达到促进本地区经济和对外贸易的发展、增加财政收入和外汇收入的目的。

2）工贸型经济特区

工贸型经济特区是指以优惠条件吸引外国直接投资、生产以出口为主的制成品的区域，主要有出口加工区、自由边境区等。

出口加工区是指一个国家或地区在其港口或邻近港口、国际机场的地方，划出一定的范围，新建和扩建码头、车站、道路、仓库、厂房等基础设施，提供减免税收等优惠待遇，以鼓励外国企业在区内投资设厂，生产以出口为主的制成品的加工区域。

自由边境区也是一种工贸型经济特区。它一般设在本国的一个省或几个省的边境地区，提供类似出口加工区的优惠措施，吸引国内外厂商投资，允许在区内进行存储、展览、混合、包装、加工、制造等业务活动，以开发边区经济。凡是区内使用的机器、设备、原料和消费品，均可免税或减税进口，但商品从边境区运入海关管辖区，则须照章纳税。

自由边境区与出口加工区的主要区别在于自由边境区的进口商品加工后大多是在区内使用，只有少数用于再出口，故设立自由边境区的目的是开发边区经济。

3）科技型经济特区

科技型经济特区是指以科技为先导，以生产技术密集型和知识密集型的出口产品为主的自由经济区，如科学工业园区。

科学工业园区有两种不同的类型：自主型科学工业园区和引进型科学工业园区。发达国家拥有先进的技术，充裕的资金，可以依靠自身的资金、技术和人才，研究与开发高科技，并使之商品化，其所设立的科学工业园区多属于自主型。而大多数发展中国家或地区进行科技开发时面临着资金、技术和人才不足的难题，因而大多采用引进国外资金、技术和人才的办法进行合作研究与开发，其所设立的科学工业园区多属于引进型。

中国（上海）自由贸易试验区

●本章小结

1.关税是进出口商品经过一国关境时，由政府所设置的海关向其进出口商所征收的一种税。关税具有强制性、无偿性和预定性。关税的作用主要包括增加财政收入、保护国内的产业和市场、调节进出口贸易。征收关税的方法，主要有从量税、从价税、混合税和选择税。一国对进出口商品计征关税的依据是海关税则。根据关税税率栏目的多少，海关税则可分为单式税则和复式税则。海关税则中的商品分类包括《海关合作理事会税则目录》、《国际贸易标准分类》和《协调制度》。

2.一般关税包括进口税、出口税和过境税；特别关税包括进口附加税（最主要的是反倾销税和反补贴税）和差价税；优惠关税包括“洛美协定”国家之间的特惠税和普遍优惠制。

3.非关税壁垒是指除关税以外的各种限制进口的措施。非关税壁垒可分为直接的非关税壁垒和间接的非关税壁垒两大类。与关税壁垒相比，非关税壁垒具有更大的灵活性、针对性、隐蔽性、歧视性和有效性。

4.非关税壁垒名目繁多，其中传统的非关税壁垒大都受到世界贸易组织规则较严格的约束，当前使用较多的是技术性贸易壁垒。技术性贸易壁垒是指进口国以实现合法目标为由，采取技术性措施以妨碍其他国家商品自由进入该国市场。

5.鼓励出口的措施包括出口信贷、出口信贷国家担保制、出口补贴、外汇倾销等。

6.许多国家出于政治、经济、军事或外交上的需要，往往对某些商品，特别是战略性物资、重要资源和先进技术等实行管制、限制或禁止出口。出口管制的形式可分为单方面出口管制和多边出口管制两种。限制出口的措施除了征收出口税以外，更多的是采用出口许可证、出口配额等非关税措施。

7.贸易条约与协定是指两个或两个以上的经济体在经济关系，特别是贸易关系方面规定相互间权利和义务的书面协议。在国际贸易条约与协定中，通常所适用的法律待遇条款是最惠国待遇条款和国民待遇条款。常见的贸易条约与协定主要有通商航海条约、贸易协定、贸易议定书、支付协定、国际商品协定和商品综合方案。

8.经济特区是一国为了促进对外经贸发展，加快经济建设而在国内设立的特殊区域。在这个区域内，采取比其他地区更开放、更灵活、更优惠的政策和管理体制，以吸引外资和引进外国先进技术设备。基本上可分为贸易型经济特区、工贸型经济特区和科技型经济特区三种类型。

●基本概念

关税　海关　关境　财政关税　保护关税　名义保护率　有效保护率　从量税　从价税　混合税　选择税　海关税则　单式税则　复式税则　进口税　出口税　过境税　关税壁垒　正常关税　进口附加税　反倾销税　倾销　正常价值　反补贴税　禁止性补贴　可诉补贴　不可诉补贴　优惠关税　普遍优惠制　非关税壁垒　贸易壁垒　直接的非关税壁垒　间接的非关税壁垒　进口配额　绝对配额　关税配额　优惠性关税配额　非优惠性关税配额　“自动”出口配额制　外汇管制　数量性外汇管制　成本性外汇管制　混合性外汇管制　国营贸易　歧视性政府采购政策　进口押金制　海关估价　技术性措施　技术性贸易壁垒　技术法规　合格评定程序

出口信贷　卖方信贷　买方信贷　出口信贷国家担保制　出口补贴　外汇倾销　贸易条约与协定　最惠国待遇　国民待遇　支付协定　国际商品协定　经济特区　贸易型经济特区　工贸型经济特区　科技型经济特区

●复习思考题

1.什么是关税、海关、关境？关境与国境是否一致？

2.关税主要有哪些作用？

3.关税有哪些征收方法？

4.什么是海关税则？它有哪些种类？

5.什么是进口税？什么是正常关税？什么是关税壁垒？

6.根据《反倾销协议》，实施反倾销措施必须具备哪些基本要件？

7.根据《补贴与反补贴措施协议》，补贴只有在满足哪些条件时才成立？

8.《补贴与反补贴措施协议》将专向性补贴分为哪几类？

9.什么是普遍优惠制？它有哪些主要原则？

10.简述非关税壁垒的含义、分类和特点。

11.什么是进口配额？它分为哪些种类？

12.什么是“自动”出口配额制？它与绝对进口配额制有何异同？

13.什么是外汇管制？它有哪些常见的方式？

14.什么是技术性措施？技术性贸易壁垒与技术性措施有什么不同？

15.技术性贸易壁垒有哪些主要特征？

16.什么是出口信贷？它分为哪些种类？

17.什么是出口信贷国家担保制？其主要内容是什么？

18.什么是出口补贴？它分为哪些种类？

19.什么是外汇倾销？外汇倾销要起到扩大出口的作用，必须具备哪些条件？

20.简述最惠国待遇和国民待遇的含义、适用范围与例外。

21.什么是经济特区？它有哪些基本类型？

自测题 单选题

自测题 多选题

自测题 判断题

●附录

附录5-1　进口关税的经济效应

市场组织分为完全竞争、完全垄断、垄断竞争与寡头四种形式；从关税经济效应的分析方法来看，有局部均衡分析和一般均衡分析。这里我们只采用局部均衡分析方法分析完全竞争条件下关税的经济效应。

我们通常将参与贸易的国家分为“小国”和“大国”。这里划分“小国”和“大国”的依据不是领土面积、人口多少、整体经济实力或综合国力强弱等，而是根据对某商品国际市场价格的影响程度来划分。所谓“小国”，是指那些在国际市场上份额很小，其进出口变动不会影响国际市场价格的国家。对于小国而言，国际市场价格是给定不变的。所谓“大国”，是指那些在国际市场上所占份额很大，其进出口变动会引起国际市场价格涨跌的国家。

1）进口关税的经济效应

（1）小国进口关税的局部均衡分析

如前所述，进口小国在国际市场上只是价格的接受者而非决定者，该国进口商品数量的变动不会影响到国际市场的价格。小国征收进口税之后，直接的结果就是使国内市场上外国商品的价格提高，并对国内的消费、生产、进口和收入分配等产生广泛的影响。

图5-1对小国的进口关税效应作了分析。在左图中，横轴代表一国X商品的数量Q，纵轴代表X商品的价格水平P，S是X商品的国内供给曲线，D是X商品的国内需求曲线。在自由贸易条件下，国内市场价格等于国际市场价格P_W。此时，国内对X商品的总需求量为OQ_D，其中，OQ_S为国内生产的数量，Q_SQ_D为进口量（等于右图中的OM）。

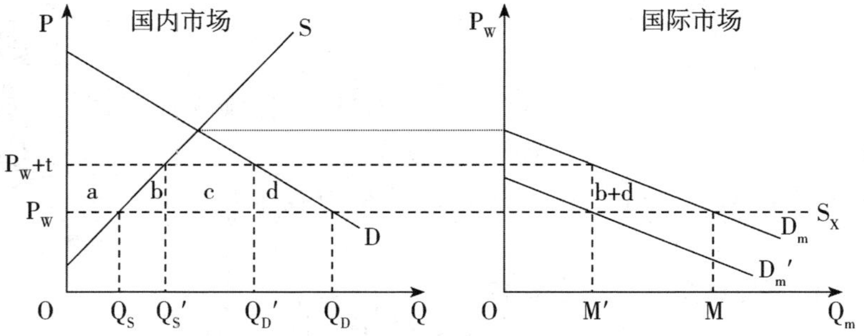

图5-1 小国征收进口关税的局部均衡

该国对X商品征收t单位的进口关税后，进口商品价格的上升会降低进口需求。由于该国是小国，其面对的外国供给曲线是一条水平线（右图中的S_x），所以其进口需求的下降不改变国际市场价格（仍为P_W），此时该国国内市场价格将上升至P_W+t，国内对X商品的需求量则下降为OQ_D'，其中，国内生产OQ_S'，进口$Q_S'Q_D'$（等于右图中的OM′）。

小国征收进口关税的经济效应包括：

①价格效应

进口关税的价格效应是指征收关税对进口国价格的影响。进口商品被征收关税后，不可避免地要相应提高价格。进口小国价格提高的幅度等于所征收的关税，关税主要由国内消费者负担。

②消费效应

进口关税的消费效应即征收关税给消费者福利带来的损失。消费者福利的损失首先表现在由于进口商品价格提高而导致的消费量减少；其次消费者福利的损失还表现为消费者剩余的降低（图5-1中的a+b+c+d部分）。

③生产效应

进口关税的生产效应也称替代效应或保护效应，即关税引起的国内生产增加，替代了部分国外生产，生产者剩余增加（图5-1中的a）。

但是征税后国内生产者虽可扩大再生产，但却是一种缺乏效率的生产。由于关税的保护，迫使资源从效率较高的用途转移到了效率较低的用途。

④贸易效应

进口关税的贸易效应即征税引起的进口量的下降。

⑤财政效应

进口关税的财政效应即由于征收关税而对国家财政收入发生的影响。征收关税后，政府从中受益，获得了关税收入（图5-1中的c）。

⑥再分配效应与国民净损失

进口关税的再分配效应即收入从国内消费者转移给国内生产者和政府。从以上分析可知，征收关税增加了生产者剩余和政府关税收入，但同时减少了消费者剩余，收入分配发生转移，即消费者损失的福利中，a转移给生产者，c转移给政府。

这种再分配效应的最后结果是征税国遭受福利净损失b+d。其中b是由于本国的生产资源从效率较高的部门转移到效率较低的部门而带来的福利损失，d是由于征税后进口国商品价格的上涨，消费者减少消费所带来的福利损失。

（2）大国进口关税的局部均衡分析

进口大国不是国际市场价格的接受者，其进口商品数量的变动会影响到国际市场的价格。

图5-2对大国的进口关税效应作了分析。在左图中，S是X商品的国内供给曲线，D是X商品的国内需求曲线。在自由贸易条件下，国内市场价格等于国际市场价格P_W。此时，国内对X商品的总需求量为OQ_D，其中，OQ_S为国内生产的数量，Q_SQ_D为进口量（等于右图中的OM）。

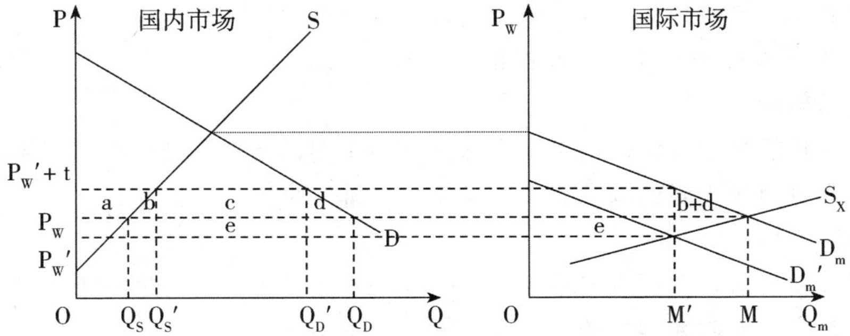

图5-2　大国征收进口关税的局部均衡

该国对X商品征收t单位的进口关税后，进口商品价格的上升会降低进口需求。由于该国是大国，其面对的外国供给曲线是一条向右上方倾斜的曲线（右图中的S_x），所以其进口需求的下降会使国际市场价格下降（由P_W降至P_W'），此时该国国内市

场价格将上升至 $P_W'+t$，国内对X商品的需求量则下降为 OQ_D'，其中，国内生产 OQ_S'，进口 $Q_S'Q_D'$（等于右图中的OM'）。

大国征收进口关税的经济效应包括：

①贸易条件效应

进口关税的贸易条件效应是指征收关税对进口国贸易条件的影响。对进口大国来说，假定出口商品价格不变，而向进口商品征税，使其国内价格上涨，其结果是国内消费需求减少，进口量减少。由于大国的进口量占世界进口量的相当比重，其进口量的锐减势必导致该商品在国际市场上供大于求，从而使其国际市场价格下跌，由此该国贸易条件得到改善（图5-2中国际市场价格由 P_W 降至 P_W'）。这实际上是将部分关税负担转嫁给出口国（图5-2中的e）。

进口大国贸易条件改善的程度取决于进口国对进口商品的需求价格弹性及出口国的供给价格弹性。进口国对进口商品的需求价格弹性越大，征税对进口国进口量削减的程度越大，就越能压低其国际市场价格，从而更大程度地改善进口国的贸易条件；出口国的供给价格弹性越小，出口国供应商对国际市场上供过于求的应变能力越差，出口的减少也越能压低商品价格，从而更大程度地改善进口国的贸易条件。

②价格效应

因为进口大国征收关税使国际市场价格下降，所以尽管进口大国的国内价格也会提高，但其价格上涨幅度要小于同样条件下进口小国价格的上涨幅度。

③消费效应

由于征税后进口大国国内价格上涨幅度小于同样条件下进口小国价格的上涨幅度，所以其消费量减少的幅度小于同样条件下进口小国的，消费者剩余降低（图5-2中的a+b+c+d部分）的幅度也小于进口小国的。

④生产效应

由于征税后进口大国国内价格上涨幅度小于同样条件下进口小国价格的上涨幅度，所以其国内产量提高的幅度小于同样条件下进口小国的，生产者剩余增加（图5-2中的a）的幅度也小于进口小国的。

⑤贸易效应

由于征税后进口大国国内价格上涨幅度小于同样条件下进口小国价格的上涨幅度，所以其进口量下降的幅度小于同样条件下进口小国的。

⑥财政效应

由于征税后进口大国进口量下降的幅度小于同样条件下的进口小国进口量下降的幅度，政府关税收入增加的幅度要大于进口小国的。

⑦再分配效应与国民净损失

进口大国征收关税后，收入分配发生转移，消费者损失的福利中，a转移给生产者，c转移给政府。

需要注意的是，大国再分配效应的最后结果并不一定是福利净损失，它也存在由于本国的生产资源从效率较高的部门转移到效率较低的部门而带来的福利损失b，以及由于征税后消费者减少消费所带来的福利损失d，但同时获得了出口国承担的税负e，所以其净福利效果为e-（b+d）。

由此可见，进口大国征收进口关税有可能带来收益。但对于进口大国而言，并非关税率越高收益越大，高关税率固然使进口商品的单位税收增加，但同时也造成进口数量的减少，总的关税收入不一定增加。另外，如果关税率过高，造成国内价格大幅度上升，消费下降，消费者所受的损失也会增加。因此，只有在适当的税率下，进口国才有可能使净收益达到最大。这个能使本国的经济收益达到最大的适当税率就叫作“最优关税税率”（optimum tariff）。最优关税税率选择的原则是，从这一税率上的任何变动所引起的额外收益与额外损失正好相等。

2）出口关税的经济效应

（1）小国出口关税的局部均衡分析

出口小国在国际市场上也只是价格的接受者而非决定者，该国出口商品数量的变动不会影响到国际市场的价格。小国征收出口税之后，直接的结果就是使国内商品价格下降，并对国内的消费、生产、出口和收入分配等产生影响。

图5-3对小国的出口关税效应作了分析。图中，S是X商品的国内供给曲线，D是X商品的国内需求曲线。在自由贸易条件下，国内市场价格等于国际市场价格P_W。此时，国内X商品的产量为OQ_S，其中，OQ_D为国内需求的数量，Q_DQ_S为出口量。

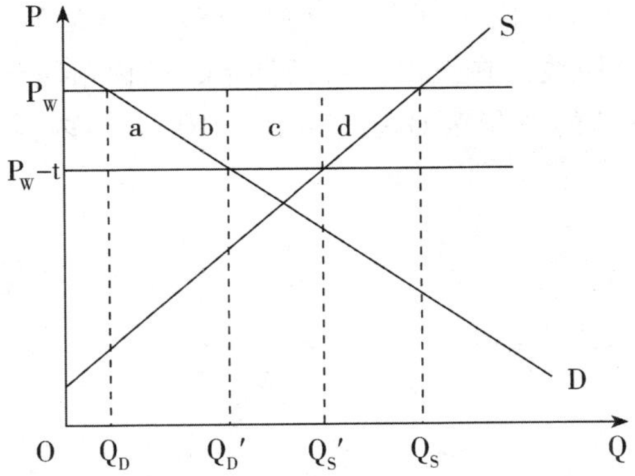

图5-3　小国征收出口关税的局部均衡

该国对X商品征收t单位的出口关税后，出口商品成本的上升会减少出口供给。由于该国是小国，其面对的外国需求曲线是一条水平线，所以其出口供给的下降不改变国际市场价格（仍为P_W），所以该国国内市场价格将下降至P_W-t，国内X商品的产量则下降为OQ_S'，其中，国内需求OQ_D'，出口$Q_D'Q_S'$。

小国征收出口关税的经济效应包括：

①价格效应

小国对出口商品征收关税，国内市场价格将下降，其下降的幅度等于所征收的关税，关税主要由国内生产者负担。

②消费效应

消费者福利的增加首先表现在由于国内价格下降而带来的消费量增加；其次，消费者福利的增加还表现为消费者剩余的增加（图5-3中的a）。

③生产效应

出口关税引起国内生产下降，生产者剩余降低（图5-3中的a+b+c+d部分）。

④贸易效应

出口关税的贸易效应即征税引起的出口量的下降。

⑤财政效应

小国征收出口关税后，政府从中受益，获得了关税收入（图5-3中的c）。

⑥再分配效应与国民净损失

出口关税的再分配效应即收入从国内生产者转移给国内消费者和政府。从以上分析可知，征收关税增加了消费者剩余和政府关税收入，但同时减少了生产者剩余，收入分配发生转移，即生产者损失的福利中，a转移给消费者，c转移给政府。

这种再分配效应的最后结果是，导致征税国遭受福利净损失b+d。其中b是消费者过度消费的净福利损失，d是生产者减少生产的净福利损失。

（2）大国出口关税的局部均衡分析

出口大国不是国际市场价格的接受者，其出口商品数量的变动会影响到国际市场的价格。

图5-4对大国的出口关税效应作了分析。图中，S是X商品的国内供给曲线，D是X商品的国内需求曲线。在自由贸易条件下，国内市场价格等于国际市场价格P_W。此时，国内X商品的产量为OQ_S，其中，OQ_D为国内需求的数量，Q_DQ_S为出口量。

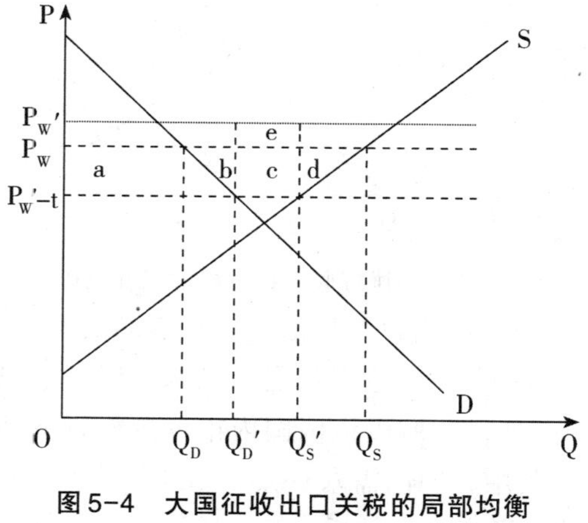

图5-4　大国征收出口关税的局部均衡

该国对X商品征收t单位的出口关税后，出口商品成本的上升会减少出口供给。由于该国是大国，其面对的外国需求曲线是一条向右下方倾斜的曲线，所以其出口供给的下降会使国际市场价格上升（由P_W升至P_W'）。此时该国国内市场价格将下降至$P_W'-t$，国内X商品的产量则下降为OQ_S'，其中，国内需求为OQ_D'，出口$Q_D'Q_S'$。

大国征收出口关税的经济效应包括：

①贸易条件效应

对出口大国来说，假定进口商品价格不变，而向出口商品征税，使其国内价格下降，其结果是国内消费需求增加，出口量减少。由于大国的出口量占世界出口量的相当比重，其出口量的锐减势必导致该商品在国际市场上供不应求，从而其国际市场价格上升，由此该国贸易条件得到改善（图5-4中国际市场价格由P_W升至P_W'）。这实际上是将部分关税负担转嫁给进口国（图5-4中的e）。

②价格效应

因为出口大国征收关税使国际市场价格上升，所以尽管出口大国的国内价格也会下降，但其价格下降幅度要小于同样条件下出口小国价格的下降幅度。

③消费效应

由于征税后出口大国国内价格下降幅度小于同样条件下出口小国价格的下降幅度，所以其消费量增加的幅度小于同样条件下出口小国的，消费者剩余增加（图5-4中的a）的幅度也小于出口小国的。

④生产效应

由于征税后出口大国国内价格下降幅度小于同样条件下出口小国价格的下降幅度，所以其国内产量降低的幅度小于同样条件下出口小国的，生产者剩余减少（图5-4中的a+b+c+d部分）的幅度也小于出口小国的。

⑤贸易效应

由于征税后出口大国国内价格下降幅度小于同样条件下出口小国价格的下降幅度，所以其出口量下降的幅度小于同样条件下出口小国的。

⑥财政效应

由于征税后出口大国出口量下降的幅度小于同样条件下出口小国的，政府关税收入增加的幅度要大于出口小国的。

⑦再分配效应与国民净损失

出口大国征收关税后，收入分配发生转移，生产者损失的福利中，a转移给消费者，c转移给政府。

需要注意的是，大国再分配效应的最后结果并不一定是福利净损失，它也存在由于本国消费者过度消费而带来的福利损失b，以及由于生产者减少生产所带来的福利损失d，但同时还获得了进口国承担的税负e，所以其净福利效果为e-（b+d）。由此可见，出口大国征收出口关税有可能带来收益。

附录5-2 非关税壁垒的经济效应

非关税壁垒种类繁多，这里仅对进口配额这一比较典型的非关税壁垒形式进行小国的局部均衡分析，并将其与进口关税的效应作比较。

1）小国进口配额的经济效应

进口配额是通过对进口数量的限制来影响国内市场的价格，进而对国内的消费、生产和收入分配等产生影响。

图5-5对小国进口配额的经济效应作了分析。在图中，横轴代表一国X商品的数量Q，纵轴代表X商品的价格水平P，S是X商品的国内供给曲线，D是X商品的国内需求曲线。在自由贸易条件下，由于该国是小国，其面对的X商品的国际市场价格是一条水平线P_W，国内市场价格由国际市场价格决定。此时，国内对X商品的总需求量为OQ_D，其中，OQ_S为国内生产的数量，Q_SQ_D为进口量。

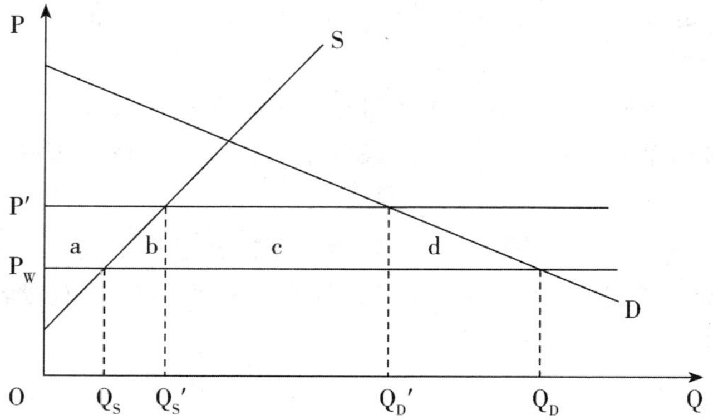

图5-5　小国进口配额的局部均衡效应

该国对X商品采用配额限制进口，假设规定的进口配额为$Q_S'Q_D'$，则国内市场价格将上升至P′，国内对X商品的需求量下降为OQ_D'，其中，国内生产增加至OQ_S'。

小国进口配额的经济效应包括：

（1）价格效应

实施进口配额后，进口小国价格将提高，价格提高的幅度取决于其国内的供给价格弹性和需求价格弹性。供给和需求的价格弹性越大，实施进口配额导致的国内价格提高的幅度越小；反之，供给和需求的价格弹性越小，实施进口配额导致的国内价格提高的幅度越大。

（2）消费效应

实施进口配额引起进口商品价格提高导致消费量减少，消费者剩余降低（图5-5中的a+b+c+d部分）。

（3）生产效应

实施进口配额引起国内生产增加，替代了部分国外生产，生产者剩余增加（图5-5中的a）。但是国内生产者虽可扩大再生产，但却是一种缺乏效率的生产，它使资源从效率较高的用途转移到了效率较低的用途。

（4）贸易效应

实施进口配额使进口量下降。

（5）财政效应

实施进口配额能否增加政府的财政收入，取决于进口配额的分配方式。

一是进口国采用公开拍卖的方式分配配额。进口商愿出的最高价格不会超过进口所能获得的利润（图5-5中的c），进口商所付的即形成政府的财政收入。一般来说，拍卖中的竞争会把价格最终抬到最高，如果进口商愿出的价格等于c，则政府的财政收入等于c，与小国关税的财政效应完全相同。如果进口商愿出的价格低于c，则c部分由政府和进口商共分。

二是进口国参照进口商一年或几年前的实际进口额，按固定比例分配进口配额额度。由于进口商免费得到配额，c部分收益就由进口商获得，政府没有增加任何财政收入。

三是进口国规定由进口商申请、政府审批来发放配额。由于配额审批权完全掌握在部分政府官员手中，如果审批的透明度差，为了得到配额，进口商就可能向掌握配额分配权的官员行贿（寻租），在这种情况下，进口商与政府官员共同瓜分配额收益c，政府没有增加任何财政收入。另外，配额的审批往往需要花费较长时间和履行繁杂的手续，产生额外的损失。

（6）再分配效应与国民净损失

从以上分析可知，实施进口配额增加了生产者剩余，增加配额收益，但同时减少了消费者剩余，收入分配发生转移，即消费者损失的福利中，a转移给生产者，c可能转移给政府、进口商或者掌握配额分配权的政府官员。

这种再分配效应的最后结果是，导致进口国遭受福利净损失b+d。其中b是由于本国的生产资源从效率较高的部门转移到效率较低的部门而带来的福利损失，d是由于征税后进口国商品价格的上涨，消费者减少消费所带来的福利损失。

“自动”出口配额制对进口小国的国内价格、生产、消费和收入分配产生的影响与进口配额大致相同。不同之处在于配额由出口国分配，因此配额收益c就由出口国的政府、出口商或者掌握配额分配权的政府官员获得，进口国的福利净损失为b+c+d。

2）小国进口配额与小国进口关税的经济效应比较

虽然小国进口配额与小国进口关税的经济效应有诸多类似之处，但仍存在许多差异。

（1）对进口数量的限制效果

进口关税通过提高进口商品的价格，从而降低进口的数量。但由于商品的国内供给曲线和需求曲线的弹性常常难以确定，因此很难估计将进口限定在要求水平上的进口关税，所以进口关税的贸易效应是不确定的。另外，外国出口商还可以通过提高效率或接受低利润的方式，来全部或部分抵消关税的限制作用。而进口配额的数量是明确的，因此可以将进口限定在一个确定的水平之上，因而国内生产者倾向于使用进口配额，而不是使用进口关税来保护自己。

（2）对进口国价格、生产量、消费量和进口量的影响效果

对进口商品征收某一水平的进口关税后，如果国内需求增加，则国内价格不

变，国内生产不变，而消费量和进口量却增加。如在图5-6中，如果P′是征收进口税后的国内价格（P′= PW +t），国内需求曲线由D变为D″时，国内价格仍为P′，国内生产仍为OQ_S'，而消费量却增至OQ_T，进口量增至$Q_S'Q_T$。

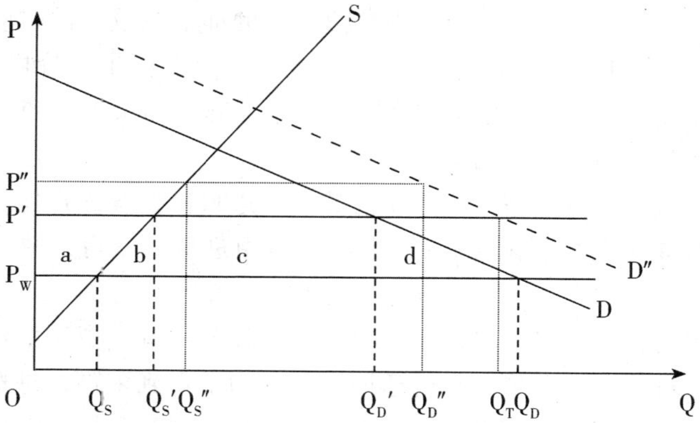

图5-6　需求变动时小国进口配额与小国进口关税的经济效应比较

实施进口配额后，如果国内需求增加，则进口量不变，国内价格上升，国内生产增加，消费减少。如在图5-6中，如果P′是实施进口配额后的国内价格，国内需求曲线由D变为D″时，进口量不变（$Q_S'Q_D'=Q_S''Q_D''$），国内价格升至P″，国内生产增加至$O\,Q_S''$，消费减少至$O\,Q_D''$。

（3）进口配额容易导致国内生产部门形成垄断

在垄断条件下，实施进口配额造成的福利损失比征收进口关税大。

如图5-7所示，在自由贸易条件下，X商品的国际市场价格为P_W时，国内需求量为OQ_D，其中，OQ_S为国内生产的数量，Q_SQ_D为进口量。该国征收t单位的进口关税后，国内市场价格上升至P′（$P'=P_W+t$），国内对X商品的需求量下降为OQ_D'，其中，国内生产OQ_S'，进口$Q_S'Q_D'$，福利净损失为b+d。此时国内独家企业仍不能拥有垄断地位，因为征收进口关税只是提高了价格，而不直接限制进口数量，如果其将价格提高到P′以上，人们宁可买进口商品而不买国产商品。

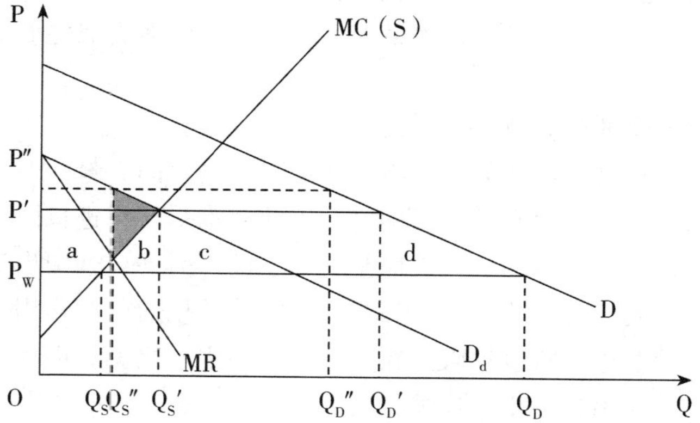

图5-7　垄断条件下进口配额与进口关税的比较

如果进口国政府实施进口配额，假定进口配额等于$Q_S'Q_D'$，由于进口配额限制了进口的数量，在进口所能满足的那部分需求以外，国内其他需求就完全取决于国内企业的供给，对国内企业而言，在减去进口部分余下的市场即可独家垄断。国内垄断企业现在面临的只是一个比没有贸易时稍微缩小了的市场需求D_d，有一条比以前内移了的边际收益曲线MR，根据垄断市场的定价原则（MR=MC），国内价格为P″，高于征收进口关税时的国内市场价格P′，国内消费量降至OQ_D''，消费者会遭受比实施进口关税时更大的福利损失；国内产量为OQ_S''，低于征收进口关税时的产量OQ_S'，甚至有可能低于自由贸易时的产量OQ_S。国家福利净损失除了由于贸易政策扭曲带来的b+d（与征收进口关税时相同）以外，还包括了图中的阴影部分，这部分的损失是由于国内市场上的垄断造成的。

（4）进口配额不利于提高市场效率

如果进口国政府不采取公开、透明的方式分配配额，就容易导致寻租行为的发生，不利于市场效率的提高。

附录5-3 出口补贴的经济效应

如前所述，鼓励出口的措施是多种多样的，尽管这些出口鼓励措施各不相同，但实际上都是一国对出口的利益鼓励，只是形式上不同而已。因此，各种鼓励出口的政策措施所产生的经济影响也可通过出口补贴来加以说明，具体产生的经济效应可参考下述对出口补贴经济效应的分析。

为方便起见，在分析出口补贴对一国福利的影响时，假设政府对出口实行的是直接的现金补贴，即对每一单位的出口提供相应数量的现金补助。

图5-8左图是出口小国提供出口补贴的局部均衡分析。图中，D和S分别代表一国X商品的需求与供给曲线。在自由贸易条件下，X商品的国际市场价格是P_W，该国X商品的产量为OQ_S，消费量为OQ_D，出口量为Q_DQ_S。如果该国政府提供出口补贴，则对本国生产者而言，其出口获得的收入为P_W+补贴，比在国内销售更有利可图，因此会尽量出口。本国消费者只有付出与生产者出口所能得到的一样的价格，才能确保一部分商品留在国内市场而不是全部出口，因此国内市场价格将上升到P_W+补贴的水平。在此价格下，该国X商品的产量增至OQ_S'，消费量降至OQ_D'，出口增至$Q_D'Q_S'$。

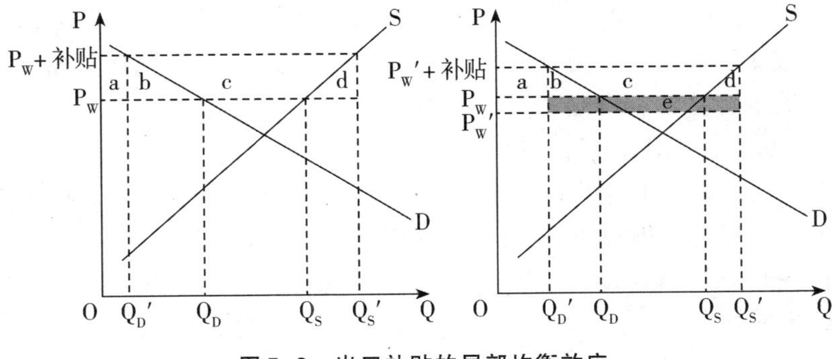

图5-8 出口补贴的局部均衡效应

可以看出，X商品的高价格使生产者受益而消费者受损，同时，该国还得负担补贴的成本。在出口补贴实施后，国内消费者剩余的损失为a+b，国内生产者获利a+b+c，政府补贴为b+c+d，该国的国民福利净损失为b+d。其中d是由于本国的生产资源从效率较高的部门转移到效率较低的部门而带来的福利损失，b是由于消费者减少消费所带来的福利损失。

图5-8右图是出口大国提供出口补贴的局部均衡分析。在自由贸易条件下，X商品的国际市场价格是P_W，该国X商品的产量为OQ_S，消费量为OQ_D，出口量为Q_DQ_S。如果该国政府通过提供出口补贴来增加出口，由于其是出口大国，出口的增加使国际市场价格下跌（假定从P_W跌到P_W'）。对于本国生产者而言，其出口获得的收入为P_W'+补贴，同样，国内市场价格将升至P_W'+补贴的水平，其涨幅低于同样条件下小国的情形。在此价格下，该国X商品的产量增至OQ_S'，消费量降至OQ_D'，出口增至$Q_D'Q_S'$。

由于出口大国提供出口补贴会使其贸易条件恶化，因此其净福利损失会大于小国的情形。从图5-8中右图可以看出，国内消费者剩余的损失为a+b，国内生产者获利a+b+c，政府补贴为b+c+d+e，该国的国民福利净损失为b+d+e。其中d是由于本国的生产资源从效率较高的部门转移到效率较低的部门而带来的福利损失，b是由于消费者减少消费所带来的福利损失，阴影部分e是由于出口价格下跌造成的贸易条件恶化损失。

附录5-4　生产补贴对鼓励出口和限制进口的影响

一国除了采用贸易政策来鼓励出口、限制进口以外，还可以采用生产补贴等产业政策来达到同样的目的。从补贴的形式看，生产补贴与出口补贴相同，也包括直接补贴和间接补贴；但从补贴的对象和补贴的福利效果看，二者却大不相同。

1）对出口工业的生产补贴

对出口工业的生产补贴与出口补贴的区别在于，生产补贴对所有生产的产品进行补贴，不管该产品是在国内市场销售还是向外国出口。

我们以出口小国为例说明对出口工业实施生产补贴的效应。图5-9中，D和S分别代表一国X商品的需求与供给曲线。在自由贸易条件下，X商品的国际市场价格是P_W，该国X商品的产量为OQ_S，消费量为OQ_D，出口量为Q_DQ_S。如果该国政府对X商品提供生产补贴，本国生产者仍按原来的市场价格P_W销售，但实际获得的收入为P_W+补贴，在此价格下，该国X商品的产量增至OQ_S'。由于生产者在产品进入市场以前就已经得到了补贴，在哪里销售与补贴无关，因此生产补贴不会使国内市场价格上升，消费者仍将消费OQ_D，出口则增至Q_DQ_S'。

由于国内价格没有变动，消费者也就没有福利损失；国内生产者获利a+b+c，政府提供的生产补贴为a+b+c+d，该国的国民福利净损失为d。

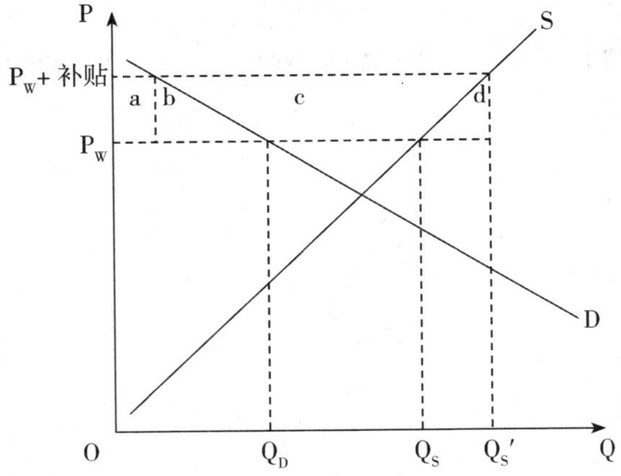

图5-9 出口工业的生产补贴效应

与出口补贴不同的是，生产补贴由于没有影响消费，因此其只造成由于本国的生产资源从效率较高的部门转移到效率较低的部门而带来的福利损失，而没有造成消费者减少消费所带来的福利损失。所以，从整个社会的利益来说，生产补贴优于出口补贴，但对政府而言，生产补贴的支出要远大于出口补贴的支出。

2）对进口竞争工业的生产补贴

我们以进口小国为例说明对进口竞争工业实施生产补贴的效应。图5-10中，D和S分别代表一国X商品的需求与供给曲线。在自由贸易条件下，X商品的国际市场价格是P_W，该国X商品的产量为OQ_S，消费量为OQ_D，进口量为Q_SQ_D。如果该国政府对X商品提供生产补贴，本国生产者仍按原来的市场价格P_W销售，但实际获得的收入为P_W+补贴，在此价格下，该国X商品的产量增至OQ_S'。国内市场价格P_W不变，消费者仍将消费OQ_D，进口则降至$Q_S'Q_D$。

由于国内价格没有变动，消费者没有福利损失；国内生产者获利a，政府提供的生产补贴为a+b，该国的国民福利净损失为b。

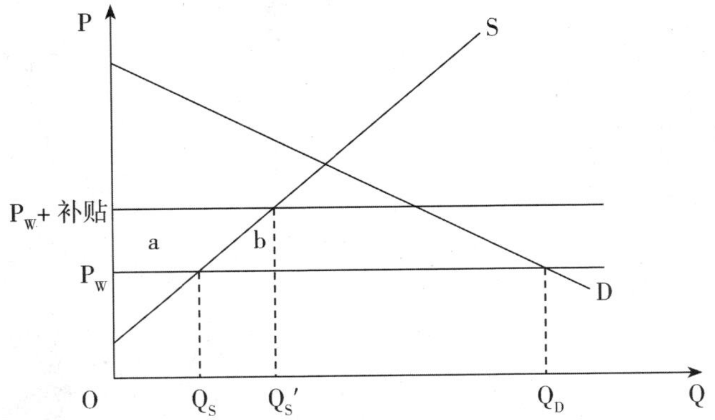

图5-10 进口竞争工业的生产补贴效应

从整个社会的利益来说，同样为了达到保护国内工业的目的，实施关税造成国民福利的净损失要大于实施生产补贴造成的国民福利净损失，因而生产补贴这种产业政策优于进口关税这种贸易政策。但对政府而言，实施生产补贴会造成政府财政的净支出，而征收进口关税却给政府带来净收入，所以政府更愿意使用贸易限制政策对国内产业进行保护。

第6章/经济增长、经济发展与国际贸易

学习目标

了解经济增长的原因、经济增长的类型和贸易战略的分类，熟悉和掌握对外贸易对经济发展的促进作用和贸易战略的内涵，重点学习和掌握对外贸易与经济发展关系的理论、进口替代战略和出口替代战略。

经济增长（economic growth）和经济发展（economic development）虽有联系，却是两个不同的概念。经济增长指社会财富的增长、生产的增长或产出的增长。衡量经济增长的通用尺度是国民总收入（GNI）的增长率。经济发展指随着经济的增长而发生的社会经济多方面的变化，这些变化包括投入结构的变化、产出的变比、一般生活水平和分配状况的变化、卫生健康状况的变化、文化教育状况的变化、自然环境和生态的变化等，因此，衡量经济发展比衡量经济增长要复杂得多，困难得多。

可见，经济增长内涵较窄，经济发展内涵较广；经济增长是一个数量概念，经济发展既是一个数量概念，又是一个质量概念；经济增长是经济发展的动因和手段，经济发展是经济增长的结果和目的。没有经济增长，不可能有经济发展。如果出现有经济发展而无经济增长的现象，那一定是个别的、短暂的、反常的现象，绝不是一般的、长期的、正常的现象。因此，为了谋求经济发展，必须启动经济增长，并保持经济稳定增长的势头。但绝不能认为，只要有经济增长，就必然带来经济发展，在现实中，“有增长而无发展”的情况完全可能出现。

6.1 经济增长与贸易

前面几章所介绍的理论对贸易的原因与结果的分析大都是静态的，即在要素禀赋、技术、需求偏好既定的假设下分析一国的比较优势和贸易所得。然而在现实世界中，技术在不断进步，资本在不断积累，劳动力在不断增加，从而引起经济的增长；同时，经济增长带来的收入提高也会引起需求的变动。上述变化又会使一国的比较优势发生变化，进而对贸易产生相应影响。

6.1.1 经济增长的原因

1）生产要素的增长

经济增长的物质前提是生产要素的增长，生产要素的增长在当今世界经济增长中起到了非常重要的作用。在现代社会中，生产要素的增长速度存在着差异，有些生产要素增长速度非常快，如资本要素等，有些生产要素的增长则比较缓慢，如劳动力要素等。

生产要素的种类繁多，这里我们仍运用前几章当中多次使用的2—2—2模型，即世界上只有两个国家（甲国和乙国），每个国家只生产两种产品（X商品与Y商品），两种产品的生产都需要使用两种生产要素（劳动和资本），且甲国出口的是劳动密集型商品X，乙国出口的是资本密集型商品Y。同时还假定，所有新增加的生产要素与原有的生产要素是同质的。

当可利用的技术条件一定时，劳动和资本的总量和结构直接决定了一国的产出水平。随着一国劳动和资本要素的积累，其产出水平会提高，商品X与商品Y产量提高的程度取决于劳动和资本的增长比率。

如果资本和劳动两种生产要素按照相同的比例增长，商品X与商品Y的产量以相同比例增长，这就是平衡增长（balanced growth）。在更多的情况下，劳动和资本两种生产要素的增长速度是不同的，即呈现出非均衡的要素增长。如果仅有劳动增长，由于劳动是投入到两种产品的生产过程当中的，并且在一定程度上可以代替资本，所以两种产品的产量均会增加。但是，劳动密集型商品X的增加将快于资本密集型商品Y的增加。同理，在仅有资本增长时，将资本投入到两种产品的生产中，在资本替代一部分劳动的情况下，商品Y的增加将快于商品X的增加。如果劳动和资本以不同比率同时增长，商品X与商品Y的产出增加幅度也可类似地确定。

2）技术进步

科学技术在当代经济生活中的作用越来越重要，技术进步已经成为发达国家经济增长的主要源泉，其贡献已远远超过资本和其他要素投入。

技术进步意味着相同要素投入下产出水平的提高，或者任一给定的产出水平所需要的要素投入量的减少。

6.1.2 经济增长与贸易变动

生产要素的增长和技术的进步会提高产出水平，同时，收入的提高也会引起需求的变动，从而引起一国比较优势和贸易模式的变化。

首先分析经济增长在生产方面对贸易的影响。根据一国出口产品生产部门与进口替代产品（或称与进口竞争产品）生产部门增长速度的不同，可以将经济增长划分为顺贸易型增长、逆贸易型增长和贸易中性增长三种类型：

1）顺贸易型增长

在商品相对价格不变的条件下，一国出口产品生产部门密集使用的要素增长或技术进步超过进口替代产品生产部门，使出口产品生产能力的增长高于进口替代产品生产能力的增长速度，这种增长就是顺贸易型增长（protrade growth），也称出口扩张型增长（export expansion growth）。

2）逆贸易型增长

在商品相对价格不变的条件下，一国进口替代产品生产部门密集使用的要素增长或技术进步超过出口产品生产部门，使进口替代产品生产能力的增长高于出口产品生产能力的增长速度，这种增长就是逆贸易型增长（antitrade growth），也称进口替代型增长（import replacing growth）。

3）贸易中性增长

在商品相对价格不变的条件下，一国出口产品生产部门密集使用的要素增长或技术进步与进口替代产品生产部门完全相同，使出口产品与进口替代产品的生产能力以相同的速度增长，这种增长就是贸易中性增长（neutral growth）。

经济增长使人们收入提高从而引起需求变动，也会对贸易产生影响。根据一国经济增长过程中进口商品的消费增长速度是否大于可出口商品的消费增长速度，也可以将经济增长划分为顺贸易型增长、逆贸易型增长和贸易中性增长三种类型。

贸易量的实际增长取决于生产和消费影响的净效应。如果生产和消费都是顺贸易型的，则贸易的扩大比例高于生产的扩大；如果生产和消费都是逆贸易型的，则贸易的扩大比例低于生产的扩大，甚至可能下降；如果生产是顺贸易型而消费是逆贸易型，或者相反，则贸易的扩大比例取决于两种相反力量的净效应；不大可能出现的情况是生产与消费都是中性的，则贸易和生产同比例扩张。

6.2 对外贸易与经济发展

6.2.1 对外贸易对经济发展的促进作用

对外贸易对经济发展有重要的促进作用，具体表现为以下几个方面：

1）提高资源配置效率，增进社会福利

每个国家在经济上和生产上都有自己的相对优势和相对劣势。在国家间实行分工有利于各国发挥优势、扬长避短。一国出口本国具有相对优势的产品，进口本国处于相对劣势的产品，通过国际交换，可以节约社会劳动，把节约下来的社会劳动用于创造其他方面的财富，这样可以增加社会财富的总量，加速经济发展。

2）实现规模经济

对外贸易为工业品提供了一个广大的市场。生产规模的扩大，使现有的生产设备得到充分的利用，从而降低了单位商品的生产成本，取得规模经济效益。

3）促进劳动生产率的提高

由于国际市场存在着激烈的竞争，一个国家或企业要想在国际市场上取胜，击败竞争对手，必须不断地更新技术，提高产品的质量，降低产品成本。可见，对外贸易有助于打破垄断，刺激企业提高劳动生产率。此外，通过对外贸易，还可以引进先进的技术、设备和管理经验等。因此，对外贸易成为提高劳动生产率的重要途径。

4）满足多样化的需求

由于自然条件、社会条件等方面的差异，任何一个国家都不可能拥有或生产它所需要的一切。通过对外贸易，可以在各国间实现互通有无、调剂余缺，满足多样化的需求。

5）协调国民经济发展

国民经济的各个部门是相互联系、互为市场的，由于自然条件或由于生产、市场等因素的变化，国内常常会出现某些部门的商品供过于求或供不应求的状况。通过对外贸易，可以加强国内外物资交流，从而协调各生产部门的比例关系，保证社会再生产的顺利进行和经济的稳定发展。

6）带动相关经济部门的发展

国民经济的各个部门是相互联系的，对外经济部门的扩大对其余经济部门必将产生一系列的连锁效应。一个国家出口部门越发展，对国民经济中其他经济部门的带动作用越大。

7）实现产业结构升级

基于比较优势的国际分工和国际贸易使经济发展速度加快，资本积累的速度将远高于劳动力和自然资源增加的速度。因此，资本将由相对稀缺变成相对丰富，资本的价格将由相对昂贵逐渐变成相对便宜。企业为了竞争的需要，就要根据相对价格信号的变化，调整产业和技术结构，实现产业结构升级。

8）调整要素收入的分配

在大多数处于发展早期的经济中，劳动力相对资本而言是一种丰富的要素，在市场决定要素价格的条件下，劳动力的相对价格就比较低。这种价格信号会引导生产者生产劳动密集程度较高的产品，采用劳动密集型或资本节约型的技术，从整个社会的角度，劳动力的利用范围就较为广泛，就业也更加充分。然后随着经济的发展，劳动力由相对丰富逐渐变成相对稀缺，工资水平将由相对低逐渐变成相对高。

9）为经济发展创造良好的外部条件

通过对外贸易，各国间可以加强相互合作，扩大彼此交流，这有助于维护和平，改善国际环境，为经济发展创造良好的外部条件。

6.2.2 对外贸易与经济发展关系的理论

1）古典经济学家的观点

古典经济学家认为，国际贸易对资源配置效率起着重要的作用，因而对一国国内经济的运行产生了很大的影响。他们把国际贸易视为间接地影响经济发展的一个决定因素。

（1）亚当·斯密的观点

亚当·斯密假设，一国在开展对外贸易之前处于不均衡状态，存在闲置的资源或剩余产品。当该国由封闭经济转向开放后，便可出口其剩余产品或由闲置资源生产的产品，即对外贸易为本国的剩余产品提供了“出路”。由于出口的是剩余产品或由闲置资源生产的产品，因而无须从其他部门转移资源，也不必减少其他国内经济活动，必然促进该国的经济增长。

亚当·斯密还认为，分工的发展是促进生产率长期增长的主要因素，而分工的程度则受到市场范围的强烈约束。对外贸易与经济发展之间的关系是：对外贸易能够扩大市场，市场的扩大能够促进分工的深化，分工的深化能够促进生产率的提高，从而加速经济增长。

（2）大卫·李嘉图的观点

大卫·李嘉图认为，英国通过废除《谷物法》转向谷物的自由贸易，不仅将获得建立在比较优势基础上的静态利益，而且通过进口可以降低食品价格，制造部门可吸收更廉价的劳动力，从土地所有者那里转移更多的利润，增加资本家的资本积累和投资，加快制造部门的扩张和整个国民经济的增长。

（3）约翰·穆勒的观点

约翰·穆勒认为，对外贸易对于一个资源未能开发的国家来说，可以起到工业革命的作用。他还认为，对外贸易不仅能够取得直接的经济利益，还可获得间接的效果：市场的每一次扩大都具有改进生产过程的趋向，为比国内市场大的市场进行生产的国家，可以采用更广泛的分工，可以更多地使用机器，而且更有可能对生产过程有所发明和改进。

2）对外贸易是经济增长发动机的学说

20世纪30年代，英国经济学家罗伯特逊（Dennis H.Robertson）提出了对外贸易是“经济增长发动机”（the engine of growth）的命题，也称“增长引擎”论。20世纪50年代，美籍爱沙尼亚学者诺克斯（Ragnar Nurkse）进一步补充和发展了这一命题。

诺克斯在对19世纪英国与新移民地区（指美国、加拿大、澳大利亚、新西兰、阿根廷和南非等）的经济发展原因进行研究时认为，19世纪国际贸易为许多国家的经济发展作出了重要贡献，国际贸易如同一架经济增长的发动机，是许多相关国家经济增长的主要动力。一方面，因为各国按比较优势原则进行专业化分工和贸易，使资源得到更为有效的配置，提高了劳动生产率，增加了产量，通过国际交换，各国都以同样的劳动获得多于自己生产的消费量，这是来自对外贸易的静态的、直接的利益。另一方面是对外贸易产生的间接的动态利益，即随着对外贸易的发展，通过一系列的动态转换过程，把经济增长传递到国内各个经济部门，从而带动整个国民经济的全面增长。19世纪的国际贸易具有这样的性质：中心国家的经济迅速增长，通过国际贸易传递到外围的国家去。它是通过对初级产品需求的巨大增长而把经济增长传递到外围国家去的，从而导致外围国家初级产品出口扩大，就业增加，收入提高。外围国家经济的增长又增加了对消费品的需求，进一步刺激了生产的增长。

罗伯特逊、诺克斯及其追随者认为，对外贸易，特别是出口的高速增长是通过以下途径来带动经济增长的：①一国的出口扩大意味着进口能力增强，而进口中的资本货物对经济落后国家的经济增长具有特别重要的意义：资本货物的进口使该国取得国际分工的利益，节约了社会劳动；先进技术设备的进口有助于提高国内技术水平，缩短差距，加快工业化步伐。②对外贸易的发展使国内的投资流向发生变化，资本会越来越集中在具有比较优势的领域，提高生产专业化程度，从而提高劳动生产率。③出口的扩大使一国的市场扩大，从而克服了国内市场相对狭小的弱点，能够进行大规模生产，获取规模经济的利益。④出口的扩大会加强部门之间的相互联系，促进国内统一市场的形成。出口的扩大，还会带动一系列相关部门的发展，并促进国内经济一体化。⑤出口发展使一国出口产业以及相关产业面临激烈的竞争，迫使国内企业加速技术改造，降低成本，提高质量，提高经营管理水平。⑥出口的扩大会鼓励外资的流入，这不但能解决国内投资不足问题，还会引进国外先进技术和管理知识。

但是，诺克斯认为对外贸易是“经济增长发动机”的学说只适用于19世纪。到了20世纪，由于各种条件的变化，这一学说不再适用，即在20世纪，中心国家（发达国家）的经济增长并未通过初级产品需求的增加而把它们的经济增长传递到世界其他国家去。这些变化主要有：

（1）中心国家对外围国家初级产品的需求相对下降。其主要原因是：

① 中心国家的产业结构不断升级，从制成品中原料含量高的工业转向原料含量低的工业。

② 在中心国家国民总收入中，服务部门所占的比重逐步增加，因而对原料的需求相对减少。

③ 由于农产品需求的收入弹性低，中心国家的经济增长并没有带来对农产品需求的同比例增长。

④ 中心国家为了保护国内农业，对进口的农产品施加了各种贸易限制。

⑤ 随着技术的不断进步，工业原料使用效率的提高，对原料需求的增长慢于经济的增长。

⑥ 为稳定供给和降低成本，合成原料和人造原料的开发越来越多地代替了天然原料，降低了对初级产品的需求。

（2）外围国家向中心国家供给初级产品的能力下降。其主要原因是：

① 外围国家的自然资源较少（石油输出国除外），不可再生自然资源的出口能力日益下降。

② 外围国家人口过剩，食物和原材料的增加多被国内自身吸收而难以顾及出口。

③ 流入外围国家的国际资本相对较少，而有技能的劳动者则是在流出而不是

流入，生产能力难以提高。

④ 外围国家为实现赶超，纷纷走上了工业化道路，对国内资源的需求增加，出口相应减少。另外，由于外围国家缺乏资本，为了发展工业，往往在某种程度上降低了对农业的投资，从而阻碍了初级产品出口的发展。

3）对外贸易乘数理论

详见第4章关于马克卢普的对外贸易乘数理论的介绍。

4）有关对外贸易与经济发展的争论

20世纪50年代初期，阿根廷经济学家普雷维什对传统的国际贸易理论提出了尖锐的批评。他强调国际贸易是造成外围国家经济落后的重要原因。如果外围国家按照比较优势原则参与国际分工和贸易，外围国家的产业结构将会长期处于落后的状态，从而在世界经济中处于从属于中心国家的位置。为了摆脱在国际分工体系中的不利局面，普雷维什主张外围国家必须实行工业化，独立自主地发展民族经济，在贸易政策方面，主张实行保护政策，以加快本国的工业化进程（详见中心—外围理论）。

范纳、哈伯勒和其他一些经济学家则对普雷维什的观点持反对意见，他们强调国际贸易对外围国家的经济增长起到了推动作用。外围国家没有理由把国际贸易看作阻碍其经济发展的因素，更不能看作造成其经济发展落后的主要原因。

对于国际贸易是否给外围国家经济发展造成不利影响的这场争论，问题的关键就在于是用静态的方法还是用动态的方法来运用比较优势理论。对于外围国家来说，不应当仅仅满足于传统的比较优势而忽视本国的工业化与现代化，否则长此以往会使其在国际贸易中处于非常不利的地位。因此，如何利用外围国家的比较优势发展对外贸易，并同时促进本国经济的发展是大多数外围国家需要解决的问题。不过，虽然外围国家遇到了本国贸易条件恶化的情况，也不能因此从根本上否认国际贸易对其经济发展的促进作用。

5）内生性增长理论

20世纪80年代中后期，罗莫（Paul Romer）和卢卡斯（Robert Lucas）提出了内生性增长理论，为对外贸易与经济发展相互关系的理论提供了新的依据。

罗莫把知识积累看作经济增长的一个独立因素，认为知识可以提高投资的效益，知识积累是现代经济增长的重要源泉。国际贸易可以使知识在世界范围内加快积累，使世界总的产出水平提高。对穷国来说，国际贸易可以引入发达国家的新技术来提高本国的劳动生产效率，同时，引进新技术还可以节约本国的研究与开发费用，而把这部分资源用于新投资，这样就可以促进穷国经济迅速发展而缩短与富国之间差距。

卢卡斯认为，只有特殊的、专业化的、表现为劳动者劳动技能的人力资本才是经济增长的真正源泉。人力资本的形成除了到学校学习外，还可以通过边干边学的方式，这就为教育经费缺乏的发展中国家提供了一个积累人力资本的新思路：从国外引进高科技产品，通过直接操作新设备或消费新产品等方式在实践中积累经验，学习掌握高新技术。

6.3 发展中国家的贸易战略

6.3.1 贸易战略的内涵

贸易战略是指一国或地区通过国际分工方式和程度的选择而影响国内资源配置和竞争效率的一整套贸易政策或制度。

贸易战略的内涵包括以下六个方面：

1）贸易战略是经济发展战略的组成部分

从贸易和经济发展的一般关系来看，贸易战略是整个经济发展战略的一个组成部分，它必须服从、服务于经济发展战略的要求。

2）贸易战略的本质是工业化战略

从上一节的分析中可以看出，20世纪以来发达国家的经济增长并没有给发展中国家带来多大好处，发展中国家要彻底摆脱贫困，走向富裕和发达，并能在国际市场上与发达国家展开公平竞争，就必须实现工业化和现代化。在经济发展文献中，贸易战略和工业化战略常常是一起讨论的，贸易政策是工业化战略的支点，对于发展中国家来说，工业化战略与贸易战略在某些情况下几乎是同义语。

3）贸易战略的核心是参与国际分工的立场和方式

贸易战略需要解决的是一个国家或地区面对国内、国外两种资源、两个市场的情况下，采取什么样的国际分工方式来促进经济增长。因此，贸易战略可以被视为以国际经济为背景的经济发展战略，即如何依据国际分工和国际经济关系来配置本国资源和发展本国经济。

4）贸易战略体现着政府对经济的干预

战略是一整套规划、设想、政策措施的集合，它超前于客观事物的发展，其本身就与放任主义相对立。政府是贸易战略的制定者和执行者，制定贸易战略的目的是干预工业化进程。因此，没有政府的积极引导和干预，就不会有贸易战略。

5）产业政策是贸易战略的灵魂

贸易战略实质是以国际经济环境为背景的产业发展战略。依据什么原则挑选幼稚产业，对幼稚产业采取何种保护与扶持政策，对国内各产业实行什么样的内销或外销政策，这些是任何一个贸易战略都需要回答的问题。所以，贸易战略不仅包括贸易政策，而且还包括扶持或限制产业发展的财政政策、金融政策、竞争政策等。多种政策复合而生的产业政策是贸易战略的灵魂。

6）贸易战略的制定必须防止教条主义

（1）贸易战略没有一成不变的模式

对广大发展中国家和地区来说，不存在可供选择的贸易战略，只存在可以参考的以贸易政策为基点的工业化经验。下文中贸易战略的类型只是理论上的划分，不存在非此即彼的选择，各国需要根据自己的工业化目标、国内外经济环境和其他国家的经验制定自己的贸易战略。

（2）贸易战略是时间的函数

贸易战略优劣的评价和贸易战略的制定都必须考虑当时的国际和国内经济环境。同一国家在不同的历史时期，由于其面临的国内外经济环境的变化，贸易战略会不断作出调整；在同一历史时期，不同国家由于面临不同的国内外经济环境，其贸易战略也会有差异。

6.3.2 贸易战略的分类

贸易战略的分类通常是以“对内销和外销奖励制度是否为中性”为标准。基于这一共识，经济学家和国际组织依据各自不同的研究目的和研究方法，对发展中国家实行的贸易战略进行了归类和总结。比较有影响的分类方法主要有以下三种：

1）钱纳里分类法

钱纳里等基于多国计量模型的分析和比较，总结出准工业化国家有3种贸易战略可供选择，即出口促进战略、进口替代战略和平衡战略。此外，钱纳里在研究贸易战略与经济增长的关系时，还提出了一种贸易自由化战略。该战略的政策特点是：“对进口替代和出口活动都无明显的激励。这种情况适合于相对自由的贸易体制，该体制没有什么数量控制，也很少采取同价格相关的措施。”①

2）克鲁格分类法

克鲁格根据统计数据对第二次世界大战后10个发展中国家制造业的有效保护率进行了测算，并归纳出发展中国家实际执行的贸易战略主要有3种类型，即出口促进战略、进口替代战略和温和的进口替代战略。

3）世界银行分类法

1987年世界银行根据1963—1985年41个国家和地区的资料，把贸易战略分为坚定外向型战略、一般外向型战略、一般内向型战略和坚定内向型战略。②

（1）坚定外向型战略

由于进口壁垒而产生对出口的抑制在不同程度上为对出口的奖励所抵消。从这个意义上讲，不存在对贸易的控制，或者控制程度很轻微。不采用或很少采用直接控制和许可证办法；维持一定的汇率使可能的进口和出口贸易的实际汇率大体相等。

（2）一般外向型战略

奖励制度总的结构有偏向性，注重为内销生产，不重视为外销生产，但对本国市场的实际平均保护率较低，实际保护率的高低幅度也较小。使用直接控制和许可证办法是有限度的，虽然对出口贸易有某些直接奖励，但它们并不抵消对进口的保护。对进口贸易的实际汇率略高于对出口贸易的汇率，但差别很小。

---

① 钱纳里，鲁宾逊，赛尔奎因．工业化和经济增长的比较研究［M］．吴奇，王松宝，等译．上海：上海三联书店，上海人民出版社，1995：230.

② 世界银行．1987年世界发展报告［M］．北京：中国财政经济出版社，1987：84-85.

（3）一般内向型战略

奖励制度总的结构明显地对内销的生产有利。对本国市场的实际平均保护率较高，实际保护率的高低幅度较宽。广泛实行对进口的直接控制和许可证办法。虽然对出口可能给予一些直接奖励，但有明显的反进口偏向，汇率也定值过高。

（4）坚定内向型战略

奖励制度总的结构强烈地袒护为内销组织的生产。对本国市场的实际平均保护率很高，实际保护率的高低幅度较宽。普遍实行直接控制和许可证制度以限制传统的出口部门，对非传统的可出口商品很少或没有积极的奖励，汇率定值高出很多。

由于贸易战略的划分指标并没有严格的间断点，因此“三分法”和“四分法”并无本质区别。依据钱纳里等和世界银行对贸易战略的定义，可以大致认为贸易自由化战略、出口替代战略均属于坚定的外向型战略，平衡型等同于一般外向型（更接近于克鲁格的温和进口替代型），进口替代战略合并了一般内向型和坚定内向型两种类型。

6.3.3 进口替代战略

进口替代（import substitution），是指采取保护措施，发展国内制造业，逐渐以国内生产的制成品代替进口制成品。

1）进口替代战略的主要政策措施

（1）执行保护贸易政策是实施进口替代战略的基本政策，其主要内容是，通过关税和非关税壁垒手段限制甚至完全禁止外国制成品特别是消费品的进口，以维持本国新建产业的发展空间。

（2）实行严格的外汇管理政策，以便将有限的外汇用于经济发展最急需的一些领域，例如进口原料、国外先进技术和设备等资本货物。在汇率方面，通常实行复汇率制度，对有关国计民生的必需品和资本货物进口实行币值高估的政策，以降低进口成本；对非必需品的进口，实行币值低估的政策，提高进口成本进而限制进口。

（3）实行优惠的投资政策。为加速国内资本积累，国家给予进口替代工业以财政、税收、价格和信贷等方面的优惠政策，以促进其发展。

2）进口替代战略的优点

（1）国内工业产品的市场已经存在，给进口替代工业提供了国内市场的基础，从而降低了新建工业取代进口的风险。

（2）减少贸易赤字的方法包括扩大出口和减少进口，而对发展中国家来说，限制进口比迫使发达国家降低贸易壁垒以允许它们出口制成品要可行得多。

（3）实行进口替代战略国家的工业特别是制造业得到了迅速发展，将推动这些国家的经济发展。此外，进口替代工业的发展，还有利于培养本国的管理技术人员，带动教育、文化事业的发展，获得工业化带来的动态利益。

（4）进口替代战略促进了发展中国家的产业结构的升级换代，改变了以往单一畸形的经济结构。

（5）进口替代战略加强了一些发展中国家的经济自立程度。

（6）由国内生产来替代进口，可减少外汇开支，减轻国际收支压力。

（7）进口替代的贸易保护政策，有可能促使发达国家增加对发展中国家的直接投资，以绕过发展中国家的贸易壁垒。外资的流入对于经济发展无疑有积极作用。

3）进口替代战略的缺点

（1）工业保护主义政策造成了价格扭曲，从而导致资源配置的扭曲，产生价格高昂而质量低劣的国内产品。

（2）在保护政策下成长起来的国内工业习惯于在没有外国竞争的环境下成长，因而缺乏进一步提高效率的动力。保护国内市场，对缺乏经验的发展中国家的企业家来说是最容易接受的。但保护政策本身并不能使本国工业具有竞争力，如果本国企业家满足于在保护政策下获得高额利润，而不是设法提高效率，必定会妨碍经济的进一步发展。而且出于政治、经济、社会安定（如就业）的考虑，保护容易撤销难。

（3）如果国内市场狭小，则不能利用规模经济的优势，致使进口替代导致工业的低效率。

（4）在简单的制成品被国内生产替代后，必须生产资本更密集、工艺更先进的进口替代品，难度亦会随之增大。

（5）保护主义政策容易招致他国报复，另外币值高估也对本国传统产品出口造成不良影响。

（6）资本货物和中间产品的大量进口，可能使原来旨在克服外汇短缺瓶颈的进口替代战略反而促使国际收支状况进一步恶化。

（7）进口替代政策还可能导致发展中国家存在的二元经济结构进一步强化，阻滞整个国家经济现代化的进程。

（8）政府实施进口替代战略时，投资重点往往是那些资本密集型的重化工业，包括大型基础设施建设，这些投资项目对增加国内就业的作用相对有限。

6.3.4　出口替代战略

出口替代（export substitution），是指采取鼓励措施发展国内面向出口的工业，用工业制成品和半制成品的出口来代替传统的初级产品出口。

1）出口替代战略的主要政策措施

（1）在贸易政策方面，推行贸易自由化政策，在放松进口管制的基础上大力促进出口，如出口退税、出口补贴、出口信贷和保险、对出口部门所需的中间产品减免关税等。同时积极参与国际合作，努力拓展外部市场。

（2）在外汇和汇率政策上，除了给出口企业和出口商优先提供外汇或实行外汇留成、出口奖励等措施外，还实行本币对外贬值的政策，增强本国出口产品的国际竞争力。

（3）在投资政策上，对面向出口的企业提供减免企业所得税等方面更大的优惠，对出口工业企业规定加速折旧，对这些企业优先提供原材料、土地、基础设施和其他服务。

（4）采取优惠措施，吸引外资和外国的先进技术，以解决国内资金和技术的缺乏。

2）出口替代战略的优点

（1）可以超越狭小的国内市场的限制，开拓国际市场，充分利用规模经济的优势。

（2）更为激烈的竞争刺激了国内工业效率的提高。

（3）充分利用一国的比较优势，避免了价格和资源配置的扭曲。

（4）出口的扩大有利于缓解发展中国家的外汇短缺问题。

（5）出口进而生产的扩大能够提供更多的就业机会。

（6）开放的政策和资源优势对外国投资有较大的吸引力。

3）出口替代战略的缺点

（1）使发展中国家的经济严重依赖国际市场，在很大程度上要受到国际市场兴衰的影响。

（2）由于来自发达国家已建立的高效率工业的竞争，发展中国家建立出口工业可能会非常困难。

（3）发达国家经常采取措施保护自己的劳动密集型产业，而这些产业正是发展中国家已经或很快具有比较优势的产业。

（4）大量引进外资可能使某些工业部门受到外资的控制，而且每年汇出的利润相当可观；如果国内经济发展受阻或偿债安排不当，可能引发债务危机。

（5）面向国外的工业部门发展较快，而一些面向国内市场的企业则发展较慢，加剧了经济发展的不平衡。

6.3.5 进口替代还是出口替代

进口替代战略和出口替代战略的共同点是二者都主张发展工业化，都主张提升产业结构。其区别在于侧重点不同，进口替代战略侧重于发展能够替代进口产品的工业，而出口替代战略则侧重于发展能够提高出口附加值的工业；进口替代战略强调开拓国内市场资源，出口替代战略则强调开拓国际市场。

进口替代战略和出口替代战略孰劣孰优？20世纪60年代以来世界经济实践似乎证明了出口替代优于进口替代，因为实行出口替代战略的国家和地区，尤其是“亚洲四小龙”实现了经济的高速增长，创造了“东亚奇迹”；而许多一直致力于进口替代战略的国家（如印度、巴基斯坦、阿根廷）没有显示出赶上发达国家的任何迹象，部分国家已转而实行偏重出口替代的战略。这一事实使人们开始对进口替代战略进行攻击，世界银行1985年年度报告在对发展中国家的外贸政策进行了广泛的考察后也认为，出口替代战略要优于进口替代战略。

其实采用进口替代战略的国家也不乏成功的范例。巴西长期以来推行的是一条进口替代工业化战略，在20世纪60年代末70年代初创造了经济高速发展的“巴西奇迹”，被视为拉丁美洲的新兴工业化国家和地区。据统计，直到20世纪60年代中期，巴西的进口依存度一直很低，且逐渐下降，直到1980年才超过10%。巴西由于国内市场广阔，又长期坚持进口替代，出口依存度也很低。到20世纪60年代重化学工业化达到了相当发展的阶段，工业制成品的出口额仅占总出口额的8.1%。如果从产业结构来看，尽管当时制造业占国内生产总值近30%，但90%以上的出口产品属初级产品。只是到了20世纪60年代后半期，尤其是在1968年以后，才逐渐转向实施促进工业制成品出口的政策。此后工业制成品出口比重逐步上升，到20世纪80年代中期，工业制成品出口占出口总额达55%。但是，即使是在经济高速成长、出口迅速扩大的时期（1968—1974），巴西也没有像韩国、中国台湾那样，实现由进口替代政策向出口替代政策的转变，而是执行一条进口替代与出口鼓励相结合的政策，仍基本上继承了原来的进口替代政策，贸易政策也是始终服务于进口替代工业化目的。

即使采取出口替代战略实现经济高速增长的亚洲“四小龙”，除中国香港由于历史原因外，也都曾经实行过进口替代战略。新加坡在经济恢复时期（1959—1965）实行的是温和的进口替代政策，工业化的重点放在优先发展劳动密集型的进口替代工业上，以解决当时存在的转口贸易衰退和国内严重的失业问题，1965年8月转而实行出口替代发展战略。中国台湾和韩国在20世纪50年代主要是实行进口替代战略，20世纪60年代前后开始转向出口替代战略，但与中国香港和新加坡不同的是，即使是在实行出口替代战略时期，也并未完全放弃进口替代的贸易保护政策，而是出口鼓励与进口保护并重，在工业竞争力不断提高的前提下，逐步减少贸易保护，放松外汇管制，实现商品和资金流动的自由化和国际化。

两种战略获得成功都有其特定的条件。一般而言，大国由于内部市场广阔，其在选择贸易发展战略时有较大的余地。在发展中国家中，巴西实行的进口替代战略是比较成功的，这与巴西是一个幅员辽阔、人口众多、资源丰富的发展中大国，国内市场容量较大有关。出口替代战略几乎是小国的唯一选择。获得成功的发展中国家和地区具有一些共同特征，即资源缺乏，内部市场狭小。同时国际贸易环境对出口替代战略能否奏效和成功关系极大。20世纪70年代前后，也正是国际政治开始走向缓和、欧美工业化国家经济结构出现明显调整的时候。经过20余年的高速经济增长，这些工业化国家经济中出现了劳动成本上升、企业之间竞争加剧的形势，一些大型跨国企业开始寻求海外加工基地。在这样的背景下，采取出口替代战略的国家和地区的经济获得了快速发展。20世纪80年代以来，世界政治进一步走向缓和，以欧美大型跨国企业为主体的力量推动了经济全球化在世界范围内的发展。这些发展中国家和地区实行的出口替代战略客观上与经济全球化趋势相吻合，从而确立了其在发展政策选择上的主流地位。

无论是从理论上分析还是从实践中看，出口替代战略和进口替代战略并不是完全对立的，出口替代战略的成功并不能否定进口替代在发展中国家经济发展进程中的作用。发展中国家的工业品生产有一个赶超外国产品的过程，它出现在国内市场上是进口替代，出现在国际市场上就是出口化的步骤，两者的共同目标是本国的工业化。就是在同一时期，在不同产业、商品之间也会进行着进口替代和出口替代，因而在同一时期内并存着进口替代政策和出口鼓励政策，这在一些发展中国家的发展过程中屡见不鲜。

纵观发展中国家和地区的经济发展历程，凡取得成功的国家和地区，无一不是采取了符合国际经济环境和本国本地区特点的正确的贸易战略，并根据不断变化的情况进行调整，及时抓住了发展机遇。只要运用得当，进口替代战略和出口替代战略都可能推动发展中国家的经济发展。运用不当，都可能给经济发展带来消极影响。例如，在实行进口替代战略时，如果产业保护导致资源配置过度扭曲，就会影响长期经济成长过程。实行出口替代战略如没有必要的保护，过早实行“贸易自由化”，国内产业结构又不能及时调整，不具备国际竞争力的产业就根本无法走向国际市场，“出口替代”也就无从谈起。

第二次世界大战后几十年的发展经验和亚洲金融危机的教训表明，在各国经济相互依赖、相互联系日益加深的今天，在国际关系相对平等化的今天，发展中国家在制定贸易战略时，所面对的问题不在于要不要利用国际资源，而在于怎样去利用国际资源；不是自由贸易还是保护贸易的问题，而是以何种方式、何种程度参与国际分工的问题。因此，发展中国家要把进口替代战略与出口替代战略结合起来，把以培育长期出口产业为目标的、有选择性的产业培育政策和中、短期的出口扶植政策结合起来。

●本章小结

1.经济增长的原因包括生产要素的增长和技术进步。经济增长分为顺贸易型增长、逆贸易型增长和贸易中性增长三种类型。

2.对外贸易对经济发展有重要的促进作用。亚当·斯密认为，对外贸易能够扩大市场，市场的扩大能够促进分工的深化，分工的深化能够促进生产率的提高，从而加速经济增长；对外贸易还可以为本国的剩余产品提供“出路”。大卫·李嘉图认为，自由贸易不仅能获得静态利益，而且可以通过降低食品价格压低工资，加快制造部门的扩张和整个经济的增长。约翰·穆勒认为，对外贸易对于一个资源未能开发的国家来说，可以起到工业革命的作用。罗伯特逊提出了对外贸易是“经济增长发动机”学说。马克卢普提出对外贸易乘数理论。罗莫和卢卡斯提出了内生性增长理论。普雷维什则对传统的国际贸易理论提出了尖锐的批评。

3.贸易战略是指一国或地区通过国际分工方式和程度的选择而影响国内资源配置和竞争效率的一整套贸易政策或制度。

4.进口替代是指采取保护措施，发展国内制造业，逐渐以国内生产的制成品代替进口制成品，其主要政策措施包括保护贸易政策、严格的外汇管理政策和投资导向政策。出口替代是指采取鼓励措施发展国内面向出口的工业，用工业制成品和半制成品的出口来代替传统的初级产品出口，其主要政策措施包括贸易自由化政策、本币贬值政策和投资导向政策。进口替代战略和出口替代战略的共同点是二者都主张发展工业化，都主张提升产业结构。其区别在于，进口替代战略侧重于发展能够替代进口产品的工业，而出口替代战略则侧重于发展能够提高出口附加值的工业；进口替代战略强调开拓国内市场资源，出口替代战略则强调开拓国际市场。

●延伸阅读

1.张幼文，等. 外贸政策与经济发展［M］. 上海：立信会计出版社，1997.

2.林毅夫，蔡昉，李周. 中国的奇迹：发展战略与经济改革［M］. 增订版. 上海：格致出版社，上海三联书店，上海人民出版社，2014.

3.王允贵. WTO与中国贸易发展战略——中技术产业优先发展的实证分析［M］. 北京：经济管理出版社，2002.

4.罗德瑞克. 让开放发挥作用：新的全球经济与发展中国家［M］. 熊贤良，等译. 北京：中国发展出版社，2000.

5.刘力. 内撑外开：发展中大国的贸易战略［M］. 大连：东北财经大学出版社，1999.

6.张伟. 后发优势与贸易发展［M］. 北京：中国社会科学出版社，2003.

●基本概念

贸易战略　进口替代　出口替代

自测题
多选题

●复习思考题

1.对外贸易对经济发展的促进作用表现在哪几个方面？

2.简述对外贸易是经济增长发动机的学说的主要内容，并进行简要评论。

自测题
判断题

3.什么是贸易战略？为什么说贸易战略的制定必须防止教条主义？

4.什么是进口替代战略？其主要政策措施有哪些？进口替代战略有何优、缺点？

5.什么是出口替代战略？其主要政策措施有哪些？出口替代战略有何优、缺点？

●附录

附录6-1　生产要素的平衡增长与非均衡增长

图6-1左图表示的是生产要素的平衡增长，生产可能性曲线按两要素的增长比

率以不变的斜率向外移动，这时，移动前后的生产可能性曲线与源自原点的射线相交的各点有着相同的斜率 P_X/P_Y。

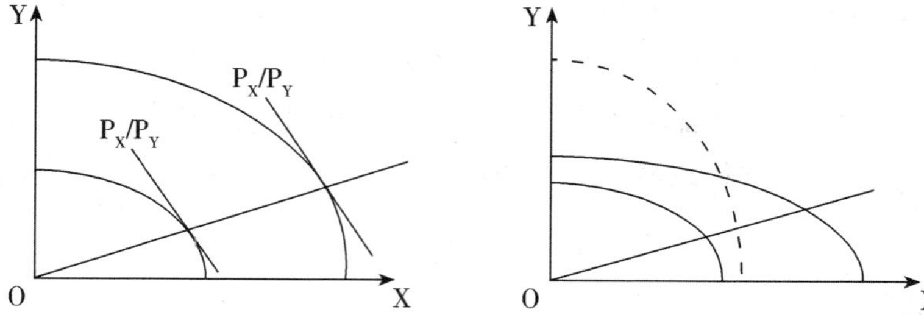

图6-1　劳动与资本的增长

图6-1右图说明了仅有劳动或资本增长时的情况。仅有劳动增加时，曲线更多地向劳动密集型商品X轴方向扩展。仅有资本增加时，曲线更多地向资本密集型商品Y轴方向扩展。当两种生产要素按照不同的比率增长时，从原点引出的同一射线上作出的两条生产可能性曲线的切线，它们的斜率是不同的，说明要素的增长导致了两种商品按照不同的规模扩大生产。

附录6-2　技术进步

（1）技术进步的类型

英国经济学家约翰·希克斯（John R.Hicks）根据技术进步对资本和劳动生产要素节约程度的影响，将技术进步分为3种类型：

① 中性技术进步（neutral technical progress）。中性技术进步是指生产单位产品时，技术进步使所需要的劳动与资本得到同一比例的节约，或者说，技术进步使生产单位产品时，对劳动和资本的利用率同比率地提高了，资本—劳动投入比例保持不变。

② 劳动节约型技术进步（labor-saving technical progress）。劳动节约型技术进步是指技术进步导致劳动要素生产率的增长快于资本要素生产率的增长，或者说，技术进步使生产单位产品中劳动含量减少程度大于资本含量的减少程度，资本—劳动投入比例上升。

③ 资本节约型技术进步（capital-saving technical progress）。资本节约型技术进步是指技术进步导致资本要素生产率的增长快于劳动要素生产率的增长，或者说，技术进步使生产单位产品中资本含量减少程度大于劳动含量的减少程度，资本—劳动投入比例下降。

上述3种技术进步可以表示为在任何指定产量水平下等产量曲线向原点的移动，这意味着在技术进步之后，任一给定的产出水平所需要的要素投入量也减少了。如图6-2所示，图中横轴为劳动要素的数量，纵轴为资本要素的数量，E_0为技术进步前等产量线与等成本线的切点，E_1为技术进步后相同等产量线与等成本线的切点。从图6-2左图中可以看出，在相同产量条件下，需要投入的劳动和资本同比例地下降了，即中性技术进步。中图表示在相同产量条件下，需要投入的劳动减少幅度大于资本减少幅度，即劳动节约型技术进步。右图表示在相同产量条件下，需要投入的资本减少幅度大于劳动减少幅度，即资本节约型技术进步。

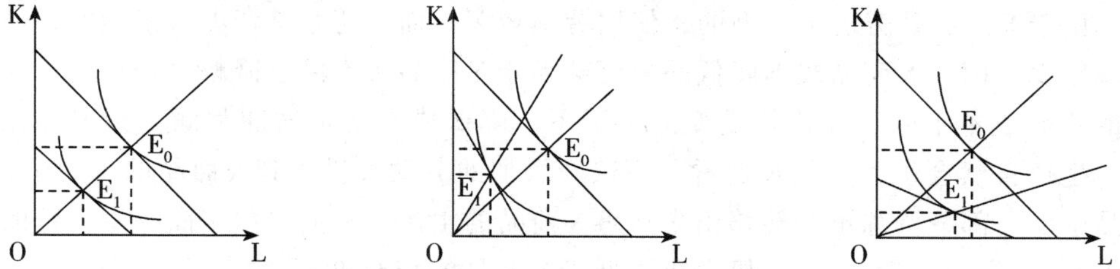

图6-2 中性、劳动节约型、资本节约型技术进步

（2）技术进步与一国的生产可能性曲线

技术进步的作用同生产要素增长的作用类似，所有类型的技术进步都会引起一国的生产可能性曲线外移，外移的类型和程度取决于技术进步的类型和速度。这里只讨论中性技术进步。

当一国两种商品（X商品和Y商品）生产中的中性技术进步速度相同时，该国的生产可能性曲线按照技术进步发生的速度均匀外移，这与生产要素平衡增长的效应相同。移动前后的生产可能性曲线与源自原点的射线相交时，各点有着相同的斜率，如图6-3左图所示。图6-3右图说明的是技术进步仅在X商品或仅在Y商品的生产中发生的情况。假设生产X商品的资本和劳动生产效率提高一倍而生产Y商品的资本和劳动生产效率不变，对Y商品每一水平的产出来说，X商品的产出都增加一倍。如果此时该国把所有资源都用于无技术进步的Y商品的生产中，其产量仍保持不变。当仅有生产Y商品的生产要素效率增加时，其结果正好同前面的情况相反。

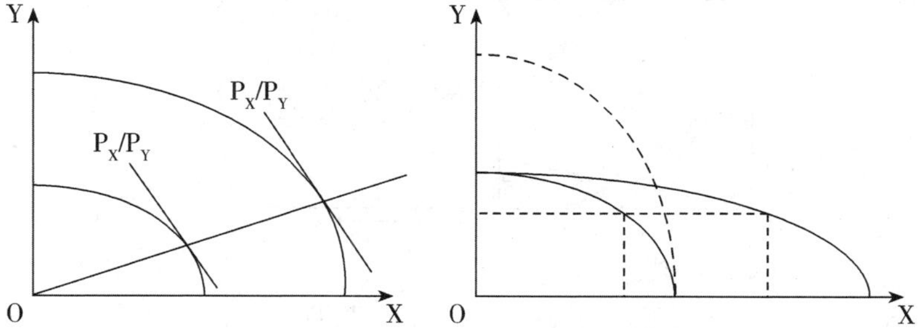

图6-3 中性技术进步与生产可能性曲线

附录6-3 不同类型国家的经济增长与贸易变动

由于经济规模、生产能力以及经济发展水平不同，各国在国际市场上的地位是不同的，其对国际市场价格的影响也不相同。因此，不同类型国家的经济增长对贸易的影响是不同的。

（1）小国经济增长与贸易变动

①罗布津斯基定理

假设小国甲国的劳动要素增长超过资本要素增长，则该国使用劳动的成本降低。由于X商品是劳动密集型的，使用劳动较多，而Y商品是资本密集型的，使用劳动较少，因此X商品成本降低的幅度会大于Y商品成本的下降幅度，即生产X商品的机会成本下降。在价格不变的情况下，降低成本就是增加利润。只要存在利润，生产自然会扩大。从长期看，不仅新增加的劳动会投入到X商品的生产中，Y商品中的一部分资源也会转移出来从事X商品的生产，从而导致Y商品生产量的绝对下降。只要生产X商品的机会成本低于Y商品的相对价格，X商品生产的扩张就不会停止，直到生产X商品的机会成本重新上升到与Y商品的相对价格相同。英国经济学家罗布津斯基（T.M.Rybczynski）论证了这一现象，提出了罗布津斯基定理（Rybczynski theorem）。

罗布津斯基定理认为，在商品相对价格不变的条件下，一种要素的增长将引起密集使用该要素的商品生产扩大，使密集使用其他要素的商品生产缩小。

图6-4是利用埃奇沃思盒状图（Edgeworth Box）对罗布津斯基定理加以解释。在上图中，横轴代表甲国的劳动要素存量，纵轴代表资本要素存量，劳动密集型商品X从O点出发，在给定的技术条件下按一定的组合进行生产。同样，资本密集型商品Y从O′点出发进行生产。上图中的E点是甲国生产资源得到充分利用时两种产品的产量组合，此时X商品的产量为X_1，Y商品的产量为Y_1。当甲国的劳动要素增加而资本要素不变时，该国的盒状图向右延伸，这时在新的均衡点E^*点生产，X商品的产量扩大为X_2，而Y商品的产量则下降到Y_2的水平。下图是上图的一般均衡图示。

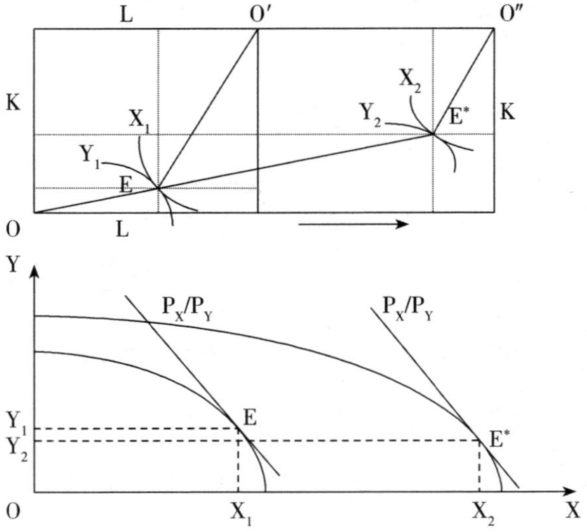

图6-4　罗布津斯基定理的几何证明

②小国经济增长与贸易变动

我们以生产要素增长引起的经济增长为例分析小国的情况。

如果小国发生的是顺贸易型增长，即出口商品生产部门密集使用的要素增长超过进口替代商品生产部门，由于相对价格不变，根据罗布津斯基定理，出口商品的生产将扩大，提高了出口能力，同时进口替代商品的生产将缩小，增加了对国外商品进口的需求。该国无论出口量还是进口量都比以前增加了，福利水平也比以前有所提高。如图6-5左图所示，在经济增长前，甲国在B点生产，出口BC单位的X商品，进口CE单位的Y商品，在E点消费；如果劳动要素增长超过资本要素增长，甲国会在B′点生产，出口B′C′单位的X商品，进口C′E′单位的Y商品，在E′点消费，福利水平从无差异曲线Ⅰ提高到Ⅱ。图6-5右图表示甲国的提供曲线由经济增长前的1向右扩展为1*，贸易规模扩大了。

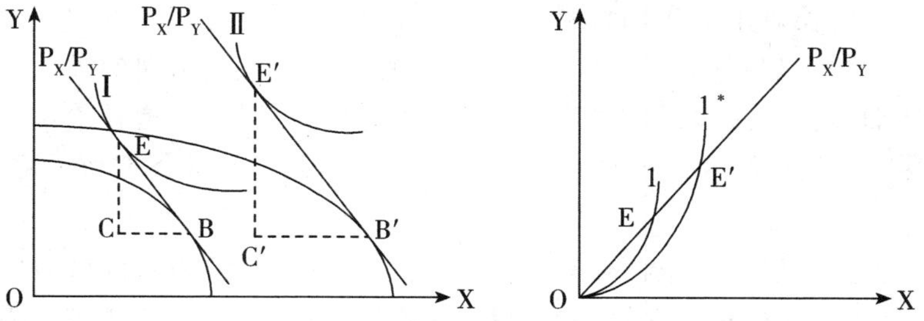

图6-5 小国顺贸易型增长与贸易变动

如果小国发生的是逆贸易型增长，即进口替代商品生产部门密集使用的要素增长超过出口商品生产部门，由于相对价格不变，根据罗布津斯基定理，一方面进口替代商品的生产将扩大，造成进口的削减；另一方面，出口商品的生产将缩小，造成出口能力的降低，整个贸易量会因此而减少，但福利水平会比以前有所提高。如图6-6左图所示，在经济增长前，甲国在B点生产，出口BC单位的X商品，进口CE单位的Y商品，在E点消费；如果资本要素增长超过劳动要素增长，甲国会在B′点生产，出口B′C′单位的X商品，进口C′E′单位的Y商品，在E′点消费，福利水平从无差异曲线Ⅰ提高到Ⅱ。图6-6右图表示甲国的提供曲线由经济增长前的1向左移动至1*，贸易规模缩小了。

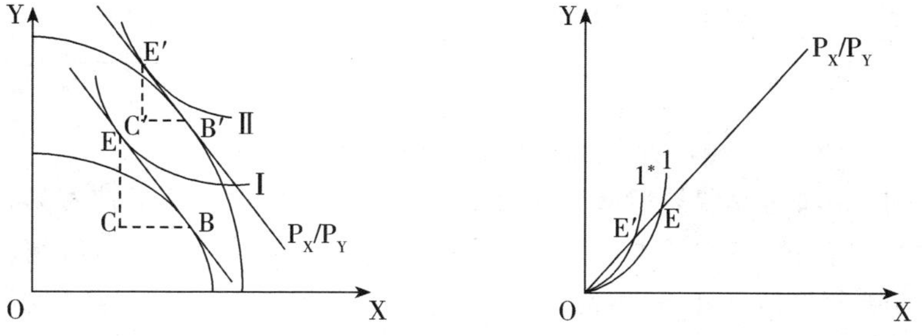

图6-6 小国逆贸易型增长与贸易变动

（2）大国经济增长与贸易变动

我们仍以生产要素增长引起的经济增长为例分析大国的情况。

①出口大国的顺贸易型增长与贸易变动

如果出口大国发生的是顺贸易型增长，即出口商品生产部门密集使用的要素增长超过进口替代商品生产部门，出口商品的生产将扩大，提高了出口能力。由于该国是出口大国，其出口能力的提高和出口量的增加会造成国际市场供给的增加，在需求不变的情况下，会造成出口商品国际市场价格的下跌。顺贸易型增长对出口商品的生产具有双重影响：一方面由于生产出口商品的机会成本下降而促进其生产和出口扩大；另一方面，大国出口增加造成出口商品相对价格下跌，又对生产造成负面影响，从而降低了出口商品生产的增长幅度。同样，进口替代商品的生产既会由于其机会成本的上升而减少，也会因为其相对价格的提高而增加。

顺贸易型增长对出口大国贸易量的影响也是不确定的：一方面，出口商品生产的增加会增加出口；另一方面，贸易条件的恶化和可能出现的国内进口替代商品生产的增加会减少进口。由于贸易条件的恶化，顺贸易型增长给出口大国带来的经济福利的增加会小于小国，一部分经济增长的福利会被贸易条件恶化所抵消。

如图6-7左图所示，在经济增长前，X商品与Y商品的相对价格为P_X/P_Y，甲国在B点生产，出口BC单位的X商品，进口CE单位的Y商品，在E点消费；如果劳动要素增长超过资本要素增长，X商品与Y商品的相对价格变为（P_X/P_Y）′，甲国会在B′点生产，出口B′C′单位的X商品，进口C′E′单位的Y商品，在E′点消费，福利水平从无差异曲线Ⅰ提高到Ⅱ（如果相对价格不变，甲国会在无差异曲线Ⅲ上的E″点消费）。图6-7右图表示甲国在提供曲线上的均衡点由E点转移到E′点的变化情况（如果相对价格不变，则由E点转移到E″点）。

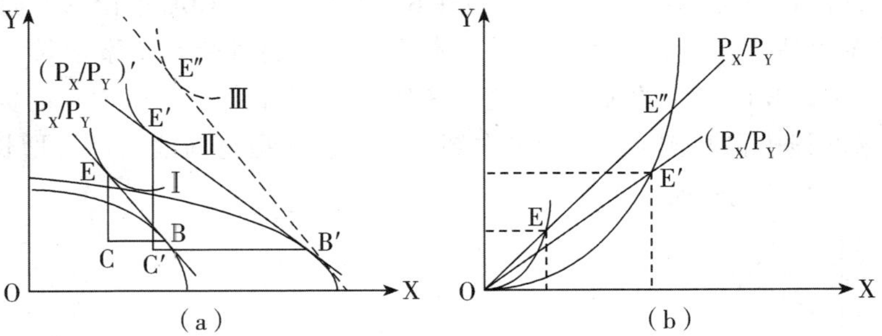

图6-7　出口大国顺贸易型增长与贸易变动

如果出口大国的顺贸易型增长使其贸易条件严重恶化，从而使贸易条件恶化造成的福利损失超过经济增长本身带来福利，出现福利的净下降，这种情况被美国经济学家巴格沃蒂（Jagdish N.Bhagwati）称为“福利恶化型增长”或“不幸的增长”（immiserizing growth）。

如图6-8所示，在经济增长前，X商品与Y商品的相对价格为P_X/P_Y，甲国在

E点消费；如果劳动要素增长超过资本要素增长，贸易条件恶化，X商品与Y商品的相对价格变为（P_X/P_Y）′，甲国在E′点消费，福利水平从无差异曲线Ⅰ下降到Ⅱ。

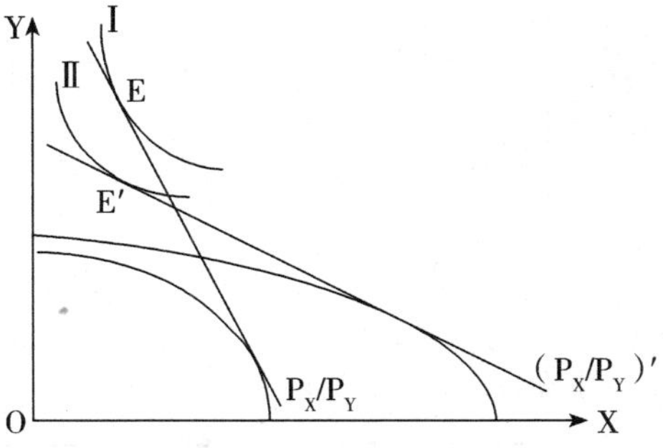

图6-8　福利恶化型增长

福利恶化型增长可能在下列情况下发生：(a) 增长发生在出口部门，并使出口大大增加；(b) 该国是出口大国，出口增加过大会导致贸易条件恶化；(c) 国际市场对该出口商品的需求缺乏弹性；(d) 该国对贸易的依赖程度很强，以至于贸易条件的恶化将引起国家福利的下降。当然，这种情况在现实世界中并不多见，福利恶化型增长的分析主要从理论上指出了这种情况出现的可能性，也在实践中为各国（尤其是发展中国家）制定经济发展战略提出了一种应当避免的结果。

②进口大国的逆贸易型增长与贸易变动

如果进口大国发生的是逆贸易型增长，即进口替代商品生产部门密集使用的要素增长超过出口商品生产部门，进口替代商品的生产将扩大，造成进口的削减。由于该国是进口大国，其进口替代商品生产能力的提高会造成国际市场需求的下降，在需求不变的情况下，会造成进口商品国际市场价格的下跌。

逆贸易型增长对进口替代商品的生产也具有双重影响：一方面由于生产进口替代商品的机会成本下降而促进其生产扩大和进口削减；另一方面，大国进口削减造成进口商品相对价格下跌，又对生产造成负面影响，从而降低了进口替代商品生产的增长幅度。同样，出口商品的生产既会由于其机会成本的上升而减少，也会因为其相对价格的提高而增加。

逆贸易型增长对进口大国贸易量的影响也是不确定的：一方面，进口替代商品生产的增加会减少进口；另一方面，贸易条件的改善和可能出现的出口商品生产的增加会增加进口。由于贸易条件改善，逆贸易型增长给进口大国带来的经济福利的增加会大于小国，进口大国不仅得到了本国经济增长的好处，而且还得到了贸易条件改善的好处。

如图6-9左图所示，在经济增长前，X商品与Y商品的相对价格为P_X/P_Y，甲国在B点生产，出口BC单位的X商品，进口CE单位的Y商品，在E点消费；如果资本要素增长超过劳动要素增长，X商品与Y商品的相对价格变为（P_X/P_Y）′，甲国会在B′点生产，出口B′C′单位的X商品，进口C′E′单位的Y商品，在E′点消费，福利水平从无差异曲线Ⅰ提高到Ⅱ（如果相对价格不变，甲国会在无差异曲线Ⅲ上的E″点消费）。图6-9右图表示甲国在提供曲线上的均衡点由E点转移到E′点的变化情况（如果相对价格不变，则由E点转移到E″点）。

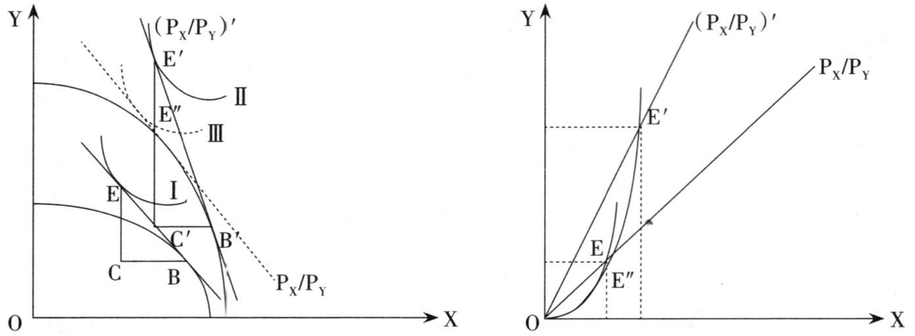

图6-9　进口大国逆贸易型增长与贸易变动

（3）两国的经济增长与贸易

我们在前面的分析中都假设经济增长仅在甲国发生，这样仅有甲国的生产可能性曲线和提供曲线变动。现在我们将经济增长的分析扩展到两国，此时两国的生产可能性曲线和提供曲线均会发生变动。我们运用提供曲线来分析两国经济增长和由此带来的需求变动对贸易的影响。

在图6-10中，假设两国都是大国，其经济增长可以对世界经济产生一定影响。图中标有1和2的曲线分别是甲国和乙国经济增长前的提供曲线。标有1^*和2^*以及1′和2′的曲线分别是甲国和乙国在各种类型经济增长后的曲线。

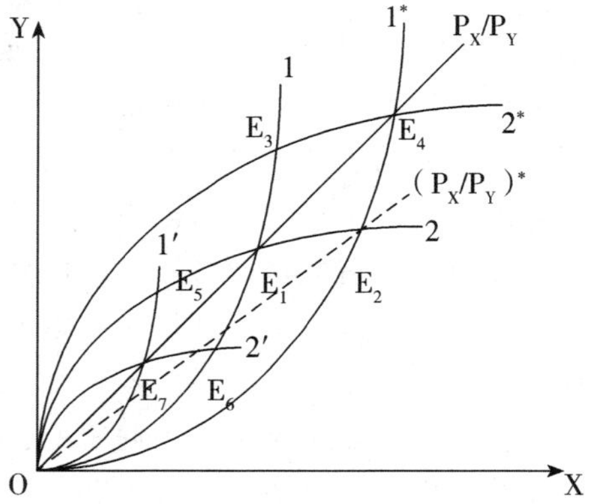

图6-10　两国的经济增长和贸易条件

根据经济增长前的提供曲线1和2，当国际商品相对价格为P_X/P_Y时，甲国与乙国在均衡点E_1处进行交换。如果仅甲国的劳动要素增加，甲国的提供曲线将沿顺时针方向转到曲线1^*，在E_2点同乙国交换商品。此时，甲国的贸易条件恶化为$(P_X/P_Y)^*$，而乙国的贸易条件得到了改善。如果仅乙国的资本要素增加，乙国的提供曲线会从曲线2转到2^*，乙国会在E_3点同甲国交换商品。这样，乙国的贸易条件就会恶化，而甲国的贸易条件则得到改善。如果两国都发生经济增长，使其提供曲线分别转到1^*和2^*，甲国和乙国在均衡点E_4处交换，贸易量扩大，但两国的贸易条件仍为P_X/P_Y，未发生变化。

如果甲国的资本要素增加，提供曲线将逆时针转到1′，得到均衡点E_5，此时甲国的贸易条件改善，而乙国的贸易条件恶化。如果仅乙国的劳动要素增加，其提供曲线会顺时针转到2′，乙国在均衡点E_6处同甲国进行贸易。此时乙国的贸易条件得到改善，而甲国的贸易条件恶化。如果两国都发生经济增长，使其提供曲线分别转到1′和2′，甲国和乙国在均衡点E_7处交换，贸易量减少，而贸易条件依然不变。

总的来说，提供曲线转向出口商品的轴，就会扩大贸易并恶化本国的贸易条件；提供曲线向相反的轴变化，会减少贸易量并改善本国的贸易条件。在两国经济增长过程中贸易量及贸易条件的变化，要由经济增长和需求变动引起的两国提供曲线的变动来共同决定。

第7章/要素流动与跨国公司

学习目标

了解资本和劳动力国际流动的动因，技术国际转移的含义、方式与特征，熟悉和掌握资本和劳动力国际流动的其他影响、技术国际转移的经济效应，重点学习和掌握资本和劳动力国际流动的经济效应及跨国公司理论。

在前几章对国际贸易理论的分析中，一个重要的假设就是生产要素在国家之间缺乏流动性。在这些理论的指导下，当各国的资源禀赋无法改变时，可以通过开展对外贸易来调整各国的生产结构，提高资源的利用效率。在此，国际贸易在很大程度上作为对生产要素缺乏流动性的一种替代。

然而，生产要素缺乏流动性并非一个严密的前提条件。商品经济在国际范围内的发展，造成了生产要素的商品化，为生产要素的跨国流动创造了便利的条件。此外，经济资源在国家间的分布不均衡也造成了生产要素的跨国流动。随着国际贸易的发展，各国的生产和消费日益国际化，使生产要素跨国转移成为必然。生产要素的跨国流动，包括劳动力的国际性迁移、资本的跨国流动、科学技术的国际性传播等，已成为当代国际经济交流中十分重要的组成部分。

7.1 资本的国际流动

国际资本流动是指一个国家或地区的政府、企业或个人与另一个国家或地区的政府、企业或个人之间以及与国际金融组织之间资本的流出和流入。本节中所研究的国际资本流动主要是指商业性国际资本流动，即国际投资。

7.1.1 资本国际流动的动因

国际资本流动通常按资本使用期限的长短分为长期资本流动和短期资本流动两大类。长期资本流动包括直接投资、间接投资和国际信贷。在投资1年以上的长期资本流动中，直接投资是指一国政府、企业或个人对另一国以兴办企业的方式所进行的投资，并拥有对该企业的全部或部分管理控制权。间接投资是一种证券投资，是投资者在国际债券市场上购买外国政府和企业发行的中长期债券，或在股票市场上购买公开上市的外国股票等有价证券所进行的投资活动。国际信贷是除了前两种形式以外的各种长期资本流动方式，包括政府援助贷款、国际金融机构贷款、国际银行贷款以及其他信贷等。在期限为1年或1年以下的短期国际资本流动中，主要包括政府和私人短期资本流动。这里分析的资本在国家间流动的原因是针对长期投资中的直接投资和间接投资而言的。

资本在国家间流动主要有以下几方面的原因：

1）追逐高额利润

追逐高额利润是国际资本流动的内在动力和根本原因。追逐高额利润，包括追逐高的资本预期收益率和降低成本。

（1）追逐高的资本预期收益率

资本的预期收益作为资本追逐的目标，成为影响资本流动的最基本的因素之一。各国资本的预期收益率差异，可能是由于世界各国要素禀赋不同造成的，也可能是国家为吸引外资而采取的优惠政策带来的。资本的本性是追求利润最大化，它驱使着资本从收益率低的国家流向收益率高的国家。

（2）降低成本

由于各国所得税税率不同，企业可以在低税率的国家投资设立子公司，与在高税率的国家设立的子公司或母公司以转移价格进行交易，减少在高税率国家的所得，达到减轻税负、增加利润的目的。

贸易保护主义的存在影响了商品贸易的发展。通过对外投资，可以绕过贸易壁垒的限制，降低成本，提高利润率。

随着人们对环境问题的日益重视，各国纷纷设立了环保标准，颁布了一系列制止工业污染的法令，提高了企业处理生产中产生的废水、废气、废弃物的成本。而将生产转移到环保标准相对较低的国家，则可以降低成本增加利润。

另外，有的产品运输成本很高（如饮料），在消费国生产就可以节约运输成本，提高利润率。

2）规避各种风险

国际资本流动在可以获得较高的资本预期收益率的情况下，一般要考虑与每项具体投资相联系的经济风险和政治风险的大小。例如，汇率风险会造成投资者预期收益的减少，市场风险和政治风险会使投资者预期收益的不确定性变大等。在风险一定的情况下，资本将流向收益率高的地方；在收益既定的情况下，资本则会流向风险较小的地方，因此风险与收益呈正相关的关系。在证券投资中，可以利用资产组合理论，通过投资数种证券，特别是建立一种既包括国内证券又包括国外证券的资产组合，从而获得更高的平均收益率或更低的风险水平。

另外，任何一国的经济活动都是在一定的资源限制条件下进行的，而自然资源的短缺与不均衡的地理分布是制约一国经济发展的重要因素。对于那些来源渠道单一、供应量不足、需求量大、价格波动大的商品，可以通过对外投资的方式，在东道国创办资源开发型企业，建立稳定的进口货源，降低生产中的风险。

3）争夺国际市场

一国企业的产品进入另一国市场时，往往会与进口国该行业已经存在的企业进行竞争。为了避免竞争和可能导致的损失，该企业可以通过对外投资的方式兼并主要的竞争对手。

在寡头市场上，如果一个寡头企业对外投资，为维持自身的市场份额和竞争优势，其他寡头企业也会跟随其进行对外投资。

4）获取先进的技术和经济信息

各国为保持本国产业的竞争力和保护国家安全，往往限制甚至禁止某些先进技术的输出，但不禁止技术在国内的传播。通过向先进国家进行直接投资设立企业，该企业可以比较便利地获得先进技术，有利于推动本国经济的发展。

当今社会已进入信息时代，及时获得信息，意味着获得优势、机遇或财富。通过对外投资设立分支机构，企业可以更及时、准确地了解有关经济信息。

通常情况下，国际资本的接受国一般应具备以下条件才有可能吸引外资的流入：一是经济条件，即该国的市场潜力很大，基础设施比较健全，经济局势稳定，对外资有优惠或稳定的政策和措施等；二是资源条件，即该国具有比较丰富的自然资源或人力资源；三是政治条件，即投资国与接受国的政治关系良好，接受国的政治局势稳定，法律制度基本完备，政策具有连续性等。此外，作为投资环境的一部分，一些社会文化因素如传统文化、民族习俗及社会价值观等也会对外资的进入产生一定的影响。一旦投资者感到某国或地区的投资环境不理想，如政局不稳、市场潜力有限或投资安全系数不高，该投资者就会将资本从该国转移到其他国家和地区。

7.1.2 资本国际流动的影响

1）改善国家间的资源配置

国际资本流动能够改善国家间的资源配置状况，其流向主要是从资本富裕的国家流向资本稀缺的国家，从而提高资本收益率，促使资本得到最有效的利用，使资本输出国和输入国都获得收益。

2）国内不同要素收入的重新分配

对资本输出国来说，总资本报酬和平均资本报酬都获得了增长，而其他要素总报酬和其他要素的平均报酬却降低了。因而，当资本输出国在对外投资整体受益时，在资本和其他生产要素之间存在着国内收入的重新分配问题。对资本输入国而言，利用外资也导致了资本和其他生产要素之间国内收入的重新分配问题。

3）对国际收支的影响

资本国际流动还会对资本输出国和输入国的国际收支产生影响。在对外投资发生的当年，资本输出国的对外支付增加，可能会带来国际收支逆差；而输入国的国际收支将会改善。然而，资本输出国最初的资本转移和对外激增的支付活动对国际收支所带来的影响也有可能被输出国资本品、零部件和其他产品的大量出口及随后引发的利润汇回所带来的收入所抵消。此外，对外投资还有可能替代资本输出国的商品出口，甚至导致以前出口商品的进口，从而恶化国际收支。因此，资本的输出入对国际收支的即时作用在输出国是负的，在输入国是正的，但是，资本国际流动对于输出国和输入国的长期作用却很难断定。

4）对税收的影响

资本国际流动对输出国和输入国的另一个重要影响是，由于不同国家有着不同的税率和投资收益，从而导致资本从较高税率国向较低税率国流动。结果，资本输出国的税基与所纳税额都减少了，而资本输入国的税基与所纳税额都相应提高了。

5）对贸易条件的影响

资本国际流动通过影响资本输出国与输入国的产品产量和贸易量，进而影响两国的贸易条件。然而贸易条件怎样变化，还要依两国的条件而定，不能一概而论。

6）对技术地位和经济独立性的影响

资本国际流动会影响资本输出国的技术领先地位，也会影响输入国对自己经济的控制和执行独立的经济政策的能力。

7.2 劳动力的跨国流动

7.2.1 劳动力跨国流动的原因

一般来说，在国家间劳动比资本缺乏流动性。劳动力跨国流动既有经济方面的原因也有非经济方面的原因。19世纪以及更早年代的国际移民是出于逃避欧洲政治、宗教上的迫害。当今社会如果某个国家的政治制度发生较大变动时，也可能导致出现较大数量的国际移民。然而，大多数劳动力的跨国流动，特别是第二次世界大战后的劳动力跨国流动，主要是由于受到国外高收入的美好前景的吸引。

对于出于经济原因的劳动力跨国流动，可以用与分析投资决策一样的观点和方法来分析，即可以采用成本与收益的分析方法。劳动力跨国流动与其他投资一样，都涉及成本与收益。这些成本包括交通费用的支出，在新到的国家中安置与重新寻找工作所花时间损失的工资和原有家庭固定资产的损失等。另外，还有很多难以量化的成本，如与亲人、朋友、熟悉环境的分离，要熟悉新的风俗习惯以及学习一门新的语言所需要的花费，在新的土地上寻找工作、住房所涉及的风险等。由于许多劳动力的跨国流动都是共同流动，或迁到一个已有一定数量来自同一地方的早期移民聚居的区域，因而许多非经济因素的成本可以大大地降低。

劳动力跨国流动的经济收益可以通过他们在剩余工作寿命内从国外所能获得的收入与国内收入的差额来衡量。其他的好处是其子女可能享有较好的教育和工作机会。

一般情况下，劳动力的跨国流动是从低收入国家流向高收入国家，从经济发展水平较低的国家流向经济发展水平较高的国家，从经济萧条的国家流向经济繁荣的国家。在劳动力的跨国流动中，年轻人比年老人更倾向于移民，除了其他因素外，主要是由于他们可以有更长的剩余劳动寿命来从国外的高收入中获利。

劳动力的跨国流动可以采取以下形式：永久移民式的劳动力国际流动、中短期国际劳务出口、留学人员、技术性劳务合作人员等。

7.2.2 劳动力跨国流动的影响

1）改善国家间的资源配置

与资本国际流动相似，劳动力的跨国流动能够改善国家间的资源配置状况，使劳动力输出国和输入国都获得收益。

2）国内不同要素收入的重新分配

与资本国际流动相似，劳动力的跨国流动使劳动力流出国与流入国的劳动和其他生产要素之间都存在着国民收入的重新分配。

3）对财政收入和财政支出的影响

劳动力的跨国流动可以对劳动力流入国的财政收入和财政支出产生影响，因而会引起有关移民政策的争论。对劳动力流入国来说，外国人迁移到本国，就可以分享该国的社会公共服务，如社会及医疗保险、交通通信设施、学校教育和安全保障服务等，因而会增加本国的财政支出，这也是许多人反对外国移民的理由。但是，应该看到，现实生活中的移民往往大多是中青年，他们正处于一生中纳税的高峰期，他们对该国税收的贡献要远远大于他们给公共设施带来的额外支出。另外，随着具有较高专业技术水平的移民的涌入，本国还可以大大节省对人力资本的投资。

对劳动力流出国来说，劳动力的流出会减少本国的财政收入。发展中国家由于迁移出去的劳动力有相当一部分是受教育水平较高的人，从年龄上看大部分处于青壮年阶段，政府在他们移民之前承担了社会公共服务的支出，但却不能得到相应的报酬，因而劳动力的迁出造成了政府财政上的净损失。因此，有些经济学家主张劳动力流出国应对移民征税，以部分地补偿政府财政上的损失，其数额至少应相当于社会承担的公共服务费用。但是，即使采取这种措施也很难使发展中国家在人才外流方面的损失得到合理的补偿。

4）技术知识的传播

移民还可为流入国带来各种技术与知识。从烹饪方法、商业技巧到先进的科学技术，移民带来的技术与知识有许多是有很大的经济价值的。它们所产生的经济利益并非仅仅被其雇用者获得，而且会向全社会扩散，所产生的外部效应往往远大于他们所创造的直接的经济利益。

5）社会摩擦和拥挤成本

移民的迁入也会引起某些社会问题。如果不同文化背景的移民不能融入他们所移居的社会，就会产生社会中的小集团或类似于部落的封闭群体，从而容易造成社会摩擦和集团对抗；移民的增加还容易引起种族矛盾的激化；此外，人口拥挤会产生噪声污染，加重交通阻塞，提高犯罪率等。这些也是劳动力跨国流动中不可低估的负面外部效应。

7.3 技术的国际转移

7.3.1 技术国际转移的含义、方式与特征

技术的国际转移是指制造一项产品、应用一项工艺或提供一项服务的系统知识在不同国家的企业、个人或其他经济组织之间的转移。技术国际转移有两种形式：一种是非商业性的国际技术转让，这是一种无偿的技术转让，主要是指国家间各种无偿的技术交流和国际双边或多边援助性的技术转让；另一种是商业性的国际技术转让，即有偿的技术转让，也称国际技术贸易。本节中所研究的技术国际转移主要是指后者。

技术国际转移的方式主要有技术使用权许可和技术所有权转让，此外，技术国际转移还常与直接投资、合作生产、技术服务等相结合。

技术作为一种无形的生产要素，其国际转移与国际货物买卖相比，有显著不同：

（1）转移的权利

在货物买卖中，卖方将货物的所有权转移给买方，他就失去了货物的所有权，不可能再将该货物转让给第三人；买方得到货物后，可以自己使用，也可以转卖他人或作其他处理。

在技术转移中，固然有技术输出方将技术所有权转让给技术引进方的情况，但在国际技术贸易中是很少见的。在绝大多数情况下，技术引进方仅得到技术的使用权，技术的所有权仍归技术输出方。因此，输出方可以把同一项技术许可给多个引进方使用；引进方得到技术的使用权后，可以自己使用，但如果没有输出方的授权，无权对该技术作其他处理。

（2）市场的状况

货物的买方与卖方往往不在同一领域进行竞争，因此，货物的卖方往往愿意向市场提供其最好的产品，以增强竞争力。如果买主有众多的卖主可以选择，则市场呈现出买方市场的特征。而技术的输出方与引进方往往在同一领域进行竞争，因此，技术的输出方不愿意向市场提供其最好的技术，以避免增强其竞争对手的竞争力。此外，技术往往具有一定程度的垄断性，因此技术市场往往呈现卖方市场的特征。

（3）价格的构成

货物的价格由单位产品成本和利润两个部分构成，在正常销售情况下，货物的价格高于单位产品成本。技术的价格由技术的成本（包括研究开发成本和转让成本）、利润和机会成本（即技术输出方因输出技术而减少的产品销售收入）三个部分构成，由于技术输出方可以把同一项技术许可给多个引进方使用，一项技术许可的价格（即许可费）就是技术价格在愿意接受该技术的引进方之间的分摊，因此，

一项技术许可的价格有可能低于技术的研究开发成本，这也是技术引进方愿意引进技术的原因之一。

7.3.2 技术国际转移的经济效应

技术国际转移的经济效应主要表现在两方面：对技术输出国的经济效应和对技术引进国的经济效应。

1）技术国际转移对技术输出国的经济效应

（1）补偿技术研究与开发成本，并取得较高收益

技术研究与开发成本往往靠销售产品的收入来补偿，但贸易保护主义的盛行在一定程度上妨碍了商品贸易的发展。而技术转移给引进国带来的收益大于商品进口，更容易被引进国所接受。技术输出带来的收入可以使输出国的技术研究与开发成本得到补偿，并取得较高收益。

（2）延长技术生命，增加收入

技术是有生命周期的，由于世界各国经济与科技发展水平不同，一国所淘汰的技术，可能在另一国还是一种适用技术。因此，技术输出可以延长技术的使用期，还可以增加收入。

（3）带动产品出口，扩大对外贸易

技术输出可以带动设备、零部件、原材料、劳务和其他物品出口。

（4）改善国际收支

技术输出本身增加的收入以及技术输出带动出口增加的收入，有利于改善技术输出国的国际收支。

（5）可能培育出与自己势均力敌或强于自己的竞争对手

（6）可能丧失自己的某些专有权，如以保密为存在条件的专有技术

2）技术国际转移对技术引进国的经济效应

（1）缩小与先进国家的技术差距

任何意义上的技术进步，都包括科学原理的形成、科学原理转化为具体的技术发明和技术进步方案直至技术发明得到实际的商业应用这一过程。引进国通过技术引进，由于不需要再进行有关科学原理的研究和应用技术的开发转化，因而大大节约了技术进步的时间，迅速促进本国技术进步，可以缩短甚至跳跃式地缩短与先进国家的技术差距，在更高的起点上发动和推进工业化进程。

（2）节省研究与开发费用，降低研究与应用风险

技术研究与开发耗费大，风险高。引进国的技术落后，即便其有着强烈的独立开发某项技术的欲望，也往往不一定具备从事这一活动的人力、物力和财力，并且相对于先进国家而言，自主开发一项先进技术的经济耗费也通常要高得多。从先进国家引进成功的技术，虽然为此需要支付有关的技术转让费用，但往往会低于自行研究开发的成本。

另外，引进国引进的技术大多属于在先进国家已经得到成功运用的商业性

技术，因此在某种意义上只需进行简单的移植和模仿即可形成生产能力，而无须再作多少商业性的试验或是改进了，因而可以大大降低技术研究与应用的风险。

（3）提高生产能力和竞争能力，促进经济发展

引进国通过技术引进，可以提高生产能力，使本国资源得到充分有效的利用，促进产业结构调整和经济发展。同时，技术引进可以降低生产成本，提高产品质量和档次，提升产品的市场竞争力，有助于提高产品的自给能力和出口能力。

（4）造成对先进国家的技术依赖

如果技术引进国不能够将引进的技术进行消化吸收和进一步开发创新，有可能造成对先进国家的技术依赖。

（5）在技术交易中处于劣势地位

技术市场的信息不对称要远远甚于货物市场。由于技术转移的机会成本难以估算，加上技术引进国对技术的了解程度有限，技术引进国在技术交易中往往处于劣势地位。

7.4 跨国公司

7.4.1 跨国公司的定义与特征

1）跨国公司的定义

跨国公司（Transnational Corporation），又称多国公司（Multinational Corporation）、国际公司（International Corporation）、宇宙公司（Cosmo Corporation）等，是指以本国为基地，通过对外直接投资，在两个或者两个以上的国家设立分支机构和子公司，从事国际化生产和经营活动的企业。

国际上判定企业是否为跨国公司的标准很多，如按跨国程度、所有制、组织方式、股权比重、控制程度、企业经营战略等划分。联合国跨国公司委员会规定作为跨国公司必须具备如下三要素：

（1）跨国公司须是一个工商企业，组成企业的实体必须在两个或两个以上的国家从事经营。至于其国外经营所采取的法律形式和部门不限。

（2）企业须有一个中央决策体系，有共同的政策。其政策应反映企业的全球战略目标和战略部署。

（3）企业的各个实体分享资源、信息，同时分担责任。

2）跨国公司的特征

跨国公司各有其形成与发展的历史。行业不同，其经营方式也不同。如摒弃各个行业所独有的特征，跨国公司一般具有如下基本特征：

（1）规模庞大，实力雄厚

跨国公司都是在一个或几个部门居于垄断地位的国际化大企业或企业联合体。它们拥有先进的技术和管理经验、多样化的产品、雄厚的资金、较高的商业信誉、惊人的销售规模。

（2）实行全球战略

跨国公司有全球性的战略目标和战略部署。所谓全球战略是指跨国公司将其全球范围的经营活动视为一个整体，其目标是追求这一整体利益的最大化，而不考虑局部利益的得失。

（3）公司内部实行“一体化”

跨国公司虽然拥有众多的子公司，且分布于世界各地，但为实现其全球战略，跨国公司需要统一指挥，协调步骤，以符合公司整体利益。跨国公司的生产体系实际上是企业内部的分工在国际范围内的再现，总公司与子公司、子公司与子公司之间相互配合协作，实现了内部一体化。

（4）经营多样化

跨国公司的国际一体化生产体系中，其产品是多样化的。多样化是跨国公司发挥其经营优势、降低风险的重要方法，而一般企业限于经营规模和资金实力则难以充分实现多样化。

7.4.2 跨国公司理论

1）垄断优势理论

1960年，海默（Stephen Herbert Hymer）提出了垄断优势理论，后来得到金德尔伯格（Charles P.Kindleberger）等人的补充和发展。

该理论认为，以利率差异来说明资本国际流动的传统理论只能解释借贷资本的运动，而无法解释对外直接投资。那么究竟是什么因素驱使企业对外直接投资呢？海默指出，东道国的民族企业较外资企业具有下列优势：民族企业更了解和适应本国的经营环境，而外资企业要了解并适应当地经营环境则须付出代价；东道国政府和消费者对外资企业可能会有歧视；外资企业还要冒汇率波动的风险。尽管如此，对外直接投资仍大量存在，这证明外资企业必定有一种特定的优势，足以抵消以上种种不利因素，而在竞争中胜过民族企业，这种优势正是民族企业所没有的，故是外资企业的垄断优势。

传统理论中关于完全竞争的假设不适用于国际化经营，国际化经营和对外直接投资都涉及垄断问题，垄断优势则是市场不完善的产物。金德尔伯格指出，垄断优势来自三个方面：来自产品市场不完善的优势，如产品差异、特定的营销技巧等；来自要素市场不完善的优势，如专利技术、专有技术、管理经验等；来自企业规模效益的优势。

2）内部化理论

内部化的思想起源于20世纪30年代科斯（Ronald H.Coase）题为《厂商的性

质》一文。科斯强调企业是一个多功能的复合体，除生产外，还须从事营销、采购、研究开发、招聘雇佣、人员培训等，这一系列活动都要与市场发生关系。但利用市场要支付代价，这就是交易成本。由于市场不完善，往往缺乏效率，付出的代价将更高，不如将各项交易纳入企业内部进行。

科斯的原则针对所有产品，用来说明国内企业组织形式的变化，即为了节约交易成本，企业日益成为内部协作、规模巨大的复合体。内部化理论是这一原则在国际范围内的应用，但有了新的发展和内涵，内部化理论主要针对中间产品，用来说明国际企业组织形式的变化，即由于内部化的动机，为了发挥内部化的优势，企业日益成为适应国际分工新模式的复合的生产体系。

内部化理论的代表人物是英国经济学家伯克莱（Peter J.Buckley）和卡逊(Mark C.Casson)。伯克莱等人认为，由于市场机制的不完善，某些经营活动在通过市场公开进行时，并不能获得较高的效率，而且交易费用可能极高（如市场时滞、中间产品供应不稳定、销售关系不确定等)。因此，有必要固定企业之间的供需关系。结果有组织的企业代替了市场，从而减少了外部市场带来的一些不确定性和交易成本。现代跨国公司是市场内部化过程的产物。

3）区位优势理论

区位优势理论是由沃尔特·伊萨德（Walter Isard）等人提出的，它把传统的关于国内资源区域配置的研究扩展到对外投资中。

区位优势理论认为，跨国公司对外进行直接投资，就像在国内要选择好合适的投资地点一样，必须力争获得一定的区位优势以实现利润的最大化。

在跨国投资中，企业主要考虑以下几方面的区位因素：

(1）廉价的投资要素。它可以使跨国公司获得某些稀缺资源，或以低廉的价格获得各种生产要素。

(2）市场的距离。它使跨国公司可以及时掌握需求的变化，灵活地调整生产，并且节约运输成本，稳定和扩大对市场的占有率。

(3）避开贸易壁垒。对于有着较高贸易壁垒的国家，跨国公司可以通过对外直接投资，绕过东道国的贸易壁垒，直接打入东道国的市场。

(4）经营的社会环境。跨国公司应选择那些社会安定、税率较低，有着相近文化结构和良好基础设施的国家进行投资。

4）国际生产折中理论

1976年，英国经济学家邓宁（John Harry Dunning）在《贸易、经济活动的区位与跨国企业：折中理论方法探索》一文中归纳吸收了以往各派学说中对他有用的观点和内容，提出国际生产折中理论。

邓宁指出，一国的对外经济活动是由货物贸易、无形资产转让和国际直接投资有机结合而成的，因此，要阐明国际直接投资的动因，就不能孤立地考察国际直接投资，而应将其同对外经济活动的其他形式结合起来考察。

国际生产折中理论认为，企业之所以能够进行对外直接投资，是由于企业具有的所有权优势、内部化优势和区位优势综合作用的结果。三种优势的结合决定了企业与其他企业相比较是否具有对外投资的优势，或者是否可以通过出口或技术转移来开拓这一优势。

所有权优势包括两个方面：一是由于独占无形资产（如技术、商标等）所产生的优势；二是企业规模经济所产生的优势。其具体包括：研究与开发、管理与技术水平、营销技巧、企业生产效率、规模经济、相对市场力量（指企业获取有形和无形资产的能力，如大企业筹措资金的能力强）。

内部化优势是指企业在内部运用自己的所有权优势，以节约或消除交易成本的能力。邓宁将市场失效分为两类：①结构性失效。首先是东道国政府的限制，如关税壁垒和非关税壁垒所引起的市场失效，这是促使跨国公司绕过壁垒到东道国大量投资的主要因素；其次是无形资产的特性影响了外部市场的形成和发育，也造成市场失效。②交易性失效。如交易渠道不畅，为疏通而须付出高昂的费用；交易方式僵化降低了成交的效率；不存在期货市场，无从用来降低交易风险等。

区位优势不是企业所拥有的，而属东道国所有。从这一点来说，它与所有权优势、内部化优势不同，企业无法自行支配，而只能适应、利用这项优势。它包括两个方面：一是指东道国不可移动的要素禀赋所产生的优势，如自然资源丰富、地理位置方便、人口众多等；二是指东道国的政治经济制度、政策法规灵活、优惠而形成的有利条件以及良好的基础设施等。

以上三种优势共同决定了一个企业的对外直接投资行为。其中，所有权优势是基础，如果企业不具备这一优势，就缺乏对外直接投资的基础。但是一个企业如果只有所有权优势而缺乏后两种优势，它也可以通过无形资产转让的方式来获利。如果企业只有前两种优势而无区位优势，它可以通过在国内投资生产，然后进行商品的出口来获利。只有同时具备这三种优势，企业才会进行对外直接投资。这三种优势的结合，不仅使企业的对外直接投资成为可能，而且决定着对外直接投资的部门结构和地区结构。

邓宁的国际生产折中理论博采众长，使他的体系变得较有概括性和综合性，较能兼顾各种理论解释的需要，从而成为当代西方跨国公司理论中的主流，许多文献都认为邓宁体系可视为跨国公司的“通论”（一般理论）。

●本章小结

1.资本国际流动的原因主要有追逐高额利润、规避风险、争夺国际市场、获取先进的技术和经济信息等。资本国际流动可以改善国家间的资源配置，引起要素收入分配、国际收支、税收、贸易条件的变化，并影响资本输出国的技术地位和输入国的经济独立性。

2.劳动力跨国流动有经济原因，也有非经济原因。劳动力跨国流动可以改善国家间的资源配置，引起要素收入分配和财政收支的变化，促进技术知识的传播，并可能带来社会摩擦和拥挤成本。

3.技术的国际转移是指制造一项产品、应用一项工艺或提供一项服务的系统知识在不同国家的企业、个人或其他经济组织之间的转移。有偿的技术转让也称国际技术贸易，其方式主要有技术使用权许可和技术所有权转让。技术国际转移在转移的权利、市场状况、价格构成等方面与国际货物买卖相比，有着显著不同。技术国际转移对技术输出国和技术引进国是利弊兼有的。

4.跨国公司是指以本国为基地，通过对外直接投资，在两个或者两个以上的国家设立分支机构和子公司，从事国际化生产和经营活动的企业。跨国公司的基本特征包括规模庞大，实力雄厚；实行全球战略；公司内部实行“一体化”；经营多样化。国际生产折中理论用所有权优势、内部化优势和区位优势的不同组合来解释企业的技术转移、出口和对外直接投资行为。

●延伸阅读

联合国贸易发展会议定期发布《世界投资报告》（World Investment Report），可以在联合国贸易发展会议网站免费下载。

自测题

单选题

●基本概念

技术的国际转移　跨国公司

自测题

多选题

●复习思考题

1.简要说明资本/劳动力国际流动的影响。

2.试述技术国际转移的经济效应。

3.什么是跨国公司？跨国公司有哪些特征？

4.简述垄断优势理论的主要内容。

5.简述国际生产折中理论的主要内容。

自测题

判断题

●附录

附录7-1　资本国际流动的经济效应

国际资本流动能够改善国家间的资源配置状况，其流向主要是从资本富裕的国家流向资本稀缺的国家，从而提高资本的回报率，促使资本得到最有效的利用，使资本输出国和输入国都获得收益。我们用图7-1加以说明。

在图7-1中，假设只有两个国家甲国和乙国，资本总量为OO′。其中甲国资本存量为OA，乙国资本存量为O′A。FF′和JJ′两直线是根据不同水平的投资分别给出的甲国与乙国资本的边际产品价值（value of marginal product，VMP）。在自由竞争条件下，资本的边际产品价值等于资本要素的价格或收益率。

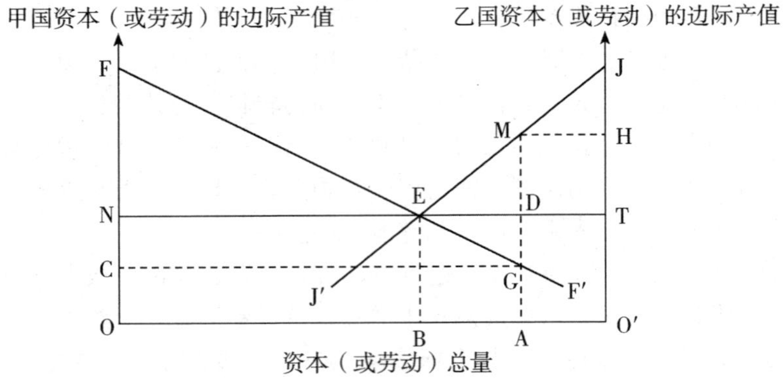

图 7-1 资本（或劳动）国际流动的经济效应

在资本国际流动之前，甲国将它的全部资本OA都投入到本国生产中，资本要素的收益率为OC，国内总产出为OFGA。其中OCGA是资本要素的收益，其余的CFG部分是其他要素的收益。同样，乙国将其全部资本O′A投入到国内，资本要素的收益率为O′H，国内总产出为O′JMA，其中O′HMA是资本要素的收益，其余的HJM部分是其他要素的收益。

如果资本可以在国家间自由流动，由于乙国的资本收益率比甲国的要高，于是资本从甲国流入乙国，流入量为AB，使得两国的资本收益率趋于一致（ON=O′T）。此时，甲国的国内总产出为OFEB，加上对外投资的收益ABED，则甲国的总收益为OFEDA，其中EDG部分是由于对外投资而增加的收益。由于国际资本的自由流动，甲国资本要素的总收益增加到ONDA，而其他要素的收益下降为NFE。

乙国输入AB量的资本后，它的资本收益率由O′H下降到O′T。乙国的国内总产出增长到O′JEB，增长了ABEM，扣除外国投资的收益ABED，乙国的总收益为O′JEDA，其中EDM部分是乙国引进外资而增加的收益。由于国际资本的自由流动，乙国资本要素的总收益下降为O′TDA，而其他要素的总收益则上升到TJE。

从整个世界的角度看，总产出从OFGA+O′JMA增加到OFEB+O′JEB，增加了EDG+EDM=EGM的部分。可以说，资本国际流动提高了国家间资源配置的效率，从而增加了世界的产出和福利。从图7-1中可以看出，资本的边际产值线越陡的国家，从资本国际流动中获利越大。

附录7-2 劳动力跨国流动的经济分析

劳动力跨国流动对流出国和流入国的福利效应与资本国际流动对输出国和输入国的福利效应相似。我们仍用图7-1加以说明。

在图7-1中，假设只有两个国家甲国和乙国，劳动总量为OO′。其中甲国劳动存量为OA，乙国劳动存量为O′A。FF′和JJ′两直线是根据不同水平的劳动投入分别给出的甲国与乙国劳动的边际产品价值。在自由竞争条件下，劳动的边际产品价值等于劳动要素的价格或工资率。

在劳动跨国流动之前，甲国将它的全部劳动OA都投入到本国生产中，工资率为OC，国内总产出为OFGA。其中OCGA是劳动要素的收益，其余的CFG部分是其他要素的收益。同样，乙国将其全部劳动O′A投入到国内，工资率为O′H，国内总产出为O′JMA，其中O′HMA是劳动要素的收益，其余的HJM部分是其他要素的收益。

如果劳动可以自由跨国流动，由于乙国的工资率比甲国要高，于是劳动从甲国流入乙国，流入量为AB，使得两国的工资率趋于一致（ON=O′T）。此时，甲国的国内总产出为OFEB，下降了ABEG，乙国的国内总产出为O′JEB，增长了ABEM。从整个世界的角度看，总产出增加了EGM的部分。

第8章/世界多边贸易体制

学习目标

了解关税与贸易总协定的产生与多边贸易谈判，世界贸易组织的建立过程，世界贸易组织的宗旨、职能和组织机构，熟悉和掌握关税与贸易总协定多边贸易谈判的特点、世界贸易组织和关税与贸易总协定的关系、世界贸易组织的例外与免责，重点学习和掌握世界贸易组织的基本原则。

第二次世界大战后的世界多边贸易体制曾以关税与贸易总协定为代表。从1948年至1995年，在关税与贸易总协定运行的47年中，它制定了一整套规范世界大多数国家政府贸易政策行为的准则，成功地组织了八轮多边贸易谈判，维护了世界贸易秩序，促进了全球贸易自由化。乌拉圭回合结束后，世界贸易组织作为一个正式的国际性组织取代了关税与贸易总协定，一个新的全球多边贸易体制正在形成。

8.1 关税与贸易总协定

8.1.1 关税与贸易总协定的产生

1）关税与贸易总协定的产生背景

20世纪30年代，随着世界经济陷入困境，资本主义国家间爆发了关税战。第二次世界大战期间，许多国家因遭受战争的破坏，面临经济衰退、黄金和外汇储备短缺等问题。各国为了调整国际收支，采取高关税保护的政策，并实行外汇管制，控制资本外流。这些措施引起了世界经济的一片混乱，对美国对外经济扩张和争夺世界市场极为不利。

在当时的国际经济关系中有三个亟待解决的问题：（1）需要建立和维护国家间稳定的汇率；（2）需要创立处理长期国际投资问题的国际组织；（3）需要重建国际贸易秩序。针对第二次世界大战后国际经济关系中亟待解决的主要问题，美国凭借其军事、政治、经济的绝对优势，从金融、投资和贸易这三个领域着手策划，试图建立一个由美国主宰的国际经济秩序。

2）关税与贸易总协定的产生与临时适用

1946年2月，在美国的提议下，联合国经济和社会理事会成立了筹备委员会，着手筹建国际贸易组织。1946年10月，在伦敦召开了第一次筹委会会议，讨论美国提出的《国际贸易组织宪章》草案，并决定成立宪章起草委员会对草案进行修改。

考虑到在短期内还难以建立国际贸易组织，而当时亟待解决的问题是各国普遍较高的关税，在美国的积极策动下，美国、英国、法国、加拿大、中国、印度等23国在1947年4月至10月就具体产品的关税减让进行了谈判，达成了123项关税减让协议。

1947年11月至1948年3月，在哈瓦那举行的联合国贸易和就业会议，审议并通过了《国际贸易组织宪章》，也称《哈瓦那宪章》（Havana Charter）。

为了早日获得关税减让的好处，宪章起草委员会把各国在1947年关税减让谈判中达成的协议和宪章草案中有关贸易政策的内容加以合并，形成一个单一的文件，称为“关税与贸易总协定”（General Agreement on Tariffs and Trade，GATT），把它作为一项过渡性的临时协议来处理，准备在《国际贸易组织宪章》生效后，以宪章的贸易规则部分取代关税与贸易总协定的有关条款。1947年11月15日，美国、英国、法国、比利时、荷兰、卢森堡、澳大利亚、加拿大8个国家签署了《关税与贸易总协定临时适用议定书》，同意1948年1月1日起实施关税与贸易总协定的条款。1948年，巴西、缅甸、锡兰（现斯里兰卡）、智利、中国、古巴、捷克斯洛伐克、印度、黎巴嫩、新西兰、挪威、巴基斯坦、南罗得西亚（现津巴布韦）、叙利亚、南非等15国签署该协议。

由于各国对于美国提出的国际贸易组织宪章草案提出了大量的修正案，其中的一些规定限制了美国的立法主权，不符合美国的利益，美国国会没有批准《哈瓦那宪章》。受其影响，56个《哈瓦那宪章》签字国中，只有个别国家批准了《哈瓦那宪章》，建立国际贸易组织的计划因此夭折。这样，关税与贸易总协定一直以临时适用的多边协定形式存在，到1995年1月1日世界贸易组织正式运行，共存续了47年。

就其性质而言，首先，关税与贸易总协定是一个法律文件。它作为一项多边国际贸易协定，制定了一套由缔约方共同遵守的贸易准则，也规定了各缔约方在关税和贸易方面的权利和义务。其次，关税与贸易总协定又是一个进行关税减让、多边贸易谈判和协商解决贸易争端的场所。此外，关税与贸易总协定也是一个“事实上的”国际性贸易组织。它不是一个正式的组织，但是在长期的实践中它建立了一套完整的组织机构，起到了一个国际贸易组织的作用。

8.1.2 关税与贸易总协定的关税减让谈判与多边贸易谈判

关税与贸易总协定最重要的活动就是进行多边贸易谈判，人们通常把每次谈判称为“回合”或者“轮”。关税与贸易总协定自1947年签署以来，共举行了八轮这样的多边贸易谈判。

1）八轮多边贸易谈判概况

通过谈判大幅度地降低关税以促进各国间的贸易自由化，是关税与贸易总协定创立时提出的首要目标，也是关税与贸易总协定历次多边贸易谈判的中心内容。在东京回合以前，多边贸易谈判基本上都是关于关税方面的。东京回合中，随着非关税壁垒的广泛实施，非关税壁垒问题也成为多边贸易谈判的重要议题。除关税和非关税壁垒问题以外，谈判还要对总协定规则本身进行严格的审核，其目的在于修改这些规则，以使这些规则适应形势发展的需要。

1947年至1994年在关税与贸易总协定主持下进行了八次多边贸易谈判，其基本情况如下：

第一轮：1947年4月至10月在瑞士日内瓦举行，有23个国家参加。这次谈判共达成关税减让协议123项，涉及45 000项商品的关税减让，使占进口值54%的应税商品平均降低税率35%，影响世界贸易额近100亿美元。

第二轮：1949年4月至10月在法国安纳西举行，有33个国家和地区参加。这次谈判共达成双边关税减让协议147项，增加关税减让商品项目5 000个，使占进口值5.6%的应税商品平均降低关税35%。

第三轮：1950年10月至1951年4月在英国托奎举行，共39个国家和地区参加。这轮谈判，由于美国与英联邦特惠制国家少有接触，故进展不大。谈判共达成关税减让协议150项，又增加关税减让商品项目8 700个，使占进口值11.7%的应税商品平均降低关税26%。

第四轮：1956年1月至5月在瑞士日内瓦举行。这轮谈判由于美国代表谈判授权有限而受到影响，仅有28个国家参加。美国代表几乎用足了国会的授权，对进口值9亿美元的应税商品给予关税减让，而它所接受的减让约合4亿美元。关税减让商品项目达3 000个，使占进口值16%的应税商品平均降低税率15%，仅涉及25亿美元的贸易额。日本在该轮谈判中加入总协定。

第五轮：又称“狄龙回合”，以建议发动该轮谈判的美国副国务卿道格拉斯·狄龙命名。1960年9月至1962年7月在日内瓦举行，有45个国家和地区参加。这轮谈判就4 400项商品达成关税减让，共涉及49亿美元贸易额，使占进口值20%的应税商品平均降低税率20%。然而，上述关税减让仅限于工业品，在农产品贸易上，因欧共体拒绝谈判而未达成任何协议。

第六轮：又称“肯尼迪回合”，1964年5月至1967年6月在日内瓦举行，是一次重要的多边贸易谈判，共有约占世界贸易额75%的54个国家和地区参加。这轮谈判历时3年多，列入关税减让商品项目共达60 000多项，工业品进口关税率下降了35%，影响的商品贸易额达400亿美元。谈判第一次涉及非关税壁垒，制定了第一个反倾销协议，即关税与贸易总协定第6条实施细则。美国、英国、日本等21个国家签署了协议，于1968年7月1日生效。

第七轮：也称“尼克松回合”或“东京回合”，1973年9月至1979年4月，先在日本东京举行，后转到日内瓦进行。该轮谈判除缔约方以外，还对非缔约方开放。共有99个国家和地区参加了谈判，其中包括29个非缔约方。这次谈判历时5年之久以全面削减方式进行关税减让，关税减让和关税约束涉及3 000多亿美元的贸易额，世界上9个主要工业国家制成品的加权平均关税率进一步下降至4.7%，减让总值相当于进口关税水平下降了35%。“东京回合”与前六轮谈判有明显的不同，除关税减让外，还在限制非关税壁垒方面取得了进展。在达成的9项附属协议中有6项是关于非关税壁垒方面的，它们是：进口许可证手续协议；关于解释和适用总协定第6条、第16条和第23条的协议（即补贴与反补贴守则）；政府采购协议；实施总协定第6条的协议（也称反倾销守则）；贸易技术壁垒协议；关于实施总协定第7条的协议及议定书（即海关估价守则）。另外3项协议是具体部门产品的协议，包括牛肉协议、奶制品协议和民用航空器贸易协议。这些协议和守则属总协定无条件最惠国待遇原则之外独立的协议和守则，仅对签字国有效。它们分别于1980年和1981年开始生效。

第八轮：也称“乌拉圭回合”，1986年9月在乌拉圭埃斯特角城开幕，谈判共涉及15个议题，1993年12月15日闭幕。1994年4月15日在摩洛哥的马拉喀什正式签署了《乌拉圭回合多边贸易谈判成果的最后文件》，该文件经各方的国内立法机关批准后，于1995年1月1日起正式生效。根据《乌拉圭回合多边贸易谈判成果的最后文件》，在货物贸易方面，发达成员承诺总体关税削减幅度在37%左右，对工业品的关税削减幅度达40%，加权平均税率由6.3%降至3.8%，发展中成员承诺总体关税削减幅度在24%左右，工业品加权平均税率由20.5%降至14.4%；修订了1947年关税与贸易总协定，形成了《1994年关税与贸易总协定》；达成了《农业协议》和《纺织品与服装协议》两个部门协议；达成了《技术性贸易壁垒协议》《实施卫生与植物卫生措施协议》《海关估价协议》《进口许可程序协议》《原产地规则协议》《装运前检验协议》《与贸易有关的投资措施协议》等7项非关税措施协议；达成了《保障措施协议》《反倾销协议》《补贴与反补贴协议》等3项贸易救济措施协议。在服务贸易方面，达成了《服务贸易总协定》。在知识产权保护方面，达成了《与贸易有关的知识产权协定》。

2）关税与贸易总协定多边贸易谈判的特点

（1）参加关税与贸易总协定活动的国家和地区不断增加，关税与贸易总协定的影响越来越大

纵观总协定的历次多边贸易谈判，参加谈判的国家和地区逐次增多，“东京回合”以后，许多非缔约方也参加了总协定的多边贸易谈判或其他各种活动。参加总协定的成员包括了各种不同经济类型的国家和地区，它们相互之间的贸易占世界贸易的绝大部分。

（2）谈判内容不断增多，谈判时间逐次拉长

前六轮谈判基本上都是关于关税问题的。随着工业品进口关税水平大幅度下降，非关税壁垒日益成为各国限制进口的重要手段。面对复杂、多样及施行范围颇广的非关税壁垒，关税与贸易总协定逐步把谈判的内容由关税扩大到非关税壁垒。

“东京回合”中非关税壁垒成为谈判的重要议题，经谈判达成了多项有关非关税壁垒的协议。工业品贸易是前七轮谈判的传统性谈判内容，“东京回合”谈判还涉及部分农产品问题。“乌拉圭回合”不仅涉及农产品、纺织品、关税与非关税壁垒等传统议题，还涉及服务贸易、与贸易有关的知识产权、与贸易有关的投资措施等新议题。随着谈判内容的增多，每次谈判时间也逐次拉长。“肯尼回合”用了3年，“东京回合”用了近6年的时间，“乌拉圭回合”则用了7年多时间。

（3）美国在关税与贸易总协定中影响巨大，但其作用在逐步下降

美国是关税与贸易总协定的积极倡导者和推动者，也是关税与贸易总协定历次多边贸易谈判的发动者。美国凭借其雄厚的政治、军事和经济实力在创建总协定以及推动贸易自由化过程中始终扮演着最重要的角色。但是，随着世界经济多极化的发展和发展中缔约方数量的增加，美国已逐渐失去了单独维持关税与贸易总协定多边贸易体制的能力。

（4）在历次多边贸易谈判中发达国家居主导地位

在历次多边贸易谈判中，发达资本主义国家一直居于主导地位，其中美、日、欧是谈判的主角。前几轮谈判主要在美国和英国之间进行。第二次世界大战结束初期，美国是世界上独一无二的经济强国，总协定成为美国推行其经济贸易政策的重要工具。美国虽然作出了一定的让步，但它仍是总协定最大的受益者。随着西欧和日本的经济崛起，总协定便成为美、日、欧进行较量的场所。后几轮谈判主要在这三大经济力量之间进行，谈判的发起、议题的确定乃至协议的达成主要取决于实力大国，这些国家也是多边贸易谈判的主要受益国。

（5）发展中国家的贸易与发展问题日益受到重视，其地位逐步提升

随着发展中国家在总协定缔约方的增多，在发展中国家的不断努力和斗争下，总协定采取了一些措施，例如1965年总协定增加了专门针对发展中国家贸易与发展问题的第四部分，“东京回合”中通过的“授权条款”以及普遍优惠制的实施，保证了发展中国家的合法利益，有利于发展中国家对外贸易的发展，为解决南北之间深刻的贸易矛盾提供了一个良好的开端。

8.2 世界贸易组织

8.2.1 世界贸易组织的建立

1）建立世界贸易组织的过程

世界贸易组织协议的形成是“乌拉圭回合”多边贸易谈判的一项重大意外成果。在1986年9月“乌拉圭回合”启动时，15项谈判议题中没有关于建立世界贸易组织的问题。由于“乌拉圭回合”谈判不仅包括了传统的货物贸易，而且还涉及知识产权和服务贸易以及投资措施等，这样1947年关税与贸易总协定如何有效地执行“乌拉圭回合”形成的各项协议就提上了议事日程。无论从组织结构还是从协

调职能看，总协定均显示出其“先天不足”。1990年欧共体首先提出建立一个多边贸易组织（Multilateral Trade Organization，MTO）的倡议，并得到美国、加拿大等国的支持。

1990年12月，“乌拉圭回合”布鲁塞尔部长会议正式作出决定，责成体制职能小组负责《多边贸易组织协议》的谈判起草工作。1991年12月形成《关于建立多边贸易组织协议》的草案。1993年11月形成了《建立多边贸易组织协议》，同年12月根据美国的动议，把“多边贸易组织”改名为“世界贸易组织”（World Trade Organization，WTO）。

1994年4月15日，“乌拉圭回合”参加方在摩洛哥的马拉喀什通过了《建立世界贸易组织协定》。1995年1月1日，世界贸易组织正式建立。

2）世界贸易组织和关税与贸易总协定的关系

（1）世界贸易组织和关税与贸易总协定的联系

世界贸易组织和关税与贸易总协定有着内在的历史继承性。世界贸易组织继承了关税与贸易总协定的合理内核，包括其宗旨、职能、基本原则及规则等。关税与贸易总协定有关条款，是世界贸易组织《1994年关税与贸易总协定》的重要组成部分，仍然是规范各成员间货物贸易关系的准则。

（2）世界贸易组织和关税与贸易总协定的区别

①组织机构的正式性

根据《维也纳条约法公约》，任何国际性组织，尤其政府间的组织都应具有设立它的国际公约或条约作为法律基础。世界贸易组织是根据该公约正式批准生效成立的国际组织。《建立世界贸易组织协定》作为“乌拉圭回合”一揽子协议的统领文件，为该组织的建立确立了重要基础，使其具有独立的国际法人资格，与其他国际性组织处于同等地位，其官员享有外交特权和豁免权。而关税与贸易总协定则不是法律意义上的国际组织，它没有作为建立一个国际组织的国际公约，而只是一个“临时适用”的协定，因此，它不具有国际法人资格。

②管辖范围的广泛性

关税与贸易总协定的管辖范围仅涉及货物贸易，且农产品和纺织品贸易均作为例外不受总协定规则的约束。而世界贸易组织不仅把长期游离在总协定规则之外的农产品和纺织品纳入其轨道，它还将其管辖范围扩大到服务贸易、与贸易有关的知识产权和与贸易有关的投资措施等新领域。现在由世界贸易组织所代表的多边贸易体制，其管辖范围已扩大到与贸易有关的各个方面。

③法律体系的统一性

关税与贸易总协定的法律体系由3部分构成：一是关税与贸易总协定文本（含38个条款）和前7轮多边贸易谈判达成的关税减让表；二是“东京回合”达成的9项附属性协议；三是多种纤维贸易安排。多种纤维贸易安排作为关税与贸易总协定的一项例外，采取背离关税与贸易总协定的管理办法。“东京回合”达成的各项协定采取自愿选择参加的办法，仅对签字方有效。关税与贸易总协定法律体系是被分割的。世界贸易组织新体制所管辖的协议，除“东京回合”达成的政府采购、牛肉、奶制品和民用航空器等4项贸易协议外，其他所有的协议必须一揽子接受和遵守，不能选择性地参加或提出保留，从而使世界贸易组织在法律体系上基本达到了统一。

④争端解决机制的有效性

在关税与贸易总协定的争端解决机制中，其决策方式是“完全协商一致”，只要有一个缔约方（最有可能是“被申诉人”）提出反对通过裁决报告，就认为没有“完全协商一致”，关税与贸易总协定则不能作出裁决，这自然大大削弱了总协定在解决争端方面的权威性和有效性。因此，有人戏称“关税与贸易总协定争端解决机制是一只没有牙齿的老虎”。世界贸易组织争端解决机制采用“反向协商一致”的决策原则，在争端解决机构审议专家组报告或上诉机构报告时，只要不是所有的参加方都反对，则视为通过，从而排除了败诉方单方面阻挠报告通过的可能，增强了机构解决争端的效力。

此外，针对关税与贸易总协定争端解决时间拖得过长的缺陷，世界贸易组织的争端解决机制对争端解决程序的各个环节规定了严格、明确的时间表。

8.2.2 世界贸易组织的宗旨、职能和组织机构

1）世界贸易组织的宗旨

世界贸易组织基本上承袭了关税与贸易总协定的宗旨，但随着时代的发展，对总协定的宗旨作了适当的补充和修正。在《建立世界贸易组织协定》的序言部分，规定了世界贸易组织的宗旨：

（1）提高生活水平，保证充分就业，保证实际收入和有效需求的大幅稳定增长。

（2）扩大货物和服务的生产和贸易。

（3）依照可持续发展的目标，考虑对世界资源的最佳利用，寻求既保护和维护环境，又以与各成员在不同经济发展水平的需要和关注相一致的方式，加强为此采取的措施。

（4）积极努力以保证发展中国家，尤其是最不发达国家，在国际贸易增长中获得与其经济发展需要相当的份额。

2）世界贸易组织的职能

世界贸易组织的主要职能包括：

（1）负责多边贸易协议的实施、管理和运作，促进世界贸易组织目标的实现，同时为诸边贸易协议的实施、管理和运作提供框架。

（2）为成员间就多边贸易关系进行的谈判提供场所，并提供实施谈判结果的体制。

（3）通过争端解决机制，解决成员间可能产生的贸易争端。

（4）运用贸易政策审议机制，定期审议成员的贸易政策及其对多边贸易体制运

行所产生的影响。

（5）通过与其他国际经济组织（国际货币基金组织和世界银行及其附属机构）的合作和政策协调，实现全球经济决策的更大一致性。

WTO 组织结构

3）世界贸易组织的组织结构

世界贸易组织设立的主要组织机构有：

（1）部长级会议

部长级会议是世界贸易组织的最高决策机构，由世界贸易组织的所有成员组成，每两年至少举行一次会议。部长级会议全权履行世界贸易组织的职能，并可以为此采取任何必要的行动。

（2）总理事会

总理事会负责世界贸易组织的日常事务，监督和指导下设机构的工作，并处理世界贸易组织的重要紧急事务；在部长级会议休会期间，其职能由总理事会行使；总理事会还履行争端解决机构和贸易政策审议机构的职责。

（3）理事会

总理事会下设货物贸易理事会、服务贸易理事会、与贸易有关的知识产权理事会，分别负责监督相应协议的实施。3个理事会在总理事会的指导下开展工作，行使相应协议规定的职能以及总理事会赋予的其他职能。

（4）各专门委员会

各专门委员会负责处理3个理事会的共性事务以及3个理事会管辖范围以外的事务。各专门委员会向总理事会直接负责。

（5）其他临时性机构

世界贸易组织还根据需要设立了一些临时性机构，通常称为工作组，其任务是研究和报告有关专门事项，并最终提交相关理事会作出决定。一些工作组还承担有关谈判的组织工作。

（6）秘书处

秘书处是世界贸易组织的日常办事机构，由部长级会议任命的总干事（Director-General）领导。

8.2.3 世界贸易组织的基本原则

1）非歧视原则

非歧视原则包括最惠国待遇原则和国民待遇原则。

（1）最惠国待遇原则

最惠国待遇是指一成员现在和将来在货物贸易、服务贸易和知识产权领域所给予任何第三方的优惠待遇，应立即和无条件地给予其他各成员。

（2）国民待遇原则

国民待遇是指一成员对其他成员的产品、服务或服务提供者及知识产权所有者和持有者所提供的待遇，不低于本国同类产品、服务或服务提供者及知识产权所有者和持有者所享有的待遇。

透明度原则

2）贸易自由化原则

贸易自由化原则是指通过多边贸易谈判，实质性削减关税和减少其他贸易壁垒，扩大成员之间的货物和服务贸易。

3）透明度原则

透明度原则是指成员应公布所制定的和实施的贸易措施及其变化情况，不公布的不得实施，同时还应将这些贸易措施及其变化情况通知世界贸易组织。成员参加的影响国际贸易政策的国际协议也在公布和通知之列。

4）公平竞争原则

公平竞争原则是指成员应避免采取扭曲市场竞争的措施，纠正不公平贸易行为，在货物贸易、服务贸易和与贸易有关的知识产权领域，创造和维护公开、公平、公正的市场环境。

5）促进发展和经济改革原则

发展中成员和经济转轨国家占WTO成员数的3/4以上，多边贸易体制日益认识到发展中国家，尤其是最不发达国家履行义务的灵活性和特殊需要。世界贸易组织沿袭了关贸总协定关于发展中国家和最不发达国家优惠待遇的相关协议和条款，并在世界贸易组织的相关协定、协议或条款中加以完善。此外，世界贸易组织也充分考虑到经济转型国家的复杂的内部、外部条件，对它们加入该组织给予鼓励并承诺给予较灵活的处理。

8.2.4　世界贸易组织的例外与免责

世界贸易组织要求成员方切实履行其所承担的各项义务，但也允许成员方在确有困难的情况下有所变通。因此，世界贸易组织协定和协议中大都包含了例外、免责的规定。

1）例外规定

（1）一般例外

成员方如采取一般例外措施，可不受世界贸易组织规则及该成员承诺的约束，但应遵守非歧视原则。

①货物贸易领域的一般例外

A.为维护公共道德所必需的措施。

B.为保护人类、动植物生命或健康所必需的措施。

C.与黄金或白银进出口有关的措施。

D.为保证与《1994年关税与贸易总协定》不相抵触的国内法律、法规得到遵守所需的措施，包括与海关执法，实行垄断，保护专利权、商标、版权以及防止欺诈行为等有关的措施。

E.与监狱囚犯产品有关的措施。

F.为保护具有艺术、历史或考古价值的国宝所采取的措施。

G.保护可用竭的自然资源的措施，但应与限制国内生产或消费一同实施。

H.为履行政府间商品协定项下义务而实施的措施，且其他成员对该商品协定不持异议。

I.在政府实施稳定计划，将国内原料价格控制在国际价格水平以下时期，为保证国内加工业获得基本的原料供应而采取的原料出口限制措施。但此类限制不得用于增加国内加工业的出口或保护，也不得违背非歧视原则。

J.在供应短缺情况下，为获取或分配产品所必须采取的措施。

②服务贸易领域的一般例外

A.为维护公共道德所必需的措施。

B.为维护公共秩序所必需的措施，但只有在社会的某一根本利益受到真正和足够严重的威胁时方可采取。

C.为保护人类、动植物生命或健康所必需的措施。

D.为保证与世界贸易组织规定不冲突的国内法的执行而采取的措施，包括防止欺骗、欺诈行为的措施，处理服务合同违约后果的措施，保护与个人信息处理和传播有关的个人隐私的措施，保护个人记录和账户机密性的措施，以及有关安全的措施。

E.与国民待遇不一致的措施。实施该措施，是为了保证公平、有效地对其他成员的服务或服务提供者课征直接税。

F.与最惠国待遇不一致的措施。实施该措施，是为了避免双重征税协定，或执行其他国际协定的相关规定。

（2）安全例外

世界贸易组织允许成员在战争、外交关系恶化等紧急情况下，为保护国家安全利益采取必要的行动，对其他相关成员不履行世界贸易组织规定的义务。

2）免责规定

（1）紧急限制进口措施

紧急限制进口措施也称保障措施，是指世界贸易组织成员在符合规定的紧急情况下，可暂停实施对有关进口产品作出的关税减让和其他承诺。

（2）保护幼稚工业措施

世界贸易组织允许成员为促进建立某一特定产业而背离承诺，实施关税保护和数量限制措施。

（3）国际收支限制措施

世界贸易组织允许成员因国际收支困难而中止关税减让和其他承诺。

（4）有关承诺的修改或撤回

《1994年关税与贸易总协定》规定，每隔3年，成员可就修改或撤回承诺进行谈判。在特殊情况下，经世界贸易组织批准，可随时进行此类谈判。《服务贸易总协定》也有类似规定。

（5）义务豁免

成员方可根据豁免条款，申请免除某项或某些义务。

8.2.5 世界贸易组织的新一轮多边贸易谈判

1）世界贸易组织新一轮多边贸易谈判的启动与进展

（1）新一轮多边贸易谈判启动的背景

自1995年1月世界贸易组织成立以来，国际社会一直酝酿发起新一轮多边贸易谈判，这是由当时世界经济贸易形势以及世界多边贸易体制自身的内在因素所决定的。

① “乌拉圭回合”结束后，各国贸易政策更趋自由化，但全球贸易壁垒依然存在，而推倒这些壁垒只有在全球基础上才有可能认真地得到消除或规范。

② 发达国家一直希望在其期待的领域、有竞争优势的一些部门进一步自由化，而发展中国家对世界贸易组织有关协议的执行情况不满意，呼吁世界贸易组织应充分考虑发展中国家在实施协议中遇到的问题和困难。面对世界贸易组织规则和协议的不完善和不充分，发达成员和发展中成员相互做了妥协和让步，认为有必要对这些缺陷和不足进行审议，并作出必要的补充与改正，以进一步制定和完善多边贸易规则。

③ 在“乌拉圭回合”中，各方对农业和服务业的市场开放做了一些承诺，提出了未来开放的框架，但内容尚不具体，缺乏可操作性。“乌拉圭回合”结束时，这些议题被承诺将在下一轮谈判中占有一席之地，以推动这些领域的进一步贸易自由化。

④ 国际贸易领域也不断出现一些新现象和新问题，需要通过新的贸易谈判给予磋商并达成共识。

（2）新一轮多边贸易谈判的准备与艰难启动

①新加坡议题

1996年在新加坡举行的首届部长级会议决定，世界贸易组织要为投资政策、竞争政策、政府采购的透明度和贸易便利化等问题（即新加坡议题，Singapore issues）制定规则，并纳入新一轮谈判中。会后，世界贸易组织成立了新加坡议题工作组，并指导WTO货物贸易委员会为WTO规则在上述领域的适用和评估进行探索性和分析性的工作。

②西雅图会议

1999年12月，世界贸易组织第三次部长级会议在美国西雅图召开。会议历时4天，原本打算启动新一轮多边贸易谈判，即“千年回合”。但是，由于各方分歧严重，加之反全球化势力的干扰，这次会议未能就新一轮谈判的议程达成共识，不得不草草收场。

③ “多哈发展议程”启动

自2000年下半年，世界经济和贸易的增速明显放慢。2001年世界货物贸易额出现10多年来最大的负增长，世界货物贸易量出现自1982年以来的首次负增长。“9·11”事件也干扰了全球经济复苏进程。在经济复苏速度、力度都缓慢的背景下，全球保护主义势头增强，一系列双边贸易争端恶化了全球贸易环境，人们期待通过启动新的多边贸易谈判来恢复对世界经济的信心。

为了避免重蹈西雅图会议的覆辙及挽救世界贸易组织的威信，世界贸易组织实施了一系列“树立信心”的措施，如优先考虑最不发达国家面临的困难、全面重新评估技术合作和能力建设活动、建立专门机制处理与实施有关的事项和关注、改革世界贸易组织程序以保障所有成员的更广泛代表性和更为有效地参与、加强与其他国际组织的进一步密切合作等，这些为再次启动新的谈判作了较充分的铺垫和准备。

2001年11月，在卡塔尔首都多哈举行的世界贸易组织第四次部长级会议上，与会的142个成员部长一致通过了《多哈部长宣言》，决定启动新一轮多边贸易谈判。根据《多哈部长宣言》及其工作计划，谈判最迟不晚于2005年1月1日前结束。新一轮谈判的主要内容将涉及19个方面，它们是：与实施相关的问题；农业；服务业；非农产品市场准入；与贸易有关的知识产权；贸易与投资关系；贸易与竞争政策的关系；政府采购的透明度；贸易的便利化；WTO规则（包括反倾销、补贴、区域贸易协定）；争端解决谅解；贸易与环境；电子商务；小型经济体；贸易、债务与金融；贸易与技术转让；技术合作与能力建设；最不发达成员；特殊和差别待遇。

这是继“乌拉圭回合”结束8年后、也是世界贸易组织成立以来举行的首轮多边贸易谈判。由于世界贸易组织成员中的大多数都是发展中国家及最不发达国家，这些国家的需要和利益构成了谈判议程的核心，也成为影响谈判成功的重要力量。因此，在发展中国家成员的努力下，各方逐渐形成了一个共识，将发展确定为贯穿整个新的多边贸易谈判的主题。人们回避了以往8轮多边贸易谈判一直使用的、以发达国家主导为印象的“回合”一词，而称此轮谈判为“多哈发展议程”（Doha Development Agenda）。

（3）“多哈发展议程”谈判进展艰难

新一轮多边贸易谈判自2002年年初拉开序幕以来，各领域的谈判进展异常缓慢，时常陷入僵局。在坎昆会议前，“多哈发展议程”的所有议题的谈判几乎都错过了原定时间底线，例如，2002年7月31日，纺织品和服装、对发展中国家的特殊待遇问题、补贴问题错过底线；2002年年底，反倾销问题、知识产权问题没有取得实质性进展；2003年3月31日，农业谈判错过底线；2003年5月31日，争端解决机制的谈判错过底线。

为了打破谈判僵局，保证坎昆会议顺利召开，世界贸易组织各成员间不同形式和规模的磋商一直在紧锣密鼓地进行，以期协调立场，寻求相关对策。2003年9月，世界贸易组织第五次部长级会议在墨西哥坎昆举行。作为“多哈发展议程”的中期会议，各成员对坎昆会议寄予了不同的希望。在坎昆会议期间，与会各成员就农业、新加坡议题等焦点问题进行了激烈的讨论，表达自己的看法和立场。由于成员间在农业、非农业产品、新加坡议题和发展议题等问题上分歧巨大，谈判各方固守立场，会议最终未能取得实质性成果，使多边贸易谈判的前景比西雅图时更加暗淡。

为了挽救“多哈发展议程”谈判计划，坎昆会议结束前，各成员作出了最后一项决议，指示世界贸易组织总理事会在2003年12月中旬完成《坎昆会议宣言》。但是，当这个“最后期限”过去后，总理事会没能产生任何决议。于是，世界贸易组织又设定了一个新的“最后期限”，即2004年7月底在日内瓦召开的总理事会特别会议。

2004年8月1日0点30分，147个世界贸易组织成员方就“多哈发展议程”中的农业、非农产品市场准入、发展问题、服务贸易以及贸易便利化谈判等议题达成框架协议，将贸易便利化以外的3个“新加坡议题”剔出多哈谈判议程。尽管该框架协议只规定了今后谈判的指导原则，但至少明确了“多哈发展议程”后续谈判的大致内容和方向，使谈判重回正轨，暂时消除了“多哈发展议程”再度陷入停滞的危险，因坎昆会议失败而受损的世界贸易组织的威信也得到了恢复，被世界贸易组织总干事素帕猜称为“具有历史意义的时刻”。成员还同意重新修改《多哈部长宣言》确定的谈判时间表，提出力争于2005年12月在中国香港举行的第六次部长级会议取得实质性成果，从而为2006年最终完成谈判奠定良好的基础。

2005年12月13日至18日，世界贸易组织第六次部长级会议在中国香港举行，来自世界贸易组织149个成员的5 800多名代表和2 000多名非政府组织代表参加了会议。在难以就关键议题实现突破的情况下，各成员就发展议题形成了共识。与会部长们经过6天谈判后，发表了《部长宣言》，在农业、棉花以及发展问题上取得进展，包括：发达成员和部分发展中成员同意2008年前向最不发达国家提供免关税和免配额市场准入；发达国家2006年取消棉花出口补贴，2013年年底前取消农产品出口补贴。这些成果对于世界经济特别是最不发达国家经济发展将带来一定的积极意义。中国香港会议使谈判取得了一定进展，但各成员今后的谈判任务仍十分艰巨。各成员部长们在中国香港宣言中说：“我们重申决心在2006年全面完成多哈工作计划，并成功结束在多哈启动的本轮谈判。”

为打破“多哈发展议程”谈判僵局，2006年7月，世界贸易组织的6个关键成员（美国、欧盟、日本、澳大利亚、巴西和印度）在日内瓦紧急召开部长级特别会议，以协调各方对农业和非农产品市场准入问题的立场。由于分歧过大，会议第二天多国部长纷纷离去，本次会议以失败告终。2006年7月27日，世界贸易组织总干事拉米正式建议，全面中止已持续近5年的谈判，而且表示不为恢复谈判设定任何时间表，“多哈发展议程”谈判进入“休眠期”。

2006年9月，美国、欧盟和日本等发达国家的代表与发展中国家成员组成的“20国协调组”的代表在巴西里约热内卢举行对话会议，协调立场，同意尽快恢复“多哈发展议程”谈判。2006年11月，世界贸易组织贸易谈判委员会召开“多哈发展议程”谈判中止以来的首次全体会议，与会代表一致同意恢复“多哈发展议程”谈判的技术性讨论，并为谈判最终全面恢复作好准备。

2007年1月，谈判再次恢复，但依旧无果而终。2008年7月21日，来自35个主要世界贸易组织成员的贸易和农业部长在日内瓦召开会议，试图在一周时间内就“多哈发展议程”谈判农业和非农产品市场准入问题取得突破。但谈判难以取得进展，原定一周的会期被迫延长。经过9天的讨价还价后，还是以失败告终。

2008年12月12日，世界贸易组织总干事拉米宣布，由于各成员无法弥合在一些敏感问题上的分歧，他决定放弃在2008年年底前召开部长级会议来讨论推动达成农业和非农产品市场准入模式协议的计划，这意味着拖延7年之久的多哈谈判进程再次遭遇挫折。

2011年1月29日，在达沃斯举行的世界贸易组织小型部长级会议上，与会代表希望恢复谈判，之后，贸易谈判委员会在农业、非农产品市场准入、贸易便利化、贸易规则等具体领域展开密集谈判。2011年5月底，拉米在贸易谈判会议上提出以贸易便利化、农业和发展三大议题为核心的“早期收获”计划，得到各成员同意。2011年12月召开的第八届部长级会议没有就此达成协议。2012年，各成员继续就“早期收获”计划进行谈判，在2012年12月11日举行的WTO总理事会会议上，拉米表示，贸易便利化协议谈判已取得积极进展。2013年9月，新上任的WTO总干事罗伯特·阿泽维多敦促各成员的贸易代表展开密集谈判，力求尽快就“早期收获”计划达成一致，并在12月初召开的第九届部长级会议上正式签署。2013年12月，在巴厘岛召开的第九届部长级会议通过了“早期收获”协议，会议同时明确，在未来12个月内，对所有多哈未决议题，尤其是农业、发展中国家和最不发达国家关心的议题制订工作计划。2014年11月27日，世界贸易组织召开总理事会特别会议，通过了《贸易便利化协定》，2017年2月22日在获得2/3以上成员批准后正式生效。《贸易便利化协定》是对“多哈发展议程”谈判成果的“锁定”，为最终完成谈判奠定了基础，但“多哈发展议程”谈判毕竟还没有结束。相对于其他议题，《贸易便利化协定》涉及的内容属于“容易摘取的果实”，剩下的都是难啃的“硬骨头”，发达国家与发展中国家，甚至处于不同发展阶段的发展中国家之间的分歧仍然尖锐，在短期内取得突破性进展的前景仍然十分黯淡。2015年12月，在肯尼亚首都内罗毕召开的第十届部长级会议上，经过各方努力，最终达成部长级会议宣言和通过多项决定，主要成果包括全面取消农产品出口补贴，就出口融资支持、棉花、国际粮食援助等方面达成了新的多边纪律；成功结束《信息技术协定》扩围谈判；在优惠原产地规则、服务豁免等方面切实给予最不发达国家优惠待遇。2017年12月第十一届部长级会议在阿根廷布宜诺斯艾利斯召开，成员代表就农业、渔业、贸易便利化、电子商务、中小企业发展等议题展开激烈谈判，最后并没有取得什么重要的成果。

多年来，“多哈发展议程”谈判进展艰难，这暴露出世界贸易组织决策效率低的突出问题；同时，世界贸易组织在为贸易新领域提供规则方面缺少作为，在受到外部冲击时各成员频繁采用贸易保护政策，主要经济体之间爆发贸易争端，WTO的争端解决机制受到挑战，这导致世界贸易组织日益被边缘化。从长远来看，世界贸易组织的改革势在必行，欧盟、美国、中国等主要成员先后提出改革世界贸易组织的建议，但由于各方分歧巨大，未来改革的前景并不乐观。2024年2月第十三届部长级会议在阿联酋阿布扎比举行，成员承诺加强多边贸易体制，继续推进世界贸易组织改革，主要成果包括达成《促进发展的投资便利化协定》，回应了广大发展中成员吸引外资和发展经济的强烈诉求；通过《争端解决机制改革部长决定》，力争年内恢复争端解决机制正常运行；通过《电子商务工作计划》，将电子传输暂免关税延长至下一届部长级会议，为全球数字贸易发展提供稳定规则环境；实现服务贸易国内规制谈判结果生效，不断降低全球服务贸易成本；通过最不发达国家毕业平稳过渡部长决定，帮助相关国家更好融入多边贸易体制。

2）世界贸易组织新一轮多边贸易谈判的特点

与关贸总协定主持下已完成的八轮多边贸易谈判相比，由于世界经济贸易环境的变化，"多哈发展议程"启动后呈现出与以往谈判不同的一些鲜明的特点。

（1）由于各议题的重要性和敏感性，加上各方利益错综复杂，谈判启动以来进展艰难，并时常陷入停滞的僵局。

（2）谈判涉及的议题十分广泛，远远超过以往历次谈判，提出的新议题也多，均增大了谈判的难度。

（3）以发展为中心探讨贸易政策的呼声日益影响世界贸易组织走向，谈判要兼顾发展中国家的需要和利益成为共识。

（4）谈判的焦点仍然是农业问题，农业议题的进展和前景成为"多哈发展议程"的指示器。

（5）参与谈判的成员数目不断增加，远远多于以往历次谈判，在成员经济水平差异大、利益关系错综复杂的情况下，取得协商一致的难度明显增加。

（6）成员谈判力量多极化的趋势初步形成，不同集团势力对谈判的影响力加强，谈判格局更加复杂。与以往的谈判不同，"多哈发展议程"呈现出一个引人瞩目的现象，在存在着发达国家和发展中国家两大利益集团的背景下，各成员为了维护自身利益，加上集体谈判力量的显著优势，组成了数量众多的利益"同盟"或协调小组，积极谋求对谈判产生影响。由于各集团间存在尖锐的对立的利益冲突，众多利益集团如同一股股潜流，或加速或延缓着谈判进程，使多边谈判的形势更趋复杂。"乌拉圭回合"时最主要的矛盾集中在发达国家内部，特别是美国和欧盟在农业政策上的分歧严重。在"多哈发展议程"中，主要矛盾转移到发达国家和发展中国家之间，并在农业问题上集中爆发。发展中国家组成谈判协调组或集团对于维护发展中国家的基本利益是有利的。但也要看到，多种谈判力量的出现在有利于改善世界多边贸易体制不平衡性矛盾的同时，也加深了各成员在多边谈判中进行博弈的难度，使得博弈均衡的实现变得更加困难。

（7）受经济实力及谈判能力所限，此轮谈判还是发达国家掌握主导权，但发展中国家的态度变得更加重要，其力量也在增强。"多哈发展议程"启动后进展并不平坦，但发展中国家的立场和作用日益显现，它们发出了比以往谈判更加强烈的声音，并通过有效的联合，成为谈判中不可忽视的重要力量。

●本章小结

1.关税与贸易总协定生效以来，功能不断完善，逐步演变为“事实上的”国际经济组织。关贸总协定制定了一整套规范世界大多数国家政府贸易政策行为的准则，成功地组织了八轮多边贸易谈判，维护了世界贸易秩序，促进了全球贸易自由化。

2.“乌拉圭回合”结束后，世界贸易组织作为一个正式的国际经济组织取代了关税与贸易总协定，一个新的全球多边贸易体制正在形成。世界贸易组织新一轮多边贸易谈判艰难启动，进展缓慢，并时常陷入僵局，使世界贸易组织的权威性和有效性受到挑战。

●延伸阅读

1. WTO Information and Media Relations Division. 2015. Understanding the WTO (fifth edition). WTO网站。

2.The Consultative Board to the Director-General Supachai Panitchpakdi.2004.The Future of the WTO.WTO网站。

3.WTO.各年度报告. Annual Report.WTO网站。

4.石广生. 中国加入世界贸易组织知识读本［M］. 北京：人民出版社，2001.

5.霍克曼，考斯泰基. 世界贸易体制的政治经济学：从关贸总协定到世界贸易组织［M］. 刘平，洪晓东，许明德，等译. 北京：法律出版社，1999.

6.克鲁格. 作为国际组织的WTO［M］. 黄理平，彭利平，刘军，等译. 北京：上海人民出版社，2002.

自测题

单选题

●基本概念

自测题

非歧视原则　最惠国待遇原则　国民待遇原则　贸易自由化原则　透明度原则　公平竞争原则

多选题

●复习思考题

自测题

1.关税与贸易总协定多边贸易谈判有哪些特点？

2.世界贸易组织和关税与贸易总协定有何不同？

3.世界贸易组织设立的主要组织机构有哪些？各自履行什么职能？

4.世界贸易组织的基本原则有哪些？各自的含义是什么？

判断题

第9章/国际经济一体化

学习目标

了解第二次世界大战后国际经济一体化的产生与发展概况，熟悉和掌握国际经济一体化的概念、第二次世界大战后国际经济一体化发展的特点，重点学习和掌握国际经济一体化的形式和关税同盟理论。

9.1 国际经济一体化概述

9.1.1 国际经济一体化的概念与形式

国际经济一体化（international economic integration）指两个或两个以上的关税领土为了实现共赢的目标，通过签订政府（当局）间的协定，实行从成员间减少或取消贸易壁垒到实施统一的经济政策的不同程度经济联合的过程和状态。

根据经济上结合程度的不同，国际经济一体化可分为以下几种形式：

1）优惠贸易安排

优惠贸易安排（preferential trade arrangements）是国际经济一体化最松散、最初级的一种形式。在优惠贸易安排成员方间，通过签订协定，规定成员方之间在进行贸易时互相提供比与非成员方进行贸易时更低的贸易壁垒。1932年英国与其他英联邦国家建立的英帝国特惠制、1967年成立的东南亚国家联盟等就属于这种形式的经济一体化。

2）自由贸易区

自由贸易区（free trade area）指由签订自由贸易协定的国家组成的贸易区。在区内各成员方取消它们相互之间的贸易壁垒，使商品能够在区内自由流动，但每个成员方仍保留独立的对非成员方的贸易壁垒，如欧洲自由贸易联盟、北美自由贸易区。在自由贸易区内，成员方之间的边境通常仍保留海关等机构，以避免其他国家的商品通过贸易壁垒较低的成员方进入整个自由贸易区。

3）关税同盟

关税同盟（customs union）指成员方之间完全取消关税或其他贸易壁垒，并取消成员方之间的关境，合并成一个统一的对外共同关境，对非成员方实行统一的关税税率所结成的同盟。世界上最早、最著名的关税同盟是由比利时、荷兰和卢森堡三国组成的关税同盟。

4）共同市场

共同市场（common market）指除共同市场成员方相互间完全取消关税和其他贸易限制，建立对非成员方的共同关税外，成员方间的资本、劳动力等生产要素也可以自由流动。欧洲经济共同体于1970年已接近此阶段。

5）经济同盟

经济同盟（economic union）指成员方间不但商品与生产要素可以完全自由移动，建立对外共同关税，而且要求成员方制定和执行某些共同的经济政策和社会政策，包括货币、财政、贸易、经济发展和社会福利方面的政策等，逐步消除政策上的差异，使一体化的程度从商品交换扩大到生产、分配乃至整个国民经济，形成一个有机的经济实体。目前的欧洲联盟属于这种形式。

6）完全经济一体化

完全经济一体化（complete economic integration）指各参加国经济真正结合成一个整体，建立超国家的权力机构，各成员方在货币、财政、贸易等政策上完全一致，商品、资本、劳动力在区内完全自由流动，最终的状况如同一个国家。一旦实行了这样的一体化，它常常还包含政治上的一体化。这是经济一体化的最高形式。目前，欧洲联盟就是向这种一体化的方向发展的。

需要指出的是，上述经济一体化类型只是对经济一体化不同形式的简单区分，实践中的经济一体化由于其合作的广泛性，不能完全归为一种类型，也并非必然依次由一种低级形式向另一种高级形式发展。

国际经济一体化的形式除按上述方法划分外，还可按一体化的范围和一体化参加国的经济发展水平来划分。

按经济一体化的范围，可划分为部门一体化（sectoral integration）和全盘一体化（overall integration）两种形式。部门一体化是指区域内成员间实行一个或几个部门（或商品）的一体化。如1952年建立的欧洲煤钢共同体。全盘一体化是指区域内成员间的所有经济部门实行一体化。欧盟的一体化属于此类。

经济一体化与类似概念的比较

按参加国的经济发展水平，经济一体化还划分为水平一体化（horizontal integration）和垂直一体化（vertical integration）两种形式。水平一体化是指经济发展水平相同或接近的国家组织建立的经济一体化组织，如欧洲经济共同体（欧盟）。垂直一体化是指经济发展水平不同的国家所组成的一体化，如1994年1月1日由美国、加拿大与墨西哥建立的北美自由贸易区。

WTO和日本对经济一体化形式的划分

9.1.2 第二次世界大战后国际经济一体化的产生与发展

根据世界贸易组织公布的统计数据，1948年至2023年期间向关贸总协定和世界贸易组织通报的国际经济一体化协定数量已达568个，其中由于内部分歧过大或与其他协定合并等原因终止了204个，仍在生效的有364个。

1）20世纪80年代中后期前国际经济一体化的产生与发展

RTA 数据库

西欧是第二次世界大战后国际经济一体化的起源地。早在第二次世界大战尚未全面结束的1944年9月5日，比利时、荷兰、卢森堡三国流亡政府在伦敦签署了比荷卢关税同盟协定，于1948年1月1日正式生效，形成了战后第一个经济一体化组织——比荷卢关税同盟（Benelux）。第二次世界大战结束后，许多西欧国家为了消除战争的祸根，曾迅速酝酿并发起了一场欧洲统一运动，主张通过欧洲统一来维护欧洲和平。推动这场运动的有两个重要的因素：一是希望建立“欧洲联盟”，并且使一个实现了非军事化的德国成为其中一员，以便把它置于欧洲国家的联合控制和监督之下，这样就可以解决德国的威胁问题。二是为了应对来自苏联的“共产主义威胁”。

1952年8月，法国、联邦德国、意大利、荷兰、比利时和卢森堡6国正式建立了一个部门经济一体化组织——欧洲煤钢共同体。为了摆脱同美国的依附关系、增强自身的实力以及应对苏联的威胁，1957年3月，法国、联邦德国、意大利、荷兰、比利时、卢森堡6国在罗马签署了《建立欧洲经济共同体条约》（通常称之为《罗马条约》），于1958年1月1日率先成立了欧洲经济共同体（European Economic Community，EEC），又称欧洲共同市场。1967年7月1日，欧洲经济共同体、欧洲原子能共同体（1957年成立）和欧洲煤钢共同体（1952年成立）的主要机构合并为单一的机构，统称为“欧洲共同体”（European Community，EC），简称“欧共体”。

欧共体经过1973年（英国、爱尔兰、丹麦加入）、1981年（希腊加入）、1986年（西班牙、葡萄牙加入）三次扩大，成员国增加到12个。1984年，欧共体与欧洲自由贸易联盟就建立欧洲经济区（EEA）发表了《卢森堡宣言》，为两大组织继续和扩大合作确定了方向。为建立单一的内部市场，1985年6月，欧共体通过了《关于完成内部市场的白皮书》，同年12月，欧洲理事会拟定了《单一欧洲文件》，正式以法律的形式确定了1992年以前实现单一内部市场的目标。

欧共体除了不断增加新成员外，与海外国家和领地（OCTs）[①]（1971年）、瑞士和列支敦士登（1973年）、冰岛（1973年）、挪威（1973年）、阿尔及利亚（1976年）、叙利亚（1977年）等国家和地区签署的自由贸易协定也相继生效。

为了与欧洲经济共同体相抗衡，1960年5月，挪威、瑞典、瑞士、奥地利、英国、丹麦、葡萄牙7国建立了欧洲自由贸易联盟（European Free Trade Association，EFTA）。1970年，冰岛加入了欧洲自由贸易联盟。1986年，芬兰加入了欧洲自由

① “海外国家和领地”（OCTs）包括格陵兰岛、新喀里多尼亚、法属波利尼西亚、法属南半球和南极陆地、瓦利斯和富图纳群岛、马约特、圣皮埃尔和密克隆、阿鲁巴、荷属安的列斯、安圭拉、开曼群岛、福克兰群岛、南乔治亚和南桑德韦奇群岛、蒙特塞拉特、皮特凯恩群岛、圣赫勒拿、阿森松岛、特里斯坦-达库尼亚群岛、特克斯和凯科斯群岛、英属南极领地、英属印度洋领地、英属维尔京群岛等英国、法国、荷兰、丹麦等国的海外领地。

贸易联盟。

在欧洲经济一体化的示范影响下，其他地区的国际经济一体化迅速发展（见表9-1）。

表9-1　20世纪80年代中期以前西欧以外地区主要的国际经济一体化协定

生效时间	协定名称	成员
1949年4月1日	南非-南罗得西亚关税同盟	南非、南罗得西亚（今津巴布韦）
1951年8月21日	萨尔瓦多-尼加拉瓜自由贸易区	萨尔瓦多、尼加拉瓜
1959年6月2日	中美洲自由贸易区	哥斯达黎加、萨尔瓦多、危地马拉、洪都拉斯、尼加拉瓜
1961年6月2日	拉丁美洲自由贸易联盟（LAFTA）	阿根廷、巴西、智利、墨西哥、巴拉圭、秘鲁、乌拉圭
1961年6月4日	中美洲共同市场（CACM）	哥斯达黎加、萨尔瓦多、危地马拉、洪都拉斯、尼加拉瓜
1963年7月1日	非洲共同市场	阿尔及利亚、加纳、几内亚、马里、摩洛哥
1965年1月1日	阿拉伯共同市场	伊拉克、约旦、利比亚、毛里塔尼亚、沙特阿拉伯、埃及、也门
1966年1月1日	澳大利亚-新西兰自由贸易协定	澳大利亚、新西兰
1968年4月1日	三方协定（TRIPARTITE）	埃及、印度、南斯拉夫
1968年5月1日	加勒比自由贸易联盟（CARIFTA）	安提瓜和巴布达、巴巴多斯、多米尼加、格林纳达、圭亚那、牙买加、蒙特塞拉特、圣基茨和尼维斯、圣卢西亚、圣文森特和格林纳丁斯、特立尼达和多巴哥
1971年	经济互助委员会	苏联、保加利亚、匈牙利、波兰、罗马尼亚、捷克斯洛伐克、民主德国、蒙古国
1973年2月11日	发展中国家贸易谈判议定书（PTN）	孟加拉国、巴西、智利、埃及、以色列、墨西哥、巴基斯坦、巴拉圭、秘鲁、菲律宾、韩国、罗马尼亚、突尼斯、土耳其、乌拉圭、南斯拉夫
1973年8月1日	加勒比共同体和共同市场（CARICOM）	安提瓜和巴布达、巴哈马、巴巴多斯、伯利兹、多米尼加、格林纳达、圭亚那、海地、牙买加、蒙特塞拉特、圣卢西亚、圣基茨和尼维斯、圣文森特和格林纳丁斯、苏里南、特立尼达和多巴哥

续表

生效时间	协定名称	成员
1976年6月17日	曼谷协定	孟加拉国、印度、韩国、老挝和斯里兰卡
1977年2月1日	澳大利亚-巴布亚新几内亚贸易和商业关系协定（PATCRA）	澳大利亚、巴布亚新几内亚
1981年1月1日	南太平洋地区贸易与经济合作协定（SPARTECA）	澳大利亚、新西兰、库克群岛、斐济、基里巴斯、马绍尔群岛、密克罗尼西亚联邦、瑙鲁、纽埃、巴布亚新几内亚、所罗门群岛、汤加、图瓦卢、瓦努阿图、西萨摩亚
1981年3月18日	拉美一体化协会（LAIA）	阿根廷、玻利维亚、巴西、智利、哥伦比亚、古巴、厄瓜多尔、墨西哥、巴拉圭、秘鲁、乌拉圭、委内瑞拉
1982年1月1日	海湾合作委员会（GCC）	巴林、科威特、阿曼、卡塔尔、沙特阿拉伯、阿联酋
1983年1月1日	澳大利亚-新西兰紧密经济关系贸易协定（ANZCERTA）	澳大利亚、新西兰
1985年8月19日	美国-以色列自由贸易协定	美国、以色列
1985年	伊斯兰经济合作组织（ECO）	伊朗、巴基斯坦、土耳其

这个时期生效的国际经济一体化协定具有以下一些基本特征：

（1）地域性，即参加同一经济一体化协定的成员基本上隶属于同一地理区域。

（2）水平一体化，即参加同一经济一体化协定成员的经济发展水平比较接近。

（3）参加同一经济一体化协定成员的社会经济制度往往相同，外交政策和对外贸易政策也基本上一致。

（4）参加经济一体化协定的成员大多数是中小国家，它们的生产规模和社会化程度与国内相对狭小的市场之间的矛盾比较尖锐，对国际分工和国际市场的依赖程度高。

（5）国际经济一体化协定以多边协定为主，即参加同一经济一体化协定成员的数量在3个或3个以上。

2）20世纪80年代中后期以来国际经济一体化的发展

（1）美国的经济一体化

在第二次世界大战后的相当长的一段时间内，美国作为世界经济霸主的地位无人能够撼动。因此，当欧洲经济共同体成立时，美国不仅不担心它的威胁，而且基于政治考虑（对抗苏联东欧国家阵营的威胁）采取了积极支持的态度。但随着美国在世界经济中地位的下降，美国单独决定全球经济规则的格局已不复存在，美国的对外贸易政策也由主要是通过多边贸易体制来实现市场争夺转变到既追求多边自由贸易又寻求双边自由贸易的“双管齐下”的轨道。

对美国霸主地位直接构成挑战的不是日本经济、德国经济的高速增长，而是欧共体的迅速扩张。1984年，欧共体与欧洲自由贸易联盟就建立欧洲经济区发表了《卢森堡宣言》，美国第一次感觉到了霸主地位丧失的威胁，因为欧洲经济区的市场规模将首次超过美国的市场规模。1985年，欧共体提出1992年以前实现单一内部市场的目标；1986年，西班牙、葡萄牙正式加入欧共体，欧共体扩大为12国。基于抗衡欧洲经济区的考虑，美国终于彻底放弃了拥有悠久历史的“孤立主义”传统，于1986年开始了与加拿大的自由贸易协定谈判，1989年1月1日，美加自由贸易区建立。1990年乔治·布什发出“美洲倡议”，提议签署美洲自由贸易区协定，涵盖北起阿拉斯加，南到火地岛，除古巴之外的所有34个美洲国家。1994年1月1日，美加自由贸易区扩展为北美自由贸易区（NAFTA）。由于民主党更加注重多边贸易谈判，克林顿在执政期间一直致力于推动世界贸易组织新一轮谈判，而没有发起新的经济一体化协定谈判。直到共和党的小布什执政后，美国才重新启动经济一体化协定谈判，2001年，美国-约旦自由贸易协定生效；2004年，美国-新加坡自由贸易协定、美国-智利自由贸易协定生效；2005年，美国-澳大利亚自由贸易协定生效；2006年，美国-摩洛哥自由贸易协定、多米尼加-中美洲-美国自由贸易协定（CAFTA-DR）、美国-巴林自由贸易协定生效；2009年，美国-阿曼自由贸易协定、美国-秘鲁自由贸易协定生效；2012年，美国-韩国自由贸易协定、美国-哥伦比亚自由贸易协定、美国—巴拿马自由贸易协定生效。

此外，美国还先后启动了两个跨大洋贸易协定谈判。2008年9月，美国宣布将加入“跨太平洋战略经济伙伴关系协定”（Trans-Pacific Strategic Economic Partnership Agreement，TPSEP，或P4协定），让这个之前并未被太多关注的贸易协定知名度和影响力大增。2009年11月，美国正式提出扩大跨太平洋伙伴关系计划，开始全方位主导谈判，“跨太平洋战略经济伙伴关系协定”更名为“跨太平洋伙伴关系协定”（The Trans-Pacific Partnership，TPP），2016年2月4日，TPP协议签署，2017年1月23日，美国总统特朗普签署行政命令，正式宣布退出TPP。2013年6月，美国与欧盟宣布启动“跨大西洋贸易与投资伙伴协定”（Transatlantic Trade and Investment Partnership，TTIP）谈判，特朗普执政后，该谈判被搁置。2020年7月1日，美国与墨西哥、加拿大之间达成的美墨加协定（USMCA）生效，替代了1994年1月1日生效的北美自由贸易协定。

（2）西欧的经济一体化

在此期间，欧洲的经济一体化也在进一步深化和扩张。1993年1月1日，欧洲内部大市场正式启动。1993年11月1日，《欧洲经济与货币联盟条约》和《政治联盟条约》（又称《马斯特里赫特条约》或《马约》、《欧洲联盟条约》）正式生效，欧洲联盟（European Union，EU，简称欧盟）取代了欧共体。1994年1月1日，欧洲经济区正式宣告成立。1995年1月1日，芬兰、奥地利、瑞典加入欧洲联盟，至此欧盟共有15个成员国。1999年1月1日欧元正式诞生，比利时、法国、德国、西班牙、爱尔兰、意大利、卢森堡、荷兰、奥地利、葡萄牙和芬兰成为欧元区首批成员，2002年1月1日起欧元全面进入流通领域，各国原货币开始退出市场，2002年7月1日起欧元取代各成员国原货币，成为欧洲货币联盟内唯一的法定流通货币。2004年5月1日，欧盟进一步“东扩”，中东欧的波兰、匈牙利、捷克、斯洛伐克、立陶宛、拉脱维亚、爱沙尼亚、斯洛文尼亚、塞浦路斯和马耳他10国加入欧洲联盟。2007年1月1日，罗马尼亚和保加利亚加入欧洲联盟；2013年7月1日，克罗地亚加入欧洲联盟，至此欧盟共有28个成员国。

英国作为欧盟的一员，在融入欧盟的过程中却表现消极，与欧盟其他国家之间冲突不断。2016年6月23日，英国通过全民公投决定退出欧盟。2020年1月31日，英国正式“脱欧”，结束其47年的欧盟成员国身份。2020年12月24日，英国与欧盟达成《欧盟–英国贸易与合作协定》，2020年12月31日和2021年4月28日，英国议会和欧洲议会先后批准了该协议，于2021年5月1日起正式实施。英国退出欧盟后，除了与欧盟签署了贸易协定，还与欧盟的自贸协定伙伴分别签署了37个自由贸易协定。

随着欧洲自由贸易联盟的6个成员国先后加入欧盟，欧洲自由贸易联盟只剩下3个成员国。1991年，列支敦士登加入了欧洲自由贸易联盟。

此外，欧共体/欧盟和欧洲自由贸易联盟还在欧洲、亚洲、非洲、美洲等地区广泛签署了双边一体化协定（见表9–2、表9–3）。

表9–2　**欧共体/欧盟在欧洲、亚洲、非洲、美洲等地区签署的双边一体化协定**

地区	协定生效时间	伙伴方和协定形式
欧洲	1991年7月1日	安道尔，关税同盟
	1997年1月1日	法罗群岛，自由贸易协定
	1999年2月1日	斯洛文尼亚，服务协定
	2001年6月1日	马其顿，自由贸易协定
	2002年4月1日	圣马力诺，关税同盟
	2006年12月1日	阿尔巴尼亚，自由贸易协定
	2008年1月1日	黑山，自由贸易协定
	2008年7月1日	波斯尼亚和黑塞哥维那，自由贸易协定
	2009年12月20日	太平洋国家[①]，自由贸易协定
	2010年2月1日	塞尔维亚，自由贸易协定
	2014年4月23日	乌克兰，自由贸易协定
	2014年9月1日	格鲁吉亚、摩尔多瓦，自由贸易协定
	2021年1月1日	英国，自由贸易协定

续表

地区	协定生效时间	伙伴方和协定形式
亚洲	1996年1月1日	土耳其，关税同盟
	1997年7月1日	巴勒斯坦，自由贸易协定
	2000年6月1日	以色列，自由贸易协定
	2002年5月1日	约旦，自由贸易协定
	2003年3月1日	黎巴嫩，自由贸易协定
	2009年12月20日	巴布亚新几内亚、斐济，自由贸易协定
	2011年7月1日	韩国，自由贸易协定
	2018年6月1日	亚美尼亚，服务协定
	2019年2月1日	日本，自由贸易协定
	2019年11月21日	新加坡，自由贸易协定
	2020年8月1日	越南，自由贸易协定
非洲	1998年3月1日	突尼斯，自由贸易协定
	2000年1月1日	南非，自由贸易协定
	2000年3月1日	摩洛哥，自由贸易协定
	2004年6月1日	埃及，自由贸易协定
	2005年9月1日	阿尔及利亚，自由贸易协定
	2012年5月14日	东南非国家②，自由贸易协定
	2014年8月4日	喀麦隆，自由贸易协定
	2016年9月3日	科特迪瓦，自由贸易协定
	2016年10月10日	南非发展共同体，自由贸易协定
	2016年12月15日	加纳，自由贸易协定
美洲	2000年7月1日	墨西哥，自由贸易协定
	2003年2月1日	智利，自由贸易协定
	2008年12月29日	加勒比论坛（CARIFORUM）国家
	2013年3月1日	哥伦比亚、秘鲁、厄瓜多尔，自由贸易协定
	2013年8月1日	中美洲国家③，自由贸易协定
	2017年9月21日	加拿大，自由贸易协定

注：①包括所罗门群岛、斐济、巴布亚新几内亚、萨摩亚。

②包括毛里求斯、马达加斯加、塞舌尔和津巴布韦。

③包括巴拿马、危地马拉、哥斯达黎加、萨尔瓦多、洪都拉斯和尼加拉瓜。

表9-3　欧洲自由贸易联盟在欧洲、亚洲、非洲、美洲等地区签署的双边自由贸易协定

地区	协定生效时间	伙伴方	地区	协定生效时间	伙伴方
欧洲	1992年7月1日	捷克斯洛伐克	亚洲	1993年1月1日	以色列
	1993年5月1日	罗马尼亚		1999年7月1日	巴勒斯坦
	1993年7月1日	保加利亚		2002年9月1日	约旦
	1993年10月1日	匈牙利		2003年1月1日	新加坡
	1993年11月15日	波兰		2006年9月1日	韩国
	1995年7月1日	斯洛文尼亚		2007年1月1日	黎巴嫩
	1996年6月1日	爱沙尼亚		2012年10月1日	中国香港
	1996年6月1日	拉脱维亚		2017年9月1日	格鲁吉亚
	1996年8月1日	立陶宛		2018年6月1日	菲律宾
	2002年4月1日	克罗地亚		2021年10月1日	土耳其
	2002年5月1日	马其顿		2021年11月1日	印度尼西亚
	2010年10月1日	塞尔维亚	美洲	2001年7月1日	墨西哥
	2010年11月1日	阿尔巴尼亚		2004年12月1日	智利
	2012年6月1日	乌克兰		2009年7月1日	加拿大
	2012年9月1日	黑山		2011年7月1日	秘鲁
	2015年1月1日	波斯尼亚和黑塞哥维那		2011年7月1日	哥伦比亚
	2017年9月1日	格鲁吉亚		2014年8月19日	哥斯达黎加、巴拿马
非洲	1999年12月1日	摩洛哥		2020年11月1日	厄瓜多尔
	2005年6月1日	突尼斯			
	2007年8月1日	埃及			
	2008年5月1日	南非关税同盟			

（3）东亚的经济一体化

与大西洋两岸区域经济合作的蓬勃发展相比，东亚地区（尤其是东北亚地区）的区域经济合作是非常滞后的，这主要有三方面的原因。

一是这一地区的情况十分复杂，相互间实现经济一体化的难度很大。各国经济发展水平差异巨大，各国的社会结构很不一致，政治、经济制度也不相同，国家大小、自然资源分布和国力强弱悬殊，各国的政治、经济、军事实力呈不对称结构，各国的文化背景、宗教信仰存在着差异，各国之间还存在着一些历史遗留的疑虑和问题等。

二是各国在相当长的时间里仍坚持认为世界多边贸易体制是进一步推进贸易自由化最好的舞台，对国际经济一体化不够积极。

三是美国的反对，该地区国家对美国市场有很高的依存度，美国的态度发挥了重要的作用。对美国而言，欧洲国家的联合已经成为一个历史的教训，它决不能容忍在东亚地区再出现一个排他性的国际经济一体化组织，因而美国对待东亚地区的经济一体化一直采取反对的态度。20世纪80年代中期以前，包括日本、马来西亚、澳大利亚等国提出的经济一体化方案均因美国的反对而失败。

1986年美国和加拿大开始谈判自由贸易协定，它没有理由再阻挠东亚地区的经济一体化，但不同意东亚地区的经济一体化将美国排除在外。1989年11月，亚太经济合作组织（Asia-Pacific Economic Cooperation，APEC）成立，1993年的西雅图会议使APEC成为涵盖环太平洋地区的一个非正式区域贸易组织。这是美国防止东亚地区形成区域经济合作组织的一项重要举措。一方面它把美国在内的环太平洋国家和地区都纳入进来，另一方面它的开放性和非约束性特征决定了它在区域经济合作领域不会真正有所作为。即便如此，这仍然引起了欧盟的警觉，随后欧盟也开始寻求与该地区的合作。1995年欧盟与东亚地区的13个国家（东盟+中、日、韩，即后来的“10+3”）首次举行亚欧首脑会议，并形成了定期化的机制。

进入20世纪90年代以后，新的国际经济一体化浪潮、世界多边贸易体制发展的滞后和亚洲金融危机使该地区国家意识到，没有有效的经济一体化难以保证经济稳定发展，各国开始积极参与国际经济一体化。1991年，泰国和老挝之间的优惠安排协定生效；1992年，文莱、印度尼西亚、泰国、马来西亚、菲律宾和新加坡建立了东盟自由贸易区（ASEAN Free Trade Area，AFTA），1995年越南和柬埔寨加入，1999年老挝和缅甸加入；2002年，日本与新加坡签署了第一个自由贸易协定——日本-新加坡经济伙伴协定（JSEPA）；2003年，东南亚国家联盟（ASEAN，简称东盟）与中国之间的优惠安排协定生效；2004年，中国中央政府分别与中国香港特别行政区政府、中国澳门特别行政区政府之间签署的自由贸易协定生效；2006年，韩国与新加坡自由贸易协定、日本与马来西亚自由贸易协定生效；2007年，中国与巴基斯坦自由贸易协定、日本与泰国自由贸易协定生效；2008年，巴基斯坦与马来西亚自由贸易协定、日本与印度尼西亚自由贸易协定、日本与文莱自由贸易协定、日本与东盟自由贸易协定、日本与菲律宾自由贸易协定生效；2009年，中国与新加坡自由贸易协定、东盟与韩国自由贸易协定、日本与越南自由贸易协定生效；2014年，新加坡与中国台湾自由贸易协定生效；2015年，韩国与越南自由贸易协定、中国与韩国自由贸易协定生效；2016年，日本与蒙古国自由贸易协定生效；2017年，中国港澳两地自由贸易协定生效；2019年，中国香港与东盟自由贸易协定生效；2022年，中国与柬埔寨自由贸易协定、韩国与柬埔寨自由贸易协定生效；2023年，印度尼西亚与韩国自由贸易协定生效。

进入新世纪以来，东亚地区在“10+3”框架下努力推动包含广泛成员的经济一体化。2000年第4次“10+3”领导人会议探讨了建立东亚自由贸易区（EAFTA）的可行性。2006年日本提出了“东亚全面经济伙伴关系协定”（CEPEA）构想，在原来的“10+3”的基础上增加了澳大利亚、新西兰和印度3个国家。2011年东盟提出建立“区域全面经济伙伴关系”（RCEP）的主张，得到了各方的普遍认同，RCEP的目标是建成涵盖东盟10国、中国、韩国、日本、印度、澳大利亚、新西兰等16个国家的自由贸易区。2012年16国领导人发表联合声明，宣布于2013年启动RCEP谈判。2020年11月15日，除印度以外的15国正式签署RCEP。在美国宣布退出TPP后，2017年11月11日，除美国外的11国就继续推进TPP正式达成一致，11国将签署新的自由贸易协定，新名称为“全面与进步跨太平洋伙伴关系协定”（Comprehensive Progressive Trans-Pacific Partnership，CPTPP）。2018年3月8日，11国代表签署了CPTPP，于2018年12月30日生效。

在东北亚地区，酝酿已久的中日韩自由贸易区于2012年11月宣布启动，于2013年3月开始进行谈判。

然而，该地区各国之间巨大的经济发展差异、迥异的社会制度、文化背景、宗教信仰以及复杂的战略安全因素，使国际经济一体化难以在短时间内、在较大范围内取得实质进展，因此，各经济体在寻求区域内经济一体化的同时，也将目光投向区域外。2003年，新加坡与欧洲自由贸易联盟自由贸易协定、新加坡与澳大利亚自由贸易协定生效；2004年，新加坡与美国自由贸易协定、韩国与智利自由贸易协定生效；2005年，新加坡与约旦自由贸易协定、日本与墨西哥自由贸易协定、泰国与新西兰自由贸易协定生效；2006年，韩国与欧洲自由贸易联盟自由贸易协定、中国与智利自由贸易协定生效；2008年，中国与新西兰自由贸易协定生效；2009年，新加坡与秘鲁自由贸易协定、日本与瑞士自由贸易协定、欧盟与巴布亚新几内亚和斐济自由贸易协定生效；2010年，东盟与澳大利亚和新西兰自由贸易协定、东盟与印度自由贸易协定、韩国与印度自由贸易协定、中国与秘鲁自由贸易协定、马来西亚和新西兰自由贸易协定生效；2011年，中国香港和新西兰自由贸易协定、韩国与欧盟自由贸易协定、马来西亚与印度自由贸易协定、韩国与秘鲁自由贸易协定、日本与印度自由贸易协定、中国与哥斯达黎加自由贸易协定生效；2012年，马来西亚与智利自由贸易协定、日本与秘鲁自由贸易协定、韩国与美国自由贸易协定、中国香港与欧洲自由贸易联盟自由贸易协定生效；2013年，马来西亚与澳大利亚自由贸易协定、韩国与土耳其自由贸易协定、新加坡和哥斯达黎加自由贸易协定、印度尼西亚与巴基斯坦自由贸易协定、新西兰与中国台湾自由贸易协定生效；2014年，瑞士与中国自由贸易协定、冰岛与中国自由贸易协定、中国香港特别行政区与智利自由贸易协定、韩国与澳大利亚自由贸易协定生效；2015年，加拿大与韩国自由贸易协定、日本与澳大利亚自由贸易协定、中国与澳大利亚自由贸易协定、韩国与新西兰自由贸易协定生效；2016年，韩国与哥伦比亚自由贸易协定、越南与欧亚经济联盟自由贸易协定生效；2017年，越南与土耳其自由贸易协定生效；2018年，菲律宾与欧洲自由贸易联盟自由贸易协定生效；2019年，日本与欧盟自由贸易协定、印度尼西亚与智利自由贸易协定、韩国与中美洲自由贸易协定、新加坡与欧盟自由贸易协定生效；2020年，印度尼西亚与澳大利亚、越南与欧盟自由贸易协定生效；2021年，中国与毛里求斯自由贸易协定、印度尼西亚与EFTA自由贸易协定生效；2022年，印度尼西亚与莫桑比克自由贸易协定生效。

（4）苏联和东欧国家的经济一体化

1991年苏联解体后，其原加盟共和国共签署了97个经济一体化协定，其中原加盟共和国之间签署了40多个经济一体化协定，与欧亚地区经济体签署了50多个自由贸易协定。1992年南斯拉夫解体后，其原自治共和国之间以及与欧洲国家之间签署了49个自由贸易协定。

1993年，波兰、匈牙利、捷克、斯洛伐克、斯洛文尼亚、罗马尼亚、保加利亚和克罗地亚8国签署的中欧自由贸易协定（CEFTA）生效。

1992年至2004年，罗马尼亚共签署了13个自由贸易协定，保加利亚签署了17个自由贸易协定。随着罗马尼亚和保加利亚加入欧洲联盟，这些协定均告失效。

2002年以来，阿尔巴尼亚先后与马其顿、克罗地亚、保加利亚、科索沃、罗马尼亚、塞尔维亚和黑山、摩尔多瓦、波斯尼亚和黑塞哥维那、欧盟、土耳其和欧洲自由贸易联盟等11个经济体签署了自由贸易协定。

2007年5月1日，中欧自由贸易协定成员克罗地亚、马其顿（其他成员均已加入欧盟）与阿尔巴尼亚、波黑、摩尔多瓦、黑山、塞尔维亚5国和科索沃签署了东南欧自由贸易协定，该协定也被称为“新中欧自由贸易协定”。该协定的签署使这些国家之间原来已签署的14项协定失效。

（5）其他发展中国家的经济一体化

除上述经济一体化协定以外，其他发展中国家之间达成的经济一体化协定或建立的经济一体化组织见表9-4。

表9-4 其他发展中国家之间的经济一体化协定或组织

地区	协定/一体化组织名称	协定生效时间	成员
拉美	安第斯共同体（CAN）	1988年5月25日	南美洲5国①
	南方共同市场（MERCOSUR）	1991年11月29日	阿根廷、巴西、巴拉圭和乌拉圭
	多米尼加-中美洲FTA	2001年10月4日	多米尼加、中美洲5国②
	智利-巴拿马FTA	2008年3月7日	智利、巴拿马
	智利-洪都拉斯FTA	2008年7月19日	智利、洪都拉斯
	巴拿马-哥斯达黎加FTA	2008年11月23日	巴拿马、哥斯达黎加
	巴拿马-洪都拉斯FTA	2009年1月9日	巴拿马、洪都拉斯
	秘鲁-智利FTA	2009年3月1日	秘鲁、智利
	智利-哥伦比亚FTA	2009年5月8日	智利、哥伦比亚
	巴拿马-危地马拉FTA	2009年6月20日	巴拿马、危地马拉
	哥伦比亚-北方三角FTA	2009年11月12日	哥伦比亚、萨尔瓦多、危地马拉、洪都拉斯

续表

地区	协定/一体化组织名称	协定生效时间	成员
拉美	巴拿马-尼加拉瓜FTA	2009年11月21日	巴拿马、尼加拉瓜
	智利-危地马拉FTA	2010年3月23日	智利、危地马拉
	秘鲁-墨西哥FTA	2012年2月1日	秘鲁、墨西哥
	巴拿马-秘鲁FTA	2012年5月1日	巴拿马、秘鲁
	萨尔瓦多-古巴FTA	2012年8月1日	萨尔瓦多、古巴
	墨西哥-中美洲FTA	2012年9月1日	墨西哥、中美洲5国
	智利-尼加拉瓜FTA	2012年10月19日	智利、尼加拉瓜
	哥斯达黎加-秘鲁FTA	2013年6月1日	哥斯达黎加、秘鲁
	墨西哥-巴拿马FTA	2015年7月1日	墨西哥、巴拿马
	阿根廷-巴西优惠贸易安排	2016年7月1日	阿根廷、巴西
	哥斯达黎加-哥伦比亚FTA	2016年8月1日	哥斯达黎加、哥伦比亚
	秘鲁-洪都拉斯FTA	2017年1月1日	秘鲁、洪都拉斯
	萨尔瓦多-厄瓜多尔FTA	2017年11月16日	萨尔瓦多、厄瓜多尔
太平洋	美拉尼西亚先锋集团（MSG）	1993年7月22日	斐济、巴布亚新几内亚、所罗门群岛和瓦努阿图
	跨太平洋战略经济伙伴	2006年5月28日	文莱、智利、新西兰、新加坡
	澳大利亚-智利FTA	2009年3月6日	澳大利亚、智利
	太平洋联盟	2016年5月1日	智利、秘鲁、墨西哥、哥伦比亚
	太平洋紧密经济关系协定（PACER Plus）	2020年12月13日	大洋洲11个经济体③
非洲	西非国家经济共同体（ECOWAS）	1993年	西非16国④
	东南非共同市场（COMESA）	1994年12月8日	东南非20国⑤
	中非经济与货币共同体（CEMAC）	1999年6月24日	喀麦隆、中非共和国、乍得、刚果、赤道几内亚和加蓬
	西非经济与货币联盟（WAEMU/UEMOA）	2000年1月1日	西非8国⑥
	东非合作组织（EAC）	2000年7月1日	肯尼亚、坦桑尼亚、乌干达
	南非发展共同体（SADC）	2000年9月1日	南非12国⑦
	南非关税同盟（SACU）	2004年7月15日	南非、博茨瓦纳、莱索托、纳米比亚和斯威士兰
南亚	南亚优惠贸易安排（SAPTA）	1995年12月7日	南亚7国⑧
	南亚自由贸易区协定（SAFTA）	2006年1月1日	南亚7国⑨

续表

地区	协定/一体化组织名称	协定生效时间	成员
西亚	经济合作组织（ECO）	1992年2月17日	伊朗、巴基斯坦、土耳其
	海湾合作委员会（GCC）	2003年1月1日	海湾6国[⑩]
跨区域	发展中国家全球贸易优惠制（GSTP）	1989年4月19日	亚非拉44个发展中国家[⑪]
	泛阿拉伯自由贸易区	1998年1月1日	西亚和北非16国[⑫]
	印度-智利优惠贸易安排	2007年8月17日	印度、智利
	MERCOSUR-SACU 优惠贸易安排	2016年4月1日	阿根廷、巴西、巴拉圭、乌拉圭、南非、博茨瓦纳、莱索托、纳米比亚、斯威士兰
	MERCOSUR-埃及FTA	2017年9月1日	阿根廷、巴西、巴拉圭、乌拉圭、埃及
	智利-印度尼西亚FTA	2019年8月10日	智利、印度尼西亚
	土耳其-委内瑞拉FTA	2020年8月21日	土耳其、委内瑞拉
	印度-毛里求斯FTA	2021年4月1日	印度、毛里求斯
	印度-阿联酋FTA	2022年5月1日	印度、阿联酋

注：①包括玻利维亚、哥伦比亚、厄瓜多尔、秘鲁和委内瑞拉。

②包括萨尔瓦多、危地马拉、洪都拉斯、哥斯达黎加和尼加拉瓜。

③包括澳大利亚、新西兰、所罗门群岛、库克群岛、基里巴斯、瑙鲁、瓦努阿图、纽埃、汤加、图瓦卢和萨摩亚。

④包括贝宁、布基纳法索、佛得角、科特迪瓦、冈比亚、加纳、几内亚、几内亚比绍、利比里亚、马里、毛里塔尼亚、尼日尔、尼日利亚、塞内加尔、塞拉利昂和多哥。

⑤包括安哥拉、布隆迪、喀麦隆、刚果（金）、吉布提、埃及、厄立特里亚、埃塞俄比亚、肯尼亚、马达加斯加、马拉维、毛里求斯、纳米比亚、卢旺达、塞舌尔、苏丹、斯威士兰、乌干达、赞比亚、津巴布韦。

⑥包括贝宁、布基纳法索、科特迪瓦、几内亚比绍、马里、尼日尔、塞内加尔和多哥。

⑦包括安哥拉、博茨瓦纳、莱索托、马拉维、毛里求斯、莫桑比克、纳米比亚、南非、斯威士兰、坦桑尼亚、赞比亚和津巴布韦。

⑧包括孟加拉国、不丹、印度、马尔代夫、尼泊尔、巴基斯坦、斯里兰卡。

⑨包括孟加拉国、不丹、印度、马尔代夫、尼泊尔、巴基斯坦、斯里兰卡。

⑩包括巴林、科威特、阿曼、卡塔尔、沙特阿拉伯和阿拉伯联合酋长国。

⑪包括阿尔及利亚、阿根廷、孟加拉国、贝宁、玻利维亚、巴西、喀麦隆、智利、哥伦比亚、古巴、韩国、厄瓜多尔、埃及、加纳、几内亚、圭亚那、印度、印度尼西亚、伊朗、伊拉克、利比亚、马来西亚、墨西哥、摩洛哥、莫桑比克、缅甸、尼加拉瓜、尼日利亚、巴基斯坦、秘鲁、菲律宾、朝鲜、罗马尼亚、新加坡、斯里兰卡、苏丹、泰国、特立尼达和多巴哥、突尼斯、坦桑尼亚、委内瑞拉、越南、南斯拉夫和津巴布韦。

⑫包括巴林、埃及、伊拉克、约旦、科威特、黎巴嫩、利比亚、摩洛哥、安曼、卡特尔、沙特阿拉伯、苏丹、叙利亚、突尼斯、阿拉伯联合酋长国、也门。

其中，非洲国家签署的协定经济一体化程度高，包括的国家数量多，但过渡期很长（20年或30年）。正如WTO《2003年世界贸易报告》所指出的那样："如此长的过渡期表明，这些协定只是表达一种意愿，而不是期望对贸易产生重大影响。"①

（6）20世纪80年代中后期以来国际经济一体化的特点

20世纪80年代中后期以来国际经济一体化潮流主要有以下特点：

①国际经济一体化协定增长快，呈现双边化、网络化特征

1992年以来，国际经济一体化协定数量增长异常迅速，2009年新生效的经济一体化协定多达19个。目前国内生产总值排名前30位的国家或地区无一例外都参与了国际经济一体化协定；WTO所有成员都参与了不同程度的国际经济一体化协定，国家经济一体化协定成员之间的贸易额占到全球贸易总额的一半以上。

从签署国际经济一体化协定的各方数量看，20世纪80年代中期以前，国际经济一体化协定以多边协定为主要形式。20世纪80年代中期以来，双边自由贸易协定成为国际经济一体化的主要形式。

20世纪80年代中期以前，同一国家参与多个协定的情形并不多见。20世纪80年代中期以来生效的国际经济一体化协定的显著特点之一是，不同协定之间成员的交叉和重叠，形成多层次的经济一体化协定网。

②大国积极参与，战略目标凸显

从签署国际经济一体化协定国家的规模看，20世纪80年代中期之前，参加国大多数是中小国家，它们把签订经济一体化协定作为应对其他更强大的国家或贸易集团的一种防御手段，同时，这些国家的生产规模和社会化程度与国内相对狭小的市场之间的矛盾比较尖锐，导致其越来越依赖国际分工和国际市场。

20世纪80年代中期以来，大国纷纷参与国际经济一体化，成为新一轮国际经济一体化浪潮的主要推动力量。

对于具有雄厚实力的大国而言，国际经济一体化协定不仅仅是一种防御工具，更重要的是一种以攻为守的战略手段。大国普遍把国际经济一体化纳入本国发展战略和对外经济政策的重要组成部分，越来越多的大国把国际经济一体化提升到与多边贸易目标同等重要甚至更加优先的地位，国际经济一体化协定已成为大国建立地缘政治联盟的重要法律形式，从而争取其全球战略和地区政策得到更多国家和更大范围的支持。例如，美国一方面把推进美洲自由贸易区作为巩固其"后院"、提高与欧盟对抗能力的主要手段，另一方面通过经济一体化协定加强对中东地区和东亚地区的渗透。欧盟在推进欧洲经济一体化的同时，积极向拉丁美洲和非洲扩张。日本首选新加坡作为经济一体化的伙伴，是为了检验日本是否可以在政治上被东南亚国家接受，并避开其国内敏感的政治难题——农业保护。中国积极倡导与东盟建立自由贸易区是实施"新安全概念"的重要组成部分，即提出多极世界和多边主义

① WTO.World Trade Report 2003［R］. Geneve：WTO，2003：46.

观，以稀释美国在全球和区域事务中实行的单边主义政策，根据这一“新安全概念”，中国特别强调多边主义和合作是促进亚洲和平的最佳途径。

③国际经济一体化的“脱地域化”

从签署国际经济一体化协定国家的地域看，20世纪80年代中期以前，绝大多数国际经济一体化协定是由在地理上相连或接近的国家之间签署的，具有明显的地域性，因此国际经济一体化又曾被称为“区域经济一体化”（regional economic integration）。20世纪80年代中期以来，随着跨地域经济一体化协定（主要是双边协定）数量的迅速增长，地域性在经济一体化中的重要性下降，国际经济一体化日益呈现出“脱地域化”的特征，根据世界贸易组织的统计，目前跨地域的协定已有234个，占全部协定数量的2/3以上。

④南-北型经济一体化协定迅速发展

从签署国际经济一体化协定国家的经济发展水平看，20世纪80年代中期以前，同一国际经济一体化协定的成员的经济发展水平比较接近，因此这种经济一体化又被称为“水平一体化”。在这些经济一体化协定中，大部分属于发展中国家之间的经济一体化，即南-南型经济一体化。20世纪80年代中期以来的一体化已不仅仅是水平一体化，“垂直一体化”（或称南-北型经济一体化）得到迅速发展，不少发达国家之间缔结的国际经济一体化协定都在吸收经济发展水平较低的成员加入（如欧盟），新缔结的国际经济一体化协定中，发达国家与发展中国家之间的协定也居多数，经济发展水平差异较大的发达国家和发展中国家共存于一个国际经济一体化协定中，发展中国家在南-北型经济一体化方面表现得尤其积极。

⑤以集团身份参与的国际经济一体化协定日益增多

欧共体自成立以来，始终以集团的身份与非欧共体成员签订经济一体化协定。20世纪80年代以来，以集团身份参与的国际经济一体化协定日益增多，除欧共体以外，欧洲自由贸易联盟、南方共同市场、东盟、南非关税同盟等都以集团的身份参与了国际经济一体化协定的谈判和签署。其中欧洲自由贸易联盟和东盟只是自由贸易区，没有实行统一的对非成员的贸易政策，但在与非成员的经济一体化协定谈判中联合起来，以集团的身份进行谈判和签署协定。

⑥成员之间实现经济一体化的领域扩大

20世纪80年代中期以前，国际经济一体化协定的主要内容是削减和取消成员之间的关税。随着非关税壁垒的盛行和贸易救济措施（如反倾销、反补贴和保障措施）的滥用，为了最大程度地消除货物贸易的各种障碍，削减和取消非关税壁垒以及约束和取消贸易救济措施的使用开始逐渐成为国际经济一体化协定的另一主要内容，一些世界贸易组织正在谈判的新议题（如贸易便利化、贸易与环境）和几经努力未能纳入谈判的议题（如政府采购、边境手续、劳工标准等）也被纳入到经济一体化协定中。

另外，20世纪80年代中期以前，国际经济一体化的重点在于货物市场的一体化，只有极少数一体化程度较高的经济组织（如欧共体、中美洲共同市场、加勒比共同体）部分实现了要素市场的一体化，只有欧共体实现了服务市场的一体化。20世纪80年代中期以来，欧共体加快了一体化步伐，将一体化的内容延伸到财政协调和货币联盟等新领域。随着关贸总协定乌拉圭回合谈判将服务贸易、投资措施和知识产权等问题纳入谈判议题，这些内容也同时成为国际经济一体化协定的重要内容，而且更多体现在发达成员与发展中成员之间的经济一体化协定中。

⑦东北亚国家跨区域经济一体化的发展快于区域内的一体化

20世纪90年代以前，国际经济一体化主要发生在欧洲、非洲、美洲和西亚，尽管东亚地区的经济高速增长，但在经济一体化方面却一直处于落后状态，只有部分国家参加了一些优惠安排协定，如发展中国家贸易谈判议定书（PTN）、曼谷协定、发展中国家全球贸易优惠制（GSTP）等。20世纪90年代，在世界其他地区国际经济一体化迅速发展的热潮中，东南亚地区有两个经济一体化协定相继生效：泰国和老挝之间的优惠安排协定（1991年），东盟国家建成了东盟自由贸易区（AFTA，1992年）。此时，东北亚的中、日、韩三国仍然无动于衷。

韩国是东亚地区最早倡议加强区域内各国制度性合作，提出区域自由贸易战略构想的国家之一。1998年，韩国即提出建立日韩自由贸易区的建议，由于国内对日本经济冲击的担忧，迟迟没有取得实质性进展。随后韩国又转向谈判难度较小的智利，但进展仍不顺利，谈判曾一度中断，直到2002年10月才最终达成一致意见，2003年2月，韩国与智利正式签署了自由贸易协定，2004年4月正式生效，韩国在参与国际经济一体化方面迈出了艰难的第一步。此后，韩国自由贸易协定“遍地开花”，与新加坡、东盟、欧洲自由贸易联盟、印度、欧盟、秘鲁、美国、土耳其、澳大利亚、加拿大、越南、中国、新西兰、哥伦比亚、中美洲5国、英国、印度尼西亚、以色列、RCEP成员等签署了自由贸易协定，与墨西哥、海湾合作委员会、日本、南方共同市场、印度、菲律宾、俄罗斯、马来西亚、哥伦比亚等陆续开始了自由贸易谈判或联合研究，大有后来居上之势。

2000年11月，在新加坡举行的第四次东盟和中国领导人会议上，中国率先提出组建中国-东盟自由贸易区的建议；2001年11月，在文莱举行的第五次东盟和中国领导人会议上，中国和东盟决定在10年内建立自由贸易区。2001年，中国加入《曼谷协定》，并于2002年开始实行《曼谷协定》税率，这是中国参加的第一个具有实质性意义的优惠安排协定。2003年6月，《内地与香港关于建立更紧密经贸关系的安排》签署，这是中国签订的第一个自由贸易协定。随后先后与澳门特别行政区、东盟、智利、巴基斯坦、新西兰、新加坡、秘鲁、哥斯达黎加、冰岛、瑞士、韩国、澳大利亚、马尔代夫、格鲁吉亚、毛里求斯、柬埔寨、RCEP成员、厄瓜多尔、尼加拉瓜、塞尔维亚签署了自由贸易协定，并与海湾合作委员会、挪威、日本和韩国、斯里兰卡、以色列、摩尔多瓦、巴拿马、巴勒斯坦等启动了自由贸易谈判，与哥伦比亚、斐济、尼泊尔、巴布亚新几内亚、加拿大、孟加拉国、蒙古国的自由贸易协定正在研究中。

中国率先提出组建中国-东盟自由贸易区的建议在日本引起很大震动。2002年初，日本正式建议与东盟组建自由贸易区，并同时寻求与部分东盟成员开始双边自由贸易谈判。2002年，日本与新加坡签署了第一个自由贸易协定——“新时代经济合作伙伴关系协定”。在墨西哥与美国和欧盟缔结自由贸易协定后，日本对墨西哥的出口大幅度下降，为了扭转这一不利局面，日本于2002年11月开始了与墨西哥的双边自由贸易谈判，于2003年3月达成协议，2005年4月正式生效。此外，日本与马来西亚、智利、泰国、印度尼西亚、文莱、东盟、菲律宾、瑞士、越南、印度、秘鲁、澳大利亚、蒙古国、CPTPP成员、欧盟、美国、英国、RCEP成员之间的自由贸易协定已经生效，日本与韩国、中国、哥伦比亚、土耳其的自由贸易协定谈判正在进行中。

与欧美先发展区域内一体化，再拓展到区域外的路径不同，东亚国家在一体化的对象选择方面，从一开始就是区域内与区域外并重，甚至更重视与区域外国家的谈判，在东亚地区谈判的重点对象是东盟及其成员。

⑧超大型区域贸易协定正在成为国际经济秩序重塑的新平台

随着世界多边贸易谈判的前景愈加暗淡，国际经济一体化成为重塑国际经济贸易秩序的新平台。美国借助TPP、TTIP和USMCA重塑国际经济秩序，中国则在努力维护既有多边贸易规则的基础上，力推“10+3”合作、中日韩自贸区和RCEP谈判。

9.2 国际经济一体化理论

9.2.1 关税同盟理论

国际经济一体化理论以关税同盟理论最具有代表性。关税同盟理论的渊源可以追溯至19世纪德国李斯特的保护贸易理论，关税同盟实质上是集体保护贸易。同时，李斯特的关税同盟理论，也是第二次世界大战后联邦德国政府谋求通过建立欧洲联盟取得平等伙伴地位政策主张的理论根据。

第二次世界大战后，关税同盟理论又有新发展。1950年美国经济学家范纳（Jacob Viner）在《关税同盟问题》（Customs Union Issue）一书中提出了关税同盟理论。1960年美国经济学家李普西（Richard G.Lipsey）在《关税同盟理论的综合考察》（The Theory of Customs Unions：A General Survey）一文中进一步完善了该理论。

1）关税同盟的静态效应

关税同盟在成员方内部实行自由贸易，对成员方以外国家保持一致的贸易壁垒，会产生贸易创造（trade creation）和贸易转移（trade diversion）两种现象。

（1）贸易创造

所谓贸易创造，即在关税同盟内部实行自由贸易后，国内成本高的产品为伙伴国成本低的产品所代替，原来由本国生产的，现在从伙伴国进口，新的贸易得到“创造”。

为了说明贸易创造，李普西举了下面的例子（如图9-1所示）。假设在一定的固定汇率下，X商品在A国用货币表示的价格为35元，在B国为26元，在C国为20元，设A、B两国形成关税同盟后互相取消关税。从图9-1中可看出，在缔结关税同盟前，A国凭借征收100%的高关税有效地阻止来自C国的X商品进口，B国也同样如此，则A、B、C三国间的贸易被关税隔断了。如果A、B两国建立关税同盟，互相取消关税，A国便以26元的价格从B国进口X商品，并停止生产该商品，把生产X商品的资源用于生产其他更有优势的商品，优化了资源配置。对B国而言，由于A国市场消费的X商品均由B国生产，则其生产规模扩大，生产成本降低。对C国而言，由于它原来就不与A、B两国发生贸易关系，所以A、B两国建立关税同盟对其没有什么不利；如果把关税同盟方增加收入、增加其他商品的进口的动态效果计算进去，C国也会有利可图。由此可见，建立关税同盟后对整个世界都是有利的。

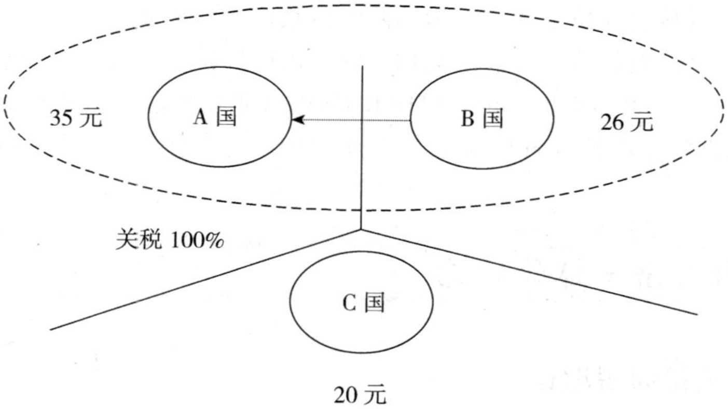

图9-1　关税同盟贸易创造示例

在李普西的例子中，A、B两国建立关税同盟后A国能以26元的价格（即B国原来的国内价格）从B国进口X商品，而并没有引起B国国内价格的提高，这里隐含了一个假定条件：A国是一个进口小国，而B国是一个出口大国。

（2）贸易转移

所谓贸易转移，指由于关税同盟内部实行自由贸易，对外实行统一关税率，导致先前的贸易伙伴关系发生改变，即一国把与同盟外低成本的某个国家的相互贸易转变为与同盟内高成本成员方间的相互贸易。

再次引用李普西的例子加以说明。如图9-2所示，缔结关税同盟前设A国自由地从B、C两国进口，自然就会从成本最低的C国进口。设立关税同盟后，假定A、B两国的关税同盟按C国20元与B国26元的差距，制定30%以上的统一关税，于是A国把X商品的进口从关税同盟外的C国转移到同盟内的B国，从成本低的供给来源向成本高的供给来源转移，这就是贸易转移效果。A国和C国当然受到了损失，同时因不能有效地配置资源而使整个世界的福利降低。

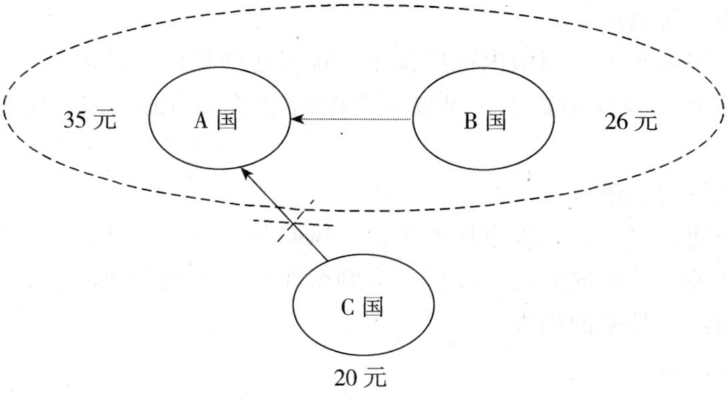

图9-2 关税同盟贸易转移示例

然而，上面的假设在世界多边贸易体制的框架下是不会发生的，因为根据《关税与贸易总协定》的规定，关税同盟或自由贸易区成员对未参加关税同盟或自由贸易区的第三方所实行的关税与其他贸易法规，总体上不得高于或严于关税同盟或自由贸易区建立之前的水平。即A国在建立关税同盟前对从C国进口的X商品不征收关税，而在建立关税同盟后却征收关税，这不符合世界多边贸易体制的要求。下面的例子似乎更符合现实：缔结关税同盟前设A国对进口的X商品征收50%的关税，由于从B国进口的X商品征税后的价格（39元）高于A国的国内价格，而从C国进口的X商品征税后的价格（30元）低于A国的国内价格，自然就会从C国进口。设立关税同盟后，假定A、B两国的关税同盟仍制定50%的统一关税，由于A国对从B国进口的X商品免征关税，其价格仍为26元，而从C国进口的X商品仍征收原来的50%的关税，其价格仍为30元，于是A国把X商品的进口从关税同盟外的C国转移到同盟内的B国。C国当然受到了损失，整个世界的福利也降低了，而A国的福利是增加还是减少却是不确定的，因为A国X商品的生产者受到了冲击，关税收入减少了，但消费者却从中获利了。

除了贸易创造和贸易转移以外，建立关税同盟还可以带来其他静态福利效应，如由于减少海关人员和边境巡逻人员而引起行政费用的节约、由于减少对同盟外国家的进口需求和出口供给而带来贸易条件的改善、由于集团力量的增强而具有在国际贸易谈判中更强大的讨价还价的能力等。

2）关税同盟的动态效应

关税同盟除了可以带来静态福利效应外，还可获得动态效应。这是由于竞争的加强、经济的规模化、投资的增大以及经济资源的有效利用而产生的。

（1）竞争效应

在没有结成关税同盟时，贸易壁垒的保护使国内市场缺乏竞争，导致生产的低效率。建立关税同盟后，本国生产者必须面对来自其他成员方高效率生产者的竞争。为了避免被淘汰出局，本国生产者不得不设法提高生产效率，这将降低生产成本从而有利于消费者的福利。

（2）规模经济效应

对于中小国家来说，因国内市场狭小，难以达到规模经济的产量。在关税同盟成立后，由于市场规模的扩大，可以克服国内市场狭小的缺陷，实现规模经济的产量。

（3）对投资的刺激效应

关税同盟建立以后，随着市场的扩大，风险与不稳性降低，会刺激成员方厂商增加投资。此外，关税同盟建立以后，会刺激非成员方在同盟内投资生产，以避免因贸易转移而给其带来的损失。

（4）资源配置效应

就一个关税同盟内部来说，由于商品和劳动力、资本等生产要素可以自由流动，可以使经济资源在关税同盟范围内得到更好的利用。

9.2.2 自由贸易区理论

米德认为，自由贸易区与关税同盟一样，在成员之间消除了贸易限制，但没有像关税同盟那样要求各成员实行统一的对外贸易政策，而是允许每个成员仍保留独立的对非成员的贸易限制。由此会产生一些政策上的“漏洞”，其中最典型的是“贸易偏转”（trade deflection）现象，即非成员利用一体化成员之间的关税差异，首先向关税最低的成员出口商品，然后利用成员间的免税政策，向关税较高的其他成员市场转售。

为了消除“贸易偏转”，自由贸易区协定必须规定在成员间进行自由贸易时适用的原产地规则，只有被认定为产自某一成员的产品才能进行自由贸易。

然而，“间接贸易偏转”（indirect trade deflection）却不能通过自由贸易区的原产地规则加以限制或消除。所谓间接贸易偏转，是指出口成员将产自本国的产品（免税）销往进口成员，随之产生的国内供求缺口由从世界其他价格更低来源的进口产品（征税）来弥补。

●本章小结

1.国际经济一体化指两个或两个以上的关税领土为了实现共赢的目标，通过签订政府（当局）间的协定，实行从成员间减少或取消贸易壁垒到实施统一的经济政策的不同程度经济联合的过程和状态。根据经济上结合程度的不同，国际经济一体化可分为优惠贸易安排、自由贸易区、关税同盟、共同市场、经济同盟和完全经济一体化等形式；按经济一体化的范围，国际经济一体化可划分为部门一体化和全盘一体化；按参加国的经济发展水平，国际经济一体化划分为水平一体化和垂直一体化。

2.第二次世界大战后，以西欧经济一体化为代表，出现了第二次世界大战后第一次国际经济一体化浪潮。除了西欧以外，非洲、拉美和太平洋国家等积极参与，但影响力有限。20世纪80年代中后期以来，为应对西欧一体化的挑战，美国也参与到国际经济一体化中来，由此引发了战后第二次国际经济一体化浪潮，世界上绝大多数国家和地区都参与进来，并呈现出新的特点。

3.国际经济一体化最具代表性的理论是关税同盟，该理论分析了关税同盟的静态效果和动态效果；自由贸易区理论解释了自由贸易区不同于关税同盟的新现象——间接贸易偏转。

●延伸阅读

1.对国际经济一体化的总体研究

（1）World Bank.Trade Blocs，Policy Research Report [M]. New York：Oxford University Press，2000.

（2）Schiff，Winters.Regional Integration and Development [M]. The World Bank and Oxford University Press，2003.

（3）WTO.Regionalism and the World Trading System [M]. Geneva：WTO Secretariat，1995.

（4）罗布森. 国际经济一体化经济学 [M]. 戴炳然，译. 上海：上海译文出版社，2001.

（5）伍贻康，周建平. 区域性国际经济一体化的比较 [M]. 北京：经济科学出版社，1994.

（6）陈岩. 国际一体化经济学 [M]. 北京：商务印书馆，2001.

（7）田青. 国际经济一体化理论与实证研究 [M]. 北京：中国经济出版社，2005.

（8）姜文学. 国际经济一体化：理论与战略 [M]. 大连：东北财经大学出版社，2013.

2.对主要国际经济一体化协定的研究

（1）周茂荣. 美加自由贸易协定研究 [M]. 武汉：武汉大学出版社，1993.

（2）佩克曼斯. 欧洲一体化：方法与经济分析 [M]. 吴弦，陈新，译. 2版. 北京：中国社会科学出版社，2006.

3.日本政府发布的国际经济一体化战略

（1）MOFA.Japan's FTA strategy （Summary）[EB/OL]. [2002-02-10].

http：//www.mofa.go.jp/policy/economy/fta/strategy0210.html.

（2） MOFA. Basic Policy towards further promotion of Economic Partnership Agreements （EPAs），approved by the Council of Ministers on the Promotion of Economic Partnership on December 21，2004 [EB/OL]. [2004-12-21]. http：//www. mofa. go. jp/policy/economy/fta/policy0412. html.

自测题

单选题

自测题
多选题

●基本概念

国际经济一体化 优惠贸易安排 自由贸易区 关税同盟 共同市场 经济同盟 完全经济一体化 贸易创造 贸易转移 贸易偏转 间接贸易偏转

自测题
判断题

●复习思考题

1.什么是国际经济一体化？根据经济上结合程度的不同，国际经济一体化有哪些形式？

2.20世纪80年代中后期以来的国际经济一体化有何特点？

3.关税同盟有哪些静态效应？

4.关税同盟有哪些动态效应？

5.什么是间接贸易偏转？

●附录

附录9-1　关税同盟的静态效应

1）贸易创造的局部均衡分析——进口小国与出口大国模型

绝大多数《国际经济学》教材对贸易创造的局部均衡分析都有意无意地“继承”了李普西的假定条件。如图9-3所示，图中D和S分别表示A国X商品的国内需求曲线和供给曲线，横轴代表X商品的数量，纵轴代表价格水平。假设A国是一个进口小国，其进口不能影响X商品的价格。A国加入关税同盟之前，从B国（X商品的国内价格为P_1）进口X商品，征收关税后，其进口商品价格达到P_1+t，此时A国进口Q_2Q_3的X商品。假设现在A国与B国结成关税同盟，两国之间开始实行自由贸易，A国从B国进口X商品时就不再征收关税，因而按照P_1的价格从B国进口X商品，总进口量扩大至Q_1Q_4，此时$Q_1Q_2+Q_3Q_4$数量的贸易就是新“创造”的贸易。

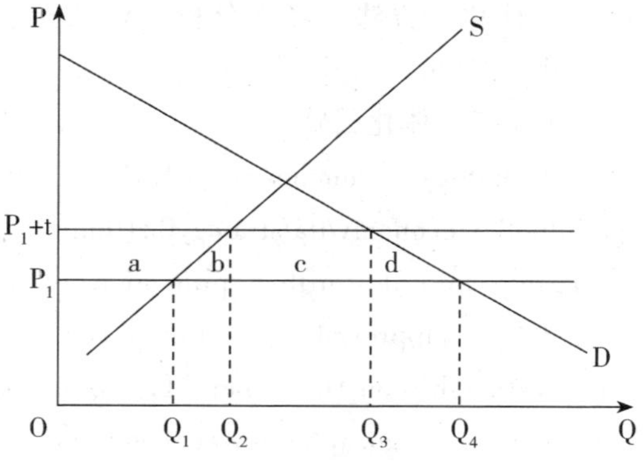

图9-3　进口小国与出口大国关税同盟的贸易创造效应

加入关税同盟后，A国X商品的国内价格下降至P_1，消费量增加，A国的消费者剩余增加了a+b+c+d，生产者剩余则由于产量的下降而减少了a，政府关税收入减少c，相抵后社会福利增加了b+d。其中，b是贸易创造的生产效应，即A国生产减少而B国生产增加，是资源有效利用的结果；d是贸易创造的消费效应，是A国X商品的价格下降引起消费增加的结果；b+d是A国加入关税同盟后贸易创造效应所增加的福利。

2）贸易创造的局部均衡分析——一般模型

进口小国与出口大国模型只分析了贸易创造对进口小国的福利影响，而对其他情形下的贸易创造效应缺乏分析，有必要建立更一般的模型进行分析。

在图9-4中，D和S分别表示A国和B国X商品的国内需求曲线和供给曲线，横轴代表X商品的数量，纵轴代表价格水平。

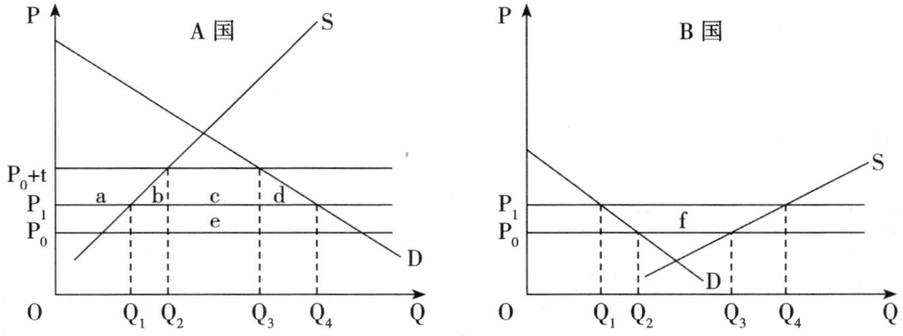

图9-4 关税同盟贸易创造效应的一般模型

假设A、B两国在X商品进口和出口方面规模相当，A国加入关税同盟之前，从B国以P_0的价格进口X商品，征收关税后，进口商品的国内价格达到P_0+t，此时A国进口Q_2Q_3的X商品。A国与B国建立关税同盟后，两国之间开始实行自由贸易，此时两国间均衡的交易价格应该介于P_0+t和P_0之间，假设为P_1，A国按照P_1的价格从B国进口X商品，进口量扩大至Q_1Q_4，此时$Q_1Q_2+Q_3Q_4$数量的贸易就是新“创造”的贸易。

加入关税同盟后，A国X商品的国内价格下降，消费量增加，A国的消费者剩余增加了a+b+c+d，生产者剩余则由于产量的下降而减少了a，政府关税收入减少c+e，相抵后社会净福利为b+d-e。其中，b是贸易创造的生产效应，是A国生产要素得到有效利用的结果；d是贸易创造的消费效应，是A国X商品的价格下降引起消费增加的结果；e是由于A国进口增长拉动进口价格上升带来的损失。对B国而言，由于出口扩大和出口价格上升，其社会净福利增加了f。

如果A国是一个进口小国而B国是一个出口大国，A国进口的增加不能影响X商品的进口价格，则A国与B国建立关税同盟后的进口价格不变，A国的国内价格会降至进口价格的水平，此时A国不会发生进口价格上升的损失（e），其社会净福利会增加，这就是上文进口小国与出口大国模型得出的结论。而B国出口的微弱增长并不能提高其出口价格和国内价格，因此其社会福利不变。

反之，如果A国是一个进口大国而B国是一个出口小国，则A国与B国建立关税同盟后的进口价格会上升至A国的国内价格水平，此时A国的社会福利不变，而B国的社会净福利由于出口价格和国内价格的上升会大大增加。

3）贸易转移的局部均衡分析

从世界福利的角度看，贸易转移是减少福利的，因为它把生产从效率较高的非同盟国转移到效率较低的同盟国，使国际资源配置恶化。但对于参加关税同盟的国家而言，其福利是增加还是减少却是不确定的。

图9-5说明了关税同盟的贸易转移效应。假设D和S分别代表A国X商品的国内需求曲线和供给曲线。A国加入关税同盟之前，从生产效率最高的C国以P_0的价格进口X商品，征收关税后，其进口商品价格达到P_0+t，此时A国进口Q_2Q_3的X商品。

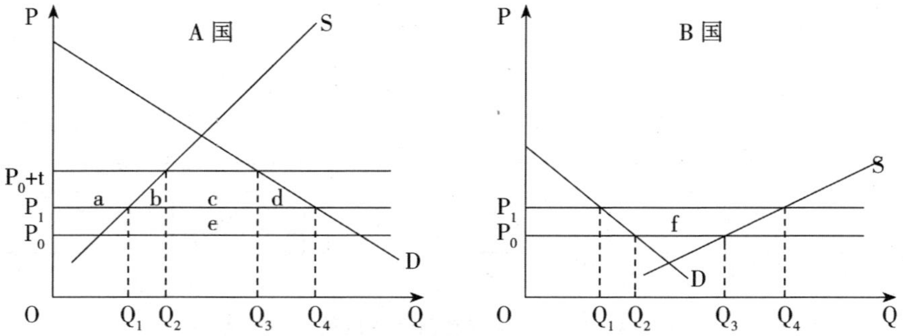

图9-5　关税同盟的贸易转移效应

假设A、B两国在X商品进口和出口方面规模相当，A国与B国建立关税同盟后，两国之间开始实行自由贸易，并对来自C国的X商品仍征收关税t。在A国市场上，C国商品的税后价格仍为P_0+t，但高于免税进入的B国商品价格，因而A国从B国进口X商品，假设进口价格为P_1（$P_0<P_1<P_0+t$），进口量扩大至Q_1Q_4，其中$Q_1Q_2+Q_3Q_4$数量的贸易是新“创造”的贸易，而Q_2Q_3数量的进口从C国“转移”至B国。

加入关税同盟后，A国的消费者剩余增加了a+b+c+d，但生产者剩余则由于产量的下降而减少了a，政府关税收入减少c+e，相抵后的净社会福利为b+d-e。如果（b+d）>e，则A国净福利增加；反之，如果（b+d）<e，则A国净福利减少。从图9-5中可以看出，如果一国国内的商品供给曲线与需求曲线越平缓，即在相关的范围内弹性越大，并且P_1越接近P_0，那么，b和d的面积就越大，e的面积就越小。这样，对于这个参加关税同盟的国家来说，获得净福利增加的机会就更大。

如果A国是一个进口小国而B国是一个出口大国，则A国与B国建立关税同盟后，A国从B国进口的价格会近似于B国的国内价格，此时A国的国内价格更接近于P_0，其社会净福利更可能是增加的，而B国的社会福利不变；反之，如果A国是一个进口大国而B国是一个出口小国，则A国与B国建立关税同盟后，A国从B国进口的价格会上升至A国的国内价格水平P_0+t，此时A国的社会福利不变，而B国的社会净福利会大大增加。

附录9-2 自由贸易区间接贸易偏转的福利效应

如图9-6所示，D和S分别代表A、B两国X商品的国内需求曲线和供给曲线。两国建立自由贸易区前，A国对进口商品征收关税t_1，国内价格为P_W+t_1，产量为OL，消费量为ON，进口量为LN；B国对进口商品征收关税t_2，国内价格为P_W+t_2，产量为OK，消费量为OM，进口量为KM。两国建立自由贸易区后，如果B国能够在P_W+t_2的价格水平满足A国的进口需求（即图9-6右图中OK＞L′N′），则A国的国内价格水平也降至P_W+t_2，产量降至OL′，消费量增至ON′，进口量增至L′N′（从B国进口）。B国将本国产量中的OL″（OL″＝L′N′）部分以P_W+t_2的价格向A国出口，剩下L″K数量的产品留给国内市场，本国需求短缺的部分OL″+KM则以P_W的价格从世界其他地区进口。B国进口量增加的部分OL″是B国以非成员产品替代本国产品（该部分产品已被出口到A国），这就是间接贸易偏转。

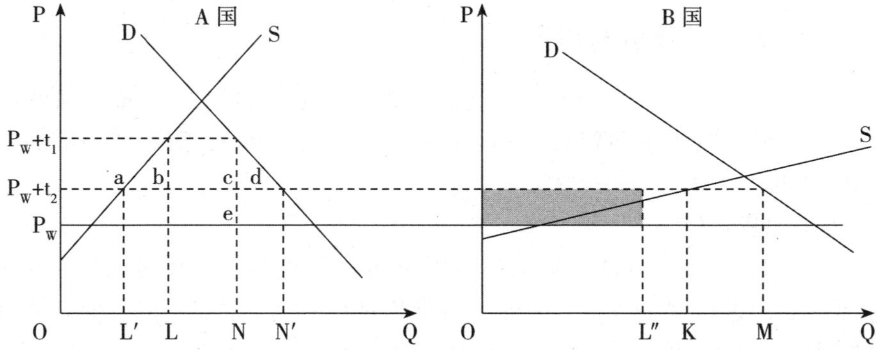

图9-6 自由贸易区间接贸易偏转的福利效应

从各国的福利效果看，A国的生产者剩余损失了a，消费者剩余增加了a+b+c+d，政府税收收入损失了c+e，A国的净福利为b+d-e。B国的生产和消费数量与以前相同，价格水平也相同，但由于进口增加了OL″，政府税收收入（同时也是净福利）增加了图9-6右图中的阴影部分；世界其他地区对A国和B国组成的自由贸易区的出口更大（OL″＞LN），其福利状况也会有所改善。

第10章/主要发达国家（集团）的对外贸易

学习目标

了解美国、日本、欧盟对外贸易的发展概况、对外贸易管理机构、对外贸易管理制度及对外贸易政策演变。

10.1 美国对外贸易

10.1.1 美国对外贸易概况

美国是世界第二大货物贸易国，是最大的服务贸易国。2022年美国贸易总额为70 115亿美元，其中货物贸易额54 401亿美元，占77.6%，服务贸易额15 714亿美元，占22.4%。

1）美国的货物贸易

在货物贸易方面，2022年美国出口额20 643亿美元，占世界出口额的8.3%，位居世界第二；进口额33 758亿美元，占世界进口额的13.2%，位居世界第一。如果将欧盟作为一个整体，扣除其内部贸易，美国的出口额和进口额分别居世界第三位和第一位，分别占世界出口额和进口额的10.1%和15.8%。

从市场结构看，2022年，美国主要的货物出口市场依次是加拿大、欧盟、墨西哥、中国和日本，这五大市场在美国货物出口额中的比重分别为17.2%、17%、15.7%、7.5%和3.9%，合计占61.3%。2022年，美国主要的货物进口来源依次为中国、欧盟、墨西哥、加拿大和日本，这五大进口来源在美国货物进口额中的比重分别为17.1%、16.9%、13.6%、13.2%和4.6%，合计占65.4%。

从商品结构看，2021年工业品、能源和矿产品、农产品分别占美国出口的61.5%、17.4%和11.5%，占美国进口的76.9%、10.5%和7.8%。

2）美国的服务贸易

在服务贸易方面，2022年美国出口额9 000亿美元，占世界出口额的12.8%；进口额6 714亿美元，占世界进口额的10.3%，均位居世界第一。如果将欧盟作为一个整体，扣除其内部贸易，美国的出口额和进口额均列欧盟之后，居世界第二位，分别占世界出口额和进口额的15.6%和12.6%。

从市场结构看，2022年，美国主要的服务出口市场依次是欧盟、英国、加拿大、瑞士和中国，这五大市场在美国服务出口额中的比重分别为26%、8.8%、7.7%、6%和4.5%，合计占53%；2022年，美国主要的服务进口来源依次为欧盟、英国、加拿大、日本和墨西哥，这五大进口来源在美国服务进口额中的比重分别为24.4%、10.5%、6.4%、5.9%和5.5%，合计占52.7%。

从部门结构看，2022年，运输、旅游、其他商业服务、货物相关服务分别占美国出口的10.1%、15.2%、73.1%和1.6%，占美国进口的23.5%、17.2%、58.5%和0.8%。

10.1.2 美国对外贸易政策的演变

总的来看，美国对外贸易政策的演变可以分为三个时期：从美国建国到1934年以保护贸易为主要政策倾向；从1934年到1974年以自由贸易为主要政策倾向；从1974年开始，美国的对外贸易政策开始转向贸易保护主义，到20世纪80年代，美国已公开放弃“自由贸易”的口号，转而强调“公平贸易”。

1）保护贸易政策（美国建国至1934年）

美国建国以来，曾长期采取保护贸易政策，以保护本国那些尚无国际竞争力的幼稚产业。美国第一任财政部长亚历山大·汉密尔顿率先从保护民族幼小工业出发主张实行保护贸易政策，反对无条件实行自由贸易。1816年，美国国会通过的《关税法》正式将保护贸易政策作为《关税法》的基本原则加以确立，强调对进口商品普征高关税以保护国内市场。19世纪二三十年代，美国应税进口商品的平均税率接近60%。

随着美国工业的发展和生产力的提高，美国的经济实力大大增强，越来越需要向世界市场扩张。一方面，美国认识到，对外国的进口商品削减关税有助于降低美国进入他国市场的障碍；另一方面，当时美国经济处于上升时期，进口需求增加。而在世界贸易中，自由贸易的主张占上风，在这种背景下，美国自1840年起下调关税率，1860年平均关税率下降到20%左右。19世纪80年代和90年代，美国还开始与一些贸易伙伴谈判一系列互惠贸易协定，旨在降低关税，扩大贸易，但这些协定均未获国会通过。

19世纪70年代以后，自由竞争的资本主义开始向垄断过渡，各主要资本主义国家内部市场受到垄断企业控制，市场饱和的矛盾日益突出，加之当时世界经济进入了一个相对缓慢的增长时期，世界市场需求不足，竞争激烈，一些资本主义国家先后纷纷采取保护贸易措施。美国也逐步提高了进口关税，并于1890年和1897年先后通过了贸易保护主义的法案《麦金莱关税法》和《丁格利关税法》。总的来看，美国在整个19世纪的关税还是比较高的，应税进口商品的平均关税率约在40%，其中1894年和1899年平均关税率分别高达50.3%和52.4%。

1929年，一场空前的经济危机席卷整个资本主义世界，经济萧条使市场问题进一步尖锐化，导致许多国家纷纷大幅度提高关税，广泛采用外汇限制、数量限制等手段阻止外国商品的输入，同时加强出口鼓励政策，以占领他国市场，转嫁危机。在这种背景下，美国国会于1930年通过了《斯穆特-霍利关税法案》。在这个法案下，美国平均进口关税达53.2%，1932年最高达59%。

2）自由贸易政策倾向（1934—1974）

罗斯福总统上台后，实行新的经济政策，在对外贸易政策上也作了重大调整。1934年6月，美国国会通过了《互惠贸易法》，授权总统同其他国家签订贸易互惠协定，相互把关税降到《斯穆特-霍利关税法案》下制定的关税的50%。《互惠贸易法》总共延期了11次，直至被1962年《扩大贸易法》所代替。美国利用这一法律先后同28个国家签订了双边和多边贸易协定，到1947年，美国平均进口关税已低于1934年的50%。

第二次世界大战结束以后较长一段时间内，美国的经济实力在国际上占绝对优势。美国凭借其强大的经济实力，担负起重建第二次世界大战后自由国际经济秩序的领导角色。1948年1月1日起生效的关贸总协定，是美国推动多边关税减让、开拓国外市场的主要政策工具。在总协定主持下，1947—1962年进行了5次不同的多边贸易谈判，使关税水平下降了35%左右。

即使是在美国竭力推行自由贸易主张的这一时期，美国也从未放弃过对国内市场的保护。在这期间，《互惠贸易法》经过多次修补，其中重要内容就是增加各种各样的保护性条款，主要有：①危险点条款。它阻止总统进行会对本国工业造成严重损害的任何关税减让谈判。②免责条款。它允许任何因进口而受到损害的国内产业向国际贸易委员会（1975年以前是美国关税委员会）提出请愿，请求总统取消任何谈判的关税减让协定。一个产业的进口份额上升，就足以“证明”受到了伤害。③国家安全条款。它规定当关税减让损害重要的国防产业时，就可阻止任何减让关税的谈判。如已经形成减让协议，也可阻止其实施。

1962年，为应对西欧经济共同体形成后所出现的新形势，美国国会通过了《扩大贸易法》，用以替代《互惠贸易法》。该法授权总统与所有国家进行谈判，把关税减至1962年水平的50%，并完全取消1962年的5%或5%以下的关税。在1962年《扩大贸易法》的倡议下，美国开始在关贸总协定的主持下与其他国家进行新一轮的多边贸易谈判，即肯尼迪回合。这一回合的谈判使工业品平均关税比1962年的水平削减35%。到1972年年底，当这个协议完全履行后，工业化国家工业品的平均关税率已不到10%。

美国一方面利用1962年《扩大贸易法》促进多边关税减让谈判，以利于美国产品更容易进入他国市场，另一方面又不放松保护措施。1962年的法案除了保留1934年《互惠贸易法》中的保护性条款外，还增加了“调整援助”条款。该条款规定：当进口商品使国内生产受到严重损害时，政府会对受害的企业提供资金援助，促使其调整生产，增强竞争力。

3）从自由贸易到公平贸易（1974年至今）

进入20世纪70年代以后，资本主义发达国家的经济普遍进入滞胀阶段，两次石油危机的冲击，加剧了经济的恶化，贸易保护主义政策重新抬头。

随着日本、西欧及一些发展中国家和地区的崛起，美国在经济上的霸权地位受到了挑战，在世界经济贸易中的地位日益下降，对外贸易中的市场份额逐步缩小，出现了持续的巨额贸易赤字。1971年，美国第二次世界大战后第一次出现了20亿美元的贸易逆差，其后除1973年、1975年分别有过10亿美元和90亿美元的顺差外，至今一直全是逆差，且呈逐步上升趋势。特别是80年代以来，贸易逆差逐年迅猛上升，1984年突破千亿美元大关，1987年达到1 703亿美元的顶峰。美国在国际经济贸易中地位的下降，反映了美国经济的相对衰落和国际竞争力的下降，尽管美国仍未失去对世界经济贸易的影响力，但昔日的霸权地位已不复存在，美国的保护主义压力不断增加。

1974年，美国国会再次对贸易法案进行修改，通过了1974年《贸易改革法》，代替了1932年《扩大贸易法》。新法赋予总统以下权力：①谈判关税减让60%和取消5%或5%以下的关税；②谈判减少非关税壁垒。该法案还放宽了调整援助的标准。在《贸易改革法》的推动下，美国参加了关贸总协定主持的东京回合的多边贸易谈判。到70年代末，主要发达国家之间的工业品关税率已降至4%左右。1974年《贸易改革法》一方面致力于推动东京回合的多边贸易谈判，以进一步削减关税和实行贸易自由化；另一方面，该法又是第二次世界大战后第一部有严重贸易保护主义倾向的立法，它首次确定了各种非关税壁垒，如例外条款、反倾销、反补贴条款等在法律上的地位。它的“301条款”授权总统反对“不公平”贸易，并可以采取提高关税等必要的其他措施来反对倾销和补贴，以及直接进行双边谈判来打开贸易伙伴的市场。1974年《贸易改革法》标志着美国贸易政策的重点已从多边自由贸易转向双边协调和保护的“公平贸易”。

1979年《贸易协定法》则增加了反倾销、反补贴专章，并将与多边贸易谈判有关的政府采购协定付诸实施，还规定了司法审查及其程序。1984年《贸易与关税法》重点修改了1974年《贸易改革法》中的某些条款，如普惠制的延长与取消、降低劳务贸易、高技术产品和直接投资壁垒的国际协定等。

1985年9月，里根总统发表了“贸易政策行动计划”，明确表示如果国际贸易不利于美国企业，美国将以强硬的态度实行贸易保护。1988年，美国国会通过的《综合贸易与竞争法》，明确提倡通过双边谈判来改变不公平贸易的状况，并强化了贸易保护机构，如进一步扩大美国国际贸易委员会（其前身为美国关税委员会）的权限并加强美国贸易代表授权，一改几十年来（自1934年《互惠贸易法》开始）一直力图通过扩大总统总揽贸易权力来促进自由贸易的做法，将总统对不公平贸易伙伴实施报复性措施的权力转交给美国贸易代表机构。该法继承了1974年《贸易改革法》中的“301条款”，并对此作了重要修订，强化非关税壁垒的做法，使之对所谓“不公平”贸易的国家更具有报复性，此外还完善贸易保护程序，如反倾销的“听证会”“司法审查”等，使贸易立法的贯彻有了组织上和程序上的保证。1988年《综合贸易与竞争法》是美国全面趋向贸易保护主义的重要战略性转折，标志着美国公开放弃自由贸易的口号，而举起反对所谓“不公正贸易”以实现“公平贸易”的旗帜。

1989年，美国商务部公布了新的《反倾销条款》，反倾销又增加许多新的形式，最具代表性的是所谓“起动价格制”，即以某种产品的生产效率最高的国家的生产费用为依据，对进口商品规定最低价格。一旦该商品在美国市场上以低于最低价格的价格销售，就实施反倾销措施。

20世纪70年代中期至80年代中期，美国外贸政策的重点一直放在采取单边报复措施和其他贸易保护政策，限制进口以保护国内市场。80年代中期以后，美国外贸政策开始转向鼓励扩大出口，90年代这一趋势又进一步得到加强。近年来，美国在与一些贸易伙伴的双边贸易谈判中摩擦、协商的重点已从贸易保护和对不公平贸易行为的报复制裁，转为“市场准入”。

为应对区域经济一体化的挑战，美国于1985年与以色列签订了双边自由贸易协定，1989年与加拿大建立了美加自由贸易区，1994年又与加拿大和墨西哥建立了北美自由贸易区。同时，美国还把目光投向另外两个更大的区域经济合作组织——亚太经济合作组织和美洲国家组织。可见，美国今后将不会再单纯依靠世界多边贸易体制作为开展对外贸易活动的主要机制，而是利用双边机制来代替、补充并冲击多边机制，走向所谓“有管理的贸易”。

1993年2月17日美国前总统克林顿在国会演说时明确宣布：我们将坚持在国际市场上实行公平交易规则，并将此作为扩展贸易的国家经济战略的一部分。这说明美国政府不仅仍奉行“公平贸易”的外贸政策，而且进一步把它提高到经济战略的高度。

小布什政府的对外经贸政策更加强调自由放任，追求执行所谓“零对零”的贸易政策，即追求在一个理想的世界中，美国和外国都没有关税壁垒。小布什要求国会给予谈判贸易条约的快速处理权，反对在贸易条件中加上社会（如保护劳工）和环境条款。小布什政府宣称将继续保持美国在经济全球化中的“霸主”地位，继续保持在单边、双边、区域和多边国际经济合作体系中发挥美国“霸权主义”影响，继续奉行支持北美自由贸易协定（NAFTA）的既定政策，并筹划将智利纳入NAFTA，将该协定的势力范围扩大到南美。

奥巴马政府面对新一轮国际经济危机、WTO谈判进展缓慢、中国快速崛起等新环境和新问题，致力于打造21世纪高标准的国际贸易规则，将《跨太平洋伙伴关系协定》（TPP）和《跨大西洋贸易和投资伙伴关系协定》（TTIP）纳入其核心政策议程。

特朗普政府面对经济复苏乏力和中国崛起的挑战，其贸易政策致力于打开外国市场，获得更加有效的全球市场和为美国工人获得更公平的待遇，重点包括5个方面：一是采取支持美国国家安全政策的贸易政策，例如挑起对华贸易战；二是改善美国经济，例如通过调整税收政策促使投资回流，降低贸易逆差；三是开展互惠对等的贸易协定谈判，例如退出TPP、与墨西哥和加拿大重新谈判达成《美国-墨西哥-加拿大协议》（USMCA）、与韩国重新谈判双边自由贸易协定等；四是执行和捍卫美国贸易法，例如根据“301条款”挑起对华贸易战，根据“201条款”大幅提高太阳能电池及组件、大型家用洗衣机的进口关税，根据“232条款”提高钢和铝的进口关税，同时还发起大量反倾销和发补贴调查；五是改革多边贸易体系，提出世界贸易组织改革的建议，塑造美式公平竞争规则，改善美国在WTO争端解决机制中的被动局面。

拜登政府执政后，其贸易政策在延续前任政策的基础上有所调整：一是重视与盟友及合作伙伴建立基于利益和价值观的统一战线，恢复美国在关键问题上的全球领导地位，将贸易政策意识形态化；二是基于新冠肺炎疫情冲击的反思和数字经济发展的新形势，致力于加强制造业供应链的弹性和应对数字经济带来的机遇与挑战；三是重视气候变化议题，将贸易政策与环境可持续发展政策挂钩。

从发展历史来看，美国的出口管制经历了由紧到松再到紧的变化过程。

第二次世界大战结束后，美国为了实现遏制“共产主义”的发展及其他政治、军事目的，采取了一系列出口管制措施。1949年，美国国会通过《出口管制法》，授权总统为了美国的对外政策和国家安全而进行禁运或限制出口。该法明确规定：“凡是对那些有助于增强共产党国家的经济和军事潜力而有损于美国国家安全的出口都予以拒绝。”该法先后在1969年、1979年、1981年、1985年多次修改。1988年美国国会又通过了《美国出口管理法》修正案。依据这些法律，美国先后对中国、朝鲜、越南、苏联等国实行贸易禁运。一些单项目标的法律也授权对某些国家进行经济制裁，例如1961年《对外援助法》禁止对古巴的贸易；1985年《国际安全与发展合作法》禁止与利比亚的进出口；1986年《综合反种族隔离法》禁止与南非的所有贸易和金融往来等。

美国除了实行单边出口管制外，还积极倡导和维护多边出口管制。1949年11月，在美国一手操纵下成立了“输出管制统筹委员会”（即“巴黎统筹委员会”，简称“巴统”）。根据“巴统”的规定，如果某成员准备向依照“巴统”的规则应予管制的国家出口“巴统”限制出口的货物和技术时，出口商必须首先向“巴统”提出申请，只有在该申请得到“巴统”或所有成员政府一致同意后，该出口国才能对该项出口签发本国的出口许可证。1951年10月，美国国会通过了《巴特尔法案》，授权美国总统随时可以停止对不遵守“巴统”协议的国家的援助。

第二次世界大战后美国的出口管制虽然限制了许多先进技术流入苏联、东欧及中国，但美国也因此付出了巨大的代价。首先，美国的出口管制使其拱手让出一部分出口市场；其次，美国的出口管制打击了美国的国内产业；最后，经济制裁还导致别的国家采取报复行动，反过来给美国经济尤其是出口以严重打击。随着国际政治、经济形势的变化，美国和“巴统”的出口管制逐步放松，在冷战时代结束、苏联解体、东欧剧变以后，经济和科技的竞争越来越成为国际竞争的主要形式，美国的出口管制进一步放松，1994年4月1日，“巴统”也宣告解散。

特朗普执政后，将中国视为美国实力、影响力和利益的挑战者，进一步加强出口管制，多次将中国实体列入出口管制“实体名单”，拜登执政后延续了这一做法，并重视与所谓“友好的志同道合国家”（friendly and like-minded countries）合作，联合进行出口管制。

10.1.3 美国对外贸易管理机构

美国宪法赋予国会管理对外贸易以及征收关税的权力。国会通过一系列法律，将很多职能授权给相关行政部门，同时，行政部门与国会主要相关委员会以及私营部门咨询团体在工作上又保持密切联系。

在对外贸易管理方面，美国政府行政部门的主要职责包括三个方面：一是征收关税，具体由财政部和海关执行；二是进出口管理和服务，具体由美国商务部、农业部和海关等机构执行；三是对外贸易谈判，主要由总统下辖的国家经济委员会和美国贸易代表负责。

1）国会

美国宪法第一条第八款明确规定，国会拥有征税以及管理对外贸易的权力。国会的对外贸易管理权通过制定法律、批准条约、决定征税以及掌握开支等方式行使。

2）行政部门

尽管行政部门负责外贸法的执行，但该权力并非由某一行政部门单独享有，而是在行政部门内部进行权力的分配，由不同部门分别执行，这也体现了美国的权力分立精神。

（1）贸易代表办公室

美国贸易代表办公室是总统行政办公室的一个机构，它负责制定和实施贸易政策、对外国的不正当贸易做法进行调查与报复、执行“301条款”、全权处理有关美国在世界贸易组织中的相关事务、OECD涉及贸易和商品问题的相关事务、联合国贸易与发展会议有关事项、其他多边机构中涉及贸易问题的有关事项和其他多边与双边贸易谈判。

该部门负责人为美国贸易代表，是美国总统的外贸顾问和贸易代言人，是有关对外贸易的部际委员会负责人。贸易代表享有特命全权大使的地位，是总统内阁会议的组成人员。

（2）商务部

美国商务部的主要职责是促进国家的对外贸易、经济增长和技术进步，并负责出口促进事务；负责出口管制和进口管理；防止来自国外的不公平贸易竞争，包括反补贴与反倾销调查等；负责美国贸易法律和法规的实施；负责提供相关帮助和信息以提高美国企业在世界经济中的竞争力；负责执行促进全球贸易、加强美国国际贸易和投资地位的政策和计划；监控和实施涉及商务的多边贸易谈判；负责国际经济政策，旨在降低阻碍美国国际贸易和投资的外国政府壁垒，与美国贸易代表办公室协调美国政府在国际经济和贸易问题上的反应与谈判立场；为企业和政府决策部门提供社会和经济统计数据与分析报告；支持科学和技术成果的利用；制定技术发展政策；向总统提供有关联邦政府政策、工商业和国家经济方面的建议。

（3）财政部

财政部直接控制某些关键的对外贸易，负责国际金融事务，代表美国在国际货币基金组织和世界银行中发挥作用。

（4）农业部

农业部负责与农产品有关的商品贸易，并设立商品信用公司为美国农产品出口提供优惠信用。

（5）国防部

国防部负责国际安全事务，也负责涉及国家安全方面的经济政策，其重要职责之一是负责战略物资的出口管理。

（6）司法部

司法部负责反托拉斯事务。

（7）能源部

能源部负责原油的进口和能源政策。

（8）海关和边境保护署

海关和边境保护署（以下简称海关署）的主要职责是确定和征收进出口关税，办理人员、运输工具、货物和邮件进出美国的手续，执行出口管制，防止欺诈性进出口贸易行为等。

（9）国际贸易委员会

国际贸易委员会是一个依据美国国会立法成立的、独立的联邦准司法机构。根据美国国会的授权，国际贸易委员会拥有与贸易有关事务的广泛调查权，也负责搜集和分析贸易、产业数据，并提供给美国行政和立法部门据以制定美国的贸易政策。但是它既不是一个政策制定机构，也不是一个完全意义上的司法机构，它也不负责贸易协定的谈判。

国际贸易委员会的主要职责包括：负责反倾销、反补贴、保障措施方面的产业损害调查，特保案件调查，337调查以及332调查，公正客观地执行美国贸易救济法；为总统、贸易代表和国会提供独立的、高质量的有关关税、国际贸易和产业竞争力方面的信息、相关分析报告与咨询；维护美国协调关税细则。

10.1.4 美国对外贸易管理制度

1）与贸易有关的主要法律

美国贸易的法规体系由三大部分组成：基本法、部门法和国际协定。美国国际贸易的基本法就是美国宪法相关内容。美国有关国际贸易的部门法比较多，主要有1930年《关税法》、1955年《贸易协定延展法》、1958年《贸易协定延展法》、1962年《扩大贸易法》、1979年《贸易协定法》、1984年《贸易和关税法》、1988年《综合贸易与竞争法》等。美国参加或缔结的与贸易有关的主要国际条约和协定包括

《协调制度公约》《汽车产品协定》《世界贸易组织协定》《海关国际条约》以及诸多双边或区域自由贸易协定（见第9章）。

2）贸易管理制度

（1）主要进口管理制度

美国主要依靠关税对进口产品和其数量进行管理和调节，但也对农产品等相对敏感的进口产品采用关税配额。此外，出于环保、国家安全、国际收支平衡等原因，国会通过1972年《海洋哺乳动物保护法》、1962年《扩大贸易法》第232条款（国家安全）、1974年《贸易改革法》第122条（国际收支平衡）等诸多国内立法，授权商务部、农业部等行政部门采取配额管理、禁止进口、收取进口附加费等方式对进口实行限制。

（2）主要出口管理制度

为维护国家安全，推进美国对外政策的实施，限制生化武器及导弹技术扩散，以及确保一些短缺物资在国内充足供应，美国以1979年《出口管理法》《出口管理条例》《武器出口控制法案》等为核心，对部分产品实行出口管制。美国商务部产业安全局负责军民两用物资、技术和服务的出口管制；美国国务院管辖有关军事用途的产品、服务和相关技术数据的出口；美国财政部外国资产控制办公室负责确定经济制裁计划中涉及的禁用国家和禁运交易。

（3）贸易救济制度

美国的贸易救济制度可分为影响进口和影响出口两个方面。适用于进口产品的救济措施主要是反倾销、反补贴和保障措施以及对不正当贸易行为（主要是侵犯美国知识产权）所采取的337条款措施；适用于出口产品的贸易救济主要是301系列条款措施。

现行美国主要的反倾销反补贴法为1930年《关税法》，具体的行政法规分布在美国《联邦法规汇编》第19编中。美国商务部国际贸易署进口贸易管理局负责倾销和补贴的调查及倾销补贴幅度的计算，美国国际贸易委员会负责产业损害的调查。总统可依据1974年《贸易改革法》第201至204节的授权对特定进口产品采取保障措施。对涉嫌侵犯美国知识产权的进口产品，美国主要通过1930年《关税法》第337节来保护美国知识产权人的权益，美国国际贸易委员会是337条款的执行机构，该机构可以签发排除令，指示海关禁止侵犯美国知识产权的货物进口。

1974年《贸易改革法》第301节是在现行贸易协定下维护美国公司权益，为美国产品和服务扩大海外市场准入，反对外国侵犯知识产权等行为影响美国产品出口所依据的主要法律。该法律为美国贸易代表调查外国侵权行为，以及与外国政府磋商寻求解决方案提供了具体的程序。301系列条款具体由美国贸易代表办公室负责实施。

3）进出口商品检验检疫

美国的进出口商品检验检疫由数家不同的联邦机构和民间检验公司负责。联邦机构既负责检验又负责检疫，民间检验公司只负责检验不负责检疫；联邦机构只收取一定的规定费用，民间检验公司则收取检验费并以营利为目的。

（1）商品进出口检验

美国的联邦检验机构较多，多按品种类别进行检验管理。美国农业部下属的食品安全检验局主要负责猪、牛、羊等红肉及禽肉的检验工作，美国农业部下属的谷物检验局主要负责美国谷物的出口检验工作；美国消费品安全委员会主要负责玩具、烟花爆竹、服装、家用电器、日用消费品的检验管理工作；美国烟酒贸易税收管理局主要负责烟酒的生产、标签、许可证、安全检验、税收等；美国国家海洋与大气管理局主要负责海产品的出口管理工作；美国卫生与公众服务部下属的美国食品与药物管理局负责除上述机构管理以外的所有食品及药品、动物饲料、化妆品、医疗器械等检验管理工作。除上述农业部和国家海洋与大气管理局管理的产品外，其他产品均可由民间检验公司实施检验并出具检验结果报告书。

（2）动植物进出口检疫

隶属美国农业部的动植物检疫局是美国唯一负责动植物及其产品进出口和州际运输检疫管理的联邦机构，其具体进出口检疫实施工作由国土安全部下属的海关与边境保护署负责。

4）海关管理

美国海关和边境保护署由经参议院确认后由总统任命的海关署署长领导，海关署由四个部门组成：①管理办公室，负责海关署的资金和资源审计及监督海关雇员遵守联邦行政法规情况等；②边境业务办公室，负责美国边境的执法，包括检查自海外到达美国的行李和旅客等；③商业业务办公室，负责国际贸易事务，包括制定发布海关行政法规，负责有关国际贸易执法活动；④首席法律顾问办公室；负责处理海关署的法律事务。

10.2 日本对外贸易

10.2.1 日本对外贸易概况

日本自然资源贫乏，必须依赖进口，其工业品的相当部分也依赖出口；同时，日本国内市场相对狭小，容纳不了庞大的生产力。出口支持进口，进口为了出口，是日本第二次世界大战后相当长时间内“加工贸易型”经济的基本特征。

对外贸易在日本经济发展中的作用是至关重要的，可以说，没有对外贸易，就没有第二次世界大战后日本经济的发展。

从进口方面看，首先，大量廉价原料、燃料的进口支持了日本经济的高速增长。其次，日本第二次世界大战后初期利用世界贸易中技术贸易迅速发展、科学技术迅速传播的有利时机，从国外引进大批先进技术，促进了国内的技术改造和产业结构的优化，带动了出口贸易的发展。最后，适当进口欧美发达国家的各种消费品，影响日本国内的消费结构，促进了这些产品的进口替代工业的发展。从出口方面看，对外贸易对日本经济的发展更是起着巨大作用。首先，日本需支付进口原料、燃料和引进先进技术的大量外汇，这只能通过大量出口来获得。其次，日本能动地、适时地按照国际市场需求结构变动，选择一些世界需求迅速增长的新兴工业加以重点发展，从而提高了日本产业结构的层次。最后，出口贸易的扩大增加了有效需求，有力地支撑了日本经济的持续增长。

日本对外贸易增长迅速，在世界贸易中的地位不断提高，1971年日本成为世界第三大出口国，1974年成为世界第三大进口国。自1992年以来日本经济持续低迷，对外贸易发展和对外贸易地位也受到影响。2022年，日本贸易总额为20 147亿美元，其中货物贸易额16 442亿美元，占82%，服务贸易额3 705亿美元，占18%。

1）日本的货物贸易

在货物贸易方面，2022年，日本出口额7 469亿美元，占世界出口额的3.0%，列中国、美国、德国、荷兰之后，居世界第五位；进口额8 972亿美元，占世界进口额的3.5%，列美国、中国、德国、荷兰之后，居世界第五位。如果将欧盟作为一个整体，扣除其内部贸易，日本的出口额和进口额均居世界第四位，占世界出口额和进口额的3.7%和4.2%。

从市场结构看，2022年，日本的主要出口市场依次是中国、美国、欧盟、韩国和中国台湾，这五大市场在日本货物出口额中的比重分别为19.4%、18.7%、9.5%、7.2%和7%，合计占61.8%；2022年，日本的主要进口来源依次为中国、美国、澳大利亚、欧盟和阿联酋，这五大进口来源在日本货物进口额中的比重分别为21%、10.1%、9.8%、9.6%和5.1%，合计占55.6%。

从商品结构看，2021年，工业品、能源和矿产品、农产品分别占日本出口的85.7%、4.9%和1.9%，占日本进口的58.1%、29.5%和11.1%。

2）日本的服务贸易

在服务贸易方面，2022年，日本出口额1 633亿美元，占世界出口额的2.3%，居世界第十一位；进口额2 073亿美元，占世界进口额的3.2%，居世界第十位。如果将欧盟作为一个整体，扣除其内部贸易，日本的出口额列欧盟、美国、英国、中国、印度和新加坡之后，居世界第七位，占世界出口额的2.8%，进口额列欧盟、美国、中国、英国、新加坡和印度之后，居世界第七位，占世界进口额的3.9%。

从市场结构看，2021年，日本主要的服务出口市场依次是美国、欧盟、英国、中国和新加坡，这五大市场在日本服务出口额中的比重分别为25.5%、12.4%、9.3%、9%和8.3%，合计占64.5%；2021年，日本主要的服务进口来源国依次为美国、欧盟、新加坡、英国和中国，这五大进口来源在日本服务进口额中的比重分别为29.3%、17.3%、13%、6.4%和5.5%，合计占71.5%。

从部门结构看，2022年，运输、旅游、其他商业服务、货物相关服务分别占日本出口的17.8%、4.4%、76.1%和1.7%，占日本进口的17.3%、1.9%、75.6%和5.1%。

10.2.2 日本对外贸易政策的演变

第二次世界大战后，日本的对外贸易政策是为“贸易立国”的总体战略及其资源战略和市场战略服务的，其基本目标就是奖出限入，确保合理进口，推动出口发展。不断提高本国产业的国际竞争力，始终是日本对外贸易政策的支点，因此日本的对外贸易政策不只是一般的商品进出口政策，而是把对外贸易政策与整个国家的产业政策结合起来，通过扶植本国的产业，提高国际竞争力，以振兴出口，使对外贸易的扩大能动地促进本国经济的发展和产业结构的优化。

1）经济恢复时期的对外贸易政策（第二次世界大战结束至1955年）

第二次世界大战后初期，日本在经济、政治两方面都被置于盟军的管理之下，丧失了对外经济关系的主权。同时，国内经济濒临崩溃的边缘，工农业生产极端萎缩，对外贸易发展缓慢。1950年日本的出口额仅为战前的32%，进口额为第二次世界大战前的37%，贸易收支连年逆差，对外投资和利用外资基本处于停滞状态。1952年美国对日本的政策由限制转为扶植，结束了对日本的强制占领状态，使日本在自主的基础上进行国民经济建设，开展对外贸易。

在经济恢复时期，日本政府对外贸易政策的主要特点是限制进口，替代进口，同时努力促进出口的发展。

（1）限制进口

第二次世界大战后初期，日本工业还很落后，工业品中除丝绸、棉织品、杂货等劳动密集型产品外，其他产品大多缺乏国际竞争力。为了保护国内工业，1949年12月，日本政府公布了第二次世界大战后日本第一项关于对外贸易的法律——《外汇及外贸管理法》，规定只有外汇银行才有权持有外汇，政府通过外汇银行将出口贸易获得的外汇集中起来进行统一分配和使用。这样一方面缓和了日本国际收支紧张状况，另一方面通过外汇管制对进口进行直接限制。

1952年和1955年，日本又分别对美元和英镑实行了“无限制持有外汇集中制”，即规定只有外汇银行才有权持有美元和英镑。

（2）限制外国直接投资

尽管第二次世界大战后初期日本外汇严重短缺，但日本政府认为，在经营资源和规模上拥有明显优势的外国企业在日本大量投资，必将导致本国企业被兼并、吸收，从而会妨碍本国产业和独立的技术发展，因此，日本一向对外国企业在日本直接投资采取排斥态度。对外国直接投资的限制与排斥，实际上是保护政策从商品领域向资本领域的延伸。

1950年，日本制定了《关于外资的法律》（简称《外资法》）。该法规定了引进外资的认可制度。资本交易原则上必须经主管大臣批准，由外资审议会审定，其特征是“原则禁止，自由例外”，许可标准比较苛刻，规定引进外资必须有助于改善日本的国际收支状况，有助于重点产业和公益事业的发展，而不能因引进外国直接投资而给日本经济发展带来不良影响，引进的外资不能冲击国内中小企业，不能扰乱产业秩序。

（3）扶植重点产业

20世纪50年代初，在政府参与下，一些重点行业如钢铁、电力、造船、化肥、汽车、合成纤维等都制定了合理化规划。日本政府还制定了不少发展工业重要法规，如《合成纤维产业育成对策》《关于合成树脂工业育成对策》《石油化学工业育成对策》。

对要扶植的重点产业，政府金融机构给以优惠的低息商业贷款，如日本开发银行、日本进出口银行、中小企业金融公库等对特定行业的企业提供低息贷款，其中尤以日本开发银行的长期低息贷款最为重要。1951—1955年，日本开发银行提供的贷款额由11.1亿日元上升到37.5亿日元，增长了2.4倍。

（4）鼓励出口

为了鼓励出口，日本政府在外汇分配上给出口商以某种优惠待遇。如1949年7月公布的奖励出口使用外汇办法中，规定出口厂商可将其出口所得外汇的一部分用于振兴出口。1953年实行进出口连锁制，即按出口情况，配给一定外汇，使出口商品所需的原料得以进口。

1946年日本银行开始实行对出口企业的出口优惠融资制度，1950年设立日本进出口银行融资制度、出口保险制度等。此外，日本政府专门设立了日本贸易介绍所协议会、海外市场调查会等组织，为日本企业提供国际市场信息。

2）经济高速增长时期的对外贸易政策（1955—1973）

20世纪50年代中期以后，日本经济高速增长，工业制成品的国际竞争力迅速提高，到1973年，日本已成为世界第二大经济大国。日本对外贸易增长迅速，在世界贸易中的地位不断提高，1971年日本成为世界第三大出口国，1974年成为世界第三大进口国。为适应新的国内、国际经济形势，日本的对外贸易政策开始进行调整，其特点是由限制进口、替代进口逐步向扩大出口、出口导向发展。

（1）实行有选择的贸易自由化

1951年日本实行关税改革，恢复了关税自主权，但一直到60年代，通过外汇配额限制进口始终是日本政府保护国内产业的基本措施。

进入60年代以后，日本经济持续高速发展，国内产业对进口的需求不断增加；同时，日本加入了经济合作与发展组织，不得不在一定程度上承担开放市场的义务。为适应新的形势，日本政府决定放宽对进口贸易的管制，逐步废止限制进口的行政性措施，关税措施成为抑制进口的主要措施。与欧美各国相比，日本的进口关税从20世纪50年代到60年代一直呈递增的趋势。

1960年6月日本内阁通过了《贸易与外汇自由化大纲》，着手推行贸易自由化。1961年9月，日本政府又制定了《贸易自由化促进计划》，进一步加速贸易自由化进程。到1964年，日本进口自由化率达到93%左右，到70年代中期，日本对工业产品的保护性关税壁垒已基本撤消，但农产品的关税壁垒仍在继续，农产品贸易自由化进程缓慢。

日本的贸易自由化是从属于保护、扶植需要的，在推进自由化进程中明显表现出“有选择性”的特征，即根据产业的国际竞争力的状况陆续开放。《贸易与外汇自由化大纲》提出：及早实行原材料的进口自由化，首先从与本国产品竞争程度低的项目以及本国产品已具备国际竞争力的项目开始推行自由化；其次对于国内正在推行合理化计划或按照扶植计划正在进行技术研究和推行合理化的产业，要酌量其成果来实行自由化；最后对于难以一下子实行自由化的商品，要根据各种商品的具体情况来谋求扩大进口的数量，促使其逐步增强竞争力以最终达到自由化。可见，在自由化问题上，日本政府采取的是拖延战术，尽可能推迟自由化的实施时间，在此期间加大力度对国际竞争力尚弱的产业进行扶持，使一些重要产业如汽车、电气机械、电子计算机等在完全自由化后发展成为日本最具国际竞争力的产业。

（2）逐步放松对外资的限制

为适应国内经济高速增长和重化工业结构形成的需要，解决国内资金不足的问题，日本政府采取了积极引进外国间接投资的战略，但在引进外国直接投资方面，仍然实行严格的限制，这些限制使外资在日投资设厂困难重重。1950—1966年，日本只有596家外资企业，其中日元基金企业，即规定投资收益不得汇回本国而只能以日元继续在日投资的企业就占了42.6%。

随着日本出口产业的发展和国际贸易收入的增加，国际社会向日本提出了资本自由化的要求，日本政府不得不宣布分几次陆续实现资本自由化的计划。1967年7月，日本政府第一次实施资本自由化，到1973年陆续出台了5个较大的资本自由化方案，1973年第五次实施资本自由化时，原则上已实行了100%的自由化，但实际上仍有保留，如农林水产业、矿业仍然只准在外资比率不超过50%实行资本自由化。

日本政府在实施资本自由化方面，采取了与贸易自由化相类似的拖延战略，各产业的资本自由化时间都比贸易自由化更晚。日本资本自由化过程的特点在于“有步骤、分阶段”，始终把需要进一步提高国际竞争力的重要产业置于政府的保护和扶植之下。“渐进”的贸易自由化和“渐进”的资本自由化相互配合，为最终提高本国产业的国际竞争力，实现市场的全面开放逐步创造条件。

（3）继续扶植重点产业

① 制定发展各种重点产业的法规。20世纪50年代中后期，日本制定了《机械工业振兴临时措施法》《振兴电子工业临时措施法》《航空工业振兴法》等。1971年又制定了《特定电子工业和特定机械工业振兴临时措施法》，1978年制定了《特定机械情报产业振兴临时措施法》。通过战略规划的制定和立法的形式，确立重点发展产业的优先地位，使其享有金融财政等方面的一系列优惠。

② 在税收上给重点发展产业以优惠，支付补助金等。如允许机械设备特别折旧；免除重要机械的进口税；减免出口收入税收；允许从利润中提取各种准备金，如呆账准备金，退职金准备金、特别修缮准备金、价格变动准备金、异常危险准备金、违约赔偿准备金等。一些矿业、工业技术的研究和进口最新机器设备，则由政

府提供补助金。对尖端技术的研究开发，政府也提供补助。

③ 对要扶植的重点产业，政府金融机构继续给以优惠的低息商业贷款。

④ 鼓励技术进步。一方面，日本政府鼓励引进国外先进技术，具体政策措施主要有两个：一是外汇配额制度。凡能对实现重、化学工业化有重要影响、对形成具有比较优势的出口产业有重要影响的技术引进，优先批准使用外汇；对能消化引进技术的企业，优先批准技术引进用汇。二是特别税收制度。如在引进技术时，减轻由支付者代扣的、向外国法人支付的报酬的所得税税率；对新式或高性能的、日本尚难以生产的重要机械设备免征进口关税。另一方面，日本政府还对本国自主的技术开发给予了重要的政策支持，以提高本国企业的技术开发能力，增强国际竞争力。其具体政策主要包括税收优惠制度、政府补贴措施、低利贷款措施、技术研究组合制度、发明表彰制度等。

（4）加大出口鼓励力度

① 1961年修改了《日本进出口银行法》，进一步扩大了该银行对进出口企业的融资范围。

② 出口振兴税收制度。实行出口收入扣除制度（1953—1963），即对企业或个人出口收入的一定比例免征所得税；实行出口加速折旧制度（1964—1971）；实行技术出口收入扣除制度（1959年以后，对技术出口的外汇收入按一定比例减免所得税）；实行开拓海外市场的准备金制度（1964—1972），对企业收入中用于开拓国际市场的再投资按一定比例减免税收，允许按销售额的一定比例算入损失额中。此外，还实行了出口退税制度，即退还投入出口生产的进口原材料的关税负担额。

③ 政府通过对外援助带动商品出口。日本政府鼓励民间企业发展对亚洲地区尤其是东南亚国家的贸易，政府通过增加对这一地区国家的经济援助，带动本国商品的出口。

④ 长期维持日元低汇率的政策。

（5）放松甚至鼓励对外直接投资

① 从1956年开始，将出口保险制度的范围扩大到海外投资。

② 从1972年6月起，全面放宽对外投资的限制，宣布对各种形式的对外直接投资“原则上”都实行自由化。

③ 1972年9月设立了旨在进一步推动对外投资的“对外贷款制度”，指定日本进出口银行、石油开发公司等机构为从事外汇贷款的机构。

3）经济低速增长时期的对外贸易政策（1973年至20世纪80年代）

20世纪70年代中期，固定汇率制的崩溃和两次石油危机使整个世界经济增长放慢，国际贸易领域竞争空前激烈，新贸易保护主义盛行。日本贸易立国的良好国际环境不复存在，日本与欧美发达国家以及发展中国家的贸易摩擦日趋激烈。针对这种情况，日本政府重新调整了对外贸易政策。

（1）贸易自由化步伐放慢

石油危机之后的日本进口贸易政策处于进退两难的矛盾状态，一方面为了缓和对外贸易摩擦需要放宽对进口的限制，另一方面为了抑制贸易收支逆差需要减少进口。所以日本在这一时期尽管在继续推行贸易自由化，但其步伐明显放慢。1974年日本有31种商品的进口受到限制，到1979年12月公布新外汇法时，受限制的商品仍然有27种。在这一时期，日本进口检验制度等非关税壁垒在限制进口方面起着重要的作用。

（2）实现出口商品结构高级化、出口市场多元化

经济低速增长时期日本的出口贸易政策的主要目标是，实现出口商品结构的高级化和出口市场的多元化，进一步扩大出口规模，缓和对外贸易摩擦。

日本政府从整个日本经济的发展战略出发，制定了使国内产业结构进一步向技术和知识密集型转变的产业结构政策。日本政府还通过继续推行出口市场多元化政策，使出口市场向全方位扩散，从而缓和贸易摩擦。中东地区和中苏等社会主义国家成为这个时期日本推行出口市场多元化政策的重点目标。

4）20世纪80年代的对外贸易政策

进入20世纪80年代，日本贸易顺差不断扩大，日本对外贸易摩擦空前激化，日本已成为世界主要贸易国的众矢之的。其贸易对象国不仅要求日本削减出口，而且要求日本尽快开放国内市场，日本政府长期奉行的“贸易立国”和“加工出口”贸易政策遇到了历史性的挑战。为了扭转这种局面，日本政府采取措施扩大内需，力求实现经济结构由“出口主导型”向“内需主导型”转变，并强调缓和对外贸易摩擦是80年代日本对外贸易政策的首要问题。

（1）进一步开放国内市场

① 日本政府提出促进外国工业制成品进口的政策，设立了“制成品进口促进协会”，举办外国工业品在日展览会等。

② 1985年7月，日本政府制定了“改善市场渠道的行动计划纲要”，提出了“原则自由、例外限制”的基本原则，减少进口限制，进一步促进贸易自由化。根据计划纲要，日本进一步降低了进口关税，改善复杂的进口检查手续、规格、标准等制度，降低非关税壁垒。对农林水产品和矿产品也降低关税以扩大进口。

③ 完善进口信贷体制，扩大进出口银行的产品贷款职能，加强日本开发银行对进口的信用支持。

④ 从1987年4月起大幅度改革普惠制，放宽对发展中国家的进口限制。

（2）日元升值

日元升值是1985年9月主要发达国家财长会议提出的。一年多时间里，日元大幅度升值，从1美元等于250多日元上升到1美元等于140日元左右，此后日元一直呈升值趋势，1988年一度升至1美元等于120日元，1993年6月升至1美元等于110日元左右，1993年9月又升至1美元等于100日元左右。日元大幅度升值对于增加日本进口、抑制出口有一定作用。

（3）促进海外直接投资

为缓解某些商品的贸易摩擦，日本通过对外直接投资将摩擦商品在贸易伙伴国

生产。这样，既可绕过进口国的关税和非关税壁垒，也可以有助于进口国扩大就业，从而进口国乐于接受。同时日本也可以减少贸易摩擦，缓解日元升值对本国商品出口竞争力的不利影响。

5）20世纪90年代以来对外贸易政策的历史性转变

1992年起，日本的各种经济问题进一步恶化，日本经济进入慢性衰退，增长乏力，至今仍未走出低谷。日本的国情和世界经济全球化、生产国际化趋势，决定了今后日本以贸易立国发展经济的基本格局不会改变，但要按照变化了的国际经济环境，给贸易立国增加新的内涵，把传统的贸易立国推向新的高度。

随着世界经济全球化趋势日益加强，在国际贸易领域中，服务贸易的竞争逐渐取代商品贸易占据了主导地位。日本的对外贸易政策也相应发生了历史性转变，以振兴服务贸易业为目标，对传统的贸易政策进行了重大变革，积极探索双边自由贸易的可能性，以便在新的国际贸易格局中维护日本的利益份额。

（1）发挥金融大国主导作用

日本经济虽然经历了10年的衰退，但无论是GDP总量水平还是人均GDP水平都是亚洲之首，日本强烈希望在亚洲的金融服务贸易领域发挥主导作用，使日本的地位与其世界第二大债权国、亚洲唯一的发达工业国集团成员国身份相符合。在亚洲金融危机后各国金融体系十分脆弱的情况下，日本希望凭借自身实力，充当“最后的贷款人”的角色，扩大日本金融大国的影响力。

①组建、落实“亚洲货币基金”

日本在亚洲金融危机后不久先后提出“宫泽构想”和“新宫泽构想”，希望通过建立“亚洲货币基金”援助遭受危机打击的亚洲国家，扩大日本的影响力，并在此基础上由日本主导培育亚洲资本市场，缩小与欧美资本市场的巨大差距。在10+3（东盟+中、日、韩）框架中，日本大力扩展“货币互换协定”对象国，希望通过更广泛的途径使“亚洲货币基金”构想得到落实。另外，为提高日元作为国际货币的地位，日本财务省组建了日元国际化推进委员会，积极推动以日元为核心货币的钉住篮子货币汇率政策。

②发展金融服务业依赖的信息技术

在日本的推动下，2000年11月24日闭幕的东盟首脑会议签订了《电子东盟协议》（E-ASEAN），该协定的目的在于振兴东亚区域内的信息技术。协定规定要在2005年之前，撤销与信息技术有关产品的区域内关税，并在最早加入东盟的6个成员国中撤销非关税壁垒。

（2）寻求签订双边自由贸易协定

10年来日本经济始终没有摆脱低迷徘徊的境地，加上国内人口出生率下降，老龄化程度加深，使日本强烈地意识到只有增强经济要素的流动性，才能为日本经济注入活力，恢复日本的国际竞争力。在这种压力下，日本将开展双边合作作为带动本国国内制度改革、繁荣国内经济的一个重要契机。日本认为，固守多边贸易自由化是不明智的，如果日本能够首先在亚洲地区与不同国家分别签订双边自由贸易合作协定，日本不仅能获得更大的贸易利益，而且还可以利用自己在亚洲的地位逐步形成自己在服务贸易领域的优势。2002年1月，日本与新加坡签署了《新时代经济合作伙伴关系协定》。另外，现实商品贸易的利益损失也迫使日本尽快寻求双边自由贸易协定的保护。例如，根据过去的日墨保税加工区制度，日本可享受零关税优惠将汽车零部件和原材料从日本运到墨西哥，但因墨西哥财政方面出现困难，该制度于2001年取消。而由于美国和欧盟的企业与墨西哥签订了自由贸易协定，在与美国和欧盟企业的竞争中，没有与墨西哥签订自由贸易协定的日本明显处于不利地位，在这种情况下，日本企业强烈要求日本政府尽快与墨西哥缔结自由贸易协定。2004年3月，日本和墨西哥达成了双边自由贸易的最后协议。

目前，日本已经与新加坡、墨西哥、马来西亚、智利、泰国、印度尼西亚、文莱、东盟、菲律宾、瑞士、越南、印度、秘鲁、澳大利亚、蒙古国、TPP成员、CPTPP成员、欧盟、美国、英国、RCEP成员等国家和地区签署了21个自由贸易协定或经济伙伴关系协定。目前正在进行谈判的协定包括与土耳其、哥伦比亚的双边协定以及中日韩FTA。

10.2.3 日本对外贸易管理机构

1）政府部门

与贸易管理有关的政府部门主要有：经济产业省、财务省及其下属的海关、日本银行等机构。外务省也参与贸易的管理。

经济产业省是贸易的主管部门之一，负责贸易政策的制定与实施、从事进出口审批和许可等管理工作。该省在全国主要城市设有地方分支机构。经济产业省在通商政策局内设有国际经济纷争对策室，受理有关WTO事务的投诉。

日本对外汇的管理实施的是原则上的事后备案制。但是，涉及向受经济制裁的国家出口、投资的事务和涉及有可能损害国家安全和公共秩序者不在此列。财务省的主要职责是进行与外汇管理相关的审批、审查事务及统计编纂。

日本海关为财务省的下属机构，其职能主要包括：对进出口货物、船舶、飞机、旅客进行管理和征收关税；对部分进出口贸易进行审批；管理保税区和编制、公布有关贸易统计。

日本银行是日本的中央银行，负责处理有关外汇业务的报告、审查、审批等，编制、公布有关金融统计数据。

2）其他相关机构

日本贸易振兴机构的前身是成立于1958年的日本贸易振兴会。按照2002年12月13日颁布的《独立行政法人日本贸易振兴机构法》规定，自2003年10月1日起，日本贸易振兴机构正式取代原日本贸易振兴会行使贸易促进职能，性质属于独立行政法人，资本金由政府出资。其主要任务是：向外国企业对日投资提供支援；帮助日本中小企业扩大出口；扩大日本市场准入；对发展中国家进行经济援助；收集分析海外经济贸易投资信息；提供贸易洽谈咨询服务；为日本企业开展海外业务提供支援；对发展中国家进行相关调查研究；搜集并提供发展中国家的信息、人才培养等。

日本规格协会、化学纤维协会、钢铁联盟等行业、各类产品的进出口商协会在经济产业大臣的授权下，负责办理各自行业和产品的进出口审批手续，具有一定的贸易监管职能。

国际协力银行是一家由政府出资的政策性金融机构。其主要职能是为促进贸易发展、海外经济合作，稳定国际金融秩序，为发展中国家的经济发展开展各项政策性金融业务。目前其主要业务是：为生产设备或大型机械出口提供资金或担保；为重要物资进口提供资金或担保；为日本企业海外业务提供资金或担保；为发展中国家的基本建设项目提供资金等。

10.2.4 日本对外贸易管理制度

1）关税制度

（1）关税管理制度

《关税法》《关税定率法》《关税暂定措施法》《关税定率法别表》（简称关税税率表）等构成了日本与关税相关的基本法律制度。日本财务省及其下属的海关是日本关税管理制度的制定机构与执行机构。

日本的关税税率分为基于法律制定的关税税率和基于条约制定的关税税率两种。基于法律制定的税率即国定税率，包括基本税率、暂定税率、普惠税率等，主要由《关税定率法》《关税暂定措施法》规定。其中，《关税定率法》规定长期不变的基本税率，《关税暂定措施法》规定临时适用的暂定税率以及对发展中国家适用的普惠税率，日本对最不发达国家产品基本适用免税制度。截至2012年4月，日本对145个国家和地区适用普惠税率。基于条约规定的税率即协定税率，适用于WTO全体成员。除WTO协定税率外，还有适用于自由贸易协定缔结国的自由贸易协定税率。日本进口关税税率适用的优先顺序依次为普惠税率、协定税率、暂定税率、基本税率。

（2）关税水平与关税配额制度

根据世界贸易组织2013年的统计，日本2012年简单平均最惠国适用关税税率为4.6%。农产品的简单平均最惠国适用关税税率为16.6%，非农产品为2.6%。日本农产品关税较高，2012年有约占其总税目22.4%的关税税目平均关税超过15%，有约占其总税目3.3%的关税税目平均关税在100%以上。

1961年起，日本开始实行关税配额制度并沿用至今。日本对关税配额内的进口产品不征税或者征收较低的税率，对于超过关税配额的部分征收较高的税率。日本目前对奶酪、皮革、皮鞋、杂豆、魔芋等20类产品实行关税配额制度，每年发布政令制定配额的数量。日本主管关税配额制度的机构是农林水产省和经济产业省。目前经济产业省主管染色牛马革、其他牛马革、羊皮和山羊皮、皮鞋四类产品的关税配额。农林水产省对玉米（颗粒）、奶酪、生丝等农产品一年制定一次关税配额。此外，农林水产省对玉米（非颗粒）、麦芽、杂豆、菊糖、淀粉调制品每年分上下半期制定关税配额。

2）进口管理制度

日本实施进口管理的主要机构是经济产业省和海关。日本进口管理制度主要由《关税法》《外汇及外国贸易法》《进出口贸易法》《进口贸易管理令》等法律法规构成。日本《关税法》规定禁止进口枪支弹药、炸药、化学武器材料等11类产品，《植物防疫法》和《家畜传染病预防法》还规定禁止进口某些可能危害人类及动物生命健康安全的动植物产品。

除了禁止进口产品之外，日本还有诸多法律法令规定了对进口的限制。限制进口的产品主要有：需要配额的产品（如鲱鱼）、进口前需要确认的产品（如疫苗）、兴奋剂、医疗器械等。上述进口限制的主管机构主要有经济产业省、农林水产省、厚生劳动省等相关机构。此外，日本还对《华盛顿条约》规定的濒危物种进行进口限制，如宠物及观赏用动植物、标本等。《华盛顿条约》规定的濒危物种必须获得出口国政府的出口许可证书和经济产业省颁发的进口许可证书。

日本在通关环节采用经认证经营者（AEO）制度。AEO制度是世界海关组织《全球贸易安全与便利标准框架》（以下简称《标准框架》）的核心要素之一。根据《标准框架》，AEO被定义为：以任何一种方式参与货物国际流通，并被海关当局认定符合世界海关组织或相应供应链安全标准的一方。获得AEO资质的企业，通关时可以减少货物和文件审查手续，进而减少通关时间和仓储费用；而没有AEO资质的企业必须经过较为繁琐的检验程序，货物延期交付的可能性随之增加。日本目前已经与新西兰、美国、欧盟、加拿大、韩国和新加坡签订了相互认可AEO制度的协议。根据协议，日本与上述国家海关在检查来自对方AEO的进出口货物时，应对其资格进行风险评估，在对方满足安全条件的情况下应认可其AEO资格。2012年，日本采取进一步措施简化、完善AEO制度。自2012年10月1日起，自日本出口再次进口至日本的集装箱，或者自外国进口再次出口至国外的集装箱，可免除报关手续。

2012年10月1日，日本经济产业省发布通知，部分修改《华盛顿条约》附件规定的濒危动植物进口申请手续。修订后，进口申请书将需加盖管理濒危动植物国际条约的日本管理当局的印章。

3）出口管理制度

日本经济产业省和海关是出口管理的主要机构。《关税法》《外汇及外国贸易法》《进出口贸易法》《出口贸易管理令》等法律法规构成日本出口管理的基本制度。

日本《关税法》规定以下产品禁止出口：麻醉药、儿童色情出版物；侵害知识产权产品等4类产品。此外，《出口贸易管理令》还规定了钻石、血液制剂、渔船、有害化学物质、放射性废弃物等45种产品出口前必须事先申请许可。

为了保障安全，日本还实行出口管制制度。管制的对象为“武器”或者“主要供给国之间达成协议的可能转作军事用途的泛高科技用品”。具体的管制对象及技术由《外汇及外国贸易法》等规定。如违反规定，将被处以刑事和行政处罚。

日本为了实施出口管制制度，对出口商公布了可能进行大规模杀伤性武器开发的外国企业和组织的信息名单。出口商与该名单上的外国企业或组织交易时，除了需要明确出口产品不会用作大规模杀伤性武器开发的情况，都必须提出出口许可申请。自2002年8月日本引入外国进口商管理名单制度以来，每年日本都会公布该名单。

4）贸易救济制度

日本的贸易救济制度基本法律制度包括《关税定率法》《关于反倾销税的政令》《关于反补贴税的政令》《关于实施紧急进口关税等的政令》等法律法规。日本负责贸易救济的机构是财务省、有关产业的主管省和经济产业省，但终裁权由财务省单独行使。经济产业省和财务省及各产业主管省厅共同接受申请，实施贸易救济调查，并实行贸易救济申请前的事前商谈。

5）检验检疫制度

日本与卫生及植物卫生相关的主要法律法规包括：《食品卫生法》《药事法》《消费者产品安全法》《饲料安全保证和改进质量法》等。厚生劳动省和农林水产省是日本负责卫生与植物卫生措施的主要部门。

日本对进口食品的检查依严格程度分为自主检查、监视检查和命令检查3个级别。自主检查是进口商的自律行为，由进口商自选样本送到厚生劳动省指定的检疫机构进行检验，对检出的问题必须依法报告。监视检查是厚生劳动省按照不同的食品类别、以往的不合格率、进口数量（重量）、潜在风险的危害程度等确定监视检查计划，对一般进口食品进行的一种日常抽检。抽检计划于每年3月公布。如果在监视检查中发现一次违规，则提高抽检率进入强化监视检查阶段，在强化监视检查期间发现第二次违规则启动命令检查，即强制性批批检查。但是，若进口食品中出现与公共健康有关的突发事件或会引发公共卫生危机的风险，一例违规即可启动命令检查。只有在出口国查明原因并强化了新的监督、检查体系，确定了防止再次发生的对策等，确认不会再出现不合格出口食品时，才能解除命令检查。

10.3 欧盟对外贸易

10.3.1 欧盟对外贸易概况

欧盟是世界第二大货物贸易集团，是最大的服务贸易集团。2022年，欧盟贸易总额（不包括欧盟成员之间的贸易）为84 579亿美元，其中货物贸易额58 584亿美元，占69%，服务贸易额25 994亿美元，占31%。

1）欧盟的货物贸易

在货物贸易方面，2022年，欧盟出口额27 038亿美元，占世界货物出口额的

13.2%，列中国之后，居世界第二位；进口额31 546亿美元，占世界货物进口额的14.8%，列美国之后，居世界第二位。

从市场结构看，2022年，欧盟27国的主要出口市场依次是美国、英国、中国、瑞士和土耳其，这五大市场在欧盟货物出口额中的比重分别为19.5%、12.7%、8.8%、7.3%和3.9%，合计占52.2%；2022年，欧盟的主要进口来源依次为中国、美国、英国、俄罗斯和瑞士，这五大进口来源在欧盟货物进口额中的比重分别为20.8%、11.8%、6.8%、6.2%和4.9%，合计占50.5%。

从商品结构看，2021年，工业品、能源和矿产品、农产品分别占欧盟出口的80.4%、7.6%和10.2%，占欧盟进口的67.1%、23.2%和8%。

2）欧盟的服务贸易

在服务贸易方面，2022年，欧盟出口额13 770亿美元，占世界服务贸易出口额的23.9%，居世界第一位；进口额12 225亿美元，占世界服务贸易进口额的23.0%，居世界第一位。

从市场结构看，2022年，欧盟主要的服务出口市场依次是美国、英国、瑞士、中国和日本，这五大市场在欧盟服务出口额中的比重分别为22.3%、19.2%、10.9%、5.6%和2.9%，合计占60.9%；2022年，欧盟主要的服务进口来源依次为美国、英国、瑞士、中国和新加坡，这五大进口来源在欧盟服务进口额中的比重分别为34.5%、18.5%、6.8%、4.1%和3.4%，合计占67.3%。

从部门结构看，2022年，运输、旅游、其他商业服务、货物相关服务分别占欧盟出口的22.1%、11.2%、62.4%和4.4%，占欧盟进口的19.3%、8.2%、68.9%和3.6%。

10.3.2　欧盟对外贸易管理制度

1）贸易主管部门

欧盟各机构在共同贸易政策中承担不同职能：欧盟委员会具有立法权和执行权，负责处理具体多双边贸易事务，向理事会和议会提出政策建议；理事会代表欧盟各成员国，发布贸易政策指令；欧洲议会代表公民，就有关贸易政策问题接受咨询，《里斯本条约》生效后，欧洲议会权力上升，在共同贸易政策部分领域与部长理事会拥有共决权，有权审批欧盟对外签署的贸易投资协定，并就欧盟重大贸易投资问题提出意见和建议；欧洲法院负责监督欧盟法律实施，解决争端并进行司法解释。

2）贸易法规体系

欧盟共同贸易政策是规范欧盟成员国统一执行的、针对第三国的贸易政策、共同海关税则和法律体系，最初其内容仅涉及关税税率改变、关税和贸易协定缔结。1995年5月生效的《阿姆斯特丹条约》将进出口政策的覆盖范围从货物贸易扩展到大部分服务贸易，2003年2月生效的《尼斯条约》又将其扩及所有服务贸易和与贸易有关的知识产权。2009年12月生效的《里斯本条约》则重点在外国直接投资领域进一步扩大了欧盟在贸易政策领域的权限。

3）贸易管理规定

（1）进口管理法规

欧盟进口管理法规为1994年制定的《关于对进口实施共同规则的（EC）3285/94号法规》以及《关于对某些第三国实施共同进口规则的（EC）519/94号法规》，后者适用于欧盟定义的“国有贸易国家”。

鉴于纺织品和农产品在多边贸易框架中的特殊安排，欧盟分别制定了纺织品和农产品的进口管理法规：适用于纺织品的进口贸易立法主要包括《关于对某些纺织品进口实施共同规则的（EC）3030/93号法规》；农产品进口贸易立法主要包括《关于实施乌拉圭回合农业协议所需采取措施的（EC）974/95号法规》《关于农产品共同关税术语调整程序的（EEC）234/79号法规》《关于某些农产品加工产品的贸易安排的（EC）3448/93号法规》等。

欧盟进口许可制度主要包括监控、配额、保障措施三类。此外，欧盟还将各种技术标准、卫生和植物卫生标准作为进口管理手段。

（2）出口管理法规

欧盟鼓励出口，一般产品均可自由出口，仅对少数产品实施出口管理措施。出口管理法规主要包括《关于实施共同出口规则的（EEC）2603/69号法规》《关于文化产品出口的（EEC）3911/92号法规》《关于出口信贷保险、信贷担保和融资信贷的咨询与信息程序的（EEC）2455/92号决定》《关于在官方支持的出口信贷领域适用项目融资框架协议原则的（EC）77/2001号决定》《关于设定农产品出口退税术语的（EC）3846/87号法规》《关于建立两用产品及技术出口控制体系的（EC）1183/2007号法规》等。

根据欧盟出口管理法规，当短缺物资、敏感技术、初级产品出口将导致共同体产业受到损害时，成员国须马上通报欧盟委员会及其他成员国。欧盟委员会和成员国代表组成咨询委员会启动磋商，采取出口数量限制等措施减少损害，保护措施可针对某些第三国和针对某些欧盟成员国的出口。出于公共道德、公共政策、人类和动植物健康保护、国家文化遗产等需要，或为防止某些重要产品供应出现严重短缺，欧盟委员会和成员国政府有权对出口产品实行限制。

欧盟出口贸易限制政策属于欧盟共同外交与安全政策的一部分，如欧盟对中国的武器出口禁令。此外，欧盟还对两用产品和技术实行出口管制。

（3）贸易救济措施

欧盟实施的贸易救济措施主要有反倾销、反补贴和保障措施。

4）进出口商品检验检疫

欧盟对食品、动植物及其产品和各种工业产品制定严格的检验检疫管理法规和标准，无论在欧盟内部流通的商品，还是从第三国进口和出口的商品都必须符合欧盟相关的法规和标准要求。对于不同的产品，有不同的检验检疫管理方式，有的需要对整个产品的管理体系进行符合性评估，有的需要在边境实施逐批检验、检疫，或抽查检验、检疫，有的需要在市场实施抽查、监督，有的需要加贴CE安全标志等。

（1）欧盟产品安全管理

根据欧盟通用产品安全指令，生产者和进口商有责任保证投放欧盟市场产品的安全，并采取适当的预防性措施，出现问题时有义务立即行动并通报主管机构。

（2）食品安全及动植物卫生管理

欧盟具有较为完善的食品安全法律体系，根据“从农场到餐桌”的管理模式，适用于整个食品链的各个环节。欧盟在完善立法的同时，也逐步强化对食品安全的监管，要求生产者和经营者满足一系列法规和标准要求，在技术上尽可能保证食品安全，保证消费者知情权和选择权。由于动植物及其产品安全风险相对较高，欧盟对这类产品的管理非常严格。

5）海关管理制度——共同海关税则

1992年欧盟理事会制定了《关于建立欧盟海关法典的（EEC）2913/92号法规》，对共同海关税则（包括商品分类目录、一般关税率、优惠关税措施以及普惠制等方面）、原产地规则（包括一般规则和特殊规则）以及海关估价等作出统一规定。

欧盟以委员会指令形式，每年对外发布一次更新后税率表。另外，欧盟还实行自主关税暂停征收和配额制度，该制度对某些进口产品全部或部分免征正常关税，如该制度适用于数量有限的货物，则属于配额；如其适用货物数量没有限制，则属关税暂停征收。原则上该制度的适用范围仅限于欧盟境内无法获得的原材料、半成品，不包括成品。

●本章小结

1.美国是世界第二大货物贸易国，是最大的服务贸易国。美国通过保护贸易政策建立了具有竞争力的国内产业后，开始推行自由贸易政策。在石油危机冲击下，美国转向贸易保护主义，强调“公平贸易”。

2.对外贸易在日本经济发展中的作用至关重要，第二次世界大战后日本经济的发展在很大程度上得益于对外贸易，对外贸易的迅速增长也使日本在世界贸易中的地位不断提高。20世纪90年代，随着日本经济持续低迷，其对外贸易发展和对外贸易地位也受到影响。日本对外贸易政策的典型特征是把对外贸易政策与整个国家的产业政策紧密结合起来。第二次世界大战后经济恢复时期，日本通过保护贸易和政府扶植发展重点产业和出口，在经济高速增长时期实行有选择的贸易自由化，在经济低速增长时期则放慢贸易自由化步伐。随着国际服务贸易的发展和国际经济一体化的再次兴起，日本大力发展以金融服务为代表的服务贸易，并积极寻求签订双边自由贸易协定。

3.欧盟是世界最大的贸易集团，它是世界第二大货物贸易集团，是最大的服务贸易集团。欧盟对外贸易的典型特征是成员间贸易比重大，成员之间实现自由贸易，并制定和实施统一的对非成员的贸易政策。

●延伸阅读

1.美国、日本、欧盟官方网站发布有关对外贸易的政策信息和统计数据，此外，有关机构还定期发布有关政策报告，如美国贸易促进协调委员会（Trade Promotion Coordinating Committee）经常发布《国家出口战略》（National Export Strategy）。

主要的网站包括：美国商务部：http：//www.commerce.gov；美国贸易代表办公室：http：//www.ustr.gov；日本外务省：http：//www.mofa.go.jp；日本海关：http：//www.customs.go.jp；欧盟委员会：http：//europa.eu.int。

2.中国商务部建立了“走出去公共服务平台”（http：//fec.mofcom.gov.cn/），在“国别（地区）指南”中介绍了主要贸易伙伴的贸易和投资政策。

●复习思考题

1.美国对外贸易政策演变经过了哪几个时期？

2.20世纪90年代以来日本对外贸易政策有哪些特点？

参考文献

[1] 斯密. 国民财富的性质和原因的研究：上、下卷 [M]. 郭大力，王亚南，译. 北京：商务印书馆，1974.

[2] 孟. 英国得自对外贸易的财富 [M]. 袁南宇，译. 北京：商务印书馆，1965.

[3] 斯拉法. 李嘉图著作和通信集：第一卷 政治经济学及赋税原理 [M]. 郭大力，王亚南，译. 北京：商务印书馆，1962.

[4] 李斯特. 政治经济学的国民体系. [M]. 陈万煦，译. 北京：商务印书馆，1961.

[5] 凯恩斯. 就业、利息和货币通论 [M]. 徐毓枬，译. 北京：商务印书馆，1963.

[6] 萨尔瓦多. 国际经济学 [M]. 宋宝宪，译. 8版. 北京：清华大学出版社，2004.

[7] 克鲁格曼，奥伯斯法尔德. 国际经济学 [M]. 海闻，译. 北京：中国人民大学出版社，1998.

[8] 佟家栋，周申. 国际贸易学——理论与政策 [M]. 北京：高等教育出版社，2003.

[9] 佟家栋. 贸易自由化、贸易保护与经济利益 [M]. 北京：经济科学出版社，2002.

[10] 任烈. 贸易保护理论与政策 [M]. 上海：立信会计出版社，1997.

[11] 林毅夫，蔡昉，李周. 中国的奇迹：发展战略与经济改革 [M]. 增订版. 上海：格致出版社，上海三联书店，上海人民出版社，2014.

[12] 陈同仇，薛荣久. 国际贸易 [M]. 北京：对外经济贸易大学出版社，1997.

[13] 海闻，林德特，王新奎. 国际贸易 [M]. 上海：上海人民出版社，2003.

[14] 小岛清. 对外贸易论 [M]. 周宝廉，译. 天津：南开大学出版社，1987.

[15] 张二震. 国际贸易政策的研究与比较 [M]. 南京：南京大学出版社，1993.

[16] 陈宪，韦金鸾，应诚敏. 国际贸易理论与实务 [M]. 3版. 北京：高等教育出版社，2009.

［17］李辉文．现代比较优势理论研究［M］．北京：中国人民大学出版社，2006.

［18］刘诚．国际贸易［M］．大连：东北财经大学出版社，1991.

［19］李滋植．国际贸易［M］．大连：东北财经大学出版社，2002.

［20］王允贵．WTO与中国贸易发展战略［M］．北京：经济管理出版社，2002.

［21］石广生．中国加入世界贸易组织知识读本（一）——世界贸易组织基本知识［M］．北京：人民出版社，2001.

［22］武振山．国际技术贸易［M］．4版．大连：东北财经大学出版社，2001.

［23］王林生．跨国经营理论与实务［M］．北京：对外贸易教育出版社，1994.

［24］罗布森．国际一体化经济学［M］．戴炳然，等译．上海：上海译文出版社，2001.

［25］姜文学．国际经济一体化：理论与战略［M］．大连：东北财经大学出版社，2013.

［26］商务部．国别（地区）指南［EB/OL］．［2023-08-11］．http：//fec.mofcom.gov.cn/.

［27］伊特韦尔，米尔盖特，纽曼．新帕尔格雷夫经济学大辞典［M］．北京：经济科学出版社，1996.